*Über die Grenzen*

*Franz Paul Horn*

# ÜBER DIE GRENZEN

*Wien, Damaskus, Kabul:*
*Drei wahre Geschichten von Reise und Flucht*

**FRANZ PAUL HORN**

*Eine Reise ist kein Spaß, sonst wär's ein Urlaub.*

Wien – Teheran in 70 Tagen

# DIE DREI MUSKETIERE

Sebastian will mit dem Rad fahren. Eine Studienabschlussreise. Ursprünglich wollte er allein ans Nordkap, aber vielleicht wäre es doch cooler, in den Iran zu fahren? Ja, durch Südosteuropa, wie die Landstreicher, nur mit Zelt und Schlafsack, und dann nach Teheran. Das wäre sicher lustig, und so weit wäre es dann auch wieder nicht. Ein paar tausend Kilometer nur. „Scheiße", denke ich mir, „der macht das wirklich. Verdammt, da muss ich mitfahren, sonst bin ich nicht dabei."

Sebastian ist von allen Uni-Weggefährten mein Lieblingsmensch. Warum? Weil er gerne lacht, gern Nonsens redet, trotzdem der Schlauste im ganzen Jahrgang ist und ständig furchtbar interessante Dinge zu erzählen hat. Ein treuer Freund, offen, ehrlich und nebenbei der Grund für meinen Studienerfolg. Irgendwann im zweiten Semester kreuzen sich unsere Wege. Seitdem marschieren wir im Gleichschritt durch Vorlesungen, Exkursionen und Prüfungen. Sebastian ist Vorzeigebiologe, die coole, zurückgelehnt-freundliche Art. Pünktlich ist er und sitzt immer bereits im Hörsaal, wenn es mich mit einer ordentlichen Verspätung reinspült. Er zieht die Jacke vom Sessel neben sich, den er mir verlässlich reserviert hat. „Hab ich was verpasst?", frage ich ihn dann.

„Iwo. Überhaupt nichts versäumt."

Sebastian ist mein Exkursionspartner, er findet die spannendsten Veranstaltungen, brieft mich und ich fahre überallhin mit. Wir nennen es unser Reisestudium, obwohl es offiziell schon Biologie heißt. Gemeinsam überqueren wir die Alpen, reisen nach Kasachstan, quer durch Österreich und Europa. Unsere Studienromanze, wie wir es scherzhaft nennen, bringt uns bis Costa Rica, in die Tieflandregenwälder und Mangrovensümpfe Mittelamerikas.

Mit Sebastian bilde ich ein Dschungel-Projektteam. Wir machen Wiederbewaldung für die Uni, endlich mal die Welt retten. Ein Projekt zur Wiederherstellung gerodeten Regenwalds. Das heißt für uns: Urwaldbäume zählen, bestimmen und vermessen, Bodenmineralien checken, pH-Wert und Konduktivität an unzähligen Standorten ermitteln und mit GPS verorten. Wir arbeiten in brütender Urwaldhitze, den Hügel rauf, den Hügel runter. Schlangen, Spinnen und viel Regenwaldschweiß. Danach nackt unter den Urwaldwasserfall und selbstgepflückte Bananen im Naturpool versnacken. Am Abend trinken wir, flirten mit den Mädels, braten ein Schwein über dem Lagerfeuer und tanzen Samba (neben-, nicht miteinander). Sebastian borgt mir sein T-Shirt, wenn meine schon alle stinken. Ich könne mich ruhig bedienen, das frische nehmen, meint er, das brauche er sowieso nicht: „Da, Paul, nimm!", sagt er. Er würde mir wahrscheinlich auch eine Niere borgen, wenn ich ihn frage. Sebastian trinkt ein Glas Rum, wenn ich eine halbe Flasche davon saufe. Er lacht zwar, aber er schaut immer vorwurfsvoll, wenn ich ihn auf die augenscheinliche Schönheit weiblicher Körper aufmerksam mache. Ein moralisches Gewissen, ein Humanist, kein Sauprolet.

Sebastian, der Weltgewandte. Er weiß, wo der spitzeste Kirchturm der Welt steht, in St. Peter, nahe Ried im Innkreis, Oberösterreich. Sebastian kennt die Kiebitze der Innviertler Getreidefelder und die Wapiti-Hirsche des Yellowstone Nationalparks. Sebastian sagt: „Ja, stimmt, da war ich schon mal", ganz egal, um welchen Ort der Welt es sich handelt.

Sebastian läuft den Marathon unter drei Stunden und den halben unter 1:25. Ein Sportler eben, Alpinist nebenbei. Sebastian ist kein überragender Fußballspieler, aber das liegt eher an seiner Brille, die dick und schwer ist und die er sich nur sehr ungern von der Nase schießen lässt. Sebastian schwimmt drei Kilometer durch den Lunzer See und kämpft sich durchs Schilf zurück, wenn er mit seinen sieben Dioptrien den Steg nicht mehr findet. Sebastian läuft mit mir kilometerweit zum Obersee, wo wir uns beide vor Anstrengung fast anspeiben. Am folgenden Tag, weil es so lustig war, machen wir denselben Lauf nochmal.

Sebastian hatte eine Freundin. Dann keine. Dann eine. Dann wieder keine. Furchtbar kompliziert. Zu guten Ideen sagt Sebastian: „Ja. Ja. Und nochmal Ja." Und wenn keiner mit guten Ideen daherkommt, dann bringt er sie eben selbst. Iran also. Wir legen unsere Abschlussprüfung am selben Tag hin, beantragen ein Visum in der iranischen Botschaft. Sebastian holt rechtzeitig, Monate zuvor, noch einen dritten Mitstreiter ins Boot, Thomas, und macht uns so zu einer schlagkräftigen Dreiergruppe.

Thommy-Boy ist Vorarlberger und liebt Agamen. Das ist die interessanteste Familie unter den Schuppenkriechtieren, seiner Meinung nach. Für den Laien kann man Agamen mit Eidechsen vergleichen, nur ungemein spannender. Flugdrachen, Segelechsen, Dornteufel, das sind alles Agamen. Exotische Tiere aus einer anderen Welt. Große Augen, kunterbunte Zeichnung, ein Jacobson-Organ, aufregend. Thomas fängt Schlangen mit der bloßen Hand. Die ungiftigen. Bei den giftigen müsse man ein wenig vorsichtiger sein, sagt er, da nehme er sich gern ein Buch oder ein Stöckchen zur Hilfe, um der Schlange erst den Kopf auf den Boden zu drücken. Thomas ist Taxonom, ein Systematiker also, der Getier in definierte wissenschaftliche Schubladen steckt. Er liebt Ordnungen, Gruppen, Familien, Gattungen und deren wissenschaftlich korrekte Logik. Thomas stellt sehr gerne Fragen und hört sich die dazugehörigen Antworten an. Egal, wie lange diese dauern mögen. Thomas und Mädchen? Ich weiß es nicht. Aber er macht einen Rückwärtssalto aus dem Stand.

Thomas liebt Wasser, Schwimmen, Tauchen, Schnorcheln, Fischfangen und Fischfressen. Ein Gewässerökologe eben. Thomas läuft genauso gerne nackt herum wie ich, er ist schwer schokoladesüchtig, hat eine militärische Ausbildung und war in jungen Jahren als KFOR-Soldat in Bosnien. Langweilig war es dort, meint er, aber er habe gut verdient und viel trainiert. Thomas ist ein super Klippenspringer, ein Turner und Leichtathlet und trotz seiner militärischen Vergangenheit kein Berufstrinker.

Thommy-Boy weiß mit seinen 23 Jahren, dass man im Schlaf nicht erfriert. Wichtig, wenn man bei minus 15 Grad Celsius in einem Zelt neben ihm liegt und sowohl der eigenen Angst als auch dem Kältetod ins Auge blickt. Denn auch mit Thomas verbindet mich eine Reisevergangenheit. Ein Freestyle-Zeltausflug in Kirgistan, bei dem wir ordentlich in Bedrängnis kommen. Thomas weiß so wie ich, dass man, wenn man zu zweit sieben Tage in einem abgeschiedenen kirgisischen Gebirgstal an einem forellenreichen Strom verbringen möchte, gut vorbereitet sein sollte. Das sind wir nicht. Wir fahren trotzdem in den verschneiten Nationalpark. Wir bringen nur Angelhaken und ein paar Beilagen für unsere Survival-Operation mit, sonst wäre es ja zu einfach, die Rucksäcke zu schwer und das ganze Unternehmen uninteressant. Thomas ist ein guter Fischer. Aber das hilft eben auch nichts, wenn im gesamten, angeblich forellenreichen Strom tatsächlich kein einziger Fisch lebt. Thomas und ich entscheiden uns, die Nahrungsmittelvorräte ab Tag eins zu rationieren. Wir kuscheln uns nachts aneinander, um nicht zu erfrieren, da die Nächte auf 2.600 Metern Seehöhe überraschend kalt werden. In der ersten Nacht frieren unsere Trinkwasserflaschen, die Bergschuhe und Socken, die vom nachmittäglichen Sturz in den forellenreichen Strom noch nass sind. Und wir frieren um unser Leben. Wir packen unsere Füße in Pullover, damit uns die Zehen nicht abfrieren. Wir liegen mit Handschuhen und Haube im Schlafsack, nur die Nasenspitze lugt in die Kälte. Wir bleiben die ganzen sieben Tage im Nationalpark, wie geplant, und kommen hungrig, durchgefroren und von der Frühlingssonne verbrannt zurück. Das war nicht geplant. Wir haben was erlebt.

Thomas ist organisiert, er kennt Fahrradtouren von wochenlangen Ausflügen durchs verregnete Polen. Er weiß als Einziger, was auf uns zukommt und übt zuhause das Flicken seiner Fahrradschläuche, das Reparieren der Bremsen und das Tauschen der Schalt- und Bremsseile. Er übt das Einstellen der Schaltung und den Wechsel der Tretlager. Er montiert zwei Gepäckträger und fünf Packtaschen an seinem 20 Jahre alten Waffenrad. Das Gewicht der Taschen ist austariert und jede Einzelheit wasserdicht verpackt. Thomas ist vorbereitet und fährt nicht faul mit dem Zug nach Wien. Nein, er fährt mit dem Fahrrad ab Bregenz, denn Thomas trainiert schon vorsorglich. Er plant, es in sieben Tagen zu meiner Wiener Wohnung zu schaffen und wird die Nacht vor der Abreise bei mir schlafen.

Und ich? Ich bin der dritte Musketier! Mich selbst zu beschreiben fällt schwer, denke ich. Ich bin ein 28-jähriger Mann. Noch ein Junge? Hochgewachsen, mit sonnengebleichten Haaren und sportlicher Statur. Am Papier und im echten Leben habe ich Studien abgeschlossen: Biologie, Publizistik, Medienmanagement. In meinem Lebenslauf behaupte ich, teamfähig, kreativ, aufgeschlossen, projektfähig und weltoffen zu sein. Vier Sprachen und viele Soft-Skills, Auslandspraktika und Berufserfahrung in London und Paris. Ich arbeite an der Universität, bin gut vernetzt, jung und dynamisch. Daneben wird, zu großem eigenen Vergnügen und auch aus Gründen der Selbstdarstellung, gesurft, Ski gefahren, Beachvolleyball und Eishockey gespielt. Im Lebenslauf steht, dass auch Klettern mein Hobby sei. Das stimmt so nicht. Ich hätte gerne, dass Klettern mein Hobby wäre, dass ich gut wäre, so wie ich in allem gern gut wäre und sowieso am liebsten im Dunkeln leuchten würde. Und wenn wir schon dabei sind, ich würde auch gerne am Tag funkeln.

Ich liebe die verkaterten Samstage am Naschmarkt-Parkplatz, der gleich ums Eck meiner Wiener WG liegt. In dieser Melange unterschiedlichster Menschen fühle ich mich wohl: Arme, Reiche, Hippe und Langweilige, Erfolgreiche und Gescheiterte, Junge, Alte, Schöne und vom Leben gezeichnete Gestalten, alle sind hier am Flohmarkt beisammen und ich bin mittendrin.

Ich lade, das ist schon Monate her, den jungen Roma, den ich eines Wintertages bei minus fünf Grad ohne Schuhe, ohne T-Shirt, nur in einem Bademantel bettelnd an der Wienzeile auflese, in meine Wohnung ein, damit er sich aufwärmen kann. Seine Füße sind blau und erfroren. Da kann ich nicht vorbeigehen. Ich lade ihn in mein Wohnzimmer zum Frühstücken ein. Ich schenke ihm Schuhe, Socken, eine Hose, ein Shirt und eine Jacke. Mache für uns beide ein paar Frühstückstoasts und bin glücklich, dass sich mein Barfuß-Gast so über die Einladung freut. Mich kostet es nichts. Mir wärmt es das Herz, ihm den Körper. Als mir der junge Mann seinen Ausweis zeigt, er will beweisen, dass er aus Rumänien kommt, stellt sich heraus, dass er gleich alt ist wie ich. Nur eben schlechter dran. Das beschäftigt mich lange, dass es mir so unglaublich viel besser geht, dass ich alle Chancen der Welt habe und ich trotzdem so wenig dafür mache, dass es auch anderen besser geht. Ich gebe ihm aus meiner dürftigen Studentengeldtasche zehn Euro mit auf den Weg und weiß, dass ich sein Leben nicht verändert habe. Aber es fühlt sich gut an, Mitgefühl zu zeigen und zumindest hin und wieder ein bisschen zu teilen.

Ich kann auch anders. Das finde ich gut und gleichzeitig schlecht. Auf Partys und bei jeder Gelegenheit messe ich mich mit meinen Salzburger Freunden. Raufereien, Exzesse, Mädchen, Sport und ständiger Wettkampf. Viel Spaß und trotzdem immer ein bisschen die Frage, wer der größere Gorilla ist, wer sich lauter auf die Brust trommelt. Immer lustig und doch nur: reiner Schwanzvergleich. Sonst nichts. Früher war ich ein echter Sportler. Handball. Das war jahrelang mein Leben. Eine Mannschaft, 30 Typen, fünf Trainings pro Woche und an jedem Wochenende ein Match. Trainieren bis man umfällt, kotzt oder sonst nicht mehr kann. Dann ein, zwei, drei Bier und groß Schmähführen. 30 junge Männer auf einem Haufen und ein rauer Umgangston. Ein Leben im Wolfsrudel, in dem man alles tut, um nicht unter die Räder zu kommen.

Nach vielen Jahren hänge ich das Handballerleben an den Nagel, um Zeit fürs Studium, für Beziehung, Freunde, fürs Reisen und für mich zu haben. Studienreisen durch die ganze Welt. Ich lerne Pflanzen, Tiere, Pilze kennen. Kurse finden draußen in der Sonne statt. Genau so habe ich mir ein Biologiestudium immer vorgestellt und genauso ist es. Aber auch das schönste Studium muss ich irgendwann abschließen.

Was die Zukunft angeht, habe ich ein etwas flaues Gefühl in der Magengrube. Was soll ich mit diesen brillanten Voraussetzungen anfangen, jetzt, da ich sie habe? Ein langweiliger Bürojob übt auf mich die gleiche Anziehungskraft aus wie Weihwasser auf den Teufel.

Was ich will? Ich will der Sonne jeden Tag beim Untergehen zusehen. Draußen unter freiem Himmel schlafen, im Schlafsack, auf einer Matte oder im weichen Gras liegen. Ich will kein Geld ausgeben und darum auch keines verdienen müssen. Ich will mein Herz und mein Hirn vollstopfen mit Eindrücken. Ich will mit offenen Augen durch die Welt fahren. Alles festhalten, mitnehmen, einsammeln, was es am Weg zu finden gibt. Ich will unter dem Radar fliegen, so dass niemand weiß, wo genau ich mich aufhalte, was ich mache, keine Reportpflicht, keine Verantwortlichkeiten. Ein Leben wie ein Landstreicher. Herrlich. Reifes Obst von Bäumen klauen und schwarz fischen. Wenn es regnet, werde ich nass. Wenn die Sonne scheint, werde ich braun. Wenn ich eingeladen werde, esse und trinke ich. Ich will unerwartete Feste feiern und mich an den kleinen Dingen des Lebens erfreuen. An einem neuen Fahrradreifen, einem guten Sattel, einem iranischen Visum im Pass. An einem kalten Fluss, einem guten Schlafplatz oder an einem schützenden Gelsenspray. An einer schönen Gesprächspartnerin, an fröhlichen Menschen. An Körpern und roten Lippen. An dem Gefühl frisch gewaschener, sonnengetrockneter Haut, an kühlen, nassen Haaren und dem Frösteln, wenn man triefend nass aus einem See steigt. An Dingen, die den Moment adeln.

Wir planen diesen Trip aus Jux und Tollerei. Weil uns keiner glaubt, dass wir das wirklich machen werden. Weil Radfahren und Wildcampen nichts kostet und weil wir alle viel Zeit und wenig Geld haben. Wir wollen Südosteuropa und die Seidenstraße entdecken. Die letzte halbwegs sichere Route, die noch weit in den Osten führt. Ich will dorthin, wo noch keiner meiner Freunde je war. Wir wollen rausfinden, wie weit wir kommen und Abenteuer erleben. Das ist Leben. Das ist die verlockende Reise, das ist die Aussicht, mit der mir Sebastian und Thomas seit Wochen den Mund wässrig machen. Ein Radausflug bis nach Teheran, wenn wir es schaffen, nur mit Zelt, Schlafsack und Matte. Das ist meine Motivation, um alle Studienabschlusspflichten zu erledigen, um fertig zu sein, wenn es soweit ist. Und als es soweit ist, bin ich fertig.

# Damaskus

Ich bin alleine gereist, sagt Filip. Ich musste allein reisen. Man kann nur alleine reisen.

Ich muss Syrien verlassen. Mein Zwillingsbruder kämpft in Aleppo im Straßenkampf gegen den Islamischen Staat. Er wird angeschossen, schwer verwundet. Sie bringen ihn mit einem Flugzeug nach Damaskus und dort am Rollfeld wartet die ganze Familie auf ihn. Die Soldaten tragen einen halbtoten Bruder aus dem Flugzeug. *Wallah* – bei Gott. Er liegt blutüberströmt auf einer Bahre. Die Uniform ist nass, ein dicker Verband um den Bauch völlig durchgeblutet. Es ist ein Bauchdurchschuss, die Kugel sei knapp an der Wirbelsäule vorbei gegangen, sagt ein Soldat. Überall ist Blut. Blut und Scheiße und sein Darm hängt unter dem dunkelroten Verband heraus. *Wallah.* „Er wird sterben!", schreit die Mutter. Der Bruder stinkt und stöhnt und es ist nicht mehr viel Leben in ihm. Ich merke, wie meine Hände zittern. Ich bin mir sicher, dass er sterben wird. Mein Vater bestellt ein Taxi und ruft im Krankenhaus an, um dort ein Bett zu reservieren. Krankenhausbetten sind knapp im Krieg. Mein Vater bezahlt die Ärzte. Zwei lange Operationen, sie stecken ihm die Gedärme zurück in den Bauchraum, nähen alles zu. Wir bringen ihm täglich Essen ins Krankenhaus, meine Mutter und Schwestern waschen ihn, pflegen ihn. Wechseln und waschen alle paar Tage seine Kleidung und die Bettwäsche. Irgendwie überlebt er ohne Sepsis, aber er ist ein Krüppel, er kann nicht mehr so schnell laufen, hat Schmerzen. Trotzdem muss er nach drei Monaten zurück zur Armee, nicht mehr nach Aleppo, nicht zurück in den Straßenkampf. Er wird nach Damaskus verlegt und im Umkreis der Hauptstadt eingesetzt. Er bewacht Checkpoints und patrouilliert durch die Stadt. Er ist nun zu 30 Prozent invalide. Ihm bleibt eine dicke Narbe über den ganzen Bauch und er ist einfach nicht mehr derselbe. Der Krieg hat ihn verändert. Er ist hart geworden. Bitter. Zynisch. Mein Zwillingsbruder, der Erstgeborene. Von zwei Söhnen wird zuerst immer der ältere eingezogen, so sind die Regeln in Syrien. Wenn der seinen siebenjährigen Dienst abgeleistet hat, muss der nächste Sohn kämpfen. Dann wäre ich dran. Mein Bruder ist im vierten Jahr.

Mein Onkel wird von Kämpfern der Freien Syrischen Armee entführt und gefoltert. Die FSA. Sie kämpfen für die Freiheit. Welche Freiheit? Er wird eingesperrt, ausgehungert, wird mit Kabeln und den nackten Fäusten geschlagen. Elektroschocks an allen Stellen des Körpers. Drei Monate lang. Irgendwann schafft es die Familie, ihn für zwei Millionen syrische Lira freizukaufen. Das ist nichts. Das sind nur 2000 Euro – für ein Leben. Kann die Familie nicht bezahlen, werden die Gefangenen getötet. Das ist Krieg. Kidnapping ist eine Einnahmequelle, mit dem Geld kaufen sie neue Waffen, Munition und bezahlen ihre Soldaten.

Zu Beginn des syrischen Bürgerkrieges arbeite ich als DJ und im Elektrogeschäft meines Vaters. Wir fahren täglich mit dem Auto zum Geschäft, vorbei an Regierungscheckpoints, vorbei an Rebellencheckpoints. Eines Abends, der Krieg dauert mittlerweile schon über drei Jahre, werden wir von den Rebellen aufgehalten. Mit der AK im Anschlag zwingen sie uns, aus dem Auto auszusteigen. Sie fragen uns tausend Fragen, schlagen mich, sagen, ich kämpfe für die Regierung und bin ein Verräter. Mein Vater schafft es, mich zu retten, ich würde nicht kämpfen, sagt er, ich sei noch ein Junge, sie sollten mich gehen lassen. Nach wenigen Kilometern halten uns Soldaten der syrischen Armee an ihrem Checkpoint auf. Sie zwingen uns, auszusteigen, kontrollieren den Kofferraum, sie glauben, wir schmuggeln Waffen oder Sprengstoff für die FSA. Sie sagen, ich kämpfte für die FSA. Sie schlagen mich und wollen ein Geständnis. Mein Vater sagt: „Mein zweiter Sohn kämpft für Bashar al Assad, den Präsidenten, er wurde verwundet, wir kämpfen alle für Bashar." Er zeigt ein Handyfoto vom Soldatenausweis meines Bruders. Sie lassen mich gehen. Zuhause nimmt mich mein Vater beiseite: „Du darfst das Haus nicht mehr verlassen, Filip. Hier ist es zu gefährlich für dich. Für alle jungen Männer. Geh nach Deutschland", sagt er, „hier in Syrien wirst du sterben."

Ich verlasse in meiner letzten Woche in Syrien unser Haus nicht mehr. Mein Onkel hat Kontakte in Izmir, einige meiner Freunde leben bereits in Istanbul und arbeiten dort illegal, um sich eine

Flucht nach Europa finanzieren zu können. Mein Vater borgt Geld bei Verwandten, er gibt mir 900 Dollar in bar für den Flug in die Türkei, er sagt: „Wenn du in Istanbul bist, schicke ich dir mehr Geld." Über eine syrische Reiseagentur buche ich online einen Bus nach Beirut. Der Agent im Büro sagt, ich müsse auch unbedingt ein Hotel im Libanon reservieren, sonst könne ich nicht ausreisen, und ich bräuchte die Bestätigung der Armee, dass ich kein Soldat bin. Sie suchen überall nach Deserteuren.

Die Autobahn in den Westen ist unter Regierungskontrolle, aber manchmal gibt es Anschläge und Attentate – hoffentlich trifft es nicht unseren Bus. Der Bus fährt im Zentrum Damaskus' ab, eine halbe Stunde entfernt von meinem Elternhaus. Ich esse mein letztes Abendessen, ich verabschiede mich von meiner Mutter, die weint, von meinem Vater, der sagt, ich solle gut auf mich aufpassen, und von meinem Bruder, der mir eine Flasche Arak mitgibt, ein Lachen und einen Schlag auf den Rücken. „Mach's gut", sagt er. *„Achie.* Mein Bruder."

In meinem Rucksack steckt mein iPad. Mit den Fotos meiner Familie, vielen Fotos von meinem Bruder und mir, als noch Frieden war, vom DJ-Leben und von Damaskus. Ein Ladekabel, ein Pullover, ein T-Shirt, eine Hose, mein Reisepass und das Dokument, das besagt, dass ich gerade nicht der Armee angehöre und ausreisen darf. Das Geld stecke ich in meine Unterhose, wenn es die Soldaten finden, nehmen sie mir alles weg. Die Soldaten stehlen, was sie kriegen können, das weiß jeder. Ich darf nicht wie jemand aussehen, der flüchtet, ich fahre in den Libanon, um meinen Onkel zu besuchen. Das muss ich sagen. An jedem Checkpoint werden wir angehalten und kontrolliert. Die Soldaten stehen mit Waffen vor dem Bus und jeder muss aussteigen, an zwei der Checkpoints kommen sie in den Bus und kontrollieren auch das Gepäck. Vor allem die jungen Männer bekommen eine Extrabehandlung. „Wo fährst du hin? Warum willst du in den Libanon? Bist du in der Armee? Wo ist dein Reisepass? Wo ist deine Armeebescheinigung? Was machst du im Libanon? Wie viel Bargeld trägst du bei dir? Willst du das Land verlassen? Bist du ein Verräter?"

Sie finden mein Geld nicht, weil sie meine Hose nicht durchsuchen. Amateure. Die Busfahrt nach Beirut dauert nur vier Stunden und nach dem letzten Checkpoint, als wir endlich im Libanon sind, beginne ich zu weinen. Ich habe jetzt alles verloren. Meine Familie, meine Arbeit, meine Freunde – alles. Alles, was ich in Syrien je hatte, ist weg.

# LE DEBUT

Am Donnerstag, den 4. Juni 2015, kurz vor Mittag kommt unser Vorzeigevorarlberger recht abgekämpft und ein wenig krank in Wien an. Verkühlt, dank der kalten Nächte unter freiem Himmel. Die verbrachte er nämlich alle aus Heimlichkeits-, Abenteuer- und Kostensenkungsgründen im Schlafsack an der Donau. Dafür hat er ein 1a-Video von einem deutschen Biber mit im Gepäck. Meine Begeisterung ob der erstklassigen Biberdokumentation kennt keine Grenzen. Schnell noch sein schmutziges Gewand in die Waschmaschine – zu diesem Zeitpunkt verstehe ich noch nicht, warum ihn frische Wäsche und ein Bett so glücklich machen. Beim Mittagessen verschlingt er drei Portionen Nudeln und schaut mich danach immer noch hungrig an. Kohlenhydratspeicher auffüllen.

Am Vorabend der Reise mache ich endlich Nägel mit Köpfen. Ich teste, ob der geborgte Gepäckträger auf meinen Fahrradrahmen passt. Antwort: nein. Die Lösung ist rohe Gewalt. Wir biegen die Sache hin. Buchstäblich.

Ich packe endlich meine Taschen für die dreimonatige Reise, so wenig wie irgendwie möglich. Die letzte Woche habe ich damit verbracht, Dinge auf meiner Couch anzuhäufen und in komplizierten Überlegungen abzuwägen, was hierbleibt und was mitkommt. Ich präsentiere das Ergebnis:

› *2 Boxershorts (eine für Europa, eine für Asien)*
› *2 Paar Socken (1 Paar Sportsocken, 1 Paar für gesellschaftliche Anlässe)*
› *3 T-Shirts (ja, ich weiß, warum so viele??)*
› *1 Radlerhose (neu, gepolstert, shiny like a fish)*
› *1 Badehose und 1 Handtuch*
› *1 kurze Hose*
› *1 leichte, lange Hose*
› *1 Pulli*
› *1 Kopfkondom (ein Tuch für Hals, Kopf, Ohren – gegen Kälte)*
› *richtige Kondome (grenzenlos optimistisch bis weltfremd)*
› *Sportschuhe, Sandalen, Flip Flops*
› *Regenjacke & Regenhose*

› *Zahnbürste, Paste, Zahnseide*
› *Helm (neu)*
› *Sonnenbrille*
› *Kindle mit 9 Büchern von Hermann Hesse und dem Hobbit von Tolkien (Thema: Reise)*
› *Tagebuch & Stift*
› *Straßenkarten von Rumänien, Bulgarien, Türkei und Iran*
› *Smartphone & Headphones*
› *1 Schlafsack, 1 Unterlagsmatte (einen Polster vergesse ich leider)*
› *Kamera und Reserve-Akkus (Reservespeicherkarten vergesse ich leider auch)*
› *Ladegeräte für alle erwähnten Elektrogeräte*
› *Parkemed 500 mg (gegen Schmerzen) und Kohletabletten (gegen Durchfall)*
› *1 Lacrosse-Ball (Behandlung von Verspannungen und Problemen mit dem Iliosakralgelenk)*
› *Reste einer „Teufelssalbe" gegen Muskelverspannungen*
› *Panzertape*
› *Müllsäcke (man braucht immer Müllsäcke)*
› *1 Fernglas (wegen der Ornithologie)*
› *1 iPod (ohne ausreichend Musik)*
› *Nippelspanner (fürs Fahrrad) und keinen Kettennieter (großer Fehler)*
› *Bremsbeläge für meine hübschen Scheibenbremsen*
› *Pass, Passkopie, Visum, 300 Euro in bar*
› *Ach ja: ein nigelnagelneuer Ledersattel, der sich perfekt an das Gesäß anpassen soll, wenn man ihn erst mal 300 Kilometer eingefahren hat, angeblich.*

Das alles kommt in zwei geborgte Packtaschen, die wackelig links und rechts am Gepäckträger sitzen. Kamera, Pass, Geld, Smartphone und Sonnenbrille verstaue ich in meiner abnehmbaren Lenkertasche. Zwei volle Trinkflaschen stecken in den Flaschenträgern am Rahmen, der Schlafsack und meine Matte sind wasserdicht verpackt auf dem Gepäckträger verzurrt. Das Rad wiegt jetzt gute 40 Kilogramm.

Dann am frühen Abend noch ein letztes Bier mit Freunden und die letzten Telefonate. Keine Abschiedsparty, weil Organisation und Zeitdruck und, und, und. Thomas schläft derweil in der Wohnung, er ist erschöpft. Ich freue mich über all die guten Wünsche, die ich noch kurz vor der Abreise und in den Tagen zuvor bekomme. Ich freue mich, dass sich Familie und Freunde ein wenig sorgen, es ist ihnen also nicht gleichgültig, wie es um mich steht.

Einige Freunde gehen davon aus, dass mir der IS den Kopf abschneiden wird. Wobei sie bei jeder Gelegenheit betonen, dass sie auch das ganz witzig finden würden. Ich trage einen Zopf, ganz im Einklang mit modernen Frisur-Vorschriften. Daran könnte man, meinen die geschmacklosen Kumpanen, das abgetrennte Haupt recht gut in die Kamera halten. Ich nehme das als Kompliment, einerseits für meine gewagte Frisur, andererseits für meine Abenteuerpläne. Ich lache über die Geschmacklosigkeit und hoffe, dass wir nicht annähernd in die Nähe solcher IS-Aktionen kommen.

Meine Großmutter, Bäuerin aus dem steirischen Rantental, fragt, nachdem ich ihr von meinen Plänen erzähle, nur resigniert: „Muss denn das WIRKLICH sein? Warum unbedingt in den Iran?"

„Weil ich es will."

Meiner Mutter werfe ich vor, keine Ahnung davon zu haben, was ich machen möchte und generell meinem Projekt uninteressiert und feindselig gegenüberzustehen. Kurz vor der Abfahrt gesteht sie unter Tränen, dass ich ja so wenig erzähle, sie sich Sorgen mache und doch einfach nur eingebunden werden wolle. Ich erzähle ihr, lang und ausführlich, von all unseren Sicherheitsvorkehrungen (es gibt nicht viele). Meine Großmutter mütterlicherseits, eine weitgereiste Frau im 85. Lebensjahr, meine Lieblingsoma, meint: „Großartig, was ihr heute alles machen könnt, ich hab mir als Mädel die Welt mit dem Finger auf der Landkarte angesehen. Dieses Persien würde mich auch interessieren. Ich war ja seinerzeit in Israel, da haben wir auf der Erd' geschlafen, schön war das ... (und so weiter)." Dieser Optimismus ist für mich eine Unterstützung.

Thomas erzählte seiner Mutter vor einigen Monaten: „Mama, ich fahre in den Iran!" Ihre Reaktion: „Nein!!"

Sebastians Eltern, vor allem sein Vater, sind generell davon überzeugt, dass ihren Sohn ein früher und tragischer Tod ereilen wird. Als gewiefter Stratege und Mann des Understatements wendet er also die altbewährte Salamitaktik an. Spricht zuerst nur von Istanbul, dann ein wenig vom Iran. Kurz vor der Abreise packt er dann aus, dass er bis Indien fahren werde, eine wirkliche Weltreise eben. Sein Vater verabschiedet sich von ihm unter Tränen wie von einem Todgeweihten.

Kurz vor dem Schlafengehen regen sich eigene Sorgen. Mich plagt der Gedanke, ob in all den Warnungen, mit denen mich meine Liebsten überschütten, nicht doch auch ein Körnchen Wahrheit stecken könnte. Ich beruhige mich fürs Erste: In Europa entlang der Donau ist kaum mit Gefahren zu rechnen. Außer wir stellen uns wirklich blöd an, treten beim Pinkeln auf eine Mine, lassen uns irgendwo dort am Balkan niederführen oder von einem Bären fressen. Erst ab der Türkei rechne ich mit Problemen. Einerseits vielleicht durch den Islamischen Staat, der die Türkei als Transit- und Rückzugsland nützt, um von dort aus Syrien und den Irak aufzumischen. Andererseits durch die Kurden oder wahlweise die türkische Armee. Denn wenn es darum geht, zu klären, ob Kurdistan nun türkisch oder doch kurdisch ist, ziehen ja beide Seiten die Samthandschuhe aus. Zu diesem Zeitpunkt sind aber Geiselnahmen und Anschläge in der Türkei noch kein Thema, und der Kurdenkonflikt hat durch einen Waffenstillstand an Dynamik verloren. Das Außenministerium schätzt die Situation in der Türkei im Moment als sicher ein, wir werden die weitere Entwicklung der Lage beobachten. Ansonsten plane ich, mich an den Empfehlungen der örtlichen Bevölkerung zu orientieren.

Meine Hauptsorge gilt dem eigenen Körper. Ich hatte vor Kurzem einen Bandscheibenvorfall, musste meinen Rücken in den vergangenen Monaten immer wieder mit Spritzen und osteopathischen Manipulationen behandeln lassen. Die Wochen vor der Reise verbringe ich mit beinahe täglichem Kraft- und Rückentraining. Ich tue, was ich kann, um wirklich fit und schmerzfrei zu werden. Mein absoluter Albtraum ist es, unterwegs, fernab medizinischer Hilfe, wieder plötzlich einschießende Rückenschmerzen zu bekommen, mich dann nicht bewegen zu können und nicht zu wissen, wer mir wie helfen könnte. Ich verlasse mich aber auf meinen Lacrosse-Ball, mit dem sich so ziemlich jede Muskelverspannung ausbügeln lässt und habe sicherheitshalber starke Schmerzmittel mit. Ich schwöre mir selbst hoch und heilig, täglich zu dehnen. Ich habe auch alles Menschenmögliche getan, um mein Rad rückengerecht zu adaptieren. Lenkstange rauf, Körperhaltung aufrecht und gerade dasitzen wie der reinste Maibaum. Ein aerodynamischer Albtraum, alles nur für die Bandscheiben. Ich weiß, ich bin von uns dreien sicherlich der beste Schnapstrinker, der leidenschaftlichste Raucher und der, der sich wünscht, unser Weg in den Osten sei mit lieblichen Schönheiten gepflastert. Meine technischen Kenntnisse sind überschaubar, ich habe in meinem 28 Jahre dauernden Aufenthalt auf diesem Planeten bereits einen Fahrradreifen gewechselt, einen Platten repariert und einmal sehr erfolglos versucht, an einem alten Rennrad die Bremsen einzustellen. Zum Glück hat mein Tourenrad Scheibenbremsen, von denen ich auch wenig Ahnung habe. Zumindest weiß ich, es sind hydraulische Bremsen, das hat sehr viel mit Druck zu tun. Ich bin aber gut darin, gute Laune zu verbreiten und das Positive zu sehen. Meine Kondition ist ausbaufähig und ich kenne die anspruchslose Härte Sebastians. Ich freue mich auf die flache Strecke entlang der Donau und fürchte mich vor den Bergen, vor der Hitze Anatoliens und der des Iran.

Die letzte Nacht in meinem Bett ist von vielem geprägt, nur nicht von Schlaf. Da hilft kein frühes Zubettgehen, kein Meditieren, kein Garnichts. Natürlich will man ausgeruht in so ein Abenteuer starten, aber diesen Traum muss ich auf das nächste Abenteuer verschieben.

Und dann beginnt es, recht unspektakulär eigentlich. Im feinsten Radfahrer-Zwirn hinaus bei der Tür, hinauf aufs Fahrrad, raus in die Welt. 20 Meter von meiner Haustüre entfernt, an der ersten Temposchwelle zwischen Wien und Teheran, räumt es mir mit einem Holperer mein gesamtes Gepäck vom Rad. Man könnte souveräner in eine Reise starten. Man könnte auch Freunde haben, die einem helfen und nicht alle Hände voll zu tun haben mit Foto-Schießen und Bauch-vor-Lachen-Halten. Diese schadenfrohen Bastarde, meine beiden Mitbewohner, geben mir aber auf ihren Stadträdern das letzte Geleit. Gemeinsam mit Thomas fahren wir über den Ring zum Praterstern. Dort treffen wir auf Sebastian, der zur Wahrung des gruppeninternen

Gleichgewichtes mit der mit Abstand schlechtesten Ausrüstung antritt. Seine Satteltaschen sind alt, angeschlagen und nicht das, was man sich für eine anstehende 5000-Kilometer-Tour in ferne Länder wünscht. Der Sattel wird hauptsächlich von einem Gewebeband zusammengehalten, so wie auch andere Teile des Rades auf einer dubiosen Basis stehen. Sicherheitshalber führt er bereits einen neuen Mantel am Gepäckträger mit. Er weigert sich aber, den alten Reifen durch den neuen zu ersetzen, solange ersterer noch nicht völlig zerstört ist. Da braucht man gar keine Diskussion zu beginnen. Seine Vorderbremse funktioniert eher sporadisch. Ein neuer Seilzug und Bremsbacken sind auch Teil seines Gepäcks. Die Pedale, vor allem die Pedallager, könnten auch am Ende ihrer Lebensdauer angelangt sein, meint er mit einem Lachen. Sebastian bringt seinerseits für die ersten Kilometer auch drei Freunde als Begleiter mit. Kurzes Palavern und schon geht es weiter über die Reichsbrücke, die Donauinsel hinunter, Öl-Hafen, Lobau, gemütlich bis Hainburg und dann ein bisschen baden. Alle schwimmen in der kalten Donau, dann Sonne, Käsebrote und Landjäger. Irgendwann eisen wir uns los, die treuen Freunde radeln zurück zum Bahnhof Hainburg und wir nach Osten über die Grenze in die Slowakei. Danke fürs Geleit.

Kurz nach Bratislava begegnen wir dem ersten navigatorischen Engpass und fahren gleich einen ordentlichen Umweg. Wir befinden uns ab jetzt auf unbekanntem Terrain, hier waren wir noch nie, und es geht weiter. Weiter auf romantisch verlassenen, überdimensionalen Donauuferstraßen, hinein in den Sonnenuntergang. Wir machen also tatsächlich diese Reise, wir fahren also wirklich in den Iran. Heute zum ersten Mal ausgiebiges Zeltplatzsuchen und, was viel besser ist: auch vollumfängliches Zeltplatzfinden. Eine kleine Seitenstraße an der Donau, ganz verlassen und genau neben dem schönen Fluss. Hier wird uns hoffentlich niemand vertreiben, wir legen uns in eine frisch gemähte Wiese, gleich am Waldrand, ein wenig versteckt, die Räder rund um uns wie die reinste Wagenburg, damit uns nachts kein Traktor über den Haufen fährt, man weiß ja nie. Ein 91-Kilometer-Tag heute. Ein guter Anfang. Wir packen unseren Gaskocher aus, unseren einzigen und wirklich miesen Kochtopf, jeder hat einen Napf und Besteck. Heute: fröhliches Nudelkochen und dann gleich noch viel fröhlicheres Nudel-ins-Wasser-Halten, sprich: nackt schwimmen. Donaudippen sagen wir dazu. Wir waschen uns und zelebrieren die Outdoor-Körperhygiene. Schießen Nacktfotos und feiern aufs Allerfröhlichste unser neu erworbenes Landstreicherleben. Die erste Nacht unter freiem Himmel in meinem kirgisienfesten Premiumschlafsack, darauf habe ich mich seit Wochen gefreut. Das Gras wird langsam feuchter, die Luft wird kälter, der Himmel verdunkelt sich, in wenigen Metern Entfernung rauscht die Donau. Immer wieder hört man die Spechte im Auwald, die Möwen, einen Kuckuck, allerlei Geflügel ist da ständig unterwegs. Die Sterne, so viele, wie ich sie aus dem Fenster meines Wiener Zimmers nie sehe. Hin und wieder lassen uns die Scheinwerfer eines Autos aufschrecken, aber niemand behelligt uns.

Erster Tag im Outback. Stolz, Freude und gefühlter Großartigkeitsfaktor sind kaum zu übersehen.

In Afghanistan gibt es viel mehr Sterne, sagt Malek. In der Nacht ist dort der ganze Himmel voller Sterne, hier in Österreich nicht. In Afghanistan gibt es kein Licht auf den Straßen, meistens gibt es überhaupt keine echten Straßen, nur Schotterwege, steinige Pfade oder staubige Pisten. Zumindest in meinem Dorf ist das so. Und auch in den vielen kleinen Dörfern in der Umgebung ist das so, die sehen alle so aus wie meines. Niedrige, einstöckige Häuser mit flachen Dächern aus Stroh oder Lehm. Ein staubiger, steiniger, tief ausgewaschener Weg führt zum Dorf und im Hintergrund thronen die mächtigen Gipfel des Hindukusch, die bis in den Sommer mit Schnee bedeckt sind. Jedes Haus ist braun, wie die Erde in Afghanistan, und von einer hohen Mauer umgeben. An vielen Häusern sind kleine, blätterbedeckte Veranden angebaut, wo man in den heißen Sommern gemütlich im Schatten sitzen kann. Rund um das Dorf erstreckt sich Grün. Karge, kleine Felder, die von schlammigen Bewässerungsgräben durchzogen und mit Steinmauern umgeben sind. Meist wächst Gemüse, Getreide oder Mohn auf den Familienäckern. Zwischen den Feldern liegen große Obstgärten mit Aprikosen-, Maulbeer-, Walnuss-, Kirsch-, Birnen- und Apfelbäumen. Bei uns wachsen die besten Früchte. An den Rändern der Bewässerungsgräben wachsen Pappeln und Weiden, das wertvolle Holz verwenden wir zum Bauen und wir heizen damit in den kalten Wintern. Bunte Blumen wachsen an den Feldrändern, an den niedrigen Mauern und zwischen all dem Getreide und dem Mohn. Vor den Häusern stehen Kühe, Pferde, Esel und Ziegen, die meist an einem Pfosten angebunden sind, damit sie nicht Getreide und Gemüse auffressen. Die Kühe sind klein und haben kurze Hörner. Wenn es ihnen gut geht, dann glänzt ihr Fell richtig. Hühner, Puten und Gänse laufen durch die Hinterhöfe und an jeder der hohen Lehmmauern hängt Wäsche zum Trocknen. Auf den flachen Dächern dörren Früchte in der Sonne. Afghanistan ist sehr schön.

Damals, als ich noch dort lebte, damals war das so. Aber jetzt weiß ich nicht mehr, wie es aussieht. Mein Vater sagt, die Häuser seien zerstört. Das Schöne, das Grün im Flusstal, die Bäume wurden von Flugzeugen vernichtet. Die US-Amerikaner kommen mit Flugzeugen, es gibt immer Krieg und jetzt ist das Grün weg, die Bäume und Obstgärten sind verschwunden. Es gibt nur noch Steine. Die USA verwenden chemische Bomben, ich kenne den Waffennamen nicht, aber sie zerstören alle Pflanzen. Sie benutzen diese Waffen, um die Verstecke der Taliban zu zerstören, danach kann dort niemand mehr leben. Sie zerstören auch die Häuser, die viel leichter einstürzen als die in der Stadt. Dort gibt es Häuser aus Beton, gute Wohnungen, in meinem Dorf ist alles aus Erde gebaut.

Ohne Waffe bist du niemand. In Afghanistan musst du immer eine Waffe bei dir tragen. Wenn du ohne Waffe außer Haus gehst, kann dich jeder auf der Straße bedrohen, dich schlagen, dir deine Frau wegnehmen. Du brauchst eine Waffe, um dich behaupten zu können, denn es gibt niemanden, der für Ordnung und Gerechtigkeit sorgt, das muss man selbst machen.

Die Afghanen haben schon gekämpft, als noch die Russen im Land waren. Wir haben die Russen vertrieben, das hat mir mein Vater erzählt. Alle haben noch Waffen aus dieser Zeit. Alte AKs, Repetier- und halbautomatische Gewehre, Maschinengewehre. Zuhause haben wir sieben russische AK-47. Nach dem Abzug der Russen begann der afghanische Bruderkrieg. Die Mudschaheddin kämpften gegeneinander, dann kamen die Taliban, dann die USA und jetzt sind die Taliban wieder zurück. Alle sind Banditen. Alle stehlen, rauben, morden, vergewaltigen. Es ist immer Krieg in Afghanistan.

Unser Dorf verteidigen wir selbst. Es ist so, dass du dich immer vor Dieben schützen musst. Du weißt nie, wann sie aus den Bergen kommen. Das sind Gruppen, die gehen in Wohnungen und nehmen alles mit. Wenn jemand Geld hat, nehmen sie das Geld. Einmal sind Diebe in das Haus eines armen Mannes im Dorf gekommen. Er hat überhaupt nichts besessen und die Diebe haben daraufhin die ganze Familie erschossen. Wir haben danach nicht mal gewusst, wer sie gewesen sind, ob es gewöhnliche Diebe waren oder die Taliban. So ist das Leben in meinem Land. Wir sind immer bereit und immer bewaffnet.

Es gibt nur einen sicheren Ort in Afghanistan, das ist das Panjshir-Tal, 50 Kilometer nördlich von Kabul. Ein langes Tal, das nur durch eine einzige schmale Straße erschlossen ist, die durch eine Schlucht führt. Ein weites Tal, das auf allen Seiten von Bergen geschützt ist. Im Panjshir leben Tadschiken, sie lassen nur selten Fremde in ihre Festung. Wenn ein Auto mit Kabuler Kennzeichen in das Tal kommt, muss man das Auto am Taleingang stehen lassen und zu Fuß ins Panjshir-Tal wandern. Ich wohne leider nicht in diesem sicheren Tal, ich wohne in Debagal, in der Provinz Kunar, ganz im Nordosten des Landes, an der pakistanischen Grenze. Die Leute sagen, auch Herat sei sicher. Ja, das stimmt, wenn gerade nichts explodiert.

Kabul ist nicht sicher. Die Hauptstadt der meisten Länder ist sicher, aber nicht so bei uns. In Kabul sitzt die Regierung, dort liegt das Hauptquartier der Amerikaner und dort gibt es ständig Anschläge verschiedener Gruppen. Es gibt so viele verschiedene Gruppen, die alle gegeneinander, gegen die Regierung und gegen die USA kämpfen. Die einen haben eine weiße Flagge, die anderen eine schwarze Flagge. Alle kämpfen für irgendetwas, aber allen ist es egal, wenn Unschuldige sterben.

Man kann nicht sagen, dass wir ein schönes Leben hatten, aber wir hatten ein mittelgutes Leben in Afghanistan. Wir hatten keinen Luxus, keinen Strom, kein elektrisches Licht, keinen Kühlschrank. Aber wir konnten leben. Wir bauen Getreide an, Gemüse und Mohn. Den Mohn erntet man im Herbst, da werden die grünen Kapseln über Wochen jeden Tag angeritzt. Es fließt dicke, weißliche Milch aus den Kapseln, die man zweimal am Tag abkratzt. Den Saft trocknet man im Schatten und es entsteht eine Mohnpaste – Opium, das man verkaufen kann. In Afghanistan rauchen alle Opium, das ist ganz normal. Wenn man es nicht gewohnt ist, wird einem ein bisschen schwindelig, aber die meisten sind es gewohnt. Auch Kinder bekommen bei uns manchmal ein wenig Opium. Wenn sie nachts nicht schlafen können, wenn sie unruhig sind, gibt man ihnen ein kleines bisschen Opium zum Kauen, das beruhigt. Mit den Einnahmen aus dem Opiumanbau kaufen wir uns Waffen, Munition, Raketen. Am Dach unseres Hauses ist ein kleiner Stützpunkt eingerichtet. Dort oben haben wir Sandsäcke aufgeschlichtet und an der Mauer steht ein schweres Maschinengewehr, das immer bereit ist.

Wir haben Ziegen, zwei Kühe, einen Esel und viele Hühner, aber Fleisch essen wir nur selten. Wenn wir eine Ziege schlachten, müssen wir das Fleisch räuchern und den Rest teilen wir in der großen Familie auf, alle Verwandten bekommen ein Stück. Sonst würde das Fleisch verderben. Es gibt keinen Luxus. Untertags arbeiten die Menschen auf den Feldern, die älteren Kinder helfen mit und abends kommen alle zurück nach Hause. Mein Vater, meine Mutter, meine zwei Schwestern, mein jüngerer Bruder und ich, wir leben gemeinsam in einem Haus. Mein Vater ist ein angesehener Mann im Dorf.

In unserem Dorf gibt es viele Kinder, viel Platz zum Spielen. In Afghanistan laufen Kinder meist barfuß oder mit Plastikschlapfen herum. Wir spielen gerne Kricket oder Fußball. Wenn ein Kind einen Fußball besitzt, ist es der Chef. Aber niemand besitzt hier einen Fußball. Wir stopfen einfach einen Sack voll, solange bis er schwer genug zum Spielen ist, dann wird der Sack mit Stoffbändern umwickelt. Unser Fußball ist ein Lumpenball.

Viele Kinder lassen auch Drachen steigen, aber mein Vater meint, das wäre Zeitverschwendung, ich solle die hellen Stunden lieber zum Lernen nutzen. Wenn man kein elektrisches Licht hat, kann man nur untertags lernen – am Abend haben wir nur Petroleumlampen, die geben zwar Licht, aber das reicht nicht mehr zum Lesen.

Ich war noch ein Kind, als die Taliban das Land eroberten und dann regierten, daran kann ich mich nicht mehr erinnern, aber mein Vater erzählt mir manchmal davon. Er erzählt auch von seinen Zeiten als Mudschaheddin, als er im Dschihad gegen die sowjetischen Invasoren kämpfte. Es folgte ein langer Bruderkrieg, den schließlich die Taliban beendeten. Dann kamen die Amerikaner, schlugen die Taliban und Präsident Karzai wurde von der *Loja Dschirga*, dem afghanischen Ältestenrat, zum Präsidenten gewählt. Die geschlagenen Taliban zogen sich in die Berge zurück – die Provinz Kunar besteht nur aus Bergen und aus steilen unzugänglichen Tälern. Mit den Amerikanern kamen die Schulen. Unter den Taliban gab es nur *Madrasas*, Koranschulen. In diesen Schulen lernen Jungen den Koran auswendig, sie rezitieren arabische Suren und wiederholen den ganzen Tag die Worte des Mullahs. Sie lernen den Koran in einer

Sprache, die sie selbst nicht verstehen und müssen den Interpretationen des Mullahs glauben. Mit sechs Jahren schickt mich mein Vater in die Schule. „Es gibt jetzt keinen Dschihad mehr", sagt er, „du musst keinen Krieg kämpfen. Gegen wen willst du kämpfen? Die Taliban wollen unschuldige Leute umbringen, das ist kein Dschihad. Sie kämpfen gegen Afghanen."

Zuerst haben wir einen Lehrer im Dorf. Wir lernen den Koran, wir lernen lesen und schreiben. Als der Lehrer, ein alter Mann, aufhört, müssen wir eine neue Schule suchen. Mein Vater schickt mich in die amerikanische Schule in Kunar, nicht in die *Madrasa*. Wir verwenden dort die alten afghanischen Lehrbücher, Koranbücher, aber es gibt auch englische Bücher. Ich gehe sehr gerne in diese Schule, ich lerne viel und bin ein fleißiger Schüler. Die Schule liegt in der Stadt, zwei Stunden entfernt von unserem Dorf. Wir gehen jeden Tag zu Fuß dorthin und am Nachmittag wieder nach Hause zurück. Nur wenn es stark regnet, wenn die Wildbäche Hochwasser führen und unpassierbar werden oder wenn gerade gekämpft wird, dürfen wir nicht in die Schule gehen, sagt der Lehrer. Wir sind sechs Kinder, die aus unserem Dorf täglich in die Schule gehen. Eines Tages wird die Schule bei einem Angriff zerstört, jetzt fehlt das Dach, wir gehen trotzdem weiterhin und sitzen jetzt eben in einem Haus ohne Dach am Boden, während der Lehrer vorträgt und wir wiederholen.

Wenn man älter ist, beginnt man zu verstehen. Wenn man kein Kind mehr ist, wenn man ein Mann wird, versteht man, dass man in der Welt ist. Ich gehöre jetzt auch zur Welt. Zu meiner Sicherheit bekomme ich eine Waffe, ich bin ungefähr elf Jahre alt, weil jeder Mann in Afghanistan eine Waffe trägt. Mein Vater sagt, ich dürfe das Gewehr nicht in die Schule mitnehmen. „Aber zuhause, wenn du auf die Felder oder in die Berge gehst, dann darfst du sie mitnehmen."

Ich kann mit Waffen umgehen, in Afghanistan kann das jeder. Im Sommer schlafe ich jeden Tag unter dem freien Himmel, auf dem Dach unseres Hauses. Ich schlafe in dem kleinen Stützpunkt am Dach, das schwere MG steht gegen die niedrige Mauer des Flachdaches gelehnt und ich habe meine AK neben mir liegen. Ich bewache in der Nacht von dort oben aus unser Haus und das Dorf. Ich kann die nahen Felder überblicken, vertreibe wilde Tiere, die unser Getreide und den Mohn fressen wollen. Ich jage Vögel, am liebsten die großen Tauben, die schmecken am besten. Es sind wunderschöne kühle Sommernächte am Dach. Der Himmel ist sternenklar, weit und breit brennt nirgendwo ein Licht.

Jahre nach ihrem Einmarsch errichten die Amerikaner eine Basis in der Nähe unseres Ortes – Debagal Base. Es ist ein Außenposten und sie versuchen von dort aus, Jagd auf die Taliban zu machen. In den Bergen gibt es viele Höhlen und dichte Wälder, in denen sich die Taliban verstecken können, wo man sie vom Flugzeug aus nicht finden kann. Die meisten Orte in der Provinz erreicht man nur zu Fuß, auf steilen, felsigen Wegen, die man höchstens mit einem Lastenesel befahren kann. Die gepanzerten Autos der Amerikaner und der afghanischen Armee kommen da nicht durch.

Die Amerikaner sind freundlich und immer bewaffnet. Sie kommen auch in unser Dorf, sie sehen sich um, gehen von Haus zu Haus, sehen sich in den Hinterhöfen um und sprechen mit den Menschen. Es sind auch Frauen unter den Soldaten und sie kommen mit Übersetzern. Eine Soldatin versucht, sich mit Handzeichen mit meiner Mutter zu verständigen. Sie sprechen auch mit meinem Vater. Er hat einen Militärausweis der alten Regierung, er hat einen guten Ruf, darum kommen sie zu ihm. Sie fragen nach den Taliban und versuchen in all den Dörfern, Waffen, Munition, Granaten und Sprengstoff abzusammeln. Mein Vater gibt ihnen einige alte Gewehre und bekommt Geld dafür, er gibt aber nicht alles her, den Rest versteckt er im Keller. Er gibt keine Auskunft über die Taliban – es wäre zu gefährlich. Die fremden Männer sprechen meine Mutter nicht an, auch nicht die Übersetzer. Nur die Soldatinnen sprechen mit den Frauen.

In Afghanistan bleiben die Frauen im Haus, so wollen es zumindest die Taliban. Meine Mutter arbeitet aber auch am Feld, dann trägt sie nur ein Kopftuch, denn die lange blaue Burka mit dem kleinen Netz vor den Augen stört bei der Feldarbeit. Wenn sie weitere Wege zurücklegt, zum Arzt muss oder auf Besuch zu ihrem Bruder, meinem Onkel, geht, trägt sie die Burka. Die unwegsame Landschaft zwischen den Dörfern ist immer gefährlich. Oft verstecken sich Taliban am Wegesrand und kontrollieren die Passanten.

Frauen dürfen nicht ohne Burka reisen, sie bekommen Probleme, werden bestraft, wenn man sie ohne Burka erwischt. Eine Frau darf nie alleine gehen, sie muss immer in Begleitung eines Mannes sein. Wenn meine Mutter außer Haus geht, begleite ich sie oder mein Vater tut das. Meine Mutter ist bereits eine ältere Frau. Sie ist die zweite Frau meines Vaters. Seine erste Frau wurde im Krieg getötet. Sie hatten gemeinsam zwei Söhne. Auch die wurden beide im Krieg getötet. Ich bin sozusagen der dritte Sohn, ich bin jetzt der Älteste.

In Afghanistan sprechen wir mit älteren Frauen respektvoll, obwohl wir eigentlich mit fremden Frauen gar nicht sprechen dürften, wenn es nach den Taliban geht. Wir reden sie mit *Mutter* oder *Tante* an: „Wohin gehst du, *Mutter*? Was machst du, *Tante*?" Wir schmeicheln ihnen und bringen ihnen Respekt entgegen.

Die amerikanische Basis ist nicht weit vom Dorf entfernt, vielleicht 15 Minuten zu Fuß. Wir Kinder gehen oft zu den Soldaten, wir sehen uns die gepanzerten Humvees an und bestaunen ihre modernen Waffen, die Helme, Brillen, die kugelsicheren Westen. Sie schenken uns süße Biskotten und manchmal Schokolade. Beides bekommen wir sonst nie. Die Soldaten spielen mit uns und sie fragen uns nach den Taliban, aber niemand von uns sagt etwas. Sie haben Paschtu-Übersetzer dabei, die auch in Splitterschutzwesten stecken. Mein Vater hat Angst und sagt uns, wir sollten uns von den Soldaten fernhalten. Er will nicht, dass ich dabei gesehen werde, wie ich mit den Soldaten spreche, auch er selbst möchte nicht mehr mit ihnen sprechen, es wäre zu gefährlich, sagt er, die Taliban hätten überall ihre Spione.

Die Amerikaner können sich nicht lange in ihrer Basis halten. Sie kennen sich in den Stammesgebieten nur schlecht aus und die Taliban werden wieder stärker. Sie legen Minen, töten Amerikaner und schaffen es immer öfter, die Elitetruppen in Hinterhalte zu locken. Die amerikanischen Soldaten geben den Vorposten in Debagal schon nach sechs Monaten wieder auf und ziehen sich nach Kunar zurück, dort ist auch die Schule.

Ich liebe die Schule. Bei uns ist es so: Die Leute bilden sich nicht mit Büchern, das gibt es nicht. Die Menschen hören nur den

Mullah und glauben das, was er sagt. Mein Vater hat aber viel gesehen, er ist anderer Meinung. Er sagt zu mir: „Ich will, dass du was lernst und nicht wie die anderen ein Dummkopf bleibst und alles glauben musst, was man dir erzählt. Ich möchte, dass du dir selbst eine Meinung bilden kannst."

Die Taliban kontrollieren mittlerweile die Wege zwischen den Dörfern. Immer wenn ich in die Schule gehe, muss ich an ihrem Stützpunkt vorbei, und das ist gefährlich. Die Taliban halten jeden, der auf den Wegen zwischen den Dörfern unterwegs ist, auf. Sie stellen sich mit einer Waffe in der Hand in den Weg und du musst stehen bleiben. Wenn du nicht stehen bleibst, wenn du wegläufst, schießen sie auf dich. Sie fragen uns, wohin wir gehen, wir lügen: „In die *Madrasa* nach Kunar – Gott ist groß." Aber wir gehen in die amerikanische Schule. Die Taliban verbieten das, sie verbieten Englisch zu lernen. „Wir kämpfen gegen die Amerikaner und ihr geht in ihre Schule", sagen sie. Die Taliban haben harte Stöcke, um Kinder zu schlagen. Wenn man sich falsch verhält oder nicht genug über den Islam weißt, verprügeln sie einen damit. Sie kontrollieren unsere Bücher, aber das sind dieselben Bücher wie die aus der Koranschule. Nur die Englischbücher dürfen sie nicht finden. Unser Lehrer erlaubt uns, die Englischbücher in der Schule zu lassen, aber manchmal brauche ich sie zuhause, um zu lernen. Es ist sehr gefährlich, die Bücher an den Taliban vorbeizuschmuggeln. Wenn sie mich damit erwischen, haben ich und meine Familie ein Problem. Ich verstecke die Bücher in meiner Unterhose, dort schauen sie nicht nach. In Afghanistan trägt man sehr gemütliche Kleidung: lange, weite Pluderhosen, die über der Hüfte zusammengebunden werden, darüber ein langärmeliges Hemd, das bis zu den Knien reicht. Innen im Hosenbund kann man Sachen super verstecken.

Ich bin 14 Jahre alt. Die Taliban kommen mit ihren weißen Fahnen und dem Gewehr am Rücken mittlerweile in die Dörfer, auch in unser Dorf kommen sie. Es sind nur drei Männer und sie wollen uns erklären, wie wir zu leben haben. Sie wollen Geld eintreiben und vor allem möchten sie, dass Männer und Jungen mit ihnen in den Dschihad ziehen, Amerikaner töten. Sie versuchen die ungebildeten Leute zu überzeugen und schwingen große Reden. „Bei Gott dem Allmächtigen, wir führen Dschihad, den Heiligen Krieg gegen die USA. Gott braucht Märtyrer für diesen Krieg gegen den Teufel. Wir sind zurück, um Afghanistan, unser Heimatland, zu befreien."

Der Dschihad ist nach unserer Überzeugung so gemeint, dass man nur dann kämpfen und andere Menschen töten darf, wenn es um das eigene Leben geht. Wenn dich jemand unterwerfen will, wenn dir jemand dein Land wegnehmen, deine Eltern oder deine Familie töten will, dann darfst du gegen ihn kämpfen. Denn du hast das Recht, in dieser Welt zu leben. Du sollst aber nicht zum Vollstrecker werden. Es ist nicht deine Aufgabe, grausame Menschen zu töten. Wenn ich einen grausamen Menschen töte, dann werde ich selbst auch grausam.

Mein Vater nimmt mich am Abend zur Seite. Viele Burschen sind von den Reden des Talib begeistert und andere sind einge- schüchtert. Aber mein Vater sagt zu mir: „Dein Dschihad soll es sein, deinen eigenen guten Weg im Leben zu suchen. Es gibt den Teufel, er steht für die Versuchungen in deinem Leben. Du musst das Gute in dir fördern und das Schlechte bekämpfen. So sollst du den Dschihad verstehen. Der Teufel will dich auf Abwege locken. Er verführt dich dazu etwas – zapzarap – zu stehlen, lockt dich, mit Betrug reich zu werden, jemanden umzubringen. Der Teufel bringt dich auf Abwege. Finde einen guten Weg in dir. Mach du dich besser und kümmere dich nicht darum, andere zu richten." Ich höre zu. Mein Vater sieht mich scharf an: „Ich will nicht, dass du dich den Taliban anschließt. Lass dich nicht blenden. Was die Taliban machen, ist kein Dschihad. Sie kämpfen einfach nur gegen die Regierung. Die USA sind gekommen, um unser Land zu befreien und aufzubauen und was machen die Taliban? Sie kämpfen gegen sie."

Am nächsten Tag ruft mein Vater die Dorfältesten zusammen, die viel auf seinen Rat geben. Sie beschließen, wieder eine Dorfmiliz zusammenzustellen, die das Dorf vor Angriffen schützen soll. Mein Vater will aber neutral bleiben. Er will weder für die Taliban noch für die Regierung oder für die Amerikaner Stellung beziehen. Er will das Dorf schützen, indem es neutral bleibt und so verhält er sich auch selbst. Aber er weiß auch, dass nicht alle im Dorf neutral sind – es gibt immer einige, die den Taliban Informationen liefern.

Monate später, ich bin 15, höre ich in der Nacht Gefechtslärm. Es wird jetzt öfter gekämpft. Alle im Haus hören das nahe Feuer von Maschinengewehren und die abgefeuerten Raketen. Die Amerikaner bombardieren sogar. Wir hören das Dröhnen der Kampfbomber und das der amerikanischen Bomben, die an den Berghängen explodieren. Es ist wieder Krieg.

„Bitte bleib zuhause, Malek", sagt meine Mutter in der Früh, als sie sieht, dass ich meine Tasche packe. „Ich habe Angst um dich, geh heute nicht die Schule." Aber ich bin neugierig. Wir Kinder wollen immer den Krieg sehen, wir sind gespannt, wollen rausfinden, was in der Nacht passiert ist. Wir sammeln nach den Gefechten immer die Patronenhülsen und verkaufen das Metall in der Stadt. Wir sind fünf Kinder, die alle auf dem Weg in die Schule sind. Der Morgen bleibt ruhig. Kein einziger Schuss. Kein Helikopter, kein Humvee zu hören. Es ist bewölkt, da fliegen auch keine Drohnen. Es sind die strahlend blauen Tage, an denen die Amerikaner angreifen. Wir schlendern in unseren locker sitzenden Plastikschlapfen die Straße zur Schule dahin. Wir halten Ausschau nach verbrannten Flecken am Berghang, wo vielleicht Raketen eingeschlagen haben. Dort findet man Patronenhülsen, manchmal Waffen oder sogar eine Leiche. Am leichtesten findet man die Hülsen der Amerikaner. Wenn die schießen, ist später alles voll damit. Wenn ich die großen MG-Hülsen der Humvees finde, kann ich Bonbons für mich und meine Geschwister kaufen. Die Hülsen der Taliban sind weit schwerer zu finden. Meist irgendwo in den Berghängen, hinter großen Felsen oder bei Höhleneingängen. Die findet man nur zufällig oder wenn man gesehen hat, woher die Schüsse kamen. Die Amerikaner machen es uns Kindern leicht.

Plötzlich taucht ein Pick-up staubend am Horizont auf und rast auf uns zu. Lari, keine neun Jahre alt, lässt sofort seinen Stock fallen, mit dem er den ganzen Weg über auf Büsche und Disteln eingehauen hat und läuft davon. Er springt über die Mauer in das nächste Feld, schlägt sich durch die Büsche an den Bewässerungsgräben bis zu den Pappeln durch und verschwindet bei den großen Steinen am Fluss irgendwo in Richtung Dorf. Atal, Farid, Mohammed und ich bleiben wie Esel auf der Straße stehen – wir Idioten – und warten, bis der Pick-up vor uns anhält. Ich fühle mich wie erstarrt, obwohl ich weiß, dass ich laufen sollte. Aber was ist, wenn sie auf mich schießen?

Weißer Pick-up, weiße Fahne, schwarze Turbane und einige Schals, die Gesichter verhüllen: Taliban. Scheiße! Früher waren die Taliban noch halbwegs freundlich, aber jetzt ist Krieg. Drei Männer springen mit geschulterter Kalaschnikow von der Ladefläche und packen uns an den Hemden, halten uns fest und ziehen uns in die Höhe. Irgendwie hoffe ich, es wäre einfach eine normale Kontrolle, aber ich habe Angst. „Was macht ihr hier? Wohin geht ihr? Geht ihr in die Amerikaner-Schule? Warum ist der Kleine davongelaufen?" Die Taliban wollen keine Antworten. „Steigt auf die Ladefläche!"

„Bitte", sage ich, „bitte lasst mich gehen. Mein Vater, meine Mutter, sie warten auf mich. Sie werden sich Sorgen machen. Bitte." Ich kann nur betteln, ich habe keine Chance. Der Mann mit schwarzem Turban und wucherndem Bart hält mich zu fest. Seine Fingernägel graben sich jetzt in meinen Oberarm, er stinkt aus dem Mund und funkelt mich aus dunklen Augen drohend an.

„Ich bin ein guter Moslem", sage ich flehend.

„Gute Moslems helfen uns Taliban", sagt der finstere Bärtige. „Steigt auf die Ladefläche, wir haben Verletzte."

„Aber mein Vater ...", beginne ich. „Will, dass sein Sohn dem Propheten dient", beendet er mit faulem Atem meinen Satz und stößt mir den Lauf seiner AK in den Rücken. „Rauf auf den Pick-up. Schnell." Wir setzen uns neben die Verletzten auf die Ladefläche. Einer hat einen zerschossenen Fuß, ein anderer einen blutüberströmten Arm. In der Mitte liegt ein regungsloser Mann – ein toter Taliban. Es stinkt nach Urin. Der Tote hat sich angepisst. Die Verletzungen der beiden Männer sind einfach nur mit Stoffbändern abgebunden. Stoff, den sie aus ihrer Kleidung gerissen haben, kein richtiger Verband. „Wo bringt ihr uns hin?", frage ich. „Mein Vater weiß nicht, wo ich bin, bitte."

„Keine Fragen", sagt der Mundgeruch-Talib, „ihr müsst uns helfen. Allah ist groß." Er verbindet mir grob die Augen, er zieht das Stoffband um meinen Kopf so fest, dass es weh tut, aber ich sage kein Wort. Er stülpt mir einen Sack über den Kopf – ich sehe jetzt gar nichts mehr. Der Pick-up fährt los und wir werden auf dem holprigen Weg hin und her geworfen. Ich kann mich an der

Bordwand der Ladefläche festhalten und meine Knie stoßen immer wieder gegen hartes Metall und gegen einen der Verletzten. Die verwundeten Männer stöhnen. Der Pick-up fährt einige Stunden. Ich spüre nur das Gerumpel, wie das Auto über große Steine wackelt, ich rieche das Blut und den Urin. Ich verliere jede Orientierung. Irgendwann hält der Fahrer an. Ich höre die Türen zuschlagen, als die Männer aus der Fahrerkabine aussteigen. „Runter vom Wagen", schreit einer. Ein anderer zieht mir grob den Sack vom Kopf, reißt die Augenbinden über die Stirn und stößt mich von hinten auf meine eingeschlafenen Beine. „Aufstehen! Runter da! Schnell!" Zwei andere bauen Tragbahren zusammen und heben die Verletzten von der Ladefläche. Der Tote bleibt auf der Ladefläche.

„Tragt die Verletzten!", herrscht uns einer der älteren Kämpfer an. Ich und einer der anderen Jungen versuchen, die Bahre aufzuheben. Sie ist so unglaublich schwer, obwohl der verletzte Taliban dünn und ausgemergelt ist. Die bewaffneten Männer gehen voraus und wir versuchen die Verletzten zu schleppen. Es ist fast unmöglich. Alle paar hundert Meter müssen wir eine Pause machen und die Trage abstellen. Der Weg ist steinig und immer wieder rutsche ich mit meinen Plastikschlapfen ab. Nach vier Stunden erreichen wir ein verstecktes Lager in den Bergen, ich könnte zusammenbrechen vor Erschöpfung. Wir tragen die Verletzten an den bewaffneten Wachen vorbei, die irgendwas in ihre Funkgeräte raunen und kommen zu einem offenen, kahlen Platz. Ringsherum führen Höhlen in die Felsen und im Schatten sitzen Männer, die Tee trinken, neben ihnen lehnen die Kalaschnikows.

Wir tragen die verwundeten Männer in eine große Höhle, wo ein Arzt auf uns wartet. Er spricht Urdu, Pakistanisch. In Afghanistan gibt es kaum Ärzte, keine Verbände, keine Medikamente, aber in dieser Höhle haben sie alles. Der Arzt nimmt dem Mann, der anscheinend Bazgar heißt, den durchgebluteten Verband ab, schneidet die blutige Hose auf und sieht sich den zerschossenen Oberschenkel an. Er sieht Bazgar in die müden Augen. „Bazgar" heißt „Bauer", und so sieht er auch aus – wie ein armer Bauer, der hart arbeitet und wenig zu essen bekommt. Der Arzt zieht eine Spritze aus einer Plastikverpackung und rammt sie Bazgar in den Oberschenkel.

„Das sollte dich beruhigen, das ist gegen die Schmerzen", sagt er und Bazgar murmelt irgendeine Antwort. Sein Körper entspannt sich langsam. Der Arzt reinigt die Wunde mit Wasser und Alkohol und Bazgar stöhnt jedes Mal auf, wenn der Arzt das Fleisch berührt. „Ich hole jetzt die Splitter heraus", sagt er und schiebt Bazgar ein Stück Holz zwischen die Zähne: „Beiß da drauf, es wird wehtun."

„Kleiner", sagt der Arzt und sieht mich an, „halte seinen Arm fest. Und du", er blickt über seine Schulter zum Mundgeruch-Talib, „sieh zu, dass sein Fuß ruhig bleibt." Er blickt zu den anderen drei Jungen. „Ihr nehmt den anderen Arm und das zweite Bein und drückt beides so fest ihr könnt auf den Boden." Bazgar ist zu schwach, um zu widersprechen. Wir drücken ihn auf den Erdboden und der Pakistani-Arzt fährt mit einer spitzen Zange tief in die Wunde. Bazgar schreit und röchelt. Spucke rinnt unter dem dicken Holzstab über seine Wangen auf die Erde herab. Der Arzt zieht ein blutiges Metallstück aus dem Oberschenkel. Noch eines und noch eines. Bazgar windet sich vor Schmerz. Keiner nimmt Rücksicht. Wir drücken ihn einfach nur fest auf die Erde. Wir tragen den erschöpften Bazgar in eine andere Höhle und helfen auch dabei, den zweiten Verletzten zu verarzten.

Dann kommt ein großer Mann. Er trägt wie alle hier weite afghanische Kleidung, hat einen dichten Bart und dunkle Augen. Er packt uns bei den Schultern und führt uns in eine Höhle, die voller am Boden sitzender Kinder ist. Sie murmeln Suren, wippen ihre Oberkörper vor und zurück und beten die Gebete des Mullahs nach. „Da, setzt euch nieder", sagt der große Talib mit grimmiger Miene. Keines der Kinder blickt auf. „Lest den Koran", sagt er und legt jedem ein Buch vor die Beine.

„Ich kann nicht hierbleiben", sage ich verzweifelt. „Zuhause weiß niemand, wo ich bin. Mein Vater weiß nicht, wo ich bin. Er wird sich Sorgen machen. Meine Mutter weiß nicht, wo ich bin, sie wird verzweifeln."

„Vergiss Vater und Mutter", sagt der finstere große Talib, „du bist jetzt bei uns. *Allahu akbar*. Gott ist groß und Mohammed ist sein Prophet."

# DIESE UNGARISCHE TIEFEBENE

*#Reisetagebuch Tag 2*
*„In der Früh von der Sonne geweckt. Das kam aber nicht überra-*
*schend, denn man war ja schon wach. Und das die ganze Nacht.*
*Mein Dank geht an die Gelsen und Kriebelmücken der Slowakei!*
*Der Tag beginnt mit Morgensport (in meiner Angst, vor lauter*
*Radfahren meinen Freibadoberkörper zu verlieren, stähle ich*
*selbigen mit morgendlichen Liegestützen). Dehnen, baden, etc.*
*Es geht weiter auf einem extrem nicen Radweg, wir fahren fast*
*ganz alleine. Dann aber kommt diese ungarische Tiefebene, eine*
*sauzache Angelegenheit. Alles brettleben, fad und alle paar Ki-*
*lometer haut's die Packtaschen runter, dazu ist es sauheiß. Erste*
*Zweifel am Gesamtprojekt machen sich breit. In der Mittags-*
*pause verenden wir im Schatten, Sebastian hat Schädelweh und*
*wirft sich ein Aspirin ein, Thomas und ich sind brutalstens fer-*
*tig. Sicherheitshalber pennen wir mal eine Stunde in der Sonne,*
*dann treten wir die Gewalttour an die Donau an."*

Es läuft einfach nicht so rund wie gewünscht. Meine Packtaschen sind derartig schlecht montiert, dass bei jeder kleine-
ren Bodenwelle entweder die linke oder die rechte mit einem
Krachen zu Boden donnert. Das kann nicht gut für die Taschen
sein, das kann nicht gut für den Inhalt sein und das ist vor allem
für unser Fortkommen nicht gut. Wir machen darüber hinaus
Bekanntschaft mit dem Sommer, mit einer unglaublich faden
ungarischen Tiefebene und mit ein wenig Hitze. Was die Puszta
angeht, muss man den Ungarn generell ein Kompliment machen:
Da haben sie von ihrer schönen Puszta-Tiefebene nicht sehr
viel Schönes übriggelassen. Da hat man sich gedacht, warum
Kleinbauern, warum Hirten, warum Pferdegespanne, wenn man
doch auch so eine tolle Agroindustrie haben kann. Sprich: platte
Ebene, soweit das Auge reicht. Und dem Auge reicht es sehr
schnell, denn das ist wirklich nicht zum Anschauen.

Was uns neben den landschaftlichen Unzulänglichkeiten trotz
allem am meisten zusetzt, ist die Hitze. Die Radhelme schützen
unsere Köpfe nicht nur vorm harten Asphalt, sie verhindern
auch, dass uns die Sonne das Hirn weichkocht. Der Wind mildert

die Hitze, aber eigentlich ist der Sommer zum Baden da, nicht zum Radfahren.

Es wird nichts aus unserer zweiten Nacht am schönen Fluss, wir kommen nicht weit genug. Wir sind erledigt. Auch die Schlafplatzsuche gestaltet sich nach 89 Kilometern und einsetzender Dämmerung schwieriger als tags zuvor. Wir fahren auf rumpeligen Wegen eine Abkürzung und suchen nach einem Versteck. Kleine Wäldchen, Maisäcker, Felder und Bauernhäuser. Überall entlang der Feldwege stehen Häuser, und die ungarischen Wachhunde verpfeifen uns schon auf 500 Meter Entfernung. Einige der Häuser sind bewohnt, viele sind verlassen, stehen zum Verkauf, was wir den Real-Estate-Schildern an den Zäunen entnehmen können. Wir überlegen, in eines der verlassenen Häuser einzubrechen, einfach über den Zaun zu klettern und dort im Garten zu zelten. Aber wir sind eben erst seit Kurzem Landstreicher, grün hinter den Ohren, wir sind noch feige und brechen unsere erste kleinkriminelle Handlung ab, bevor sie wirklich begonnen hat. Kein Einbruch. Kein Hausfriedensbruch. Schade. Schließlich finden wir einen etwas abgelegenen und recht unansehnlichen Pinienwald, dafür fühlen wir uns hier sicher, da sollte uns keiner finden. Wir haben wirklich Angst, vertrieben, gefunden, bestohlen, zur Rede gestellt zu werden. Mut sieht anders aus.

Sobald die Fahrradaction des Reisetages endlich beendet ist, schlüpfen wir aus den verschwitzten Klamotten. Heute fehlt uns das kühle Badegewässer, ungewaschen ziehen wir uns frische Sachen an. Trinkwasser ist zumindest kein Problem, jeder hat drei volle Wasserflaschen mit dabei. Unsere improvisierte Reiselogistik funktioniert: In den ungarischen Dörfern am Weg finden sich öffentliche Brunnen, dort können wir unsere Wasservorräte auffüllen. Die vollen Flaschen zurren wir oben auf die Gepäckträger, denn die Packtaschen sind bei allen recht vollgestopft, vor allem dann, wenn noch Obst, Brot, Wurst, Zeug fürs Abendessen und Frühstück dazukommen. Wir haben unser Gepäck so aufgeteilt, dass jeder einen Teil der Lasten trägt und kaufen in kleinen Supermärkten für einen Tag im Voraus ein. Thomas hat das Zelt auf seinem Gepäckträger, ich habe den Campingkocher, die drei Einweg-Gaskartuschen, die Landkarten, Sebastian den Topf.

Das Lager hier im Wald besteht nur aus einer Zeltplane, die wir am Boden ausgebreitet haben, einer kleinen Kochstelle und unseren Packtaschen. Weil wir Angsthasen sind, sperren wir die Räder in der Nacht ab. Unsere größte Sorge ist, dass sie uns gestohlen werden. Ob meiner Rückenprobleme bin ich der Einzige mit aufblasbarer Premium-Luftmatratze, die sehr hightech ist und mit einem Wasserbett keinen Vergleich scheuen muss. Meine körperlich unversehrten Mitstreiter bevorzugen die männlichere, billigere und wesentlich piniennadelbeständigere Variante einer einfachen Isomatte. Aus Furcht, meine Unterlage und Lebensversicherung auf dieser Reise schon ganz am Anfang zu verlieren, verbringe ich eine gute Viertelstunde mit der Reinigung des Schlafplatzes von allem Spitzen und Mattenfeindlichem. Die Stimmung ist hervorragend, obwohl der Tag anstrengend war und wenig zu bieten hatte. Noch sind wir richtig gespannt, diese Art von Reise ist so neu für uns, so aufregend. Ich drehe ein Video am Zeltplatz. Sebastian kocht, Sebastian spart Gas, dementsprechend ewig dauert es, bis das Nudelwasser kocht. Vielleicht kommen wir ja mit einer einzigen Kartusche bis in den Iran aus, dann hätten wir wieder Zweieurofünfzig gespart. Thomas erkundet die Umgebung. Ich bin beschäftigt mit Schmähführen und kontaktiere Zsolt, einen Bekannten aus Ungarn, sein Haus liegt direkt an unserem Weg, vielleicht beherbergt er uns für eine Nacht. Wir essen wieder leckerste Nudeln, ich glaube, das könnte ich jeden Tag: Nudeln fressen. Problemlos! Wir schlafen wieder im Freien, das könnte ich auch jeden Tag. Uns stechen wieder die Gelsen, das wird schön langsam nervig.

Kurz vor der Dämmerung hören wir im trockenen Föhrenwald den Gesang eines Ziegenmelkers. Da schlägt mein Ornithologenherz höher! Einen Ziegenmelker habe ich noch nie gesehen. Bei uns sind die Tiere selten. Fun Fact: Ziegenmelker sonnen sich gerne und nehmen ausgiebige Staubbäder. Sympathische Tiere. Wen es interessiert, der Gesang, den man in der Abenddämmerung oder nachts hört, klingt wie ein entfernt vorbeifahrendes Motorrad, wie ein gleichmäßiges Surren. Klingt cool. Bekommt man den Vogel in der Luft zu sehen, erinnert der Flug des Ziegenmelkers an einen riesigen Schmetterling, der mit langsamen Flügelschlägen immer wieder Richtung Boden segelt. Wir bekommen ihn aber nicht zu sehen. Diese Ziegenmelker sind super getarnt.

Thomas montiert sofort seine Wildtierkamera in der Nähe des Zeltplatzes, um alle möglichen heimlichen Tiere, Fokus Ziegenmelker, zu detektieren. Sebastian und ich sind ob der versteckten Kamera mit Infrarot-Auslöser besorgt, unbemerkt beim Scheißen fotografiert zu werden.

Am nächsten Tag geht es über Hügel und Felder vorbei an Windparks durch eine viel schönere Landschaft. Kein Vergleich mit dieser elenden ungarischen Todestiefebene von gestern. Was fürs Auge gibt es heute und auch was für die Waden: stundenlanges Windschattenfahren. Mit vollbepackten Rädern und der im Zuge der Reise zunehmenden Wadenpower sieht das im Prinzip folgendermaßen aus: Der erste sieht das Schlagloch rechtzeitig, der zweite kann gerade noch ausweichen, dem dritten ist die Sicht verstellt und es erwischt ihn. Derweil hält das Material das noch aus, aber ewig sicher nicht. Kurz nach dem ungarischen Esztergom, nach 105 Kilometern Landstraßenrennen, bauen wir unser Zelt direkt neben dem Radweg an einer gemütlichen Schotterbank auf. Wildcampen ist im roma-und-sinti-feindlichen Ungarn streng verboten. Wir riskieren es trotzdem und hoffen, dass die Polizei nicht den schmalen Radweg entlangfährt. Überall am Ufer sind Feuerstellen, wir sind hier also nicht die Einzigen, die Nächte im Freien verbringen. Der Grenzfluss ist hier bereits 500 Meter breit. Die Strömung schnell, das Wasser angenehm kühl und die Moskitos kommen erst in der Dämmerung – aber dann in biblischen Ausmaßen. Schwimmen hilft nach einem solchen Tag dabei, zu regenerieren. Am Rand fließt die Donau noch langsam, man kann gemütlich ins kalte Wasser waten. Einige Meter vom flachen Schotterufer entfernt wird die Strömung wirklich reißend. Meine private Gegenstromanlage. Ich kraule in der Früh und am Abend und wirke so dem akuten Oberkörperverfall entgegen. Wir können am Fluss alles waschen, die Radkleidung, Geschirr, Besteck, mehr gibt's nicht. Wir zünden ein kleines Feuer am Ufer an. Thomas hat einen Stieglitz gefunden, den man ganz aus der Nähe filmen kann. Der Vogel ist schon ein wenig zerzaust, scheint verletzt und flugunfähig zu sein und wird wahrscheinlich in der Nacht vom Fuchs versnackt werden. Wir können ihm leider nicht helfen und um ihn selbst zu verspeisen, sieht er zu krank aus. Gegen Abend beginnen die Fische im Fluss zu springen. Wir überlegen sehnsüchtig, ob wir irgendwo eine Angel herbekommen könnten, denn nach diesem Tag sind wir dermaßen ausgehungert, dass wir sämtliche Nahrungsmittel vernichten, die wir noch mit uns führen, und trotzdem schaffen wir es nicht, satt zu werden. In unserer Verzweiflung essen wir die dritte Portion Nudeln, mangels Alternativen mit Kernöl und Salz. Als Nachtisch gibt es Brot mit Kernöl, dann Schnaps für alle. Die Sonne schickt ihre letzten Strahlen, die Schnapsflasche ist schon zur Hälfte geleert, da vergrößert sich unsere Abendveranstaltung um einen weiteren Vagabunden. Er schiebt sein Rad den Abhang herunter und fragt, ob er uns Gesellschaft leisten dürfe. Natürlich darf er. Am Feuer ist noch Platz, und sehr gefährlich sieht der junge Deutsche nicht aus. Die Gruppe vergrößert sich also für diesen Abend von drei auf vier Personen. Nummer vier heißt J. und trägt einen hautengen blauen Fahrradanzug. Er wolle ob seiner aktiven linksautonomen Unternehmungen weder namentlich genannt noch auf Fotos in diesem weltweiten Netz kenntlich gemacht werden, das sagt er, als er mich und Thomas dabei erwischt, wie wir bei Sonnenuntergang um die Wette fotografieren. In der Realität, weit weg vom Internet, handelt es sich bei J. um einen freundlichen und sehr korrekten Veganer, der, um vor Raub und Totschlag sicher zu sein, unsere Gesellschaft und auch den Gebrannten sehr gerne annimmt. Er möchte in Osteuropa eine autonome Keimzelle aufbauen, aufbauen helfen oder unterstützen. Eine anarchistische Zelle, die autonom operiere und mit anderen autonomen Zellen in anderen Ländern kooperiere. Anarchistische Entwicklungshilfe für den europäischen Osten, für Serbien. So genau dürften wir das sowieso nicht wissen. Alles furchtbar geheim. Morgen hätte er eine Skype-Konferenz, um einige Dinge zu organisieren. Er reise unerkannt, entziehe sich den Behörden, wo er nur könne, arbeite mit Verschlüsselung und sei auf geheimer Mission unterwegs, es gebe anarchistisches Geld zu investieren. Aber zu heute Abend meint er: Es wäre ein sehr guter Schnaps, den wir da hätten und auch ein schöner Abend.

Schöner Anblick, so eine majestätische Industrielandschaft, hat irgendwie was.

Donauufer, Ungarn. So können, ab jetzt, in meinem Leben alle Tage ausklingen: mit Schwimmen und Sonnenuntergang.

Sie nennen es einen Stützpunkt, aber eigentlich sind es nur ein paar Höhlen mit Ausgängen, die auf ein staubiges, freies Feld in der Mitte führen. Umgeben ist das Camp von einem niedrigen Wall aus Erde und aufgeschichteten Steinen. Die Kämpfer, die Kinder, der Mullah, der Captain, der Koch, alle wohnen in den Höhlen. Die Höhlen sind leer und dunkel, einige Kämpfer haben alte Petroleum- und Taschenlampen, aber wir Kinder haben nichts außer unserer Kleidung und ein paar verschlissener Decken. Wir schlafen am Erdboden, die großen Steine haben wir aus der Höhle getragen und an einigen Stellen liegt trockenes Gras, darauf liegt man weicher. Die Taliban sprechen kaum mit uns. Es gibt eine Kinderhöhle und eine für die Männer. Die Taliban sprechen nicht über ihre Pläne, ich möchte sie aber auch nicht kennen. Wir sind 15 Kinder, die alle in derselben Höhle leben. Hier ist es anders als zuhause. Die Kinder lachen nicht, sie spielen nicht, sie singen nicht. Sie sind wie Erwachsene, nur kleiner. Ich habe keine Ahnung, wie sie hierhergekommen sind, ich frage sie nicht, ich will es nicht wissen. Ich bin froh, dass ich meine Geschichte auch selbst nicht erzählen muss.

Untertags sitzen die erwachsenen Kämpfer im Schatten. Sie trinken Tee und sehen uns beim Trainieren zu. Ich mache einen großen Bogen um die Kämpfer, wenn es mir möglich ist – ich habe Angst vor ihnen. Manchmal höre ich sie beim Reden und die Gesprächsfetzen, die ich aufschnappe, klingen gefährlich: Tote, Drohnen, Anschlag, Märtyrer, Scharfschützen.

Ein junger, strenger Talib mit schwarzem Turban, er nennt uns seinen Namen nicht, stellt sich als Commander vor. Er ist sicher kein Commander, aber wir müssen ihn so nennen. „Ich mache heilige Soldaten aus euch", sagt er immer. Und wir sagen: „Sehr wohl, Commander! *Allahu akbar*." Wir sollten gute Moslems sein, sagt der Mullah, und erzählt uns, was die Pflichten eines guten Moslems sind. Der Mundgeruch-Talib nimmt mich schon am ersten Tag zur Seite: „Du siehst, hier gibt es brave Kinder: Sie stehen früh auf, sie beten, sie lesen den Koran, sie trainieren, sie kämpfen. So musst du auch werden, junger Talib."

Ich glaube nicht, dass ich aus diesem Lager entkommen kann. Ich weiß nicht mal, wo ich bin. Ich kann meinen Vater und meine Mutter nicht vergessen – auch wenn die Taliban das von mir wollen. Ich will meinen Bruder und meine Schwester nicht vergessen. Ich wollte nie ein Taliban werden.

Um fünf Uhr in der Früh, es ist noch dunkel draußen, kommt der Commander in die Kinderhöhle. Er tritt mit den Füßen nach uns: „Aufstehen! Aufstehen!" Wir stehen auf. „Geht und wascht euch für das Morgengebet." Wir gehen zur Quelle und waschen uns. *Wudu*, die kleine rituelle Waschung: Zuerst wäscht man das Gesicht, dann die Hände bis zu den Ellenbogen, man streicht über seinen Kopf und wäscht die Füße bis zu den Fußgelenken. „Geht zur Höhle des Mullahs und betet", befiehlt der Commander. Wir gehen zum Mullah und beten das Morgengebet. Danach gibt es Unterricht, wir lesen im Koran und wiederholen die arabischen Suren. „Essen!", befiehlt der Commander und wir essen. Danach müssen wir auf den Trainingsplatz – es ist nur das staubige Feld in der Mitte des Camps. Zum Hang hin stellt der Commander Papp-Portraits von zwei Menschen auf: Der amerikanische Präsident Obama und sein afghanischer Lakai, Präsident Karzai, erklärt der Commander. Ich habe beide Gesichter noch nie gesehen. „Erschießt sie", sagt der Commander und gibt jedem von uns eine geladene Waffe in die Hand. Wir entsichern und schießen abwechselnd auf die Gesichter, jedes afghanische Kind weiß, wie man mit einer Waffe umgeht.

Diese Schießübungen gibt es jeden Tag. Wir schießen auf Zielscheiben und Fotos. Wir schießen im Stehen und im Liegen. Wir robben einen Hügel hinauf und dann schießen wir. Beim Ziel-schießen geht der Commander mit seinem Stock die Reihen auf uns ab, wenn sich jemand nicht flach genug auf den Boden drückt, prügelt er mit dem Stock auf das Kind ein: „Du musst ganz flach am Boden liegen", schreit er. Der beste Schütze bekommt ein Bonbon.

Jeden Tag laufen wir im Parcours. Es sind große LKW- und Autoreifen aufgebaut. Da müssen wir durchlaufen, durchspringen, durchkriechen. Wir laufen über Hindernisse, den Hang hinauf. Wir müssen in Deckung gehen und dann weiterlaufen. Am Ende ist knapp über dem Boden ein Netz aus Stacheldraht gespannt, unter dem wir durchrobben. Für Stunden werden wir durch den Parcours getrieben, wenn einer müde wird oder aufhören möchte, schlägt der Commander mit einer langen Lederpeitsche nach ihm. Die Peitschenschläge sind die schlimmsten Schmerzen und es bleiben tagelang blutige Striemen. Ich bin jeden Tag so müde, dass ich schon beim Mittagsgebet fast einschlafe – aber wir trainieren auch am Nachmittag. Wir beten das Nachmittagsgebet und dann ist es endlich vorbei. Nach dem Training kommen wir wieder zum Mullah. Wir beten Suren und er erzählt über den heiligen Islam. Meistens spricht er über den Dschihad, über unsere Pflicht als gute Moslems gegen die *Kaffer*, die Ungläubigen, zu kämpfen, die unseren Islam zerstören wollen. Die meisten Kinder hier waren nie in einer Schule, sie kennen nur die Worte der Mullahs.

Nach dem Abendgebet haben wir frei. Wir waschen unsere Wäsche, ruhen uns aus. „Jetzt könnt ihr spielen", sagt der Commander – aber niemand will mehr spielen.

Ich verbringe meine Abende mit dem Koch. Ich helfe ihm beim Gemüseschneiden und wasche seine Wäsche. Er ist ein guter Mann, er spricht mit mir. Er ist einfach freundlich. Der Koch trägt Plastikschlapfen, so wie ich. Er ist kein Soldat, er ist einfach nur ein Koch. Er fährt ins Dorf und kauft dort Gemüse und andere Nahrungsmittel für die Taliban ein. Er kocht jeden Tag für das ganze Camp. Der Koch hat keine Familie, erzählt er mir, aber hier bei den Taliban bekommt er ein bisschen Geld und genug zu essen. Ich mag den Koch.

Nach einigen Wochen bekommen wir Marschstiefel. „Ihr werdet jetzt zu islamischen Soldaten – *allahu akbar*", sagt der Commander und führt uns zum Lager, wo ein Haufen schmutziger Militärstiefel liegt. „Werft eure Schuhe weg und nehmt euch ein Paar Stiefel", sagt der Commander. Wir werfen unsere Schlapfen weg und jeder sucht sich ein Paar, das zumindest annähernd passt. Manche Schuhe sind blutverschmiert. Jeder muss die Stiefel tragen. Am Abend schleiche ich zu den Büschen zurück, hole meine ausgelatschten Schlapfen und verstecke sie in der Kinderhöhle.

Einige Tage später kommt hoher Besuch in unsere Basis. Es kommen immer wieder pakistanische Geheimagenten oder

Soldaten, erzählt der Koch, aber dieser hier wäre besonders. Der Mann bringt nicht nur Waffen – er hält eine Rede vor allen Taliban. Wir Kinder werden in die Anführer-Höhle gebracht. Eine schöne große Höhle mit weiß gestrichenen Wänden. An einer Wand hängen Bilder vom Paradies: grüne üppige Wiesen, durchzogen von kleinen Bächen und gesäumt von fruchtbeladenen Obstbäumen. Auf der gegenüberliegenden Wand hängen militärische Karten und Fotos amerikanischer Militärbasen.

Der Gast heißt Abdul Basir, ein gelehrter Mullah und Talibanführer. Man hört, dass er aus Pakistan kommt, sein Urdu kann er nicht verstecken. Er erzählt vom Islam, von den Pflichten guter Moslems, von den Gesetzen und dem Heiligen Krieg. Er sagt, die USA seien in unser Land gekommen, um den Islam und unser islamisches Land zu zerstören. Sie töten Unschuldige und rauben unsere Frauen. Die *Kaffer*, die Ungläubigen, wollen unseren Glauben und das afghanische Volk auslöschen. Es ist eine sehr langweilige Rede, ich bin müde und schlafe immer wieder ein. *Allahu akbar* – Gott ist groß, rufen alle, als er seine Rede beendet. *Allahu akbar*. Ich rufe auch, ich muss mitjubeln, sonst bin ich verdächtig.

Nach der Rede schickt uns der Commander auf den Trainingsplatz zurück. Plötzlich sind die Kinder motiviert. Sie sind wütend und fragen einander: „Warum töten die amerikanischen Soldaten unschuldige Afghanen? Warum wollen sie unser Land zerstören? Wir müssen gegen die Gottlosen kämpfen!" Es sind Kinder und sie wissen nichts. Sie trainieren härter und rufen *Allahu akbar* nach jeder Übung, nach jedem Treffer auf die Präsidentenbilder. Sie werden zu Taliban, aber ich war in der Schule, ich weiß, was mir mein Vater gesagt hat, ich höre das Urdu in den Reden der Taliban – das ist nicht mein Dschihad.

Eines Morgens ist das Lager in Aufruhr. Der Koch erzählt mir, dass 20 Taliban bei einem Drohnenangriff getötet worden seien. Ein gut versteckter Stützpunkt ganz in der Nähe. Irgendjemand muss die Taliban verraten haben, denn niemand außer den Dorfbewohnern weiß, wo die versteckten Camps liegen. „Wir werden Rache nehmen", sagt der Mullah vor den versammelten Kindern, und wir trainieren noch härter. Nur wenige Tage später bringt der grimmige Mundgeruch-Talib mit einigen anderen Kämpfern einen Spion ins Lager. Sie haben ihn in einem Dorf gefangen. Er sieht schwer mitgenommen aus. Er habe die Amerikaner mit Informationen versorgt. Er sei ein Verräter, erklärt uns der Mullah im Unterricht. Gott werde ihn richten, jeder Spion wird sterben, sagt der Mullah.

Sie werfen ihn in eine dunkle Höhle, die mit einer Holztür und einem Vorhängeschloss versperrt ist. Dreimal am Tag holen sie ihn aus der Höhle, sie schlagen ihn mit Knüppeln und binden ihn an einen Felsen in der prallen Sonne. Er hat keine Chance und wird geschlagen, bis er alles erzählt hat, bis die Taliban alles aus ihm herausgepresst haben. Nach drei Tagen richtet ihn nicht Gott, sondern der Mullah. Er hält eine Verhandlung mit drei Zeugen ab, die alle bestätigen, dass der blutüberströmte Mann ein Spion war. Dem Mann sind die Hände am Rücken zusammengebunden. Seine Nase ist gebrochen, Zähne sind ausgeschlagen, seine Finger sind zermalmt und er sieht einem Fleischklumpen ähnlicher als einem Menschen. „Im Namen Allahs verurteile ich dich zum Tod", sagt der Mullah und die Menge jubelt. „Wir werden dich, Spion, wie ein Tier mit dem Messer abschlachten." Der Commander schickt uns Kinder vor der Hinrichtung zurück in die Höhle. Wir laufen und ich sehe im Umdrehen gerade noch, wie die Männer einen Kreis um den Spion bilden. Dann verschluckt mich die Stille der Höhle. Es fallen Freudenschüsse und ihr Echo dröhnt von den Berghängen wider bis in die Kinderhöhle, genauso wie die jubelnden *Allahu-akbar*-Rufe. Jetzt muss er tot sein, denke ich. Sein Bitten und Betteln habe ich noch die ganze Nacht im Kopf. Die Taliban bestraften Spione.

Am nächsten Tag ist der große Blutfleck am Trainingsplatz schon fast im Sand versickert. Zuerst machen wir einen Bogen darum, aber bald vergesse ich vor Anstrengung, was hier gestern passiert ist. Die Leiche bringen die Taliban ins Dorf zurück, werfen sie auf eine Straße in der Nähe, damit seine Familie den Körper findet. Alle sollen wissen, was mit Verrätern passiert.

Keine zehn Tage später bringen sie den nächsten Spion ins Lager. Er wird genauso gemartert, bis er alles zugibt. Dieser Spion wird erschossen, bestimmt der Mullah, und diesmal müssen wir zusehen. Die Taliban zwingen ihn auf die Knie, er betet laut und hektisch, während der finstere Talib mit Mundgeruch seine Pistole zieht. Ich sehe, wie sich der Spion in die weite Baumwollhose pisst und dann: *Allahu akbar*, ein Schuss, ein kleines Loch im Hinterkopf und der Mann fällt vorne über in den Sand.

Am Nachmittag bläut uns der Mullah nochmal die Gesetze ein. Es seien nicht seine Gesetze, sondern die des heiligen Propheten, die Gesetze des gerechten Allahs. Allah ist groß, Allah ist gerecht und die Taliban sind seine Diener. Wir kennen die paschtunische Scharia und die vielen Fatwas, die alles Mögliche verbieten und bestrafen: Wenn zwei Menschen Sex haben, ohne miteinander verheiratet zu sein, sagt uns der Mullah, dann müssen sie gesteinigt werden. Wenn das Mädchen nur vergewaltigt wird und selbst nicht mit dem Mann schlafen will, dann wird nur der Mann gesteinigt, die Frau wird ausgepeitscht. Wenn die Frau aber den Mann verführt, gegen seinen Willen, dann wird die Frau gesteinigt und der Mann kommt mit Peitschenhieben davon. So sind die Regeln des Islam, sagt der Mullah. Wenn die Ungläubigen Taliban töten, dann müssen wir Rache nehmen. Wenn sie unschuldige Menschen ermorden und Dörfer bombardieren, dann werden die Taliban eine Antwort liefern. Wenn sie unsere Camps und Soldaten bekämpfen, werden sie den heiligen Zorn Gottes erfahren. Alle Kinder jubeln.

Der Mullah lässt mich und drei andere Buben in die Höhle bringen. Dort warten noch mehr Kämpfer, eine neue Karte hängt an der weißen Wand und ein Foto der amerikanischen Baboro-Base. Er hat einen Plan, sagt der Mullah, und ich sei Teil dieses Plans. Die Männer hätten ihre Opfer gebracht und nun müsse ich mein Opfer für den heiligen Islam bringen. Ich blicke in die Runde und sehe rings um mich Männer mit finster entschlossenen Augen. Ich spüre eine Angst in mir aufsteigen, die mir fast die Besinnung raubt. Das können sie nicht wirklich von mir verlangen, hoffe ich. Aber ich weiß, dass es hier wenig zu hoffen gibt. Wir sind im Krieg.

# EIN FEST IN BUDAPEST

Wir trennen uns schon in der Früh von unserer Nummer vier, dem guten J., der einerseits einen Patschen erleidet, anderseits heute Vormittag Internet für ein Skype-Meeting seiner zweifelhaften Anarcho-Organisation benötigt. Die Unterhaltung mit unserer kurzzeitigen Nummer vier war inspirierend. Ich finde solche Gedanken interessant, die dem aktuellen Mainstream einfach völlig entgegenstehen. Da winkt mir der Horizont vom Tellerrand.

J. hat eiserne Prinzipien: Feminismus, Gleichberechtigung, Sozialismus, Antidiskriminierung, Vegetarismus, Rebellion. Diese politischen und gesellschaftlichen, nennen wir es mal Dogmen, scheinen für ihn in absoluter Form zu gelten. Kein Zentimeter links und schon gar kein Zentimeter rechts davon. Ich bin beeindruckt, aber ich stelle mir vor, wie einschränkend so ein starres Regelsystem sein muss. Er kämpft mit großem persönlichem Einsatz, mit höchster politischer Korrektheit und auch mit ideologischen Scheuklappen, über die sich so mancher Fiakergaul freuen würde. Er war aber auf jeden Fall ein geselliger und freundlicher Zeitgenosse, kein Bösewicht.

Nach 82 Kilometern Radweg, nach viel schöner Donau sollte doch irgendwo Budapest auftauchen, denke ich mir – und das tut es auch. Sich großen Städten anzunähern ist aber weniger romantisch, als ich mir das vorgestellt habe: Zuerst Vorstadt und Industrie, dann biedere Einfamilienhäuser, dann endlich das, worauf wir den ganzen Tag gewartet haben: die Budapest-Breitseite, die volle Ladung beeindruckender Architektur direkt an der immer breiter werdenden Donau. Imposant. Vor allem das ungarische Parlament, das weniger wie ein Politgebäude, sondern mehr wie das Märchenschloss eines Größenwahnsinnigen aussieht. Schön, pompös und völlig übertrieben. So gibt sich also politische Bescheidenheit.

Die vielen Doppeladler erinnern uns daran, dass wir die historisch-österreichische Einflusssphäre bei Weitem noch nicht verlassen haben, wir fühlen uns aber trotzdem bereits wie die großen Weltreise-Könige, als wir mit unseren bepackten Rädern in Sandalen und unvorteilhaft eng sitzenden Radlerhosen mit weich gepolstertem Schritt ins Zentrum dieser stylishen Stadt einreiten. Bei der ersten Gelegenheit vernaschen wir einen Burger und feiern unsere erste Etappe groß mit einem Bier. Zweiter Grund für unseren teuren Restaurant-Stop: Wir brauchen das WLAN dieses Etablissements, um Kontakt mit unserem Gastgeber für die kommenden und freudig erwarteten zwei Pausentage aufzunehmen. Sebastian hat noch vor der Abreise in Wien seinen Couchsurfing-Account aktiviert und uns damit eine Unterkunft in Budapest beschert. Nur irgendwie müssen wir noch den Gastgeber erreichen, seine Adresse eruieren und den Weg zu unserer neuen Bleibe finden. Wir sind alle drei zum ersten Mal in Budapest. Unser Host schickt uns eine Telefonnummer, sagt, wir könnten jetzt vorbeikommen, denn er sei zuhause und wir machen uns auf den Weg. Internet und Smartphone sind in meinem Herz ex aequo mit Ziegenmelkern. Also ganz oben auf der Liebes-Liste. Der evolutionäre Erfolg des Homo sapiens sowie der Erfolg von uns drei Landstreichern beruht im Wesentlichen auf der Fähigkeit zu sozialem Handeln und Kommunikation. Glaubt man gar nicht. Ist aber so. Lies nach in jedem Biologie- oder Landstreicherbuch.

Victor ist unser Couchsurfing-Host, wir finden irgendwie zu seiner Wohnung. Victor öffnet uns das Gittertor, führt uns in einen Innenhof. Wir sind begeistert von der Tatsache, dass er uns drei Unbekannten einfach so Unterschlupf gewährt. Und das gratis!

Victor ist hauptberuflich eine coole Sau, was er nebenberuflich macht, traut sich keiner von uns zu fragen. Lange Haare, Tanktop, durchtrainiert, völlig verplant, ruhig und herzensgut. Er erzählt uns von einem lebensverändernden Stavanger-Urlaub und schwärmt von norwegischen Mädels, die sowieso die schönsten Geschöpfe auf der Welt seien: „They all look like angels." Norwegen sei das Land seiner Träume, denn Victor ist – alles wahr, nichts gelogen – leidenschaftlicher Beerensammler: Heidelbeeren, Moltebeeren, Himbeeren, Brombeeren, eben alles, was es in so einem borealen Nadelwald an Beeren so zu snacken gibt. Er wohnt in einer kleinen WG in einem winzigen Zimmer von der Größe eines Schuhkartons. Die Bude ist überladen und vollgestopfter als die zwei Quadratmeter große Speisekammer meiner Großmutter. Victor verstaut alle seine Habseligkeiten, davon hat er viele, in mannshoch gestapelten Haufen von Pappkartons, natürlich ohne Beschriftung. Auf unsere Frage, ob er in diesen chaotischen Schachteltürmen irgendetwas finde, meint er: „Manchmal."

Trotz der Enge beherbergt Victor uns !!!DREI!!! Couchsurfer. Wir erklären uns sofort einverstanden, auf Matratzen am Balkon zu schlafen. Frische Luft und ein Dach über dem Kopf: Hiiiimmlisch. Dort am Balkon befindet sich auch Victors geologische Sammlung (schon wieder kein Witz). Falls es zu eng wäre, könnten wir gerne auch im Garten campen, meint er. Gar kein Problem sei das, versichert er uns. Gar kein Problem, hier auf der Terrasse zu schlafen, sagen wir. Vickerl ist ein leiwander Kerl, kennt keine Vorurteile, so scheint es, und nimmt auf, wen er nur kann. Es könne übrigens in der nächsten Nacht noch etwas enger werden, meint er, er habe da zusätzlich noch zwei Spanier eingeladen, ach ja, und einen Deutschen. Den fremden Gästen überlässt er sein Bett, während er selbst auf einer kleinen Couch daneben schläft. Wo der angekündigte Teutone schlafen soll, bleibt ungeklärt.

Für uns gibt es nach erfolgreicher Ankunft den Nachmittag und Abend über selbstverordneten Tourism. Man soll ja nicht wie ein blindes Trampeltier durch die Welt reisen, heißt es immer. Darum: Kultur, Architektur, gutes Essen, Fortgehen und sehr langweilige Gespräche mit zwei Kanadierinnen in einem an und für sich beeindruckend coolen Club, dem *Szimpla kert*, im ehemals jüdischen Viertel dieser schönen Stadt. Das macht die faden Kanadierinnen aber auch nicht, wie sage ich das am besten, weniger fad. Ja. Das Fortgehen endet damit, dass ich viel mehr Zigaretten rauche als vorgenommen, dass ich mehr trinke als vorgenommen und dass ich weniger schmuse als vorgenommen. Dass ich gar nicht schmuse, um genau zu sein. Aber auch besser so. Sonst hätten wir noch länger Belanglosigkeiten austauschen müssen. Mit diesen elenden Kanadierinnen.

Die geplant asketische Lebensweise zur Erreichung meiner körperlich sportlichen Höchstform, zur Förderung von Ausdauer und Immunsystem werde ich nicht einhalten können, soviel macht mir dieser Szimpla-Besuch klar.

Als wir am nächsten Tag aufwachen, liegen die beiden Couchsurfing-Iberer bereits in Victors Bett und erholen sich, wovon auch immer. Die Wohnung ist nun so richtig voll – da ist es natürlich schlau, wieder hinaus in die Stadt zu gehen. Budapest zeigt sich am zweiten Tag von seiner noch schöneren Seite. Notgedrungen klappern wir die restlichen Sehenswürdigkeiten ab und schmausen uns durch die hiesigen Lokale. In der U-Bahn verliebe ich mich in das schönste Mädchen Ungarns, das sich plötzlich direkt vor mich hinzaubert. Ich staune und mir wird heiß. Ich bin feig, sage kein Wort, lasse sie unangesprochen aussteigen und ärgere mich dann in allen Farben des Regenbogens über meine eigene Initiativlosigkeit. Zur Strafe für mein Zögern gibt es dann im Burgviertel, auf der Anhöhe über Budapest, Weltuntergang. Und zwar in Form des allertollsten Sommergewitters mit Hagel und allem Schnickschnack. Wir suchen im Häuschen der alten Zahnradbahn mit gut 30 anderen Touristen Schutz und freuen uns, dass sämtliche unserer Sachen, Schlafsäcke inklusive, offen auf Victors Balkon herumliegen.

Von hier oben hätte man, wenn einen der Regen nicht gerade in einen feuchten Verschlag treibt, einen beeindruckenden Ausblick über die Stadt, die vor dem Bau fester Verbindungsbrücken in Buda (westlich) und Pest (östlich) geteilt war. Fun Fact. Von hier oben sieht die Donau noch mächtiger aus und man erkennt, welch trennende Wirkung dieser Fluss früher gehabt haben muss. Breit, reißend und mit Hochwassern immer wieder Katastrophen bringend, hat er zwei aneinandergrenzende Städte für Jahrhunderte voneinander geteilt. Heute geht man in lockeren fünf Minuten über die massiven Brücken und bekommt vor lauter Selfies-Machen gar nicht mit, dass man gerade den größten Fluss Europas überquert hat.

Weltuntergang Budapest.

„Wir werden einen Stützpunkt angreifen", sagt der Mullah, „wir werden die Amerikaner mitten in ihr verrottetes Herz treffen." Er ist voller Verachtung. Er steht vor mir, deutet mit einem Zeigestab auf die Baboro-Base, die auf der großen Landkarte an der Wand gleich bei Kunar eingezeichnet ist. Genugtuung spricht aus seinen Worten und der Mundgeruch-Talib mit dem schwarzen Turban nickt nur grimmig. „Wir werden viele von ihnen töten", sagt der Mullah, „das wird ihnen eine Lehre sein. *Allahu akbar.*"

„Wir haben einen Spion, der das Lager in- und auswendig kennt", sagt der Mundgeruch-Talib und deutet auf Naki Bullar, einen jungen Bauern, der neben ihm steht. Naki Bullar sieht aus wie ein guter Mann, er trägt einen Bart und hat ein freundliches Gesicht mit wachen Augen.

„Warum du?", frage ich ihn.

„Ich liefere Lebensmittel in die Basis. Seit Monaten schon. Ich habe einen Ausweis und komme mit meinem LKW durch das erste Tor. Die afghanischen Wachen kennen mich und sie vertrauen mir."

„Wir werden den LKW bis oben hin mit Sprengstoff füllen", verkündet der Mullah. „Darüber kommt eine Schicht aus Obst und Gemüse zur Tarnung. Naki Bullar ist der Fahrer, drei junge Taliban werden ihn begleiten und schützen. Allah hat dich auserwählt, Malek."

Ich kann mein Entsetzen nicht verbergen: „Warum ich?"

„Du bist einer der besten Schützen, du bist schnell und klein, schwer zu treffen und du bist schlau genug, den Plan richtig umzusetzen. Gott hat dich für Großes ausgewählt." Ich schweige und blicke zu Naki Bullar, der mit ausdrucksloser Miene auf die Karte blickt.

„Wie kommst du in die Basis?", frage ich ihn.

„Nicht ich. Wir!", sagt er. „Ich werde wie jede Woche am Donnerstag ins Lager fahren, ich werde den Wachen meinen Ausweis zeigen, sie werden in den Laderaum blicken und dort das Obst und das Gemüse sehen. Es sitzt immer ein Junge neben mir, der mir beim Abladen hilft, diesmal wirst du neben mir sitzen. Unter der Ladung sind noch zwei weitere Jungen mit Waffen versteckt. Wir werden zu viert sein. Wenn wir durchs erste Tor gelangen, sind wir im afghanischen Teil des Lagers, die Lagerstraße führt zu einem weiteren Tor, das in den amerikanischen Bereich führt. Dort sind die Soldaten, die wir töten werden. Ich werde den Amerikanern meinen Ausweis zeigen, ich liefere bis zu ihnen. Manche kennen mich, ich spreche ein paar Worte Englisch. Wir werden auch durch dieses Tor fahren und sobald wir im Lager sind, springen die beiden Jungen von der Ladefläche, du springst aus der Fahrerkabine. Ihr sucht euch Deckung und beginnt, auf die Soldaten zu schießen. Sobald sich das Chaos ausbreitet, zünde ich den LKW. Ihr müsst euch weit genug entfernen, sonst erwischt euch die Detonation auch. Ihr müsst die Soldaten zum LKW treiben."

„Gibt es keinen anderen Weg ins Lager?", frage ich skeptisch.

„Nein. Das Lager ist von hohen Mauern umgeben, die Krone ist mit scharfem Stacheldraht gesichert, scharf wie Rasierklingen, da kommt man unmöglich darüber."

„Aber wir werden sterben", werfe ich ein, „ganz sicher."

„*Inshallah*", sagt der Mullah – so Gott will. „Sobald der LKW explodiert ist, verschießt ihre eure Munition, ihr tötet so viele Soldaten wie möglich, ihr rächt unsere Opfer und dann kommt ihr gemütlich nach Hause."

Ich kann ihm nicht glauben – ich weiß, wie solche Anschläge ablaufen, die funktionieren nie wie geplant.

„Was ist, wenn wir nicht durchs Tor kommen?", frage ich den Mullah.

„Wir haben eine Sprengstoffweste für dich", sagt er und hebt eine schwere Weste in die Luft. Er hält mir die beige Weste vor die Nase. 15 Kilogramm Plastiksprengstoff seien in die Weste eingenäht, er zeigt auf eine Kiste voller Handgranaten: „Die werden auch noch an der Weste befestigt. Du bekommst auch ein paar Rauchgranaten, damit ihr im Lager Sichtschutz habt. Wenn Naki Bullar am ersten Tor aufgehalten wird, springen die zwei Jungen von der Ladefläche und schießen auf die Wachen, Naki Bullar versucht, mit dem LKW das Tor zu durchbrechen. Es muss alles sehr schnell gehen. Sollte er erschossen werden, musst du den LKW zur Explosion bringen. Es gibt einen roten Knopf in der Fahrerkabine, den musst du unbedingt drücken, das ist das oberste Ziel. Allah wird dich belohnen. Wenn ihr am zweiten Tor aufgehalten werdet, steigst du aus, du läufst zu den Wachen und jagst die Sprengstoffweste in die Luft." Ich blicke auf die schwere Jacke, die der Mullah nachlässig in der Hand hält. Die soll mich also in die Luft sprengen. Zwei lange Drähte ragen aus den Ärmeln, ich kenne das System. Die freien Drähte werden innen an den Handgelenken festgeklebt, wenn man seine beiden Handgelenke zusammenführt, schließt man einen Stromkreislauf, alles explodiert. Ich auch.

„Ihr müsst den Fahrer schützen", sagt der Mundgeruch-Talib. „Er muss bis ins amerikanische Lager durchkommen. Dafür haben wir euch ausgebildet, dafür hat Allah euch ausgewählt. Es werden auch afghanische Soldaten sterben, aber sie sind Verräter, sie kämpfen für die *Kaffer* – sie sind keine echten Moslems. *Allahu Akbar.*"

Ich bin völlig taub und gefühllos, mein Mund ist trocken und mir ist schwindelig. „Okay", sage ich, „ich drücke den Knopf, aber ich will nicht sterben."

Der Mullah blickt mich nur an und nimmt mich an der Schulter: „Ich habe gewusst, dass du ein guter Junge bist. Das Paradies erwartet dich." Mir wird schlecht. „Die Operation *Gul* – Blume – startet in sieben Tagen. Bereite dich vor, hier ist deine Waffe, Naki Bullar wird dir helfen, die Weste vorzubereiten. Viele Männer vor dir haben ihre Opfer für Allah und für unser Land gebracht, jetzt musst du dein Opfer bringen und Allah wird dich belohnen."

Ich bin verzweifelt. Gemütlich nach Hause gehen, denke ich mir, was redet der Mullah da – ich werde ganz sicher sterben. Mein Vater würde mich schlagen, wenn er wüsste, was ich da mache. „Lass dich nicht mit den Taliban ein", hat er gesagt, „sie werden dich auf einen falschen Weg führen." Ich werde ihn enttäuschen, aber habe ich eine Wahl? Wenn ich Nein sage, werden sie mich töten wie einen der Spione. Ich merke plötzlich, dass ich am ganzen Körper schwitze, obwohl ich aus der kühlen Höhle komme.

Am nächsten Tag eröffnet mir der Commander, dass ich vom Training befreit sei. „Malek, mein Kämpfer", sagt er, „meinen Glückwunsch dafür, dass DU für diese große Aufgabe ausgewählt wurdest. Ich bin sehr stolz auf dich – Allah weiß, dass du ein besonderer Diener bist." Die zwei anderen Jungen, die sich hinten auf der Ladefläche verstecken sollen, Naki Bullar und ich, wir essen ab jetzt gemeinsam. Wir bekommen Fleisch, frische Früchte, größere Portionen als zuvor. Die Kämpfer kommen zu uns in den Schatten, klopfen uns auf die Schultern: „Ihr Glücklichen, ihr werdet ins Paradies kommen. Allah wird euch mit 72 Jungfrauen beschenken. Ihr werdet Helden sein." Naki Bullar lächelt verklärt und auch die beiden anderen Jungen scheinen sich geehrt zu fühlen.

„Danke, mein Bruder!", sage ich – ich darf mir nicht anmerken lassen, dass ich nicht sterben will.

Am Abend helfe ich dem Koch. Er blickt mich misstrauisch an, während ich wie immer Zwiebeln und Tomaten schneide. „Wieso machst du das?", fragt er mich unvermittelt und blickt mich scharf an. „Ich dachte, du bist ein guter Junge." Mir fällt ein Stein vom Herzen und ich merke, wie mir Tränen in die Augen steigen.

„Ich will das doch gar nicht machen", sage ich verzweifelt, „die haben mich ausgewählt, was soll ich tun? Ich will nicht sterben."

Der Koch sieht mich nachdenklich an. Keine Regung verrät, was er gerade denkt. „Du bist wirklich ein guter Junge", sagt er, „ich will nicht, dass du solche Dinge tust."

„Habe ich eine Wahl?", frage ich.

„Warte. Verhalte dich klug. Zeige keinem, was du fühlst. In vier Tagen muss ich mit dem Auto in die Stadt fahren, ich werde dich mitnehmen und aus dem Lager bringen. Ich helfe dir, mein Sohn."

Ich verberge meine Hoffnung und meine Angst. Sie werden mich suchen, sie werden mich finden, denke ich – aber bei diesem Anschlag werde ich sicher sterben. Der Koch ist meine einzige Chance.

Ich esse mit meinen Anschlagsbrüdern, ich putze die AK, die ich für den Angriff bekommen habe, ich wasche meine Kleidung, um für den Anschlag sauber und unauffällig auszusehen. Ich bespreche mit Naki Bullar alle Details und frage ihn, wie er sich das Paradies vorstellt. Ich kann nicht schlafen. Ich träume von Explosionen und roten Knöpfen, ich träume von toten Soldaten und zerschossenen Beinen. Ich träume von Drähten, die über meine Pulsadern laufen. Ich träume von meinem Vater, der mich ausschimpft und mich schlägt. Es sind noch vier Tage bis zu meiner Explosion.

Am Abend des vierten Tages gibt mir der Koch eine unauffällige Anweisung. Ich weiß, dass er sich nicht verdächtig machen darf, darum halte ich mich fern von ihm. Im Vorbeigehen raunt er mir zu, ich solle morgen sehr früh aufstehen, zwei Stunden vor Sonnenaufgang auf die Toilette gehen und mich aus dem Lager zum Gebirgspfad schleichen. Er würde mir ein Zeichen geben, wenn es so weit wäre.

Es ist dunkel, als ich am nächsten Tag aus der Höhle krieche, ich habe nicht geschlafen. Ich ziehe meine alten Plastikschlapfen an, die ich unter meinem Lager versteckt hatte, nehme eine kleine Flasche Wasser mit und gehe gebückt aus der Höhle. Der Koch spricht gerade mit dem Mullah und fragt ihn, ob spezielle Besorgungen zu erledigen wären. Als ihm der Mullah den Rücken zudreht, gibt er mir ein schnelles Handzeichen, er deutet nach Osten, dort liegt der Weg, auf dem wir vor vielen Wochen die Verletzten ins Lager gebracht hatten.

Wie jedes Mal, wenn ich auf die Toilette gehe, verstecke ich mich hinter großen Felsbrocken am Rand des Lagers. Ganz in der Nähe des Erd- und Steinwalles, der unsere Basis begrenzt. Hier und dort sitzen gelangweilte Wachen mit Kalaschnikow und Funkgerät, die mit Taschenlampen immer wieder in die Dunkelheit leuchten. Es ist normal, dass sich die Kinder für ihren Toilettengang verstecken. Ich hocke mich hinter einen Stein, warte, bis der Wächter unachtsam ist, husche leise über den Wall und verstecke mich hinter dem nächsten größeren Felsen. Er hat mich nicht bemerkt. Ich warte noch einige Minuten und gehe dann geduckt und vorsichtig in die Richtung, die mir der Koch angedeutet hat. Ich treffe ihn am schmalen Pfad, er ist wortkarg und unverständlich ruhig. Wir wandern zwei Stunden, bis wir zu einem kleinen Dorf, einem weiteren Taliban-Stützpunkt gelangen. „Dort steht das Auto", sagt der Koch. „Ich gehe und hole den Wagen. Du schleichst dich ums Dorf herum, zurück auf die Straße, wo ich auf dich warten werde. Ich lasse den Kofferraumdeckel unversperrt, du schlüpfst in den Kofferraum und schließt den Deckel von innen."

Ich höre, wie der Koch im Morgengrauen mit den Taliban im Dorf spricht, während ich mich am Hang zwischen Bäumen und Felsen vorbei schleiche. Ich glaube, er versucht die Männer abzulenken. Kurz darauf höre ich einen alten Dieselmotor starten und wie ein Auto stotternd anfährt. Nach der ersten Wegbiegung, wenige hundert Meter unterhalb des Dorfes, klettere ich zurück auf die Straße, die jetzt zum ersten Mal breit genug für ein schmales Auto ist. Nach einigen Kurven sehe ich das Auto auf mich warten. Ich schlüpfe in den Kofferraum, klopfe dreimal, ziehe den Kofferraumdeckel leise zu, bis ich ein Klicken höre. Der Koch fährt los. Im Kofferraum ist es staubig und trocken, das Auto hüpft auf und ab und ich schwitze. Nach zwei Stunden hält der Wagen an, der Koch öffnet den Kofferraumdeckel und deutet in die Richtung, in der die Sonne gerade an Höhe gewinnt. „Dort liegt die Stadt Zauchee", sagt er nüchtern und emotionslos.

„Danke", sage ich und laufe los.

Ich höre wie das Auto weiterfährt, aber ich drehe mich nicht um. Sie sind sicher hinter mir her. Ich laufe so schnell ich kann, weiter, immer weiter. Ich spüre kein Stechen in der Lunge, ich spüre keine Schmerzen, wenn meine Füße gegen die spitzen Steine stoßen, ich laufe um mein Leben. Der Riemen meines Schlapfens reißt, als ich an einem Ast hängenbleibe und beinahe hinfalle. Ich nehme die beiden Plastikschuhe in die Hand und laufe barfuß weiter. Ich spüre die Kiesel nicht, ich spüre die Dornen nicht. Ich spüre nur die Angst, die mir die Kehle zuschnürt, ich spüre den Tod, der mir im Nacken sitzt. Ich spüre den Mundgeruch des Talibs und die Hand des Mullahs auf meiner Schulter. Ich spüre einen Gewehrlauf in meinem Rücken und ich laufe weiter, so schnell ich kann. Ich habe sicher seit 24 Stunden nicht mehr geschlafen und kaum gegessen. Ich spüre keine Müdigkeit. Nur Todesangst. Ich laufe allein durch die afghanischen Berge.

In Zauchee frage ich einen Mann nach dem Weg nach Debagal. Ich müsste ihn eigentlich wissen, aber ich bin vollkommen verwirrt. Er deutet weiter nach Osten, in ein weites Tal. Ich sollte mich doch an den Weg erinnern, denke ich, aber da ist nur Leere. Ich laufe einfach weiter, weiter in die Richtung, die er mir gewiesen hat. Der Mann wendet sich ab und scheint mich schon wieder vergessen zu haben.

Ich nehme die versteckten Pfade entlang der Bewässerungsgräben und Feldmauern zu meinem Haus. Wenn mich irgendjemand sieht, bin ich tot. Oder meine Familie. Oder der Koch. Sie würden alles aus mir herausprügeln, das weiß ich. Ich schaffe es ins Haus meiner Eltern und sehe meine Mutter mit verweinten Augen am Teppich sitzen, mein Vater trinkt Tee.

Sie schauen mich an, wie man einen Geist ansieht und ich breche einfach am Teppich zusammen. Erschöpft. Meine Mutter nimmt mich in den Arm, sieht mir in die Augen: „Malek, mein Sohn – was ist mir dir, wo warst du, ich dachte, du wärst tot." Ich zittere am ganzen Körper. Erst jetzt sehe ich, wie blutig meine Füße sind, erst jetzt spüre ich den brennenden Durst und die Erschöpfung. „Bring ihm Wasser", herrscht mein Vater die Mutter an. „Wasser und Essen. Sieh in dir an – er ist am Ende." Dann wendet er sich scharf an mich: „Wo bist du gewesen?" Seine Stimme ist zornig, voller Vorwürfe. Wäre ich nicht so erschöpft, würde ich auch die Sorge in seiner Stimme wahrnehmen. „Vater, bitte, bestrafe mich nicht. Es ist nicht meine Schuld. Ich hatte Angst, ich habe mich nicht getraut, davonzulaufen. Sie haben mich einfach mitgenommen." Er blickt mir durchdringend in die Augen, meine Mutter stellt ein Tablett mit Brot, Datteln und einen Tonkrug mit Wasser auf den Boden. „Trink und iss mein Sohn – beruhig dich und dann erzähl deinem Vater alles, was du ihm erzählen musst."

„Hat dich jemand gesehen?", fragt mich mein Vater, als ich meine Geschichte beendet habe.

„Ein alter Mann in Zauchee, ich habe ihn nach dem Weg gefragt, sonst niemand." Ich bin eingeschüchtert.

„Niemand?", bohrt er nach. „Hat dich niemand in unser Haus gehen sehen? Kein Nachbar, kein Kind, niemand?"

„Niemand", wiederhole ich unsicher.

„Gut", murmelt er. „Du darfst keinem Menschen von deiner Geschichte erzählen, hörst du. Niemandem! Du darfst das Haus nicht mehr verlassen. Wir müssen dich verstecken, wenn du am Leben bleiben willst. Sie werden nach dir suchen, überall und vor allem hier. Am besten, du versteckst dich im Keller. Mein Sohn, schwere Zeiten stehen uns bevor. Allah sei uns gnädig."

Ich schlinge das Brot und die Datteln hinunter, ich trinke den ganzen Krug leer und stehe fahrig auf. „Ich dachte, du wärst tot", sagt meine Mutter leise, als ich aufstehe.

Mein Vater begleitet mich in den Hinterhof. Er räumt das Heu mit seinen Händen auf die Seite und zieht die hölzerne Falltür im gestampften Erdboden auf. Unser Familienversteck, der geheime Keller. Meine Mutter bringt mir eine Decke, noch ein bisschen Brot und einen weiteren vollen Krug Quellwasser.

„Versteck dich da drinnen", sagt mein Vater, „wir werden dir zu Essen bringen. Ich verschließe die Türe und werde alles wieder mit Heu bedecken. Malek, niemand darf dich da drinnen finden, sie werden ganz sicher zu uns kommen."

Ich nehme einen Arm voll Heu mit und klettere in das Loch. Ich spüre nichts, aber ich weiß, dass es hier unten kalt sein muss. Ich baue mir ein Lager und decke mich zu. Ich schlafe ein.

Ich wache auf, als ich das Stampfen von Füßen und das Knistern von bewegtem Heu höre. „Ich bin es", sagt die Mutter leise, als sie die Falltür aufzieht. „Geht es dir gut, mein Sohn?"

„Mir ist kalt und ich bin hungrig – wie lange habe ich geschlafen?" -

„Zwei Tage", sagt die Mutter.

Sie reicht mir frisches Wasser, Brot, Käse und getrocknetes Fleisch. „Die Taliban waren hier und haben nach dir gefragt. Dein Vater hat ihnen gesagt, er suche selbst nach dir, er hat sie gefragt, ob sie dich hätten, aber sie haben nicht geantwortet. Wir sollten ihnen Bescheid sagen, fordern sie, wenn du hier auftauchst. Sie schienen nervös. Es war ein junger Mann unter ihnen, er sagte, er wäre dein Commander und ein Freund von dir. Er sagte, sie suchen überall nach dir und wenn du innerhalb einer Woche zu ihnen zurückkehrtest, würden sie dein Leben verschonen. Du wärest ein Diener Allahs und Allah verzeihe dir deine Fehler – wenn du zurückkehrst." Ihre Stimme ist brüchig.

Ich antworte nicht und nehme ihr das Essen aus der Hand. „Danke, Mutter *Jan* – liebe Mutter."

Ich weiß, was mit Spionen und Verrätern passiert. Ich kann nicht zurück und ich will es nicht. Ich war für drei Monate in ihrem Lager, ich kenne ihre Pläne, ich bin ein Verräter. Sie würden mich schlachten.

Ich bleibe noch weitere zehn Tage im Keller, bis mich mein Vater in der Nacht aufweckt und ins Haus holt. „Malek", sagt er und sein Gesicht ist voll Härte und Schmerz, „du musst von hier weggehen. Du musst Afghanistan verlassen. Ich habe alles organisiert. Morgen fahren wir in die Stadt."

Ich spüre Panik in mir aufsteigen: „Vater, warum? Vater, ich kenne nichts außer Afghanistan, wohin soll ich gehen? Wie kann ich alleine weggehen?"

„Du musst", sagt er und bleibt unnachgiebig hart, „es gibt nichts zu diskutieren, morgen bringe ich dich in die Stadt, die Taliban waren ein zweites Mal in unserem Haus, sie haben ein Kopfgeld auf dich ausgesetzt. Sie haben auch deine Geschwister befragt, aber sie wissen Allah sei Dank nicht, dass du zuhause bist. Komm mit ins Haus, deine Mutter wird dir die Haare schneiden. Iss und trink, du wirst Kraft brauchen für deine Reise."

Ich steige aus dem Keller. Im niedrigen Zimmer des Hauses packt meine Mutter im Schein der Petroleumlampe Essen in meinen Rucksack. Sie hat alle Eier gekocht, die sie gefunden hat, getrocknete Datteln und frisches Brot. Sie hat eine schmuddelige Plastikflasche mit Wasser gefüllt und steckt drei T-Shirts und eine Sporthose in den Rucksack. Mehr Kleidungsstücke besitze ich nicht. Mein Vater gibt mir eine saubere Hose, ein frisches Hemd und ein Bündel Dollarscheine: „Das sind 90 Dollar, Malek. Viel Geld für deine Reise." Er gibt mir sein Handy und das Ladegerät und sagt: „Ich habe deine Nummer, ich werde dich anrufen, mein Sohn." Ich stecke alles in den Rucksack, lehne mich wie benommen an die Wand.

Meine Mutter kommt mit einer Schere und einem alten Rasiermesser. „Ich schneide dir jetzt die Haare, mein Sohn", sagt sie und mein Vater meint: „Es ist besser, wenn du unterwegs hässlich aussiehst, du kennst die Gefahren für hübsche Jungen!"

In Afghanistan gibt es Knabenliebe, kleine Jungen werden von Männern entführt und vergewaltigt, sie müssen für die Männer tanzen, sie unterhalten und bedienen.

Meine glatten schwarzen Haare fallen auf den Erdboden. Meine Mutter tuscht mir die Wimpern und hält mir einen kleinen Spiegel vor die Nase. Ja, jetzt sehe ich wirklich hässlich aus und wie ein anderer Mensch. Niemand wird mich mehr erkennen, hoffe ich. Ein paar Stunden später, noch im Schutz der Nacht, brechen wir auf.

# IM SCHATTEN VOM WIND

Glaub es oder nicht, nach zwei Tagen in Budapest jucken die Beine schon wieder, der Muskelkater ist schon beinahe ausgestanden und man will endlich raus aus der gemütlichen Wohnung und zurück in sein Abenteuer.

Unsere Route ist bei Weitem nicht durchgeplant. Wir kennen unser grobes Ziel (Teheran), aber die Detailplanung soll der Reiseentwicklung und unseren jeweiligen Wünschen angepasst werden. Tatsache ist: Schon nach fünf Tagen müssen wir zum ersten Mal überlegen wohin weiter, wie und warum. Derzeit stehen nicht mal die nächsten drei Reisetage wirklich fest, denn ich plädiere schwerstens motiviert für einen Abstecher, sprich für einen ordentlichen Umweg durch die ungarische Puszta. Die anderen sind dagegen.

Ich will den Nationalpark sehen, erwarte mir dort ungarische Steppenrinder, fotogene Ziehbrunnen, peitschenschwingende Hirten, die stehend auf fünf Pferden reiten, Lángos kauen und natürlich in traditionell schilfbedeckten Häusern wohnen. Ich will Steppenleben sehen. Mein Puszta-Ansuchen wird umgehend abgelehnt, mit einer grundsoliden Zweidrittelmehrheit, repräsentiert durch Sebastian und Thomas. Die Fotos könne ich mir ja gerne im Internet ansehen, eine solche Puszta gäbe es sowieso nicht mehr, wird behauptet, und wenn es sie gäbe, dann wären es die 100 Kilometer Umweg auf keinen Fall wert. Besser schnell ins Kopački Rit, schnell ins Vogelparadies und dort im kroatisch-serbischen Grenzland den Seeadlern beim Hechtfischen zuschauen, heißt es weiter. Ich akzeptiere maulend. Aber ich akzeptiere.

Wir packen unsere Taschen, räumen den Balkon und verlassen Victor, unseren ersten herzlichen Gastgeber. Wir nehmen die vielbefahrene Ausfallstraße Richtung Süden: kein Plattensee, keine Puszta, sondern stur geradeaus zum Dreiländereck und Riesensumpfgebiet Kopački Rit. Dort fließt die gar nicht mehr so österreichische Drau in die Donau, lernen wir.

Was wir noch lernen: „Man trifft sich im Leben immer zweimal!" Denn kaum haben wir die Innenstadt Budapests hinter uns gelassen, leuchtet uns bereits, strahlend blau und enganliegend, das Fahrradtrikot von Nummer vier entgegen. „Hallo J.!!"

„Hallo Jungs!", freut sich unser deutscher Radfahrer.

Nach einem kurzen Palaver erfolgt ein zweites Mal der Zusammenschluss, wir sind wieder vier. Wir treffen J., der eigentlich weit vor uns sein sollte, nur durch eine glückliche Fügung des Schicksals, durch eine kulinarische Ausnahmesituation, der er sich freiwillig ausgesetzt habe. Diese unglaubliche Ausnahmesituation, erzählt er, habe viel Zeit benötigt, all seine Entscheidungskompetenz und Kocherfahrung. Als alter Veganer, der er ist, stellt sich J. entschieden gegen das unnötige Töten von Lebewesen aller Art. Doch verbietet das edle Veganertum keinem, ein verunfalltes Opfer rücksichtsloser ungarischer Fahrpraktiken zu versnacken. In diesem Fall hat es eine ausgewachsene, circa eineinhalb Meter lange Äskulapnatter erwischt, und da das Auto freundlicherweise nur über den Kopf der Schlange gefahren war, blieb der Rest des stattlichen Reptils appetitlich und essbar auf der Straße liegen. J. erkannte die Gunst der Stunde, erzählt er, und las das Reptil auf. Ein solcher Glücksfund bedeutet dann aber einen Haufen Arbeit: Schlange häuten, ausnehmen, den leckeren Roadkill entsprechend fein würzen und im winzigen Töpfchen des Gaskochers Stück für Stück braten. Mit der Zubereitung der gediegenen Mahlzeit und dem obligatorischen Donaudippen kann da schon mal unverhofft ein halber Tag vergehen. So kommt es also, dass wir den Kerl, obwohl er eigentlich nur kurz in Budapest verweilen wollte, schon an der Stadtausfahrt wieder einholen.

Wir fahren gemeinsam die Donau entlang, die über weite Strecken halbwegs natürlich belassen wurde, da muss ich den Ungarn mein Lob aussprechen. Keine hässlichen Beton-Blockwürfel, keine Uferverbauungen, die den Fluss so einzwängen, dass er kaum mehr bleibt als ein toter Kanal, dass man nirgends mehr gemütlich ins Wasser kommt. Nein, hier ist das anders. In Ungarn finden wir flache sandige Ufer, Schwärme von Fischlarven, Schotterbänke und einen richtigen Fluss, eine Donau zum Verlieben, lässt man die Moskitos – eine Gemeinheit der Evolution – außen vor.

Wir bleiben zusammen, machen in der Vierer-Windschattenformation ordentlich Kilometer. Abwechselnd übernimmt jeder einmal die Führungsarbeit und wir fetzen durchs Land. Die Pausen sind geprägt von politisch-sozialem Diskurs, von deutschen Anarcho-Stories, von Geschichten, die wir aus unserem Leben erzählen und von ungarischer Donau-Schönheit.

*#Reisetagebuch Tag 6*
*„Wir schwimmen ein bisschen, plus Liegestütz. Im Badeort dann cooler Donau-Altarm, aber der Boden komplett voll mit Muscheln (Teichmuscheln mit unendlich viel Dreissena polymorpha drauf – Muscheln wachsen auf Muscheln). Echt beeindruckend, wie viel hier überall in den Flüssen lebt. Nackt schwimmen, wie immer, aber ein bisschen Angst, dass mir ein Hecht in die Nudel zwickt, weil er glaubt, es wäre ein Wurm. Aber nix passiert, zum Glück. Dann: zack, zack weiterfahren, am Friedhof ein bisschen Leichenwasser zum Kochen holen und an einem richtig schönen Donaustrand Zelt aufbauen."*

Es war kein Leichenwasser im eigentlichen Sinn. Kein Auszug, kein Sud menschlicher Körperteile. Aber es war das Wasser des Friedhofsbrunnens und niemand weiß, was aus den Ruhestätten so alles ins Grundwasser saftelt. Bisher haben wir uns beim Wasserauffüllen kaum Gedanken gemacht, bisher ging alles gut. Wir füllen die leeren Flaschen auf, bemerken das ein oder andere suspendierte Schmutzteilchen, schöpfen aber noch keinen Verdacht. Ich koste, und das Wasser schmeckt ekelhaft. Egal, denke ich, wir kochen die Suppe ja sowieso ab, damit töten wir jedes Bakterium. Ich verspüre aber trotzdem einen Hauch von Unsicherheit, ob dieser Friedhofsbrunnen nicht doch den ein oder anderen todbringenden Verwesungskeim enthält. Wird Cholera nicht von Leichen übertragen? Thomas findet das alles furchtbar lustig. Leichenwasser trinken, wahnwitzig, aber witzig. Es gibt ihm Anlass zu einigen Scherzen der morbiden Sorte. Sebastian schreitet schließlich ein und sagt, dass wir mit dieser Brühe sicher nicht kochen werden. Safety-Sebi. Traut sich nicht mal, Leichenwasser zu trinken. So feig.

Um ehrlich zu sein, ich bin wahrscheinlich nur zu faul, um ins nächste Dorf zu fahren und dort bei einem ordentlichen Brunnen die Wasservorräte aufzufüllen. Ich bin müde, möchte schon das Tagesende ausrufen und im Sonnenuntergang chillen.

J. lacht zwar über Thomas' Witze, stellt sich aber auf Sebastians Seite und propagiert Trinkwasserhygiene. Wir beschließen, die Einwände ernst zu nehmen, das Wasser auszuschütten und mit den verbliebenen Vorräten zu kochen. Auch die drei anderen sind faul.

Die zweite gute Gruppenentscheidung des heutigen Tages. Nummer eins war die Ablehnung meines Puszta-Ausfluges. Ich schätze Sebastians Sicherheitslinie, auch wenn ich ihm das nicht sage. Er ist die Ratio, der mahnende Verstand, die Spaßbremse, wenn ich wieder mal eine Wahnsinnstat vorschlage. Ich tendiere dazu, gewagte, mitunter dumme Entscheidungen zu treffen, nur um den Abenteuerfaktor zu erhöhen, um später spannende Geschichten in meinem Blog verwursten zu können. Die Gruppe fängt mich immer wieder ein. Gruppenentscheidungen sind sowieso das Beste, das lernt man in jedem Soft-Skill-Seminar:

Vorteil 1: hohe Entscheidungsqualität,
Vorteil 2: alle stehen hinter der Entscheidung,
Vorteil 3: niemand stirbt an Cholera.

Wir kochen also mit sauberem Brunnenwasser, wir baden in der kühlen Donau, wir sind Landstreicher mit gelebter Basisdemokratie.

Thomas, unser Karten-, Technik- und Orientierungsspezialist: er weiß ganz genau, dass wir die Donau entlang müssen.

## Der leichteste Teil meiner Reise

Ich habe meine Familie in Syrien zurückgelassen, erzählt Filip. Mein Zwillingsbruder ist wieder in der Armee, mein Vater kümmert sich um unseren Elektroladen, meine Mutter ist zuhause. Ich musste das Land verlassen, bevor auch ich in die Armee eingezogen, von den Rebellen gekidnappt oder zum Kämpfen gezwungen werde. Es ist eine sehr gefährliche Zeit für junge Männer in Syrien. Ich verlasse Damaskus, meine Freunde, meine Familie, mein DJ-Leben und alles, was ich kenne.

Der Bus fährt von der Autobahn ab und hält vor einem großen Terminalgebäude am Flughafen Beirut. Die libanesische Polizei behandelt mich freundlich an der Grenze, sie kontrolliert meinen Pass und lässt mich durch. Im Libanon spricht man noch Arabisch, wir verstehen uns, viele Syrer leben bereits hier. Fast jeder hat Verwandte im Libanon. Die Libanesen sind unsere Brüder.

Die große klimatisierte Eingangshalle des Flughafens, vor der der Bus anhält, ist voller Syrer. Überall Menschen. Niemand hat mehr als einen Rucksack dabei. Es sind viel mehr Männer als Frauen. Hier und da auch ganze Familien, die auf eine Ausreise warten. Dazwischen immer wieder libanesische Polizisten und Soldaten.

Der Flughafen ist überfüllt und alle wollen in die Türkei. Für Direktflüge in die EU bräuchte man ein Visum, und das hat hier keiner. Ich stelle mich in eine der langen Schlangen und buche ein Ticket nach Izmir, das ist am günstigsten und für Syrer gibt es keine Probleme, in die Türkei einzureisen. Das Ticket kostet 300 Euro und ich zahle in bar, mein Vater hat versprochen, mir in Istanbul Geld zu schicken, nur jetzt wollte ich nicht so viel Bargeld bei mir tragen. Für den Fall, dass es die Soldaten finden, wäre es zu riskant gewesen.

Ich bleibe die Nacht über am Flughafen. Aber ich schlafe nicht. Es ist kein Platz und ich bin viel zu aufgeregt. Hier in der großen Halle spreche ich mit anderen Syrern, denen es genauso gehen muss wie mir. Viele junge Männer und Burschen, die vor dem Kriegsdienst flüchten. Manche erzählen vom IS, andere von der Freien Syrischen Armee, andere von Bashars Regierungssoldaten.

Es ist egal, welche Soldaten es sind, es ist immer derselbe Krieg. Nur *Daesh* ragt irgendwie heraus, sie sind stärker als die anderen, durchschlagskräftiger.

Ich erinnere mich, wie mir mein Bruder von *Daesh*, dem islamischen Staat, erzählt hat. Es waren unglaubliche Geschichten, vom Häuserkampf seiner Truppe in Aleppo. Er und seine Kameraden fürchten den IS, der so stark sei wie keine andere Kampftruppe. Sie hätten topmoderne Ausrüstung, Waffen, die ganz sicher aus dem Ausland kämen und sie seien extrem motiviert. Sie haben einen Auftrag, ein Ziel, und glauben, sie wären von Gott gesandt. Es mache ihnen nichts aus, zu sterben, erzählte mein Bruder, sie glaubten alle, sie kämen ins Paradies. Wenn sie die Stellungen überrannten, machten sie keine Gefangene. Sie seien gnadenlos. Jeder habe Angst vor ihnen und sie seien fast unbesiegbar. Wenn sie eine Stadt einnähmen, töteten sie Christen, sie töten alle Verräter, sie seien brutal, aber eben so unglaublich stark.

Ich bin Christ, mein Bruder ist Christ. In Damaskus war das nie ein Problem, es gab Christen, Moslems, Juden, Sunniten, Schiiten, Drusen – wir blieben zwar in unseren Gruppen, Christen heiraten Christen und Moslems heiraten Moslems, aber wir haben uns nicht getötet. Jetzt ist das anders. In den Nachrichten sah ich, wie der IS auch die Schulen in seinem Staatsgebiet übernimmt. Die Schüler werden trainiert, zu Kämpfern ausgebildet, sie lernen die Ungläubigen zu hassen und zu töten. Das ist jetzt Syrien. Es ist traurig.

In Damaskus gibt es noch schöne Orte, aber auch Damaskus ist nicht mehr sicher. In den Vororten kämpfen Rebellen gegen die Regierung. Für jeden Angriff der Regierung beschießen die Rebellen die Stadt. Sie schießen mit Mörsern und Raketen ins Zentrum. Es gibt täglich Bombenanschläge in der Altstadt. Man spaziert einfach durch die Straßen und irgendwo explodiert plötzlich eine Bombe und reißt viele Menschen in den Tod. Jede Bombe, die von der syrischen Armee über den Rebellengebieten abgeworfen wird, wird mit einem Anschlag auf Zivilisten oder mit einer Autobombe vergolten.

Hier am Flughafen ist es sicher. Endlich. Ich spreche mit vielen Leuten, während ich vor der Halle rauche. Manche haben schon einen Schlepper in der Türkei, andere wissen noch nicht, was sie dort tun werden. Ein Schlepper bis Deutschland koste 7.000 bis 10.000 Euro, erzählt mir ein älterer Syrer. So viel Geld habe ich ganz sicher nicht. Ich frage ihn, ob er wisse, wie viel ein Schlepper nach Griechenland koste. Von dort könne ich vielleicht zu Fuß gehen, denke ich mir, ich muss sparen. Er schätzt, dass ich wahrscheinlich für 1.000 bis 2.000 Euro nach Griechenland käme. Aber die Überfahrt sei gefährlich, meint er. Er habe selbst einen Schlepper, der ihm einen sicheren Weg garantiere, für 8.500 Euro. Er war Beamter in Syrien, sagt er, aber sein Bruder sei geflüchtet, er war bei den Demonstrationen dabei, darum sei es jetzt auch für ihn zu gefährlich, in Syrien zu bleiben. Man habe ihn unter Druck gesetzt, seinen Bruder zurück nach Syrien zu locken, das wäre der Grund. Er habe selbst keine Familie, nur Vater und Mutter wären noch in Damaskus, die seien zu alt, um noch zu fliehen. Vielleicht könne er sie ja später nachholen, wenn er es bis nach Deutschland schaffe.

Was mich erwartet, das weiß ich nicht. Ich weiß nur, dass ich nicht nach Syrien zurückkehren kann. Ich schaue die Fotos auf meinem Tablet durch. Ich fühle nichts. Ich glaube, das ist noch die Aufregung.

In der Früh geht mein Flug nach Izmir. Die Grenzpolizei lässt alle Syrer durch, auch mich. Nur ein Mann, der mit einem kleinen Mädchen reist, wird aufgehalten. Er hat keine Vollmacht, um seine Nichte mit ins Ausland zu nehmen. Er steigt allein in das Flugzeug und das kleine Mädchen wird zurück nach Syrien geschickt.

In der Türkei werde ich wieder kontrolliert. Die Zollbeamten drücken mir einen Stempel in den Pass und kurz darauf stehe ich vor der Halle des Flughafens in Izmir. Jetzt weiß ich nicht mehr, was ich machen soll. Ich habe mein Tablet, aber ohne türkische Sim-Karte habe ich hier kein Internet. Ich muss auf der Straße nach einem gratis WLAN-Spot suchen, um den Bekannten meines Cousins zu finden. Mein Cousin hat mir dessen Kontakt auf Facebook geschickt, ich kenne den Mann nicht und ich weiß nicht, wo er wohnt.

Ich gehe zu Fuß aus dem Flughafen und frage, in welcher Richtung die Stadt liege. Gerade im Norden, deutet mir ein Türke. Ich gehe zu Fuß bis zu einem Einkaufszentrum, wo ich endlich

WLAN finde und der Bekannte schickt mir seine Adresse. Ich finde einen Bus in der Nähe des Einkaufszentrums und fahre zur Wohnung des Bekannten. Dort darf ich für eine Nacht schlafen. Ich bin müde. Am nächsten Tag nehme ich gleich in der Früh den Fernbus nach Istanbul, das kostet 50 Euro. In Istanbul warten einige meiner Freunde, die Syrien schon früher verlassen haben. Dort finde ich vielleicht einen Schlepper, der mich nach Europa bringen kann. Vielleicht sogar auf dem Landweg.

Der Bus fährt zwölf Stunden und spuckt mich mitten in Istanbul auf einem riesigen Busbahnhof aus. Überall Menschen, die hin und her laufen, Taxis, noch mehr Busse. Ich bin komplett verwirrt. Ich kenne zwar die Adresse meiner Freunde, aber hier spricht niemand Arabisch, ich kann kein Türkisch. Ich habe mir gestern Abend noch eine Offlinekarte aufs Tablet geladen. Ohne GPS und Internet ist es aber wirklich anstrengend, mich damit in dieser großen Stadt zurechtzufinden. Ich frage einige Passanten, aber niemand versteht mich. Ich brauche vier Stunden, bis ich es endlich zur Adresse meiner Freunde schaffe.

Sie leben in Tarlabaşı, sie sagen, das wäre die Räuberhöhle Istanbuls, obwohl es ziemlich im Zentrum liegt. Schmutzige alte Häuser mit bunten und heruntergekommenen Fassaden. Einige der Bauten sind halb eingestürzt, die Straßen voller Schlaglöcher und die Fenster zur Straße vergittert. Auf den schmalen Gehsteigen liegt Müll. Meine Freunde leben dort mit anderen Syrern zu zehnt in einer Wohnung. Abdul und Mussa heißen die beiden, sie sind Musiker und ich kenne sie seit meiner Schulzeit in Damaskus. Sie begrüßen mich herzlich und freuen sich, dass ich es unbeschadet aus Syrien geschafft habe. In diesem Viertel könne man die Miete bar bezahlen, erklären sie, man finde leicht eine Wohnung. Das Viertel sei voller Ausländer, die Polizei komme hier nicht rein. Manche der Straßen sind so eng, denke ich, dass auch kein Auto durchpasst. Das Viertel erinnert mich an die Altstadt in Damaskus, nur sieht hier die Hälfte der Häuser aus, als würden sie morgen abgerissen.

Abdul und Mussa sind schon seit drei Monaten in Istanbul und sprechen mittlerweile Türkisch. Sie sind beide geflohen, um nicht kämpfen zu müssen. Die beiden versuchen, als Straßenmusiker so viel Geld zu verdienen, dass sie den Schlepper nach Europa bezahlen können.

Die anderen acht Männer in der Wohnung kenne ich nicht. Die meisten sind schmutzig und abgerissen. Hier gibt es nur in der Früh fließendes Wasser, erzählt Abdul, er glaubt, die alten Leitungen seien leck. Egal, die Wohnung sei billig und niemand fragt, woher sie kämen. Ich halte mich an meine beiden Freunde. Die anderen hier sind mir nicht geheuer. Sie sitzen auf alten Matratzen und Kartonkisten am Boden, rauchen Weed und sehen verschlagen aus. „Der hier", stellt mir Abdul einen am Boden sitzenden Jungen vor, „ist Hütchenspieler. Er hat schnelle Hände und verdient sich so sein Geld." Ganz normaler Betrug eben.

Ich habe Geld, nicht viel, aber genug für ein paar Tage und die Überweisung meines Vaters wird bald eintreffen. Abdul meint, ich solle auch hier in der Wohnung gut auf meine Sachen aufpassen. Es wären einfach zu viele Leute, ständig wechselten die Bewohner, ständig kämen neue dazu und alte verließen die Wohnung. Bei Nacht sollte ich die Straße meiden.

Der Landlord verlangt 20 Dollar pro Nacht. Betten gibt es hier nicht, aber die anderen sind auch damit zufrieden, am Boden zu schlafen, Internet muss ich mir sowieso selbst besorgen. So ein Halsabschneider. Ich lege mich neben Abdul und Mussa, sie haben beide billige Plastikmatten und bringen mir ein paar Kartons, damit ich weicher schlafe.

Vier Tage lang bleibe ich in Istanbul. Gleich zu Beginn finde ich einen Schlepper, der mir einen Platz auf einem sicheren Boot verspricht, aber der Mann verschiebt die Abfahrt Tag für Tag und hält mich hin. Derweil zahle ich täglich Miete und habe Angst, beklaut zu werden. Der Schlepper wirkt unverlässlich, nein, mit ihm werde ich nicht fahren. Ich will schnell wieder weg aus dieser Stadt – hier habe ich kein gutes Gefühl. Am vierten Tag hole ich die Western-Union-Überweisung meines Vaters und kaufe mir eine türkische Sim-Karte. Abdul und Mussah sind nicht in der Wohnung, als ich aufbreche. Ich schreibe ihnen eine Whatsapp-Nachricht, dass ich zurück nach Izmir fahre. Mein Bruder hat in Damaskus nach Alternativen gesucht und mir einen Kontakt in Izmir geschickt.

Dort hat mein Onkel einen Freund, der angeblich einen besseren Schlepper kennt. Ich werde es bei ihm versuchen. Das Geld für die Überfahrt, 1.500 Euro, hat mein Vater von Verwandten geborgt. Meine Familie hat derzeit nur wenig, alles ist teurer geworden in Damaskus. Kriegswirtschaft. Menschen verkaufen ihre Häuser und Wohnung, um Essen zu kaufen. Ich muss mir mein Geld gut einteilen und schnell nach Deutschland kommen. Ich werde nur das kaufen, was ich unbedingt benötige.

Ich finde den Weg zum Busbahnhof und kaufe mir ein Ticket zurück nach Izmir. Wieder 50 Euro. Wieder zwölf Stunden Busfahrt. Am Abend finde ich das Hotel, in dem ich den Freund meines Onkels treffen soll. Ich warte dort, bis er spät am Abend endlich auftaucht. Ein ganz normaler Mann, freundlich, vertrauenswürdig, er spricht Arabisch und kommt auch aus Syrien. Er sagt, ich solle hier warten, er würde alles organisieren und morgen in der Früh zurückkehren. Er kenne einen wirklich guten Schlepper, der arbeite seriös und garantiere eine sichere Überfahrt. Ich müsste mir keine Sorgen machen, das sei eine verlässliche Organisation.

Das Hotel ist voller Menschen, die auf ihre Überfahrt warten. Nicht nur Syrer, sondern auch Menschen aus Afrika, ein paar Afghanen, Irakis und Kurden. Es ist eine schäbige Unterkunft, aber zumindest habe ich dort eine Matratze, auf der ich schlafen kann.

Ich hatte ein gutes Leben in Syrien, ein leichtes Leben. Es war zwar Krieg, aber es war nicht so hart. Das alles ist neu für mich. Plötzlich muss ich allein entscheiden, was zu tun ist. Ich habe auf Youtube Reportagen über Flüchtlinge gesehen. Ich habe mir immer gedacht, wie dumm kann man sein, zu versuchen, auf einem Gummiboot das Meer zu überqueren. Aber jetzt bin ich selbst an dem Punkt, wo ich das machen muss. Ich will nicht aufgeben. Ich werde es einfach tun. Der Freund meines Onkels versichert mir, sein Schlepperkontakt wäre vertrauenswürdiger. Ich glaube ihm. Warum sollte er lügen, er ist ein Freund der Familie.

# VON ZIGEUNERKÖNIGEN UND ANDEREN FABELWESEN

*#Reisetagebuch Tag 8*
*„Vor lauter deppert Vögelschauen krachen Thomas und ich beim Radfahren mit den Köpfen zusammen. Ich schau nach hinten (weil Vogel), er schaut nach vorne (auch weil Vogel), und da scheppert es schon. Echt so passiert. Kein glorreicher Moment, aber die Wahrheit."*

Oft erzählt man darüber, was einem auf einer Reise so alles passiert. Ich muss nun erzählen, was auf einer Reise so alles nicht passiert. Natürlich, man hat seine Pläne, seine Ziele und auch meistens seinen kleinen Stress, den sogenannten Rush, um alles in der gegebenen Zeit zu erledigen. Wichtig ist, ausdauernd und regelmäßig seine Kilometer herunterzuspulen, ansonsten lässt sich der Zeitplan nicht halten. Man reist ja nicht zum Spaß.

Die Geschichte beginnt in einem Fischlokal in Ungarn, direkt am linken Donauufer und am Donauradweg gelegen. Wir sind noch zu viert unterwegs und gönnen uns nach einem intensiven Vormittag eine späte Mittagspause im Restaurant, entgegen unserer eigentlich eisernen Sparpolitik und auf meinen Vorschlag hin, denn ich möchte die lokale Kulinarik kennen lernen. Dort treffen wir ein junges, dynamisches deutsches Pärchen mit ähnlicher Reiseroute. Wir laden sie an unseren Tisch ein, verspeisen gemeinsam die Juwelen der Donau – Zander und Welse an diesem Tag. Wir lernen uns ohne Anlaufschwierigkeiten kennen. Auf der Reise kennt man keine Scheu vor Menschen. Joko heißt er, ist blond, groß, schlank und sieht einfach unverkennbar wie ein Fußballer aus. Sie heißt Joana, gibt vor, spanische Wurzeln zu haben, trägt einen langen braunen Zopf, der ihr über den ganzen Rücken reicht und sie gefällt mir. Endlich mal ein Mädchen in dieser „Boys-only"-Gruppe. Aus pragmatischen Gründen, wir haben einfach dieselbe Strecke vor uns und weil wir uns sympathisch sind, brechen wir gemeinsam auf. Aus vier werden sechs. Wir decken uns in einem surreal riesigen Supermarkt für den Abend mit Lebensmitteln ein. Wir wollen – ganz simpel – Nudeln mit Tomatensauce kochen, so wie immer halt. J. kauft dafür unglaublich viele Zutaten und praktischerweise einen ganzen Stock Basilikum. Super zu transportieren. Was denkt sich der Mann eigentlich?

Während der mühsamen Schlafplatzsuche, wir haben mittlerweile entschieden, gemeinsam zu zelten, werden wir von Wildfremden zur Verkostung einer Fischsuppe eingeladen. Einfach so von der Straße weg, werden wir herbei gewunken, man will uns Ausländern die hiesige Kochkunst näherbringen. Dazu gibt es einen Tipp, wo wir ungestört zelten könnten.

Von drei Löffeln Suppe wird natürlich kein Mensch satt. Wir ziehen ein paar hundert Meter weiter, finden eine öffentliche Wiese, kochen besagte Nudeln, würzen mit Basilikum und plaudern lange am Feuer. In der Abenddämmerung fährt ein Jeep mit aufgepflanzter Nebelkanone am Radweg vorbei und sprüht die ganze Gegend mit Insektenvernichtungsmittel ein. Der Nebel steigt 15, 20 Meter in die Luft, soweit man sieht, alles milchig weiß, durchdringt Bäume und Büsche und senkt sich auch auf uns. Überall fallen die toten Gelsen vom Himmel.

Verdächtig, so eine Giftkanone, aber anders hat man gegen die Viecher anscheinend keine Chance. Wir warten, dass uns auch schwindelig wird, fühlen aber keinen Effekt und schlafen, wie meistens, recht schlecht.

J. will uns am nächsten Tag verlassen, sagt er, Anarchisten-Business, versteht sich. Uns bleibt der unhandliche Stock Basilikum, der ab nun zu unserer treuen Reisepflanze werden soll. Ich nehme mich fürsorglich seiner an, in der Hoffnung, er würde der Reise eine gewisse Würze verleihen (haha).

Motiviert treten wir am nächsten Morgen noch zu sechst die Donau hinunter, vorbei an vogelreichen Auen, Richtung Süden, Richtung serbischer Grenze. Je länger die beiden Deutschen uns Gesellschaft leisten, umso interessanter werden sie. Joana kennt die Geschichte von der Steinzeit bis zum Irakkrieg, sie ist Historikerin, erzählt mir über den Faschismus in Spanien, erzählt von ihrem Forscherleben an der Uni in Oxford und auch sonst noch allerlei. Ich bin begeistert. Von dem, was sie erzählt, und von ihr als Mensch. Auch die anderen unterhalten sich vorzüglich. Thomas führt Joko in die hiesige Vogelwelt ein. Sebastian diskutiert Weltpolitik mit J. Alle sind in Gespräche vertieft und wir verpassen die richtige Ausfahrt, was wir erst nach zehn Kilometern bemerken. Wir verpassen den ungarischen Ort Baja und die Donaubrücke, an der wir uns vom charmanten deutschen Pärchen trennen wollten. Sie wollten ihrer Reise eine romantische Wendung verleihen, vermute ich, der Zweisamkeit frönen und ihre restlichen Forint in Baja auf den Kopf hauen. Wir wollten schnell ins Kopački Rit vorstoßen, Tempo machen, damit wir hinten raus, Richtung Teheran, keinen Stress bekommen. Doch Donaubrücken sind hier spärlich gesät. Wir enden alle gemeinsam, weiter südlich, an der serbisch-ungarischen Grenze und reisen entgegen unseren vorherigen Plänen viel früher nach Serbien und müssen dann weiter nach Kroatien, um die Donau dort beim Grenzübergang nahe Batina überqueren zu können.

Eine EU-Außengrenze, ein Stempel in den Pass, eine Sonderbehandlung und Spezialkontrolle für Thomas ob seines Iran-Visums. Keine Sonderbehandlung für J. trotz seines Personalausweises. Thomas reist aus der EU aus, das dynamische Pärchen reist aus der EU aus, der Anarchisten-Deutsche reist aus der EU aus, der Sebastian reist aus der EU aus, ich reise aus der EU aus und sogar das Basilikum reist aus der EU aus. Da muss man dann natürlich viele Fotos machen, am EU-Schild und auch sonst. Bitte jetzt nicht abschätzig denken, für uns war das schon etwas Besonderes, die EU zu verlassen, aus eigener Kraft. Das wünscht sich so mancher Nationalist seit Jahren, und wir haben das in keinen zwei Wochen geschafft. Aber eben, lange haben wir es nicht ausgehalten, denn eine Stunde später sind wir schon an der kroatischen Grenze gestanden, quasi Einreise in die EU. Unserem Anarchisten waren das zu viele Grenzübertritte, der ist links nach Novi Sad abgebogen, aus sechs werden fünf.

Weil eben in der EU alles so gut organisiert ist, haben uns die Grenzbeamten auch klar gemacht, dass in Kroatien das wilde Campieren ganz und gar verboten sei. Auch für uns! Da waren wir natürlich kooperativ, haben gesagt: „Indianerschwur, wir gehen ins nächste Hotel".

Das ist die nächste Sache, die so nicht passiert ist. Weil, wenn ich wofür kein Geld habe, wenn der Sebastian wofür kein Geld hat und auch der Thomas, dann dafür, es einem kroatischen

Hotelier in den Rachen zu werfen. Aber das musst du nicht unbedingt dem Grenzpolizisten auf die Nase binden, da ist es immer besser „Ja" und „Amen" zu sagen, sonst nimmt er dir am Ende noch das Basilikum weg.

Wir nehmen also, außer Sichtweite der Grenzpolizei, die erste Abzweigung Richtung Auwald, denn der Tag neigt sich dem Ende zu. Mein Knie schmerzt und ich brauche dringend ordentliche Regeneration. Wir sind vom Wildcampen der letzten Tage schon ein wenig abgekämpft und zerstochen. Wir erkunden Waldwege, suchen einen guten Zugang zum Fluss und finden überall nur Häuser, Gärten und Zäune. Nirgends ein gutes Nachtversteck. Wir sind gescheitert mit unserer heimlichen Campingtaktik. Da sind wir praktisch gezwungen, die örtliche Bevölkerung um Hilfe zu bitten.

Wir fragen dort, wo die Musik am lautesten ist und werden von einem leicht angespitzten, braungebrannten Pracht-Kroaten herzlichst aufgenommen. Ohne jedes Federlesen dürfen wir unsere Zelte für eine Nacht in seinem Garten aufstellen.

Wir holen die Räder vom Feldweg und der Kroate kommt auf uns zu. Sein Gesicht ist eine einzige freundliche Einladung:

„Hello, my friends,", sagt der Haus- und Gartenbesitzer sogar, „I am so happy that you are here, I am bikesman myself, I have shower, I have bed for the girl, make yourself comfortable."

Danke, danke, sehr nett, wirklich leiwand!

„You know Slivovic?", fragt der Haus- und Gartenbesitzer. – Ja. Er reicht uns eine Flasche und jeder nimmt einen Zug. Danke.

„Are you hungry, do you want to taste some Croatian food?" – Ja! Ja und ja!

Wenn du das Wort Glücksfall in einen Reisebericht einbauen willst, dann ist jetzt ein guter Zeitpunkt. Wir können bleiben. Wir baden in der Donau, die in 20 Metern Entfernung am Haus vorbeifließt und werfen uns danach in frische Outfits. In einem hohlen Pappelstamm brennt ein Feuer und im Garten ist eine Leinwand aufgebaut. Fußballspiel Kroatien gegen Italien steht am Programm, mehr Slivovic, dann Wein und ja, Essen gibt es auch. Wir fühlen uns nach den anstrengenden Tagen wie im Himmel (bis auf die Moskitos, die uns im Sonnenuntergang piesacken).

Tomaten, Brot, Salami, Gurken, Paprika. „It's all domestic food!", sagt Simba und stellt uns die Nachbarn dieser kleinen Ferienhausanlage vor. Noch mehr Slivovic. Der Abend kommt ins Laufen und wir können unser Glück kaum fassen. Wir sind eben erst seit einer Stunde in diesem Land!

Kroatien spielt Italien an die Wand und ich verliere einen Kirschkern-Weitspuck-Wettbewerb gegen einen kleinen elfjährigen Kroaten, Marim heißt er, und ich finde ihn, wie jeden hier, sympathisch. Ich treffe den 21. besten Karpfenfischer der Welt, muss man sich vorstellen, weltweit, im Karpfenfischen. Er erklärt mir seine Fischertaktik, erzählt von der Karpfenfisch-Weltmeisterschaft und auch aus seinem Leben. Seines Zeichens ist der Typ Solartechniker, Firmengründer, Berufsmusiker und hat so viel Zeit in der Südoststeiermark verbracht, dass der redet wie ein jugoslawischer Fußballspieler, den sie für den Deutschkurs zur STS geschickt haben. Leiwand, frage nicht. Am besten gefällt mir seine Einstellung. Weil mit dem Weinglas in der braungebrannten Hand, die andere am Wohlstandsbäuchlein ruhend, verkündet er leicht lallend: „Von Montag bis Donnerstag trinke ich keinen Tropfen Alkohol." Aber darauf wollte ich nicht hinaus. Weil, um einen besoffenen Steirer zu finden, musst du normalerweise keine große Weltreise unternehmen.

Das große Glück in diesem Glücksfall ist, von einem wie dem Simba für eine Nacht aufgenommen zu werden. Simba heißt unser Haus- und Gartenbesitzer, wie der Löwe von „König der Löwen", sehr leicht zu merken. Und wenn du von so einem aufgenommen wirst, dann kannst du praktisch die Reise abbrechen, weil besser wird's dann nicht mehr werden. Das willst du zu Beginn gar nicht wahrhaben, dass dir da so eine Besonderheit widerfährt. Zu Beginn redest du dir noch ein: „Hier schläfst du jetzt für eine Nacht und morgen, zack, zack aufs Fahrrad rauf und nichts wie weiter."

Dass es anders kommen wird, zeichnet sich zunehmend ab: Erstens, weil die Literflasche Slivovic schon leer ist. Zweitens, weil ich schon den ersten Kroaten um eine Zigarette anschnorre. Und drittens, weil in der Hitze der leicht und schwer alkoholisierten Geister die Planschmiede so richtig dampfend, pfeifend und schnaufend ins Laufen kommt. Simba und einer seiner

Fischerfreunde (es gibt hier nur Fischerfreunde) sagen: Morgen Ausflug, morgen Bootsfahrt ins Kopački Rit, in die schöne Au, in das Donauherz mitten hinein.

„My friends", sagt Simba – wir sind wirklich seine Freunde –, „you can stay for one more day. If you are not in the rush. I will show you very delicous fish soup, I will show you Kopački Rit. I am so happy that you are here."

Wir lassen uns sofort überreden. Die Angebote der betrunkenen Kroaten gefallen uns betrunkenen Gästen. Für einen Ausflug in die Au würden wir österreichischen Freizeitornithologen sowieso alles tun. Ich freue mich und Thomas ist euphorisch: mit dem Fischerboot rein in verworrene Kanäle, mit dem Seeadler schmusen und dem Schwarzstorch auf die langen roten Beine und das metallisch glänzende Gefieder glotzen. Gleich noch einen Schnaps auf die Vorfreude.

„Morgen auch unbedingt Fischsuppe essen!", bekräftigt unser Simba, das sei nämlich noch viel wichtiger, weil eine einzigartige Spezialität, darauf bestehe er. Okay. Als Draufgabe, sagt Simba, und wir sehen, wie sich der morgige Tag füllt, zeige er uns noch Liberland. Das ist eine kleine Insel zwischen Kroatien und Serbien, auf der Anarcho-Kapitalisten einen Staat ausgerufen haben sollen. Anarchisten, weil nicht ihr Land, aber ihre Drogen, ihre Goa-Musik, ihre geile Idee. Kapitalisten, denn sie wollen dort auf dieser Insel schon auch ein Steuerparadies eröffnen. Wir sind begeistert, ich verliere noch eine Runde Kirschkernweitspucken und der Abend endet mit noch mehr Schnaps, mehr Wein und kroatischer Bukowina-Musik auf Simbas Terrasse.

„Wir sind beim Gipsy-King gelandet", sage ich zu Sebastian und Thomas, als wir uns ins Zelt legen. „Haha, sehr lustig", sagt Sebastian, aber jetzt müsse er schlafen, weil so besoffen sei er schon lange nicht mehr gewesen.

*#Reisetagebuch Tag 9*
*„Aufwachen mit Kopfweh, mit Filzpappen und mit großem Wi-derwillen. Aber trotzdem um 7 Uhr aufstehen, ausschließlich darum, weil die Sonne aufs Zelt brennt wie der reinste Todesstern. Schädelweh mit einem klassischen Donaudip behandeln. Leben*

*beim Zigeunerkönig heißt verschleißen, aber das auf eine schö-*
*ne, lustige, köstliche und freudvolle Weise. Zum Frühstück gibt's*
*für uns fünf schwer angeschlagenen Gestalten Schweinsbraten,*
*Tomaten, eingelegte Paprika, Zwiebel (??), Gurken, Brot – also in*
*Wirklichkeit hauptsächlich Schweinsbraten. ‚All domestic food',*
*sagt der Simba. Dann ‚Schnapsl' nach dem fetten Frühstück.*
*Joana ist Vegetarierin, sie isst Paprika und Gurken."*

Weiterfahren wird vertagt. Soviel ist klar. Es wäre auch körperlich keiner von uns in der Lage, ein Fahrrad zu besteigen.
Dafür jetzt Motorbootfahren, denn die Kroaten erinnern sich
an ihre gestrigen Versprechen und Simba scheint den Schnaps
gut vertragen zu haben. Er lacht, scherzt und stahlt größte Le-
bensfreude aus.

Raus auf den fetten Donaustrom, rein in den erstbesten Seitenarm und zack ins verzweigte Rit. Herumbaden in einem Alt-
arm, viel durchs Fernglas schauen und viel Fahrtwind genießen.
Wir filmen und fotografieren und sehen wirklich einen Adler.
Simba möchte uns noch etwas Besonderes zeigen, denn das
Hochwasser ermöglicht einen Ausflug in den überschwemmten
Auwald. Meterhoch stehen hier die Bäume unter Wasser. Vorsichtig steuern wir jetzt zwischen den dicken Baumstämmen durch
diese verwunschene Landschaft. Langsam, damit das herumtrei-
bende Schwemmholz die Schraube nicht zerlegt. Hier im Auwald
laichen die Fische, erklärt Simba, alles voller Leben. Wir sind
nun so langsam, dass wir ohne Fahrtwind auskommen müssen
und sofort fallen die Gelsen über uns her. Ich schlage hundert
Stechmücken tot, was keinerlei Effekt zeigt, jede freie Hautstelle
ist von neuen saugenden Insekten bedeckt. Zerstochen und mit
größer werdenden Beulen an Rücken, Armen, Händen und Beinen
biegen wir über einen weiteren Seitenarm wieder in den Haupt-
strom hinaus. Ein kleines Labyrinth. Ich sitze mit Sebastian, dem
elfjährigen Marim und Simba im Boot. 20 Meter neben uns tu-
ckern Joko, Joana und Thomas durch den Fluss. Das andere Boot
steuert der grimmige Nachbarskroate. Er wirkt feindselig, dabei
ist einfach nur sein Gesicht schwer lädiert, die Backe und Tränen-
säcke seiner linken Gesichtshälfte hängen schlaff herab, wie nach
einem Schlaganfall. Aber der Maurerhut sitzt und eigentlich ist er

freundlich, kann aber kein Englisch und wir kein Kroatisch. Der grimmige Captain habe am ersten Februar seinen zweiten Geburtstag, erzählt uns Simba über den dröhnenden Motor hinweg, denn am ersten Februar vor einem Jahr kenterte er mit seinem Boot, mitten im Winter also, beim Fischen, wobei sonst. Niemand habe es bemerkt und der beste Fischer des Ortes trieb einige Kilometer im eiskalten Fluss. Irgendwie bekam er eine Tonne zu fassen, konnte sich anklammern und über Wasser halten, bis ihn dann schließlich doch jemand vom Ufer aus bemerkte. Die Donau fließt hier sehr schnell, die anderen Fischer konnten ihn gerade noch retten, völlig erschöpft und unterkühlt. Davon haben sich seine Züge nicht mehr ganz erholt. Aber er hat es überlebt und feiert seither am ersten Februar seinen zweiten Geburtstag, weil zweites Leben sozusagen. Und vom Boot köpfeln kann er auch noch immer. Wie ein Walross. Ein freundliches Walross.

Zurück in der Mitte des Hauptstromes stellt Simba den Motor aus und köpfelt ebenfalls aus dem Boot, wir folgen ihm ins Wasser. Das Boot treibt neben uns her und schwimmt in der starken Strömung genauso schnell wie wir. Jetzt wäre es schlecht, meint ein lachender Simba, wenn Marim den Anker würfe. Er tut es nicht und wir klettern zurück über die niedrige Bordwand.

Wir verplempern den Nachmittag in der kleinen Fischer-Feriensiedlung, plaudern mit den Nachbarn, versuchen Kroatisch zu lernen. Sowohl Joko als auch Joana sind beeindruckende Sprachentalente und lassen sich vom kleinen Marim allerlei kroatisches Wortwerk beibringen. Was erschreckend ist: Sie merken sich so gut wie alles. Ich versuche mitzuhalten, aber ich merke mir so gut wie nichts. Simba ist unterwegs, er hat irgendwelche Dinge zu erledigen und holt uns, als die ärgste Hitze nachlässt, in seinem eigenen Garten ab.

Wir überqueren gemeinsam nach einer kurzen Radfahrt wieder die Grenze nach Serbien. Denn dort gäbe es, sagt Simba, weltweit die beste Fischsuppe.

„Wir möchten eigentlich heute Abend abreisen", geben wir recht halbherzig zu bedenken. Wir könnten ja morgen Früh weiterfahren, meint Simba und wir stimmen ihm zu: „We are not in the rush."

Oberstes Gebot: kein Stress und niemals dem Schicksal ins Handwerk pfuschen. Vor allem dann nicht, wenn dir das Schicksal eine Fischsuppe aus dem Kosmos herunterzaubert. Ich bekomme natürlich wieder einen Stempel in den Pass gedrückt, natürlich auf eine andere Seite, damit der Pass möglichst schnell vollgestempelt ist. Auf der serbischen Donauseite, direkt am Fluss, keine 300 Meter vom Grenzübergang entfernt, liegt das urigste Lokal der ganzen Vojvodina. Gekocht wird in großen, freihängenden Kesseln über dem offenen Feuer, ausschließlich Fischsuppe. Die Fische werden in einem Verschlag in einer alten übergitterten Badewanne lebend gehältert, bis zu einer verhängnisvollen Bestellung. Simba kennt den Koch, er bestellt, organisiert und führt uns hinter die Kulissen. Simba kennt auch die Kellnerin, besser wie es scheint. Er dürfte in der Vergangenheit keinen allzu guten Eindruck hinterlassen haben, unser Gipsy-King.

Der Koch, ein wilder Typ voller verblichener Knast-Tattoos, schlachtet die Fische auf einer kleinen Anrichte unter freiem Himmel. Seine Zigarette hängt lässig im Mundwinkel, seine Augen tränen vom Rauch des offenen Feuers, er ist verschwitzt, hinkt ein wenig, aber er schwingt das Fleischerbeil wie der reinste Scharfrichter. Fisch aus dem Wasser, Gedärme aus dem Fisch, Fisch in die Suppe. Zück-Zack. Die Reste wirft er den halbwilden schwarzen Schweinen zu, die direkt vor der Open-Air-Küche warten und sicherheitshalber unsere Räder umwerfen. Aber sehr viel bekommen die Säue nicht, das meiste kommt schon in die Suppe hinein: die kleinen Zwergwelse im Ganzen, rein in die Suppe. Karpfen in große Stücke gehackt, rein in die Suppe. Die zerteilten Köpfe, in die Suppe. Gonaden, Fischhoden und Fischeierstöcke, rein in die Suppe. Die Stücke vom Wels, rein in die Suppe. Gewürzt wird diese Brühe nur mit Paprika und Salz. Mehr brauche eine gute Fischsuppe nicht, versichert Simba.

Ehrlich, so etwas hast du noch nie gegessen! Damit habe ich nicht gerechnet, da geht dir Serbien schon am zweiten Tag derartig, sagen wir, durch den Magen, da verliebst du dich nur wegen einer Suppe in ein ganzes Land. So etwas erwartest du als normaler Mensch nicht.

Schließlich geht es mit dem Rad zurück über die Grenze, zurück ins schöne Kroatien. Anderes Ufer, andere Welt, wieder ein Stempel in den Pass.

Ich bleibe an diesem Abend gemeinsam mit Joana zuhause. Donauromantik, Ruhe und Gespräche über das Leben und die Liebe. Sie beeindruckt mich, erzählt von ihrer Passion für das Theater, vom Kinderbuch, das sie geschrieben und nie veröffentlicht hat, vom Leben in einem spanischen Künstlerhaus, wo die Schauspieler ein- und ausgehen. Ich genieße unsere Gespräche und freue mich über die Einblicke in ihre katalanische Seele.

Die anderen machen sich wieder auf nach Serbien, um der örtlichen Schaumparty beizuwohnen. Der allgemeine Tenor lautet, morgen brechen wir auf und setzen unsere Reise fort.

*#Reisetagebuch Tag 10*
*„Wir sind noch immer beim Zigeunerkönig. Da kommen wir nicht mehr weg. Wir sind immer noch ganz hin und weg von dieser seiner Gastfreundschaft und davon, wie herzlich er uns begegnet. Mittlerweile fühlen wir uns bei Simba wie daheim. Was war nochmal das Ziel der Reise?*

*Leichte Besserung meiner Knieschmerzen über Nacht. Ich freue mich meines Lebens, Simbas Gypsy-Musik spielt Tag und Nacht in voller Lautstärke durch. Die anderen waren fort, großes Halli-Galli, sind erst im Morgengrauen nach Hause gekommen, waren wie zu erwarten noch nackt baden und sind heute völlig verstrahlt.*

*Zum Frühstück gibt's gebratenen Speck, Kartoffel in Schweine-Schmalz (immer andere Teile, aber immer dieselbe Sau) und Slivovic, kurz, das reinste Vegetarierfrühstück. ‚It's all domestic food', wird uns versichert. Top! Unser Gastgeber hat keinen Hunger, er isst keinen Bissen, er trinkt dafür eine halbe Flasche Slivovic, während er für uns kocht.*

*Wir chillen den restlichen Tag in der Fischer-Sieldung, treffen einen Typen vom Zoo Osijek, der uns erzählt, wie der Osijeker Braunbär, ein krasser Gauner, versuchte, sich den Wärter des Zoos zu krallen. Er hat ihm dann aber nur den Arm abgerissen. Dann zeigt uns Simba seinen riesen Selbstversorgergarten. Dort wächst bis auf Schwein und Schnaps alles, was so ein Pracht-Kroate, wie er einer ist, zum Leben braucht. Wir bleiben noch den*

*Nachmittag über, am Abend werden wir fahren. Kurz vor unserem Aufbruch gehen wir auf einen Kaffee, das heißt, Simba trinkt zwei Bier und wir Radler."*

Wir sitzen an einem kleinen Tisch im Schatten einer Linde. In diesem Café haben die Jungs gestern nach der serbischen Schaumpartyaction noch zu Bukowina-Livemusik getanzt. Simba gerät ins Schwärmen, wenn er von ihrer Barfuß-Performance erzählt. „You are the bare foot dancers", sagt er immer wieder lachend und klopft ihnen anerkennend auf die Schultern. Wir sind seine Helden – er ist unser Held. Diese Liebe basiert auf Gegenseitigkeit.

Hier in dem kleinen Café kennt Simba jeden der Männer und erzählt auf Nachfrage von ihrem gemeinsamen Kampf in der kroatischen Armee. Wo wir heute sitzen, wurde vor Jahren gekämpft. Unsere freundlichen Gastgeber und Nachbarn waren alle auf irgendeine Art involviert. Schaurig. Der Kellner habe gekämpft, seine Freunde am Nachbartisch auch. Jene Männer, die zu Kriegsausbruch das Land verlassen haben, hätten es heute schwer, sagt Simba, man könne ihnen die Flucht nicht ganz verzeihen. Diejenigen, die wirklich an der Front gestanden sind, sprächen nur ungern über den Krieg. Jene, die aber nicht dabei gewesen waren, schwängen heute große Reden und hetzten. Sie wüssten nicht, was Krieg bedeutet. Simba ist ernst. Er erklärt uns die damalige Lage des zerfallenden Staates:

Die Jugoslawische Volksarme eroberte zu Kriegsbeginn weite Teile des kroatischen Slawoniens. Ursprünglich sollte sie wie ein Puffer zwischen den Volksgruppen fungieren und sich dem Zerfall des jugoslawischen Staates entgegenstellen. Mit Ausbruch und Fortdauer des Kroatien-Krieges wurde sie aber zunehmend zu einer serbischen Armee, kooperierte und unterstützte serbische Paramilitärs. Die Kroaten kämpften gegen Serben, konnten das Vorrücken serbischen Truppen vor allem durch den langen Belagerungskampf um die Stadt Vukovar verzögern und die vollständige Besetzung Kroatiens verhindern.

Simba kämpfte als Major der kroatischen Streitkräfte, erzählt er. Er kämpfte in Osijek und auch im symbolträchtigen Vukovar, beide Städte gehören heute zu Kroatien. Seine ausgelassene

Miene verdunkelt sich, wenn er vom Krieg erzählt. Vukovar wurde belagert, mit Artillerie und Luftwaffe sturmreif geschossen, erzählt er. Erst nach 86 Tagen konnten die Serben die völlig verwüstete Stadt einnehmen. Vukovar war einer der Hauptschauplätze der Kriegsverbrechen im kroatisch-serbischen Kampfgeschehen, klärt mich Joko auf. Ich hatte keine Ahnung. Serbische Truppen ermordeten dort nach dem Fall der Stadt etwa 200 Menschen, die sie im Krankenhaus der Stadt gefangen nahmen.

Simba erzählt von der militärischen Unterstützung durch Deutschland und von Waffenlieferungen in dieser Zeit. Er war mittendrin in diesem Krieg. Er erzählt voll Wut und Rage von grausamen Serben, seinen Kriegsgegnern. Er erzählt, wie Menschen aus den Häusern geholt wurden, wie ihnen die Kehlen durchgeschnitten und sie wie Schweine geschlachtet wurden. Die Grausamkeiten sind über 20 Jahre vergangen, aber vergessen sind sie nicht. Der Krieg steckt noch allen in den Knochen. Traurig. Ich fühle mich, als käme ich aus einer Seifenblase, aus dem friedlichen, weltfremden Österreich.

Ein uraltes Männlein müht sich die Stiegen einer kleinen Wehranlage hinunter und kommt nahe an unserem Tisch vorbei. Ein Wehrmachtssoldat, sagt Simba. Die Kroaten grüßen ihn und fordern ihn auf, ein wenig Deutsch zu sprechen, für uns Gäste. Er blickt auf und setzt zittrig ein Bein vor das andere: „Langsam, aber sicher!", murmelt er und geht weiter. Die Deutschen sowieso, aber auch die Nationalsozialisten würden hier durchwegs positiv gesehen, erklärt Joana. Das kroatische Ustascha-Regime habe damals mit den Nazis kooperiert, Kroatien war ein verbündeter Führerstaat mit Rassengesetzen, Verfolgung und KZs. Bis die Russen kamen, Titos Partisanen die Oberhand gewannen und dann ihrerseits kroatische Ustascha, Deutsche und Kollaborateure ermordeten. Wir erfahren nichts über das Leben dieses Wehrmachtssoldaten, der schnell wieder aus unserem Blickfeld verschwindet, aber ich male mir einen jungen Soldaten aus, der im Laufe seines Lebens viele politische Wechsel erlebt haben muss, der mehrmals sowohl „der Gute" als auch „der Böse" war. Immer abhängig davon, wer gerade an der Macht war und bestimmte, was Gut und was Böse ist. So ist das im Krieg, denke ich: Die einfachen Leute müssen kämpfen und morden, die Sieger bestimmen dann, wer Held und wer Verbrecher ist. Hier zuerst Hitler, dann Stalin, Tito, Milošević, Tuđman und am Ende die Den Haager Tribunale.

Wir schütteln unsere dunklen Gedanken ab. Bei diesem herrlichen Sommerwetter und all den freundlichen Leuten fällt das nicht schwer. Wir wollen in einer Stunde unsere Reise fortsetzen, noch eine kurze Erledigung, dann werden wir unseren lieben Simba wohl verlassen müssen. Joana und Joko gehen ins nächste Internet-Café, sie versprechen, sich zu beeilen. Joana muss eine wissenschaftliche Arbeit abschicken und ihren Rückflug buchen, Joko hat auch ein paar Sachen zu erledigen. Wir vereinbaren, uns in Simbas Garten zu treffen, zu packen und weiterzureisen.
Zurück im Domizil werden wir zu den Nachbarn eingeladen. Lauter freundliche Kroaten laden uns an den Tisch auf ihrer Terrasse. Ob wir denn nicht ein Gläschen von diesem vorzüglichen Weißwein kosten wollten, fragen sie uns. Wir lehnen ab, sie fragen nochmal, ich schaffe es nicht, Nein zu sagen. Simba stellt klar: „My friends, if you are not in the rush, you can stay one more day. I will cook some delicious food tonight. If you are not in the rush." Was werden die beiden Deutschen sagen? Ich lasse mir noch ein Glas einschenken. Nette Leute hier, alle saufen ein bisschen. Der Typ mit riesen Wampe und knolliger Nase verkündet ganz stolz, wie der Jugo-Steirer zwei Tage zuvor, dass er Montag bis Donnerstag keinen Tropfen tränke. Joana und Joko kommen nach einer Stunde vom Internet-Café zurück, sie haben sich sehr beeilt, sagen sie, damit wir weiterfahren könnten. Joana hat darum weder die Arbeit abgeschickt, noch hat sie den Flug gebucht. Als die beiden die Terrasse betreten, ist der Weißwein (vino bjello) schon ausgetrunken, mittlerweile steht Rotwein am Tisch. Weiters wird entschieden, dass wir den Aufbruch abbrechen, stattdessen weitersaufen und am Abend Simbas leckeres Schwein kosten. „All domestic food", schwärmt er. Die beiden nehmen die Neuigkeiten wohlwollend hin und bekommen somit auch ihren Wein. Der Wein ist bald ausgetrunken, Simba besteht auf einen Abstecher zum lokalen Vinzer, wo alle Vorräte aufgefüllt, kroatische Folklorelieder gesungen und einige

epische Fotos im Weinkeller geschossen werden. Dann zurück in die Fischersiedlung.

Wir helfen Simba beim Kochen. Heute gibt's zur Abwechslung mal was Vegetarisches, Beuschel vom Schwein: Herz, Lunge, Leber! Saugut und für Joana somit der dritte Tag mit Gurken und Zwiebel, dem kroatischen Vegetarier-Ersatzprogramm. We are not in the rush. Stephan, Simbas bester Freund, erscheint auf der Terrasse. Er hat einen kroatischen Kräuterschnaps in der Hand, selbstgemacht, nach dem Rezept seiner Mutter, die reinste Medizin. Wir essen auf der Terrasse zu ohrenbetäubenden Technoklängen, das BESTE ESSEN SO FAR.

Der Fischsuppenkoch.

Simba. Für uns: der Gipsy-King

Fischsuppe: Gewürzt mit Salz, Paprika und der Lebenslust des Balkan.

Refill im kroatischen Weinkeller.

Ich konnte gar nichts selbst entscheiden, sagt Malek. Ich musste flüchten. Aber selbst das war nicht mein Wille, sondern der meines Vaters. Sein Wort ist Gesetz, so ist das bei uns. Mein Vater sagt, ich muss das Land verlassen, ich habe keine Ahnung wohin, aber es ist mein Vater, der entscheidet. Ich verlasse das Land, so wie er das sagt. Allah wird mich auf meinem Weg beschützen, hoffe ich. Ich bitte ihn darum. Ich habe schon viele gesehen, denen Allah nicht gnädig war. Ich verlasse jetzt mein Dorf, mein Leben, meine Familie.

Es ist noch stockdunkle Nacht und niemand bemerkt uns, als wir aus dem kleinen Haus in Debagal schleichen. Der Weg bis zur Hauptstraße, die halbe Strecke bis Zauchee, ist unwegsam, steinig und mühsam. Mein Vater reitet auf unserem Esel, während ich zu Fuß neben ihm hergehe, den Rucksack mit meinem Proviant und der Kleidung am Rücken. Mein Vater ist ein alter Mann, sein rechtes Bein ist kaputt und es schmerzt, wenn er weite Strecken gehen muss. Eine Erinnerung an seine Zeit als Mudschaheddin, ein sowjetischer Granatsplitter.

Wir stoppen ein Auto, das uns nach Zauchee mitnimmt. Niemand hat mich bisher erkannt, niemand hat uns aufgehalten. Wir kommen ohne Probleme in die Stadt und nehmen dort einen Kleinbus, der nach Jalalabad, in die Hauptstadt der Provinz Nangarhar, fährt. Wir sitzen wortlos nebeneinander. Ich blicke aus dem Fenster und sehe die trockene Landschaft Afghanistans an mir vorbeiziehen.

Jalalabad ist voll fremder Menschen und ich blicke nervös in die Gesichter der Bärtigen. Ständig erwarte ich, von einem Taliban an der Schulter gepackt zu werden. Sie werden überall nach mir suchen. Auf den Straßen patrouillieren Soldaten in afghanischen Armeeuniformen. Ich weiß nicht, wem ich trauen kann, denn die Taliban haben überall ihre Spitzel, auch in der Armee, auch in den Militärcamps, da bin ich mir sicher.

Mein Vater findet das Haus des Schleppers, es liegt in einer Seitenstraße, im Zentrum Jalalabads. Ich weiß nicht, wer ihm diesen Mann empfohlen hat, mein Vater ist nicht sehr gesprächig.

Er klopft an die Tür des Hauses und ein junger Mann öffnet. Mein Vater nennt seinen Namen, nennt einen weiteren Namen, der wohl die Empfehlung war. Wir schlüpfen aus unseren Schuhen und treten über die Schwelle in einen kleinen grün gestrichenen Raum, der mit einem Teppich ausgelegt ist. An den Wänden liegen Sitzpolster und die Vorhänge vor den Fenstern sind zugezogen.

Der Schlepper heißt Assad und ist keine 30 Jahre alt. Ich kann den Mann nicht einschätzen, aber er wirkt nicht unsympathisch. Abwartend, distanziert, ja, aber nicht brutal. Mein Vater küsst ihm gebeugt die Hand. Er blickt ihn bittend an. „Bruder", sagt mein Vater mit weicher, flehender Stimme, „kannst du meinen Sohn in Sicherheit bringen?"

Der gar nicht so unsympathische Schlepper blickt auf meinen alten Vater, er mustert mich ausdruckslos. Er muss bemerkt haben, dass meine Wimpern getuscht sind, dass mein schwarzes Haar erst gestern abgeschoren wurde, dass ich das Land in Eile verlasse.

Er zuckt mit den Schultern: „Du kannst deinen Sohn hierlassen, Mann, in zwei Tagen fährt eine meiner Gruppen nach Islam Qala, da kann ich ihn mitnehmen."

„Ich danke dir vielmals", sagt mein Vater, er klingt erleichtert. „Chai?", fragt Assad und deutet in ein kleines, düsteres Zimmer, wo am Boden ein hölzerner Tisch mit einer Teekanne und zwei Gläsern steht. Mein Vater geht voran und setzt sich auf den Boden vor dem kleinen Tisch, der Schlepper folgt und schließt die Tür hinter sich. Während die Männer reden, setze ich mich im Schneidersitz hin und warte. Ich bin müde, lehne mich an die Wand und warte, dass der Stress endlich abfällt. Er tut es nicht.

Nach einiger Zeit kommen die beiden Männer zurück. „Es ist alles organisiert", sagt mein Vater, „er wird dich mitnehmen, Malek." Der Schlepper nickt: „Du wirst in Bussen und PKWs fahren, die Grenzen musst du zu Fuß überqueren. Du wirst zu essen und zu trinken bekommen. Kannst du über Berge gehen?"

„Ja sicher", antworte ich. Die Reise klingt machbar.

Mein Vater reicht dem Schlepper die Hand, beide führen ihre Hand mit einer leichten Verbeugung zum Herzen. Nun wendet sich mein Vater an mich. Er legt mir die Hand auf die Schulter: „Alles

Gute, mein Sohn", sagt er, „Allah wird dich beschützen." Er dreht sich um und verlässt das Haus. Jetzt bin ich allein.

Der gar nicht so unsympathische Schlepper führt mich in den Keller. Eine nackte Glühbirne leuchtet von der Decke und auf zwei schmutzigen Matratzen liegen bereits drei Jungen. Sie sind noch jünger als ich mit meinen 16 Jahren und keiner von ihnen hat die Haare geschoren. Sie blicken unsicher auf, als der Schlepper und ich die Stiegen hinab kommen. „Hier kannst du schlafen", sagt der Schlepper und deutet auf die belegten Matratzen. „Ich bringe euch später etwas zu essen." Er schließt die Kellertür und ich lasse mich in einer freien Ecke auf den Erdboden sinken. Die drei Jungen sind ruhig und wirken doch angespannt. Ich frage keinen von ihnen, warum sie das Land verlassen wollen. Ich werde keinem von meiner Geschichte erzählen, das ist zu gefährlich.

Nach Stunden bringt der Schlepper jedem eine kleine Schale Reis und einige Tomaten. Viel ist es nicht. Er bringt Tee und verlässt den Keller ohne Worte.

Ich schlafe unruhig und warte den ganzen nächsten Tag im muffigen Keller. Am Abend kommt der Schlepper wieder mit Reis und Tomaten. „Wann werden wir Jalalabad verlassen?", frage ich den Schlepper.

„Morgen früh wird ein Mann kommen und euch mitnehmen. Ihr gehört zur Gruppe Assad, merkt euch das! Der Fahrer wird euch zur iranischen Grenze bringen, dort wartet der nächste Schlepper auf euch, der euch über die Grenze in den Iran bringt, es ist alles organisiert. Nur eine kurze Wanderung, das geht schnell. Im Moment sind viele Menschen unterwegs. Lasst euch nicht von den iranischen Soldaten erwischen, die schießen und ihr könnt euch sicher sein, dass ihr nicht in eines dieser iranischen Flüchtlingslager wollt. Wenn ihr dort eingesperrt werdet, kann ich euch auch nicht mehr helfen, dann ist es vorbei."

Ich schlafe wieder unruhig, träume von finsteren Männern und schwarzen Turbanen, von einem Standgericht und dem langen Fleischermesser, bis mich ein Fußtritt des gar nicht so unsympathischen Schleppers aufweckt. „Aufstehen, ihr vier Idioten", sagt er.

Und wir stehen auf. Es gibt Wasser in diesem Haus und wir dürfen unser Gesicht waschen. Ich muss beten, denke ich, aber da fällt mir ein, dass ich nicht mehr bei den Taliban lebe. Assad versichert uns nochmals, dass alles organisiert sei. Er nennt uns den Namen des Mannes, der uns an der Grenze übernehmen wird, und gibt uns zur Sicherheit eine Telefonnummer.

Vor dem Haus fährt ein rostiger Peugeot vor, wir steigen ein und schlagen die Türen zu. Der fremde Fahrer fährt los und direkt auf die Autobahn. Nach einigen Stunden steht Kabul auf den Schildern. Der Fahrer hält etwas außerhalb der Stadt an einem heruntergekommenen Haus, das offensichtlich einem Freund gehört. Er tankt das Auto. Im Haus bekommen wir zu essen und Chai. Wir fahren weiter durch Afghanistan, vorbei an Kabul und Kandahar bis nach Herat, das ganz im Westen des Landes liegt. Die Fahrt dauert 28 Stunden und unterwegs halten wir immer wieder kurz an, um versteckt im Gebüsch aufs Klo zu gehen oder um unsere Wasserflaschen aufzufüllen. Kurz nach Kandahar begegnen wir amerikanischen Militärkonvois. Unser Fahrer ist sehr vorsichtig, er hält Abstand: „Wenn man den gepanzerten Humvees zu nahekommt, schießen sie auf die Autos. Man muss immer Abstand halten. Die Amerikaner haben Angst vor Anschlägen und Autobomben. Das ist sehr gefährlich", sagt er. Wir haben Glück. Keine Bomben, keine Straßensperren und wir halten immer ausreichend Abstand. Wir haben einen sehr guten Fahrer. Wir fahren bis Islam Qala, das ist die Grenzstadt auf der afghanischen Seite. „Durch Islam Qala verläuft die Seidenstraße", sagt der Fahrer.

Wir werden etwas außerhalb der Stadt in ein Haus gebracht, die Gegend ist verlassen, keine Nachbarn, keine Polizei und keine Soldaten. Der Fahrer lässt uns aussteigen, herrscht uns an, schnell ins Haus zu laufen und fährt weg. Das Haus ist bereits voller Flüchtlinge. Wir sind 30 Jungen und Männer, die hier darauf warten, in den Iran zu marschieren. Wir warten alle auf die Schlepper.

Ich lerne einen Jungen kennen. Janan, das heißt: der Geliebte. Er kommt aus Kabul, spricht Paschtu und ist zwölf Jahre alt. Wir sind beide allein unterwegs. In dem überfüllten Raum schlafen wir dicht aneinander gedrängt am Boden. In der Früh werden wir nicht von den Schleppern geweckt, den ganzen Vormittag über ist nichts von ihnen zu sehen und die ersten Menschen beginnen sich Sorgen zu machen. Erst am Nachmittag fährt ein Auto vor dem Haus vor. Der Mann, der aussteigt, bringt uns Essen und erklärt, dass wir die Grenze erst am nächsten Morgen überqueren könnten. Es gebe zu viele Kontrollen, sagt der Schlepper, die afghanische Polizei suche nach Flüchtlingen, wir müssten abwarten und würden es am nächsten Tag vor Sonnenaufgang versuchen.

In der zweiten Nacht schlafe ich noch schlechter als die Nächte zuvor. Der Boden ist hart und ich bin voller Angst. Ich fürchte mich vor den iranischen Soldaten, vor dem Gefängnis, ich fürchte mich vor Minen an der Grenze. Auch am zweiten Morgen passiert nichts. Erst am Abend kommen die Schlepper zum Haus. „Okay", sagen sie, „wir fahren heute Nacht weg."

Wir sind mittlerweile 35 Personen, die in den Iran wollen. Erst als es völlig dunkel ist, bringen uns die Schlepper mit Autos in die Wüste. Sie fahren langsam, ohne Scheinwerfer und auf holprigen Feldwegen, wo uns kein anderes Auto begegnet. Die Nacht ist klar und mondlos finster. Wir fahren zwei Stunden über Stock und Stein, dann, weit außerhalb der Stadt, bleiben die Autos stehen und schalten die Motoren ab. Wir müssen aussteigen, sammeln uns und die Autos fahren wenig später davon. Wir sind mitten in der Wüste. Ein Schlepper bleibt bei uns. Zum Glück. Der Himmel ist voller Sterne, es weht ein kühler Wind und außer dem Geflüster unserer Gruppe ist weit und breit kein Laut zu hören. Der Schlepper befiehlt uns zu verschwinden. Wir verstecken uns hinter Felsen und drücken uns in kleine Bodenmulden. Wir warten, bis die Sonne aufgeht.

In der Früh fährt täglich ein Patrouillen-Fahrzeug der iranischen Armee die Grenze entlang, sagt der Schlepper, der uns durch die Minenfelder führen wird, die Iraner gegen die Schmuggler angelegt haben. Das müssten wir abwarten, erst dann könnten wir losgehen. Ich lege mich hinter einen Felsen und warte. Eine Stunde nach Sonnenaufgang gibt der Schlepper das Kommando: „Los, ihr Ratten, und immer in Deckung bleiben."

Wir folgen dem Schlepper durch die Wüste, er kennt den Weg. Vier Stunden lang laufen wir so schnell wie möglich immer von Deckung zu Deckung, um nicht bemerkt und beschossen zu werden. Es ist heiß und ich habe die ganze Nacht nicht geschlafen. Zum Glück habe ich nur einen kleinen Rucksack, der nicht schwer wiegt. Es gibt hier nichts außer Steine, Sand und Staub. Als wir im Iran sind, kommen drei Autos mitten durch die Wüste gefahren. Es sind Schlepperautos, drei persische PKWs. Wir sind 35 Personen für diese drei Autos. Ich kann nicht glauben, dass sie uns alle in die drei PKWs pferchen wollen!

Es sind jetzt persische Schlepper, die ihre Autos scharf vor uns abbremsen. Alles geht viel zu schnell, sie schreien und wir laufen, sie befehlen und wir gehorchen. Schnell, schnell, schnell. Vier Menschen springen in den Kofferraum, quetschen sich in den engen Raum, der Schlepper schlägt den Deckel zu. Vier drängen sich auf die Rückbank. Einer hüllt sich in einen iranischen Hidschab und setzt sich auf den Beifahrersitz. Ich und ein zweiter Junge werden jeweils in den Fußraum hinter den Fahrer- und Beifahrersitz gedrückt. „Da müssen die Kleinen rein", sagen die Schlepper. Sie pressen mich in den kleinen Hohlraum, der normal als Fußablage dient. Ich versuche mich so gut ich kann zusammenzurollen, aber da ist einfach zu wenig Platz. Ich liege eingequetscht auf dem Fußteppich. Die Männer stellen ihre schweren Füße auf mir ab. Es ist heiß, eng und schmutzig. 35 Personen in drei Autos. Wir fahren los, ich habe keine Ahnung, wo wir sind. Einmal halten wir an, lautes Klopfen und Schreie aus dem Kofferraum. Der Schlepper steigt aus und drischt auf die Menschen im Kofferraum ein, sie sollen leise sein, im Kofferraum bleiben. Aber einer von ihnen bekommt keine Luft, die vier Männer liegen im Kofferraum übereinander, der unterste hat Atemprobleme und Panik. Der Schlepper zwingt einen Afghanen von der Rückbank, mit ihm Platz zu tauschen. Ich höre, wie die Männer darum bitten, zumindest die Dichtungen vom Kofferraumdeckel reißen zu dürfen, damit sie da drinnen ein wenig Luft bekämen. Der Fahrer reißt widerwillig die Gummidichtungen von den Rändern und wir fahren weiter.

Ich weiß nicht, wie lange wir fahren, bis wir in die Nähe der Stadt kommen, ich kann mich nicht bewegen, ich sehe nichts, die Füße lasten schwer auf mir und ich bin erschöpft. Irgendwann schlafe ich ein und erwache erst, als die Autos wieder anhalten.

Die persischen Schlepper schreien uns an, aus dem Auto zu steigen. Die Männer trampeln über mich ins Freie, aber ich schaffe es nicht, aus meiner Mulde zu kommen. Ich drücke mich mit den Händen ab, aber meine Füße sind taub und ich kann sie nicht bewegen. Es ist noch hell und die Schlepper schreien uns an, schnell im Haus zu verschwinden. Ich kann nicht. „Steig aus! Steig aus!" Einer der iranischen Schlepper schlägt auf mich ein und reißt mich vom Fußteppich hoch. Die anderen Männer sind schon ins Haus gelaufen, aber ich kann nicht aufstehen. „Schneller, steig aus!", faucht er mich an, aber ich kann nicht. Er zerrt mich aus dem Auto und schleift mich ins Haus, ich kann nicht auftreten, ich kann meine Füße nicht kontrollieren, sie knicken weg, ich spüre nur ein ständiges Kribbeln in meinen Beinen, sonst nichts. Er lässt mich in dem kleinen Raum fallen, in dem bereits die anderen warten. Weitere Burschen mit unbeweglichen Füßen werden in den Raum geschleppt.

Wir sind bei einem kleinen Haus etwas außerhalb der Stadt angekommen. Mehr eine Bruchbude als ein Haus. Eine verlassene einstöckige Ruine ohne Fenster und Türen. Das Land ums Haus ist verdorrt. In der Ferne sehen wir eine große Stadt und Berge, wir müssen in der Gegend von Maschhad sein. Das ist die einzige größere iranische Stadt in der Nähe, die mir einfällt. Wir haben in der Schule die Nachbarländer Afghanistans und deren Städte gelernt. Maschhad liegt im iranischen Osten, am Dreiländereck Turkmenistan, Afghanistan, Iran, kann ich mich erinnern. Aber meine Füße funktionieren nicht mehr. Im Haus stinkt es und in den Ecken des staubigen Raumes liegen Müll und alte, schmutzige Kleider.

„Ihr bleibt hier", sagen die Schlepper, „und haltet euch von den Fenstern fern. Wenn euch jemand sieht, habt ihr ein Problem. Wir kommen wieder und bringen euch dann Essen." Die Autos fahren quietschend ab. Wir warten und sie kommen nicht. Es wird Abend und Nacht und wir sind wirklich hungrig. Wir haben seit gestern Abend nicht mehr gegessen. Meine Wasserflasche ist leer und ich spare mit meinen Datteln, falls ich in Not kommen sollte. Niemand hat viel Wasser durch die Wüste geschleppt. Im Haus gibt es keine Leitung und wir trauen uns nicht, draußen nach einem Brunnen zu suchen. Wir dürfen das Haus nicht verlassen, haben sie gesagt, wir fürchten uns vor der iranischen Polizei, vor dem Militär und den brutalen Schleppern.

Endlich kommt ein Fahrer zum Haus. Er bringt uns Brot, Wasser und Tee. Dann erklärt er, dass er uns in Gruppen zu einem Ort bringe, an dem wir uns waschen könnten. Meine Füße funktionieren noch immer nicht. „Was ist los mit mir?", frage ich ihn verzweifelt. „Ich kann meine Füße überhaupt nicht mehr bewegen!" Er ignoriert mich. Ich sitze am Boden und versuche, meine Beine zu bewegen, die Füße zu heben, die Zehen zu bewegen, aber nichts rührt sich. „Bin ich gelähmt? Was ist mit meinen Füßen passiert?" Niemand antwortet. Alle anderen Jungen, die auch so eingequetscht im Auto lagen, können mittlerweile ihre Füße wieder bewegen, nur ich nicht. Der Schlepper sieht mich kurz an und sagt schließlich, ich solle mich einfach waschen und schauen, ob das kalte Wasser meine Füße wieder aktiviert. Zwei Männer tragen mich ins Auto und wir fahren zum Waschplatz. Ein versteckter Brunnen mit einigen Plastikkübeln, ums Eck ein Loch zum Scheißen. Wir sind alle staubig und dreckig. Der Schlepper sagt, wir müssten ganz sauber sein, um nicht sofort als Flüchtlinge aufzufallen. Wir sollten uns waschen und die Kleidung wechseln.

Janan, der afghanische Junge, der auch ganz allein reist, hilft mir, mich zu waschen. Das kalte Wasser aktiviert überhaupt nichts. Ich habe meine Füße verloren, als ich da stundenlang eingequetscht war, denke ich. Ich habe im Auto gar nichts bemerkt. Ich war da drinnen wie betäubt vor Angst und Anstrengung, ich bin sogar eingeschlafen. Erst als ich versuchte, aufzustehen, habe ich wahrgenommen, dass ich von der Hüfte abwärts nichts mehr bewegen kann.

Wenn sie mich jetzt aufrichten, kann ich wenige Sekunden gerade dastehen, dann falle ich einfach um, die Beine knicken weg. Immer wieder. Ich werfe meine schmutzige Kleidung weg und schlüpfe mit Janans Hilfe in das Fußball-Shirt und in eine Trainingshose, die ich noch im Rucksack habe. Der Fahrer bringt uns zurück in die Bruchbude, sie heben mich aus dem Auto, tragen mich zurück ins Haus und legen mich auf den harten Boden. Ich schlafe sofort ein. Ich bin völlig erschöpft.

# DIE ZEIT WAR SCHÖN

*#Reisetagebuch Tag 11*
*„Wir haben Simbas Single-Haushalt leer gefressen und leer ge-*
*trunken. Simba begleitet uns noch zum Shop, wo wir unsere*
*Vorräte auffüllen: Wasser, Nudeln, Snacktarinen, Schoki. Großes*
*Schmähführen, letztes Blatt Basilikum für Simba – macht ihn*
*stark und schützt ihn vor Leberzirrhose. ‚This Basilikum is the*
*funniest thing about you!‘, sagt er. Es ist wirklich hart, weiterzu-*
*ziehen, so schön und entspannt war es nirgends bisher. ‚Maybe*
*we could go for one beer?‘, fragt Simba und wir überlegen schon*
*wieder ...“*

Unsere Herzen sind schwer, als wir schließlich aufbrechen,
unser trauriges Reisebasilikum auf den Gepäckträger schnallen
und unsere lieben Kroaten, junge, alte, nüchterne und betrunkene, in ihrer schönen Donauwelt zurücklassen. Es hagelt noch
wechselseitige Einladungen, die alle sehr ernst gemeint sind.
Fast hätte der Abschied Tränen gefordert, zum Glück gab es
ständig was zu lachen. Wir fahren mit dem Gefühl, das Beste
dieser Reise nun schon erlebt zu haben. Gemütlich versuchen
wir, wieder ins Radfahren zu finden.

Stell dir vor, es gäbe eine Farbe, mit der man alles anmalen
könnte. Alles und jeden. „Gypsy“ hieße diese Farbe, die man nur
im Dunkeln sieht. Jeder, der mit dieser Farbe bemalt wird, wäre
strahlender, schöner, ausgelassener, herzlicher. Die Menschen
würden im Dunkeln funkeln und leuchten, bunt wie ein dün-
ner Benzinfilm am Wasser. Mit dieser Farbe bemalt wirkt jeder
Mensch freundlich, vertrauensvoll und offen. Man freute sich über
ausgiebige Gespräche mit Unbekannten, man kennte keine Eile,
keinen Stress. Man strahlte Herzlichkeit aus. Jeder Mann, jede
Frau wäre wunderschön. Wir wurden einmal von oben bis unten
mit dieser besonderen Farbe bemalt.

*„Offensichtlich hat gestern niemand meinem Hals mitgeteilt,*
*dass ich schnapsimmun bin. Ich hab Halsweh wie ein Säugling mit*
*Angina, aber der Fahrtwind wird’s richten.“*

Wir ziehen einen holprigen und völlig verlassenen Dammweg entlang der malerischen Auen des Kopački Rit der viel schnelleren Landstraßenroute vor. Keine Autos dort, schöne Aussicht dort, Ornithologie natürlich auch dort, dafür aber eine längere Strecke, was keinen abschreckt. Am Weg begegnen uns nur ein Mäh-Trupp der örtlichen Straßenmeisterei und eine Polizeistreife. Was macht ihr hier?, fragt die Polizei. Woher kommt ihr? Wo habt ihr geschlafen? Wohin wollt ihr? Pässe? Warum die Straße? Und, und, und. Bei jungen Ausländern wird hier immer der Verdacht gehegt, sie könnten Liberland-Gemeinheiten im Schilde führen. Wir sind uns nicht sicher, ob wir diese Straße tatsächlich benutzen dürfen, an der Abzweigung stand ein kaum zu übersehendes „Gesperrt"-Schild samt geschlossenem Schranken. Daher leichte Anspannung unsererseits. Es gilt wenig zu sagen, Charme auszupacken und im Zweifelsfall alles abzustreiten. Die Polizeikontrolle läuft letztlich glimpflich und freundlich ab. Gut, dass niemand in Jokos Karte blickte, auf der Liberland fett eingezeichnet und umkreist ist.

Die Gebiete entlang der serbischen Grenze und in Nähe ehemaliger Frontlinien sind großflächig vermint. Simba riet uns, auf Wegen und Straßen zu bleiben, die seien verlässlich geräumt und ungefährlich. Bei hoher Donauwasserführung werden die Au, die Wälder und Wiesen entlang der Haupt- und Nebenarme großflächig überschwemmt. Das Kopački Rit ist eines der größten Feuchtgebiete Europas und bietet vielen Tier- und Pflanzenarten einen üppigen Lebensraum.

Die weitläufige Au hat in Abhängigkeit von Wasserstand und Jahreszeit völlig unterschiedliche Erscheinungsbilder. In harten Wintern frieren große Teile dieses Feuchtgebietes zu, sind daher für Menschen und Landsäugetiere leicht passierbar und so wurde auch im heutigen Nationalpark heftig gekämpft. Kroatische Truppen haben hier, wie auch an vielen anderen umkämpften Gebieten, große Flächen durch Minenfelder für serbische Infanteristen unpassierbar gemacht. Die Minenfelder wurden häufig nicht ausreichend kartiert und durch Hochwasser werden die Sprengsätze auch heute noch fröhlich verteilt.

Wir sehen aber nur die Warnhinweise, die Schwarzstörche, die Zwergseeschwalben, die Sumpfschildkröten, die Seeadler, die Kormorane, die Jagdfasane, die hunderten Silberreiher, die tausenden Graureiher und den einen Wespenbussard. Eine erfolgreiche Einrichtung eines ungestörten Naturschutzgebietes mit militärischen Mitteln. Wildschweine und Hirsche sind als vierbeiniger Entminungsdienst ständig unterwegs.

Wir fahren plaudernd die Dammstraße entlang, genießen die gemeinsame Zeit und feiern den Zufall, der uns fünf zusammengebracht und zu Simba geführt hat. Am Nachmittag, als Sonne, Hunger und Anstrengung überhandnehmen, beschließen wir eine Mittagspause. Joko, der Feinschmecker, plädiert für gehobene Kulinarik. Im Restaurant Kormoran, sehr edel dafür, dass wir die Lokalität barfuß betreten, füllen wir unsere Kohlehydrat- und Proteinspeicher mit Hechten, Welsen und Kartoffeln wieder auf. Köstlich. Am Nachbartisch wird im feinsten Zwirn Business gemacht. Englische Investoren treffen kroatischen Potentaten. Aus Landstreichersicht ist die Geschäftswelt unverständlich. Warum zwängt man sich an so einem heißen Tag in einen Hosenanzug, warum so viel Show, was ist bitte ein Wirtschaftsstandort? Es reicht doch, sich einfach am Reichtum der Natur zu erfreuen. Das ist sogar gratis und für alle zu haben. Es bleibt zu hoffen, dass dieses wunderbare Gebiet nicht der kleinen oder großen Geldgier zum Opfer fallen wird.

Gegen Abend erreichen wir die Ortschaft Kopački Rit. Beim Informationszentrum des Naturschutzgebietes trennen sich unsere Wege. Während Joana und Joko ob Zweisamkeit, Romantik und ungestörtem Koitus einen Pärchentag in Osijek anstreben, richten wir uns am lokalen Zeltplatz häuslich ein, buchen eine Bootstour in den Nationalpark und verschieben das Thema Koitus und Romantik auf unbestimmte, aber in ferner Zukunft liegende Zeit. Nächster Treffpunkt ist Novi Sad, ungefähr in zwei Tagen, soweit die lose Vereinbarung.

Wir sind wieder in unserem Vagabundenleben angekommen. Am Campingplatz gibt es den Luxus frei benutzbarer Tische und Stühle, einer Dusche sowie einer Feuerstelle, in der wir allerlei örtliches Gerümpel verheizen. Einerseits, weil wir doch ein wenig Romantik benötigen, andererseits weil wir hoffen, dass die Hitze und der Rauch doch hoffentlich die allgegenwärtigen Moskitos vertreiben. Zum Nachtmahl wird Pasta mit einem Glas erlesener Uncle Ben's Sauce serviert. Die Hitze vertreibt die Gelsen nicht, die Nudeln stillen den Hunger und Romantik will sich keine einstellen. Wir sind allein, aber wir sind frei. Die Stimmung ist hervorragend. Wir legen uns zerstochen, früh und nüchtern auf unsere Matten in unserem Zelt.

Am nächsten Tag steht das Basilikum schon lange vor uns auf und wartet am Zelteingang bereits ungeduldig auf unser Erscheinen. Klassisches Basilikum-Verhalten. Heute ist Tag der ornithologischen Freuden. Das bedeutet, sehr schnell das Frühstück hinunterzuschlingen, sehr schnell warme Kleidung anzuziehen (es ist kalt in der Früh), um pünktlich am vereinbarten Bootsanlegeplatz den reichlich angeschlagenen Nationalpark-Ranger zu treffen. Das Rit, zu Deutsch der Sumpf, ist eine wirkliche biologische Touristenattraktion. Wir sind etwas enttäuscht, da uns der Ranger nur eine recht oberflächliche ornithologische Führung angedeihen lässt. Wenn aber der Seeadler in 15 Meter Höhe über dem Boot durch die Weiden- und Pappelkronen rauscht, ist das dann doch sehr beeindruckend. Wir umrunden eine riesige Kormorankolonie mit rund 2.000 Brutpaaren, die es trotz aller Versuche bei weitem nicht schaffen, das Rit leer zu fressen. Das Gezeter der Vögel übertönt sogar den Motor und als wir uns mit dem Boot nähern, bieten die vielen auffliegenden Vögel ein eindrucksvolles Bild.

Die riesige Kolonie produziert dermaßen viel Kot, dass die alten Bäume, die voller Kormorannester sind, durch die Einwirkung der ätzenden Vogelexkremente absterben. Die Pappeln sind völlig kahl, kalkig-weiß, in einer selten gesehenen Gründlichkeit zugeschissen. In Zukunft wird durch diese Fäkalgewalt die stabilisierende Wirkung der Wurzeln verloren gehen, die toten Bäume werden früher oder später umstürzen, die Insel wird solange erodieren, bis sie schließlich völlig verschwindet. Die Vögel müssen sich dann eine neue Kolonie suchen, in der nach einigen Jahren dasselbe Spektakel passieren wird. Die Fahrt geht weiter durch Kanäle, links und rechts sind Wälder und Wiesen überschwemmt. Über den Wasserflächen der Au kreisen Seeschwalben, die unablässig herabstoßen und kleine Fische aus dem Wasser fangen. Mitten in den Kanälen liegen umgestürzte Bäume, an den Ufern vieler Inseln stehen Schilder: ein rotes Dreieck mit Totenkopf.

Wenn es am schönsten ist, sollte man aufhören, denkt sich dann der verkaterte Bootsführer, bringt uns zurück, zwingt uns zum Aussteigen und nötigt uns damit, unsere Fahrt nach Serbien zu beginnen. Ich befestige meine Packtaschen mit dem üblichen gordischen Knoten am Gepäckträger und los geht's. Heute hänge ich mich nur in den Windschatten, um mein Knie zu schonen. Sebastian und Thomas machen die Führungsarbeit, sie beschweren sich nicht. Ich versuche zu heilen.

*#Reisetagebuch Tag 12*
*„An der Ortseinfahrt zu Vukovar treffen wir, wie immer zufällig, Joana und Joko. Kurz darauf wird der Thomas fast zum Roadkill, weil der Rettungsfahrer im kroatischen Rettungsauto lieber nicht zurückschaut beim Reversieren. Aber Thomas entkommt unverletzt, kleiner Schreck, großes Hahaha. Zum Glück kein Buhuhu, aber knapp war's. Vukovar ist noch immer schwer zerschossen, der Wasserturm der Stadt, gröbstens durch Artillerie zerfetzt, steht als Mahnmal (?) mit fetter kroatischer Flagge mitten in der Stadt."*

Auch wenn wir hauptsächlich die lebenslustige und gastfreundliche Seite Jugoslawiens zu spüren bekommen, der Krieg ist in aller Köpfe und vergiftet noch immer die Beziehungen. Die lange Belagerung, der schwere Beschuss der Stadt, schließlich der Fall Vukovars und das damit verbundene Massaker liegen mittlerweile 24 Jahre zurück. Wir sind wirklich überrascht, die Spuren des Krieges noch in der ganzen Stadt zu sehen. Rund ein Drittel der Häuser entlang der Hauptstraße weist Kriegsspuren auf. Der Wasserturm thront bedrohlich neben neu renovierten Fassaden der wiedererrichteten Gebäude. Einige Häuser stehen gespenstisch leer, mit zerschlagenen Fenstern und voller Einschusslöcher. Später sehe ich Bilder, die kurz nach den Kämpfen aufgenommen wurden. Die Stadt war in großen Teilen völlig demoliert, die Häuser waren durch Beschuss abgedeckt, teilweise oder ganz eingestürzt. Ganze Straßenzüge in Trümmern, die Straßen völlig unpassierbar. Kroaten, die wir treffen, bestätigen, heute sei die Stadt praktisch wiederaufgebaut, vom Krieg sehe man nichts mehr. Für mich als Österreicher aus der Seifenblase voll Mozartkugeln und Salzburger-Berghütten-Romantik ist es beklemmend, dem Krieg, den ich als Kind im Fernsehen verfolgt habe, so nahe zu sein.

Wir folgen weiter der Donau, die Landstraße führt sportlich auf und ab, was Joana an den Rand der Erschöpfung bringt und von uns als willkommene sportliche Herausforderung betrachtet wird.

Wir nähern uns wieder Serbien. Nach 40 Kilometern führt eine kolossale Donaubrücke zum Grenzübergang. Die Grenzsoldaten machen einen finsteren Eindruck. Einige kann ich mir gut als gnadenlose Schlächter vorstellen. Pistole an die Schläfe, Kopf über einen Kanaldeckel, Kugel durchs Hirn, der Nächste bitte! So wie ich das aus Erzählungen über Massaker im Hinterkopf habe. Offenbar sind mir die kroatisch gefärbten Geschichten über rücksichtslose, brutale Serben in Mark und Bein übergegangen, soweit wollte ich es eigentlich nicht kommen lassen. Wir werden weder freundlich noch feindselig behandelt, sondern bekommen neutral einen weiteren serbischen Stempel in den Pass. Die Grenzsoldaten sind bewaffnet. Irgendwie lösen bewaffnete Uniformierte bei mir immer ein mulmiges Gefühl der Unsicherheit aus. Wir entfernen uns schnell vom Grenzübergang, auch das Basilikum schafft es nach Serbien.

*„Wir verlassen das kroatische Slavonien und kommen in die Vojvodina, in die Kornkammer Serbiens. In Bačka Palanka, direkt hinter der Grenze, hauen wir uns gleich an den Strand, saunice, nur ein einziger Autist hier und 700 Millionen Gelsen."*

Zum ersten Mal fühle ich mich in meiner Vagabundenhaut nicht ganz wohl. Wir campieren in zwei Zelten unweit der Stadt auf einer etwas zu betriebsamen Halbinsel. Immer wieder kommen Leute vorbei und grüßen uns halbherzig. Wir grüßen unsicher zurück. Aus Mangel an Alternativen bleiben wir trotzdem dort, versperren die Räder, binden die Packtaschen fest an die Fahrradrahmen und hoffen, dass uns keiner die Ausrüstung klaut.

Marko, unser serbischer Autist mit beeindruckenden Englischkenntnissen, bombardiert uns von Sekunde eins an auf dieser Halbinsel mit Fragen. Er ist großgewachsen, 25 Jahre alt und wir befinden ihn für harmlos. Marko hat großes, beinahe ausschließliches Interesse an seinen eigenen Fragen und unseren dazugehörigen Antworten, die er im Zehnsekundentakt von uns erwartet. Unsere Fragen scheint er kaum wahrzunehmen. Mit manchen Leuten ist es schwer in ein wechselseitiges Gespräch zu kommen, mit Marko ist es unmöglich. Für ihn sind wir eine interessante exotische Erscheinung auf dieser Halbinsel, die es zu erkunden gilt. Für uns ist Marko einfach Marko. Er rückt uns zwar auf die Pelle, aber wir verscheuchen ihn nicht. Die anderen Besucher der Halbinsel zeigen ihm konsequent die kalte Schulter. Wir wechseln uns ein wenig ab damit, ihm Aufmerksamkeit zu geben, versuchen freundlich zu bleiben, obwohl wir alle von den Tagesstrapazen durchaus müde sind. Eigentlich hätten wir gerne unsere Ruhe. Der gute Marko sorgt aber mit seiner kindlich naiven, zuweilen ausgesprochen distanzlosen Art, für Amüsement. Einige der gefühlten 1.000 Fragen, mit denen er uns über gut drei Stunden bombardiert:

› *Are you from Switzerland? (Ansatzlos sofort nach unserem Eintreffen.)*
› *What is your name? My name is Marko. (Jeder nennt seinen Namen.)*
› *What is your last name? (Nun beginnt die Lügerei.)*
› *Are you from Switzerland? (Nein.)*
› *Which city are you from? (Salzburg, Bregenz, Ried, Trier, Spanien.)*
› *Is Spain a city? (Good point, Marko.)*
› *How much is your bike? (In meinem Fall geschätzte 500 Euro.)*
› *How much kilometer you guess is this island? (Wir wussten es nicht, Marco aber auch nicht.)*
› *You want candy? (Nein, danke.)*
› *Can you guess the price? (Den Preis seiner Süßigkeiten – wir verschätzen uns.)*
› *Where do you buy your dinosaurs? (Meine absolute*

*Lieblingsfrage – er zeigt uns seinen Plastikdinosaurier.)*

› *What are you eating? (Als wir uns etwas abseits zum Essen gesetzt hatten – Nudeln.)*
› *Is it delicious? (Ja!)*
› *Can I taste? (Okay, wir holen ihm einen Napf und teilen das Abendessen durch sechs.)*
› *Can you guess how far it is from here to my house? (Es waren nur 10 Minuten, die er partout nicht antreten wollte).*

Aber irgendwann muss auch der ausdauerndste Autist nach Hause und es kehrt Ruhe ein an unserem Lagerfeuer. Unweit fischen drei grimmige Serben in Militärkleidung im sportlichen Catch-and-Release-Style. Als wir sie fragen, ob wir einen der gefangenen Prachtfische begutachten dürften, weicht die grimmige Grimmigkeit einer sehr netten Nettigkeit. Und dann kommt noch Besuch vorbei. Wir fürchten immer, den österreichischen Camping-Faschismus im Kopf habend, von lokalen Ordnungskräften und Anwohnern verjagt zu werden. Eine solche Delogierung, soviel kann verraten werde, sollte uns im gesamten Verlauf der Reise kein einziges Mal widerfahren. Wer war also nun der Mann mit dem preisverdächtigen Schnauzbart und dem tiefen Schwerpunkt? Und was war zu dieser Stunde sein Begehr?

Als generalpräventive Maßnahme bieten wir dem Herrn umgehend einen Zug aus unserer zirkulierenden Rotweinflasche an. Er lehnt dankend ab, habe er doch selbst ausreichend derlei Köstlichkeiten im eigenen Zelt. Es handelt sich also offensichtlich um unseren Camping-Nachbarn, der sich mit seinem Sohn für ein paar Tage in ein Zelt ans Donauufer zurückgezogen hat. Er verneint meine Frage, ob ihn denn seine Frau aus dem Haus gejagt hätte. Nein! Vielmehr würde sein angestammtes Heim dieser Tage mit der Chemiekeule des Kammerjägers ordentlich durchgewalkt. Die Angetraute treffe keine Schuld. Sein Name, Zoran Popovic, erleichtert es jedem, sich seinen authentisch mächtigen Schnauzbart vorzustellen. Wir halten uns nicht lange mit Small-Talk auf. Ich erzähle von Vukovar, vom Wasserturm und wie mich diese Stadt und die Geschichte doch beeindruckt haben. Er sagt, dass nicht nur Serben töten. Wir erzählen ihm von unseren kroatisch gefärbten Geschichten, davon, welch große

Unterschiede angeblich zwischen Kroaten und Serben bestünden. Dazu fällt ihm auch etwas ein, komme er doch ursprünglich aus Osijek, also aus Kroatien. Er war nach dem Krieg dazu gezwungen, nach Serbien zu ziehen.

„I am Serbian and I am Zoran Popovic.", sagt Zoran Popovic. „On the other side of the river, they are Croatians and only in this region there, around Vukovar, there are about 600 Zoran Popovic. That's how different we are."

Okay. Das ist ein Statement. Hüben wie drüben dieselben Menschen.

Joko meint zum Thema: „It would be best to supply Balkan people only with wooden arms."

„Haha! Yes!", lacht Zoran Popovic mit rauchiger Stimme und bebendem Bauch. „That would be best!"

Ursprünglich war Zoran Popovic Polizist, erzählt er selbst. Ursprünglich lebte er in Kroatien. Aber er verlor durch den Krieg seinen Posten in Osijek. Nun ist er hier in Bačka Palanka und eigentlich macht er einen fröhlichen Eindruck. Die Bitterkeit, die dieser leidige und sinnlose Krieg hinterließ, hört man aber auch beim schwer sympathischen Zoran durch. Sein 14-jähriger Sohn steht im Dunklen neben ihm. Er hilft seinem Vater ein wenig über die holprige Rumpelpiste der englischen Sprache. Ich bin beeindruckt davon, wie schnell man hier mit Menschen ins Gespräch kommt und von der Wärme der Begegnungen. Zoran Popovic ist ehrlich, offen, direkt und sagt, was er denkt. Serbien, sehr lange hast du nicht gebraucht, um dir einen Platz in meinem Herzen zu sichern.

*„Das Lagerfeuer hilft gegen die Mücken so gut wie nichts. Wenn, dann wirkt es eher anziehend. Joana ist den Tränen nahe und uns geht es auch kaum besser. Die Drecksviecher stechen durch die Hose, in den Hintern, in den Sack, beim Scheißen stechen sie dir in den Arsch, Augenlieder, Lippen, Fußsohle, alles. Wenn wir ein Tier aus der Welt verbannen könnten, dann Moskitos."*

In der Nacht wird wenig geschlafen, weil große Angst um Gepäck und Räder. Kurz nach Sonnenaufgang weckt uns die zuckersüße Marko-Stimme, mit der Frage, ob wir denn noch schliefen. Nein, jetzt schlafen wir nicht mehr. Er sei nämlich schon seit 5 Uhr munter, sagt er, und habe da ein paar Fragen.

Fragen werden beantwortet, Frühstück wird eingenommen und in ausreichendem Maße mit dem immer hungrigen Marko geteilt. Aufbruch erfolgt mit Marko, der sich in seinen abgetragenen weißen Schlapfen abmüht, unser Tempo zu halten. Er strampelt, so gut er kann und versucht natürlich gleichzeitig so viele Fragen wie möglich zu stellen, bis er schließlich abbiegt und sich zum heimatlichen Hause verabschiedet.

Es folgt eine sehr friedliche, ruhige, von wenigen Fragen zerfetzte Weiterfahrt nach Novi Sad, der ersten größeren Stadt auf unserer Route durch Serbien. Beide, Joko und Joana sind solch interessante Menschen, dass ich mich stundenlang unterhalten muss. Joko ist ein Schandmaul mit gutem Gespür für schmerzhafte Pointen und nebenbei ein Brain, der mit Computerlinguistik die Welt neu erfindet. Joana ist einfach Kosmopolitin, spricht circa fünf Sprachen und lernt gerade in Windeseile Serbokroatisch. Ich genieße ihre Anwesenheit und die lockere sympathische Art der beiden Deutschen.

Die Einfahrt nach Novi Sad ist Ostblockromantik pur. Fahrradreisen belohnt mit Eindrücken, mit verschiedenen Blickwinkeln, aber nicht immer nur mit Schönem. Man nimmt die Stadt von außen nach innen wahr. Komplett. Bis jetzt war jede Stadt zu Beginn unsympathisch, weil viel Verkehr, hässliche Vororte, gefährliche Einfallsstraßen, graue Wohnsilos etc. Aber das ändert sich normalerweise, sobald man das Zentrum erreicht, und auch in Novi Sad ist die Altstadt cool. Schöne Menschen, kleine Restaurants, Fußgängerzone und weniger Autobahn.

Im Zentrum erwartet uns Jokos Fußballfreund (Innenverteidiger und Serbe) Dušan. Als Ingenieur arbeitet er in Deutschland, mit einem kroatischen Pass ist er dann doch irgendwie EU-Bürger, obwohl er eigentlich ein Serbe wäre. Deutschland ist immer eine gute Destination, wenn man als Serbe in Serbien wohnt. Denn in Serbien findet man erstens keinen Job und der Job, den man sowieso nicht findet, ist zweitens ähnlich gut bezahlt wie das Rudern auf einer Sträflingsgaleere. Dušan, man spricht's Duschan, hat zwar leider nur für die zwei Deutschen Platz seiner Wohnung, aber wir dürfen an der Stadttour und der anschließenden Zecherei beteiligen. Und die Stadttour hat's in sich: Zuerst geht's in ein nobles Restaurant zum Mittagessen. Bestellt wird die Schlachtplatte Arche Noah, von jedem Tier, jeder Art und jeder Gattung liegt ein Teil auf dieser Grillplatte. Als Beilage gibt's Cevap und Speck. Die vegetarische Joana verputzt eine Forelle. (Klingt komisch, ist aber so.) Schon beinahe manövrierunfähig schleppen wir uns auf den Schlossberg, um dort jeweils ein ziegelsteingroßes Stück Torte zu uns zu nehmen, mit heißer Schokolade, mit Schlagobers. Von Genuss war da schon lange keine Rede mehr. Weiter durch die Stadt, vorbei am völlig zerbombten Rundfunkgebäude, drei NATO-Volltreffer. Vorbei an den wiedererrichteten Donaubrücken, alle drei Donaubrücken wurden durch NATO-Luftschläge zerstört.

Am Ende des Tages sind wir durch halb Novi Sad gezogen, haben erfahren, dass Palatschinken weniger österreichisch als vielmehr slawisch sind (der Serbe sagt: *palačinka*) und haben die ganze hiesige Zeitgeschichte durchgeackert. Nebenbei sind wir durch fünf verschiedene Bars gestolpert, haben getanzt und die serbische Lebenslust aufgesogen. Schließlich sind alle ausreichend besoffen, wir essen Pizza und beschließen den Abend mit herzlicher Verabschiedungsaction. Joana und Joko wollen noch eine Nacht in Novi Sad bleiben, dann fliegt Joana zurück an ihre englische Universität, Joko möchte sie zum Flughafen bringen und wird dann in Belgrad wieder zu uns stoßen. Die beiden fahren mit Dušan und wir ziehen uns in unser eigenes Nachtquartier zurück, um dort bis in den späten Vormittag zu pennen.

Kopački Rit – großes Birden im Feuchtgebiet

Sofort nach dem Aufwachen habe ich gemerkt, dass ich meine Füße wieder bewegen kann. Ich bin erleichtert und richtig froh. Ich kann weiterreisen. Ich trage mein frisches Fußballtrikot, die Trainingshose und die Fußballschuhe, die alte Kleidung habe ich weggeworfen, man kann ja nirgends waschen.

Die Schlepper kommen im Morgengrauen zum Haus in Maschhad, rufen den Namen ihrer Gruppe, eine nach der anderen verlässt die Bruchbude. Wir steigen ins Auto des Mannes, der „Assad" ruf. Nur fünf Personen pro Auto diesmal. Ich setze mich auf die Rückbank, neben Janan. Er ist ein zarter, ruhiger Knabe und hat wie fast jeder Afghane pechschwarze Haare. Er ist kleiner als ich, aber er sieht trotzdem drahtig und zäh aus. Ich mag ihn, er hat mir gestern sehr geholfen, als ich meine Beine nicht bewegen konnte. 1.400 Kilometer wären es bis Shiraz, meint der Fahrer, einen ganzen Tag im Auto also. Wir sprechen kaum, der Fahrer meint sowieso, wir sollten unsere Fressen halten. Er hört iranische Musik und ich sehe zum Fenster hinaus.

Nach wenigen Stunden Autofahrt wird mir schlecht und ich muss mich übergeben. Vielleicht ist es die Aufregung. Ich werde innerhalb weniger Stunden wirklich krank, doch der Fahrer fährt weiter. Er gibt mir irgendwelche Tabletten, die aber nichts helfen. Mir geht es elend. Wir halten nicht an und ich muss mich ständig übergeben. Das Auto stinkt, ich bin schwach und mir ist schwindelig. „Immer das Gleiche mit euch scheiß Afghanen", flucht der Fahrer. „Wir können dich nicht zum Arzt bringen, du hast keinen Pass, kein Visum, du bist illegal im Land." Ich kotze, bis ich nichts mehr im Körper habe.

Am Abend kommen wir in die Nähe von Shiraz, der Verkehr wird immer stärker, aber das merke ich kaum. Ich bin völlig erschöpft von der langen Fahrt, als der Schlepper das Auto an einem kleinen verlassenen Kiosk anhält. Wir sollten aussteigen, sagt er. Er würde zurückkommen, müsse die Strecke in die Stadt prüfen und sicher gehen, dass es keine Polizeikontrollen gebe. Wir setzen uns an die Rückseite des Kiosks, um nicht gesehen zu werden. Ich sinke zusammen und warte.

Nach zwei Stunden kommen Schlepper mit Motorrädern zurück. Jeweils zwei Afghanen steigen hinter einen der Fahrer. Sie bringen uns in eine Wohnung im ersten Stock eines grauen Wohngebäudes und befehlen uns, leise zu sein. Ich bin wirklich schwach. Vielleicht habe ich mittlerweile Fieber. Sie geben mir mehr Tabletten. Ich will auch selbst nicht zum Arzt. Für mich ist das ein unbekanntes Land, ich war zuvor noch nie im Ausland, ich fürchte mich vor den vielen Fremden. Ich kenne niemanden in diesem Land.

Ich bleibe in dieser Wohnung, während die anderen weiterfahren. Janan bleibt bei mir. Ich schlafe und erhole mich ein wenig. Nach zwei Tagen muss ich nicht mehr brechen und der Schwindel lässt nach. Als der Schlepper am Abend des zweiten Tages sieht, dass ich wieder stärker werde, sagt er: „Wir fahren jetzt nach Teheran." „Okay", sage ich, sonst nichts.

Es ist bereits dunkel, als er Janan und mich zum Auto bringt. Meine Kleidung ist mittlerweile wieder schmutzig, das Fußballdress stinkt. Der Schlepper, der das Auto fährt, ist Afghane, das hört man sofort. Er spricht Persisch, aber mit starkem Akzent. Ich verstehe Persisch, nur wenn ich antworte, erkennt jeder sofort mein Dari. Der Schlepper ist nett zu uns, vielleicht weil wir einfach nur kleine Jungen sind. Nach einigen Stunden Fahrt muss er tanken. Die Nacht ist warm und auf der großen Raststation herrscht wenig Betrieb. Janan und ich bleiben auf der Rückbank sitzen, der Schlepper bezahlt das Benzin und kauft für uns Cola und Chips. Gerade als er den Motor startet, fährt ein Streifenwagen von der Autobahn ab und bleibt neben unserem Auto stehen. Die beiden Polizisten steigen aus und einer von ihnen holt sofort unseren Fahrer aus dem Wagen. Mir gefriert das Blut in den Adern. Ich weiß nicht, wie ich reagieren soll. Der zweite Polizist zerrt Janan und mich an den T-Shirts von der Rückbank.

Wir müssen uns mit dem Gesicht gegen die Wand des Tankstellengebäudes stellen. Er zieht einen Kabelbinder aus seiner Tasche und fesselt mir die Handgelenke an den Rücken. Das Plastikband schneidet sich in meine Handgelenke ein. Janan wird mit einem zweiten Kabelbinder gefesselt und mit einem dritten fesselt er unsere Hände aneinander, jetzt können wir nicht mehr davonlaufen.

Er tastet unsere Körper ab, während wir an der Wand stehen. „Wo sind eure Pässe?", fragt er und ich merke, wie der Körper das Adrenalin durch meine Adern pumpt. „Ich habe keinen Pass", sage ich wahrheitsgetreu und Janan nickt nur zustimmend. Sobald ich meinen Mund aufmache, weiß der Polizist, dass ich Afghane bin. Er durchsucht meinen Rucksack, zum Glück findet er kein schmutziges Gewand, nur ein paar Datteln und eine Flasche Wasser. „Was macht ihr hier im Iran?", bohrt er nach. Einige Meter entfernt sehe ich, wie unser Fahrer vom zweiten Polizisten befragt wird. Die Lage ist ausweglos. Ich weiß, dass im Iran afghanische Flüchtlinge in Lager gesperrt werden – Flüchtlingslager mit Stacheldraht, Militär und Holzknüppel. Dort sterben Menschen.

Ich blicke den Polizisten an und versuche mein Zittern zu unterdrücken. Ich versuche meine Stimme ruhig zu halten, so, als hätte ich keine Angst, in ein Lager gesperrt zu werden: „Wir kommen aus Kabul, um hier Fußball zu spielen, ein Turnier", lüge ich. Ich trage ein Fußballdress und etwas Besseres fällt mir einfach nicht ein. Der Polizist lacht, sieht mir aufmunternd in die Augen, er deutet Passbewegungen an, er macht eine Finte, der junge Polizist ist flink. Ich bin noch starr vor Angst – funktioniert die Lüge wirklich? Ich versuche zu lächeln. „Ja, Fußball", bestätige ich und blicke ihn hilflos an.

Der junge Polizist kommt nahe an mich heran: „Do you need help?", flüstert er mir ins Ohr. Ich bin überrascht. Er muss ein guter Mensch sein, er will mir helfen. Er muss bemerken, wie jung wir beide sind. Zwei afghanische Kinder eben. Vielleicht denkt er, wir würden entführt. „Nein danke", sage ich auf Dari, „ich brauche keine Hilfe."

Ich weiß nicht, warum sie uns gehen lassen, vielleicht aus Freundlichkeit. Vielleicht glauben sie meine Fußballgeschichte tatsächlich. Zumindest schneidet uns der Polizist die Kabelbinder von den Händen und wir dürfen zurück ins Auto. Der Schlepper wird auch entlassen, er sieht ruhig und völlig gelassen aus, so als wäre alles in Ordnung. Wie schafft er das nur? Langsam fahren wir aus der Raststation und erst auf der Autobahn sagt er, dass wir gerade unglaubliches Glück gehabt hätten. Das war knapp. Er habe dem zweiten Polizisten nämlich erzählt, wir wären zum Arbeiten nach Teheran unterwegs. Allah ist bei mir, denke ich. Der Druck auf meiner Brust löst sich langsam und ich kann mich ein wenig entspannen.

„Ihr dürft euch auf keinen Fall nochmals erwischen lassen, so ein Glück habt ihr nicht zweimal", sagt der Schlepper, „ihr habt keine Pässe, kein Visum, nichts."

„Ich weiß", antworte ich, „was sollen wir machen?"

„Ab jetzt sagt ihr, ihr seid auf dem Weg zu einer Baustelle, um dort zu arbeiten. Aber nur, wenn sie euch aufhalten. Sonst versucht, jeder Polizeikontrolle zu entkommen. Vor allem in Teheran müsst ihr vorsichtig sein, dort gibt es häufig Kontrollen. Dort ist die Polizei viel härter als am Land. Lasst euch nicht erwischen."

„Okay", sage ich und mir wird wieder ein wenig schlecht.

In den Morgenstunden erreichen wir schließlich Teheran. Ich bin müde, denn ich konnte die ganze Fahrt über nicht schlafen. Stress, Angst, Adrenalin. Links und rechts der Autobahn ragen mittlerweile Wohnblocks in den Himmel. Hier müssen viele Menschen leben. Wir fahren an einem hohen Aussichtsturm vorbei und werden wieder in eine Wohnung gebracht. In dem kleinen Apartment sind neue Schlepper, der Fahrer gibt uns einfach ab. Die Schlepper in der Wohnung sind Pakistani – ich erkenne hier und da ein paar Urdu-Wörter, dieselbe Aussprache wie einige der Taliban-Führer.

„Wollt ihr eine Nacht hierbleiben oder wollt ihr gleich weiter?", fragt mich der Pakistani, während ich mich auf den Boden setze, froh, endlich angekommen zu sein. Ich überlege und blicke zu Janan, der auch abzuwägen scheint.

Mein Vater hat mit Assad nur vereinbart, dass er mich in Sicherheit bringt. Ich weiß nicht wie weit mich der Schlepper bringt, ich kenne das Ziel der Reise nicht. Assad plant die Reise, nicht ich. Bringt er mich nur in den Iran? Bis in die Türkei oder sogar bis nach Europa? Ich habe keine Ahnung. Ich weiß nicht mal, für welche Reise mein Vater bezahlt hat. Ich weiß nur das, was der freundliche Fahrer gesagt hat: Teheran ist unsicher.

„Wir wollen weiterfahren", sagen wir beide. Wir sind erschöpft, aber haben Angst der Polizei noch einmal in die Hände zu fallen, wir wollen so schnell wie möglich in Sicherheit.

Wir schlafen für drei Stunden und werden dann vom Schlepper geweckt. Er gibt uns zu essen und bringt uns zu Fuß in einen nahen Park. Es ist heißer Vormittag in Teheran. Die Luft ist stickig und voller Abgase. „Wartet hier und versteckt euch beim Parkeingang", sagt er, „es kommt ein Auto, das zwei- oder dreimal hupt. Dort steigt ihr ein und das Auto bringt euch nach Urmia, das ist an der Grenze zur Türkei."

Wir verstecken uns, wir warten angespannt. Ständig bleiben Autos stehen und fahren wieder ab. Wir sind gestresst. Schließlich bleibt ein weißes, zerbeultes Auto stehen und hupt dreimal. Den Fahrer können wir nicht sehen. Ich will schon hingehen, aber Janan hält mich zurück: „Nein", sagt er, „wir gehen da nicht raus. Das ist nicht das richtige Auto". Er kann es nicht wissen, woher auch, aber ich weiß selbst, dass wir aufpassen müssen. Es gibt überall Kidnapper und Menschhändler, die Flüchtlinge entführen. Janan hört auf sein Bauchgefühl. Er hat ein Handy, das auch im Iran funktioniert. Zum Glück. Er ruft den pakistanischen Schlepper an, der gibt ihm die Farbe, die Marke und die Nummerntafel des Autos durch. Als wir vor den Park treten, ist das Auto verschwunden. Mir wird mulmig. Wer saß in diesem Auto? Eine halbe Stunde später hupt wieder ein weißer Peugeot. Es ist ein anderer Wagen als zuvor. Wir sind diesmal schneller und checken die Nummerntafel – sie stimmt. Am Steuer sitzt ein Mann um die 40 Jahre. Er ist dick, aber kräftig und er schwitzt. „Bist du von Assad?", frage ich ihn.

„Ja. Steigt ein, Jungs. Schnell." Wir springen ins Auto und schlagen die Türen hinter uns zu. Der Fahrer nimmt die Stadtautobahn und verlässt Teheran Richtung Norden, Richtung Tabriz. „Wenn uns jemand aufhält", bläut er uns ein, „dürft ihr auf keinen Fall sagen, dass wir nach Urmia und an die Grenze fahren. Ihr sagt, ihr fahrt nach Salamas, um dort zu arbeiten. Habt ihr verstanden?" Wir haben verstanden.

Wir bleiben nur kurz auf der Autobahn, dann wählt unser Fahrer schmale Landstraßen, die irgendwo durchs Hinterland führen. Mehrmals halten wir an, er tankt an einer winzigen Tankstelle, bezahlt mit schmutzigen iranischen Geldscheinen und kauft Wasser. Immer wieder bleibt er aus unerfindlichen Gründen stehen, er telefoniert abseits des Wagens. Mit wem redet er da ständig? Die Fahrt dauert den ganzen Tag, und als die Sonne untergeht, sind wir immer noch nicht in Urmia. Ich bin unruhig – was macht dieser Fahrer eigentlich? Schließlich, spät in der Nacht, erreichen wir die Stadt.

Urmia liegt ganz im Nordosten des Iran, erzählt uns der Fahrer. Von dort sind es vielleicht noch 50 Kilometer bis zur Grenze. Gleich hinter der Stadt beginnen die Berge. Hohe Berge, dort leben Kurden, meint er. Erst mal bin ich froh, die Fahrt überstanden zu haben.

Wir werden vom Fahrer zu einem großen Einfamilienhaus mit Garten am Rande Urmias gebracht, das Auto fährt durch ein Metalltor in den Hof und im Schutz der Dunkelheit schleichen wir zum Eingang des Hauses. Der Fahrer lässt uns stehen und wir warten, bis ein unfreundlicher Perser aus dem Haus kommt. „Folgt mir, ihr Idioten", sagt er ohne jede Begrüßung und bringt uns an die Tür eines Zimmers. Nebenan scheint die Wohnung seiner Familie zu sein. Man hört Stimmen und einen laufenden Fernseher. „Da rein", befiehlt er, „und keinen Mucks." Er öffnet die Tür und ich sehe einen dunklen Dreißig-Quadratmeter-Raum, in dem sich 50 bis 60 Leute drängen. Es herrscht gespenstische Stille, obwohl der Raum vor Menschen überquillt. Der Perser schubst uns in den Raum und schließt die Türe hinter uns. Wir stolpern über am Boden liegende Menschen. Janan und ich sind die Letzten, die heute eintreffen. Auf jedem Quadratzentimeter sitzen und liegen bereits Menschen. Die Luft ist stickig und verbraucht. Es riecht nach Schweiß, Staub und alter Kleidung. Die Männer um uns rücken jeweils ein paar Zentimeter zur Seite und wir setzen uns genau dort, wo wir gerade stehen, auf den Boden. Sonst ist kein Platz frei. Ich lege meinen Rucksack unter meine angewinkelten Beine. Die Nacht hindurch versuchen wir Rücken an Rücken gelehnt zu schlafen.

Der Schlepper wohnt mit seiner ganzen Familie in diesem Haus, erzählt mir am nächsten Tag ein Mann, der neben mir sitzt. Es gebe keine Dusche hier, aber ein Klo, das wir benutzen dürften. Sonst dürfen wir den Raum nicht verlassen. Am Vormittag bringt man uns Tee, Brot, Tomaten und Gurken. Kein nahrhaftes Essen und gerade so viel, dass jeder ein wenig davon bekommt. Ich esse dazu ein paar meiner eigenen Datteln, ich bin hungrig und habe in den letzten Tagen kaum gegessen.

„Ihr müsst ein paar Tage warten", sagt der Perser, der uns das Essen bringt, „wir feiern das Bayram-Fest. In den Tagen des Fastenbrechens können wir die Grenze nicht überqueren. Da ist zu viel los." Wir wissen, dass wir sowieso nichts zu entscheiden haben.

Wir hören, wie die Familie Gäste empfängt, hören die Menschen beim Essen, Scherzen und Lachen. Wir bekommen weiterhin nur wenig. Einmal Reis und gekochtes Gemüse. Sonst Plastiksäcke mit rohen Tomaten, Brot, Obst. Gerade so viel, dass wir nicht hungern. Ich bin es gewohnt, wenig zu essen, aber ich merke, dass ich noch schwach bin. Alle paar Stunden kommt einer der Schlepper ins Zimmer, tritt nach den erstbesten Personen, die er erreichen kann und herrscht uns an, die Fresse zu halten. „Keinen Laut!", sagt er, obwohl wir höchstens flüstern und die meiste Zeit ganz still sind. Sie schlagen und treten uns trotzdem. Ich sitze den ganzen Tag am Boden, eng an eng mit vielen anderen. An den Wänden und in den Ecken der Räume wechseln sich Gruppen von Menschen beim Schlafen ab. Zuerst schläft der eine, dann der nächste, dann der nächste.

Wir sitzen eng gedrängt in der Mitte des Raumes. Wir bekommen keinen der guten Schlafplätze, wir sind zu spät gekommen und jeder schaut auf sich selbst. Janan hat zwei Würfel in seiner Hosentasche und wir spielen, um die Langeweile zu vertreiben.

Der Mann neben mir ist Hazara[1], er kommt aus der Gegend von Kabul. Ich frage ihn, was uns jetzt erwartet, wie die Reise weitergehen werde. Er habe selbst keine Ahnung, sagt er, aber er vermute, dass wir über die Berge in die Türkei wandern würden. „Dort soll es gefährlich sein", meint er, „in der Gegend sind kurdische Rebellen, iranische und türkische Soldaten. Ich habe gehört, dass dort Flüchtlinge entführt werden. Die Kurden versuchen Lösegeld zu erpressen. Der Sohn meines Bruders wurde an dieser Grenze entführt, sie riefen seinen Vater, meinen Bruder an und verlangten 2.000 Dollar Lösegeld. Mein Bruder wollte nicht glauben, dass sie

---

[1] *Hazara sind eine afghanische Ethnie, die aufgrund ihres mongolischen Aussehens leicht zu erkennen sind. Hazara gehören dem schiitischen Islam an und sind daher unter den sunnitischen Taliban Repressionen ausgesetzt.*

seinen Sohn gekidnappt hatten und bezahlte nicht. Ein paar Wochen später erfuhr er, dass sein Sohn tot war. Wir dürfen uns nicht erwischen lassen." Sein Gesicht zeigt keine Emotion, während er die Geschichte erzählt, aber seine Augen sind warm und dunkel. Ich sehe nichts Böses in ihnen, aber auch keine Trauer und keinen Schmerz. So ist das Leben eben.

„Wie lange dauert die Wanderung?", frage ich ihn.

„Ich weiß es nicht", sagt der freundliche Hazara, „ich hoffe nicht allzu lange. Ich bin mit meiner Familie, mit meiner Frau und zwei Kindern unterwegs." Er deutet auf die kleine Gruppe, die gleich neben ihm schläft. „Wir haben Gepäck und es wird schwer, das alles über die Berge zu tragen."

Ich blicke auf meinen leichten Rucksack, ich werde es sicher schaffen, denke ich.

Am Abend des zweiten Tages kommt der Schlepper wieder in den Raum. Er tritt nach dem Hazara, weil er ihn sieht, wie er mit seiner Frau flüstert. „Ruhe!", zischt er – obwohl der Raum auch diesmal still ist. Der Schlepper sagt, wir würden morgen Abend aufbrechen, er würde untertags noch in die Stadt fahren, um Nahrungsmittel und Wasser für die Wanderung einzukaufen. Ich gebe ihm Geld für zwei Flaschen Wasser und Biskotten. Sehr lange wird diese Grenzüberquerung nicht dauern, denke ich.

Es folgt die dritte Nacht, in der ich mit Janan Rücken an Rücken im überfüllten Raum schlafe. Mein Kreuz schmerzt und mein Körper will sich strecken. Ich schlafe unruhig und träume von kurdischen Soldaten und Schüssen. Als ich aufwache, bin ich schweißgebadet und durstig. Es ist bereits hell draußen und die Menschen im Raum wachen langsam auf. Heute fahren wir also über die Grenze. Ich habe Angst, aber ich versuche keine Gefühle zuzulassen. Ich bin stark.

# BELGRAD & DSCHINGIS KHANS SCHÖNSTE TOCHTER

*#Reisetagebuch Tag 14*
*„Novi Sad: Wir schlafen lange, packen, verzurren alles auf den Rädern und Frühstücken dann ausgezeichnet im Hof der Jungendherberge. Nach dem Essen brauche ich noch eine halbe Stunde zum Whatsapp und SMS süchteln. Endlich WLAN, endlich connecten mit Freunden und Familie. Sebastian und Thomas werden ein wenig ungeduldig.“*

Wir verlassen Novi Sad und racen im Tour-de-France-Style durch Serbien. Es sind 80 Kilometer bis Belgrad, das sollten wir schaffen. Wir fahren auf schmalen Landstraßen. Es gibt natürlich keinen Fahrradstreifen und wir fahren eng hintereinander, ganz am Rand der Straße, die kaum Platz für zwei Autos lässt. Gefährlich. Einmal überholt uns ein LKW mit gefühlten null Zentimetern Seitenabstand. Eine knappe Partie. Der Windstoß des LKWs bringt mich beinahe aus der Balance. Zum Glück touchiert mich der Truck nicht und auch keinen der anderen beiden. Es folgt eine anstrengende Bergetappe in der Mittagshitze, die in mir Vorfreude auf das anatolische Hochland weckt (not).

Sebastian hat mittlerweile sein Hobby wiederentdeckt: Taschen verlieren. Am meisten Spaß macht das bei voller Fahrt, bei viel LKW-Verkehr und bergab. Wir bemerken es erst spät und sehen ihn weit hinter uns, wie er mitten auf der Straße seinen beiden herumkugelnden Packtaschen nachläuft. Autos weichen aus, bremsen, ein LKW fährt beinahe ungebremst an ihm vorbei. Ich finde, es ist ein ziemliches Wunder, dass ihn niemand überfährt. Mein Vorschlag an ihn, seine Packtaschen, ebenso wie ich das bei meinen mache, mit einer Schnur festzubinden, findet keinen Anklang. „Passt schon“, sagt er. Wie er meint. Wenn er lieber auf Risiko geht, soll er das machen.

Die Einfahrt nach Belgrad, wir haben wieder eine Radroute gefunden, führt über einen weiteren kleinen Berg und plötzlich liegen Fluss und Stadt kitschig vor uns. Wir befinden uns auf einem Hügel südlich der serbischen Hauptstadt. Den Weg säumen kleine Häuschen. Immobilienbeschreibung: Ruhelage mit Blick auf Belgrad. Wir rumpeln über kanonenkugelgroße Kopfsteinpflastersteine, langsam, um Material, Packtaschen und die Eier zu schonen. Ich denke nur: „Danke, Federung!" Die ist wirklich die geilste, macht das Rad zwar schwerer, aber ich kann sie nach Bedarf zu- und wegschalten. Jetzt ist gerade großer Bedarf.

Am Fluss angekommen fahren wir vorbei an Parkanlagen und gigantischen Wohnsilos – warum baut man solche tristen Ghetto-Anlagen?

Wir fahren die Donau entlang Richtung Zentrum. Belgrad ist richtig groß, auch richtig grau, noch mehr arge Wohnsilos, aber uns gefällt es hier auf Anhieb. Ich weiß nicht, warum. Die Stadt vibriert irgendwie.

Auch das Zentrum ist grau und, wenn überhaupt möglich, noch betonlastiger. Wir steigen im Hotel Royal ab. Ein Hotel für Könige, für Könige mit geringen Ansprüchen. Zwei serbische Sterne, dafür aber kein warmes Wasser. Stört das irgendwen? Natürlich nicht!

Wir haben zu viert zwei Zimmer gebucht, im wahrscheinlich billigsten Hotel Belgrads. Joko soll morgen Abend eintreffen. Sebastian und Thomas teilen sich ein Zimmer, ich habe einen Raum für mich alleine, bis Joko ankommt. Nach drei Nächten in Serbien habe ich nun endlich Zeit, auszuruhen, zu regenerieren und die ersten Reisetage Revue passieren zu lassen. Die letzten Tage waren so ereignisreich, dass ich kaum einen Gedanken fassen konnte. Ich freue mich, ein paar Minuten für mich allein zu sein, schließe die Türe hinter mir, stelle mich in die kalte Dusche und lege mich dann nackt aufs Bett.

Eine weitere Etappe geschafft. Belgrad. Am meisten freut mich, dass unser Reisebasilikum sich auch weiterhin in einer derartig blendenden Verfassung präsentiert. Es steht jetzt auf der Fensterbank des Hotelzimmers. Die Pflanze grünt, wir zupfen uns, als tägliches Ritual, ein Blättchen von der Pflanze. Das gibt Kraft. Geschmacklich schafft weder Blei noch Feinstaub noch Schmutz, die feine Note des Basilikums zu übertünchen. Was ist ein Mann ohne sein Basilikum?

Was mich von Anfang an wirklich beeindruckt, ist, wie langsam auf dieser Reise die Zeit vergeht. Völlig anders als zuhause, es gibt keinen Alltag beim Reisen. Die Tage sind ungemein voll und alles, was man zu sehen bekommt, ist neu. Landschaft – neu,

Menschen – neu, Städte – neu. Man fährt jeden Tag ins Ungewisse und weiß nie, was einen erwartet. Das ist Freiheit. Oder?

Die Tage werden so lang, dass ich mich abends schon kaum mehr erinnern kann, was am Vormittag passiert ist. Ich schlafe täglich an einem neuen Ort ein und bin am nächsten Tag im nächsten Abenteuer. So viele Eindrücke. Beim Fahren versuchen wir uns zu erinnern, erzählen uns gegenseitig, was uns beeindruckt hat, teilen unsere Gedanken. Ich schreibe, so oft ich es schaffe, meine Erlebnisse ins Tagebuch. Auf den langen Tagesetappen habe ich kaum Zeit, die Eindrücke wirklich sickern zu lassen. Wir plaudern meist, nur beim Windschattenfahren ist jeder mit sich selbst beschäftigt.

Ich fühle mich, als wäre ich schon seit Wochen auf Reisen, dabei zählen wir erst den lächerlichen 14. Reisetag. In kurzen Ruhemomenten denke ich an meine Freunde in Österreich, ich würde vieles gerne mit ihnen teilen und am liebsten sowieso alles sofort brühwarm erzählen – aber darauf muss ich noch warten. Einmal pro Woche, ich versuche den Rhythmus einzuhalten, besuche ich ein Internetcafé, um einen Blog mit den neuesten Reiseschmankerl zu füllen und allen Besorgten zu versichern, dass wir immer noch am Leben sind. Etwa 100 Leute verfolgen interessiert unsere Reise, das ist eine mentale Stütze, das gibt Kraft, wenn es anstrengend und zäh wird und motiviert mich zu größeren Leistungen. Sebastian schreibt Emails und hält damit seine Leute am Laufenden.

Auch wenn ich es gerade genieße, für ein paar Minuten allein zu sein, die Reisegruppe ist großartig. Joko und Joana waren eine echte Bereicherung. Ich bin froh, dass Joko bald wieder zu uns kommt. Er entschleunigt die sportlich ehrgeizige Asketen-Gruppe mit Gemütlichkeit, Kulturinteresse und Savoir-vivre. Dazu ist er einer der sozialsten und umgänglichsten Menschen, die mir seit Langem untergekommen sind. Was noch viel schockierender ist: Der Deutsche hat wirklich Humor. Viele gemütliche Stopps und coole Begegnungen verdanken wir ihm.

Mit Sebastian und Thomas habe ich die bestmöglichen Reisepartner gefunden. Wir verbringen praktisch jede Minute miteinander, wir schlafen zu dritt im gleichen Zelt. Jeden Tag. Es ist kaum zu glauben: Es funktioniert!!!

Thomas übernimmt zu großen Teilen die Navigation, Sebastian hilft recht kompetent, ich stehe meistens daneben und versuche, den Eindruck zu erwecken, als ob ich irgendeine Ahnung hätte, wohin wir gerade unterwegs sind.

Joko, der sowohl für gute als auch himmelschreiend schlechte Ideen mit der exakt gleichen Vehemenz eintritt, hat uns irgendwo in Kroatien den Floh in Ohr gesetzt, Griechenland zu besuchen. Wir haben alle drei noch nicht wirklich bemerkt, dass wir mit unserem gemütlichen Start unser Zeitbudget recht ordentlich strapaziert haben. In 15 Tagen haben wir erst 920 Kilometer bewältigt und damit nicht mal ein Viertel der Strecke bis Teheran hinter uns gebracht. Joko redet von gutem Essen und vom Meer, Thomas und ich steigen ein, schwärmen vom Klippenspringen und Sebastian macht uns klar, wie groß der Umweg sein würde, den wir uns selbst aufbürden würden. Es ist anzunehmen, meint Sebastian, dass uns der Abstecher nach Griechenland eine ganze Woche kosten wird, und wenn man mal in Griechenland ist, denke ich heimlich, will man dort natürlich auch ein wenig Zeit verbringen. Den Abstecher muss man realistisch doch mit mindestens zehn Tagen veranschlagen.

Auf der anderen Seite könnten wir Bulgarien von Nord nach Süd durchfahren, wir überqueren auf diese Weise elegant sowohl das Balkangebirge als auch später die etwas höheren Rhodopen. In beiden Gebirgszügen gibt es Wölfe und Bären zuhauf und damit auch die Chance, eines dieser Raubtiere zu Gesicht zu bekommen. Wir sparen uns so auch die langweilige, weil flache und unspektakuläre Mariza-Tiefebene. Ich war noch nie in Bulgarien, das Land soll billig sein und eigentlich wollte ich sowieso in die Wildnis. Irgendwie ist Jokos Hauptargument, man könnte in Griechenland vorzüglich baden, auch für mich nicht von der Hand zu weisen. Wir sind doch, denke ich, alle in blendender Verfassung, haben uns mittlerweile eingefahren und sind als Burschengruppe (sorry, Joana) sicher um einiges schneller unterwegs.

Was schwer an der Kondition zehrt, sind die diversen Pausentage in den unterschiedlichsten Städten. Die Lebenslust am Balkan, der köstliche Schnaps, das billige Bier und die schönen Frauen brechen vor allem meinen Willen zur Abstinenz. Der aber sowieso nie wirklich ein eiserner war.

Schließlich sind auch Thomas und Sebastian geduscht. Widerwillig verlassen wir das Hotelzimmer. Ich könnte hier ohne Probleme zwei Tage lang durchschlafen – einfach Ruhe tanken. Aber wir gehen essen, auch eine gute Idee, ich bin sowieso hungrig wie ein Bär. Der Rezeptionist empfiehlt uns ein Lokal, reicht uns einen Stadtplan und wir streunen los. Das Lokal ist gut gefüllt, der Kellner freundlich und wir bestellen. Ich lerne, dass ein serbischer Burger ohne Brot, Tomaten, Salat, Käse und Sauce auskommt. Sprich: ein Fleischleiberl mit Zwiebel drauf. Ich schau erst mal blöd bei diesem Prank, eine Frechheit, aber nachdem ich koste, verfliegt die Wut. Es schmeckt saugut. Geil, Belgrad.

*#Reisetagebuch Tag 15*
*„Den ganzen Vormittag über großes Auf-die-Karte-Schauen und dann frei erfundene Zeitangaben rufen. Wie lange wir noch zu Ort XY brauchen würden, wenn wir Weg A oder B nehmen würden. Wir haben kein Internet und müssen mithilfe der Karte Kilometer zählen, grob Höhenlinien abschätzen und daraus waghalsige Prognosen errechnen. (Ich sage errechnen, aber ich meine erfinden.) Wir entscheiden uns für einen Weg, dann doch für einen anderen und wieder für einen neuen. Jedes Mal beginnt das große Ratespiel von Neuem. ‚Wie lange? Wie viele Kilometer? Wie anstrengend? Welcher Zeitverlust?‘ Wir haben jetzt einige Optionen, voraussichtlich wird es ein Amoklauf durch Bulgarien nach Griechenland. Wir wollen aber noch auf Joko warten, um dann eine gemeinsame Entscheidung zu treffen. Ich weiß nicht, ob wir hier mehr planen oder eher träumen. Es kann alles passieren. Zumindest ist die lustige Action nach zwei Stunden vorüber. Ich gönne mir noch ein kurzes Beauty-Programm, das hauptsächlich aus Zähne putzen und Nägel schneiden besteht. Ausschließlich aus Hunger verlassen wir das schöne Hotelzimmer."*

Hinaus in die Stadt. Wir essen an einem Straßenstand und dann finde ich in einer öffentlichen Einrichtung Computer mit Internet – gratis. Endlich. Irgend so ein Citizens-Büro. Very international und trotzdem bürgernah. Ich versinke in meiner Blogosphäre, schreibe mir alles von der Seele, lade ein paar Bilder hoch und bin danach furchtbar nervös. Wie wird die Crowd zu Hause reagieren? Ich kann mir mein Werk nicht mal mehr durchlesen, da ich von einem wartenden Serben vom Computer vertrieben werde. Ich klicke hastig auf „veröffentlichen" und der Rohtext ist unkorrigiert im Web. Ab jetzt muss ich auf Reaktionen warten – ich fürchte, ich habe nur Müll geschrieben. Egal. Wir schlendern zurück ins Hotel, wo Joko bereits wartet.

Er bringt seine Packtaschen aufs Zimmer, stellt sein Rad zu unseren Rädern in den Keller. Im Zimmer weihen wir Joko in unsere bisherigen Weg- und Streckenschätzungen ein. Er nimmt es mit Humor und weiß genauso gut wie wir, dass diese mit Fakten nur sehr wenig zu tun haben. Er findet die Idee gut, in den Rhodopen nach Bären zu suchen, er findet es großartig, nach Griechenland zu fahren (war ja auch seine Idee), er teilt Sebastians Bedenken nicht, dass es sich hierbei um einen sinnlosen Umweg handle, denn warum sollte baden und am Strand herumfaulen sinnlos sein?

Wir wissen, dass die Zeit vergeht und wir doch irgendwann auch Teheran erreichen wollen. Unsere iranischen Visa gelten nicht ewig und mein Zeitbudget ist begrenzt, denn Anfang September beginnt mein Job in Wien. Natürlich wollen wir auch noch ein paar Wochen im Iran verbringen. Egal – wir werden das schon alles irgendwie schaffen.

Joko meint, er wäre hungrig, und wir meinen, das seien wir auch. Also zurück in die Stadt, zurück zum gestrigen Lokal, wieder Burger, wieder ohne Brot, ohne Tomaten, ohne Käse, wieder saugut.

Und dann? Wir suchen nach Spaß und Party, wir müssten doch irgendwo in einen coolen Club stolpern, wir warten darauf, dass sich etwas ergibt, Belgrad soll doch die geilste Stadt in Südosteuropa sein. Es ergibt sich nichts, niemand holt uns zu einem geheimen Rave, ja, das Essen war gut und billig, aber Begeisterung löst das noch keine aus. Wir enden im Hotel Royal. Dort wäre eine illustre Veranstaltung, erklärt man uns an der Rezeption. Ja, im hiesigen Partykeller.

Das Partyleben im Keller unseres royalen Hotels reißt mich so gar nicht vom Hocker. Ein Sportler von Welt, wie ich einer bin, löst eine solche Situation, indem er ein weiteres Bier bestellt und nach draußen zum Rauchen geht. Weil, wenn das Saufen zu neuen Leuten führt, dann das Rauchen erst recht. Vor allem dann, wenn man selbst keine Zigaretten sein Eigen nennt und auch kein Feuer eingeschoben hat. Aber da ist der Balkan nicht geizig, und so bekomme ich Mund, Nase und auch Ohren mit Zigaretten zugestopft. „Da nimm. Bitte. Woher kommst du? Was machst du?" Ich treffe interessante Menschen, freizügige Leute. Ich bin auf Weiteres der tristen Kellerparty entkommen. An der frischen Luft redet es sich besser, und diese Augen…

Diese Augen begeistern mich. Diese Augen können keinem Geringeren als Dschingis Khan gehören. Beziehungsweise, in diesem Fall muss es sich um dessen Tochter handeln. Ganz sicher. Und wenn man einmal das Glück hat, in Serbien zu Friedenszeiten die Tochter Dschingis Khans zu treffen, da wird man den Teufel tun, sich schlafen zu legen. Viel eher wird man seine Freunde ins Bett gehen lassen und fest versichern, baldigst nachzukommen. Sicher wird man auch das nunmehr leere Glas gegen ein volles tauschen und noch sicherer den Fußmarsch durch halb Belgrad zum nächsten Club antreten. Denn Dschingis Khans Tochter tanzt sehr gerne und das am liebsten im abgefucktesten Metal-Club der Stadt. Wie lange? Bis er zusperrt! Diese dunklen Augen fesseln mich. Wir sind verwandte Geister und verstehen uns mit wenigen Worten, was zwingend notwendig ist, denn sie spricht kaum Englisch und ich kann auf Serbisch nur „Rotwein" sagen. Wir tanzen, wir schmusen, wir berühren uns minutenlang nicht und spüren die Anziehungskraft.

Vor einigen Jahrhunderten hätte man diese impulsive Ausnahmefrau als Hexe verbrannt, ganz sicher, an diesem Abend laufe nur ich Gefahr, mir die Finger zu verbrennen, aber das nehme ich gerne in Kauf. Im Club kenne ich keinen Menschen. Nur fremde serbische Metal-Guys, die schönen Augen und ich. I do not mind. Beim Hinausgehen, zum ersten Mal, lässt die Akustik wieder eine holprige Verständigung zu, tauschen wir Komplimente aus: schöne Seele – schöne Augen – schönes Wesen – serbische Wörter, die ich nicht verstehe. Was ich für ein Sternzeichen ich sei – aha – eh klar, das erkläre einiges, meint sie. Wir treffen mit der größten Offenheit aufeinander, ich müsse übermorgen weiterreisen, sage ich, das wäre kein Problem, sagt sie, manche Begegnungen seien eben kurz. Schön, denke ich.

Da ich schon seit Stunden keinen Schimmer mehr habe, wo ich mich befinde, wird mir eine Herberge geboten, vielleicht auch aus anderen Gründen. Falls wir Nachbarn treffen, schärft sie mir ein, sei ich der schwedische Cousin, denn im orthodoxen Serbien herrscht Zucht und Ordnung, an manchen Tagen komme ihr Vater auf Besuch – morgen früh hoffentlich nicht. Auch in der Wohnung herrscht eine überfüllte Ordnung und die weiße Wandfarbe ist vor lauter Heiligenbildern und Kreuzen kaum noch zu sehen. Doch muss man sagen: Zucht herrscht hier keine.

Beseelt von dieser Nacht und beeindruckt von dieser Frau, mit fetten Halsschmerzen und einem ziemlich hässlichen Geschenk, einem kleinen fetten Engel mit Pfeil und Bogen, den sie mir als Glücksbringer für die weitere Reise mitgibt, stolpere ich um 16 Uhr am nächsten Tag in mein Hotelzimmer. Es schlägt mir Gejohle entgegen, als Sebastian, Thomas und Joko mich in der Tür sehen. „Ja", sage ich, „ich habe auswärts geschlafen, ja, die Sängerin, ja, war cool." Ich muss einen zerstörten Anblick abgeben, Joko klopft mir anerkennend auf die Schulter. Es ist mir ein bisschen unangenehm, mich jetzt so feiern zu lassen, dafür war die Begegnung zu außergewöhnlich. Ich mache es trotzdem – okay, so bekommt man also Respekt: versoffen, abgekämpft und müde von fremden Frauen nach Hause kommen. Ich verstehe das Prinzip. Sorgen hat sich praktischerweise kein Mensch gemacht – bin ich halt mal 16 Stunden verschwunden. Na und?

Obwohl ich hundemüde bin, auch die anderen sind nur so lala motiviert, schleppen wir uns nochmals aus dem Hotel. Wir erkunden den schönen, aber faden Schlossberg Belgrads, gehen für ein Bier in einen Club an der Save. Wir wollen früh ins Bett, weil morgen soll es weitergehen und irgendwann braucht der Mensch auch Schlaf. Wirklich, es hat keiner Lust auf Party, aber plötzlich stehen wir in einer Traube herzlicher Serbinnen, kennen nach wenigen Minuten den halben Club und das, obwohl wir die mit Abstand am schlechtesten gekleideten Besucher sind, plus Ausländer. Igor betritt die Bühne, bietet uns umgehend seine Freundschaft, eine Weiterfahrt zur Underground-Technoparty auf einem Partyboot und schließlich das beste Kokain Belgrads an. Ich habe schon längst alle Vorsätze über Bord geworfen, nehme zwei der drei Einladungen an. Wir tun all das, was man auf so einer Undergroundparty eben macht, bis über der Save die Sonne aufgeht. Herrlich. Sebastian und Thomas drängen zum Aufbruch. Ich will für immer hierbleiben, an Deck des Partyboots und in der schönen Balkanwelt.

Aber es geht nach Hause oder zumindest ins Hotel Royal. Wo ich mit großem Kopfweh schlafen gehe und um 10:30 Uhr mit mittleren Kopfschmerzen aufwache, das Frühstück verpasse, müde die Taschen packe und mich mehrmals frage, wie im Leben man in diesem Zustand mit dem Rad nur annähernd aus der Stadt kommen soll. Danke Freunde, dass ihr mich aus dem Club geholt habt. Danke, danke und danke.

Irgendwie fahre ich, es gelingt mir, einen Sturz (durch pures Glück) zu vermeiden, und als wir endlich die Stadt verlassen, kommen wir zu einer der schönsten Radstrecken bisher: den unberührten Donauauen westlich von Belgrad. Den ganzen Tag über geht es auf ruhigen Landstraßen durch serbische Dörfer und auf verlassenen Dammwegen die Donau entlang. Der Gegensatz zwischen dem pulsierenden, dreckigen Belgrad und dieser ruhigen, menschenleeren Natur ist so groß, dass er unwirklich wird. Mein Kopfschmerz lässt langsam nach, ich erhole mich überraschend schnell an der frischen Luft. Belgrad war die letzte Stadt für eine längere Zeit.

Mit Rückenwind, Rausch und kaum noch Kopfweh radeln wir an diesem Tag unerwartete 70 Kilometer, werden an der ersten Kiesgrube von freundlichen Fischerjugoslawen vertrieben und lassen uns an der zweiten malerischen Industrieruine nieder. Es folgt eine kurze Reinigung des Zeltplatzes, fröhliches Müllverbrennen am Lagerfeuer und die Erkenntnis, dass eine nähere Erkundung der Industrieruine, die man in Österreich mit dem harten Wort „Einbruch" umschreiben würde, mit ziemlicher Sicherheit eine unangenehme Konfrontation mit dem laut bellend heranstürmenden Wachhund nach sich ziehen würde. Dementsprechend tritt man den Rückzug an, badet in einem der Schotterteiche und zerkocht in weiterer Folge seine Nudeln so derartig, dass nicht einmal der romantischste Sonnenuntergang am wirklich munter lodernden

Feuer das Abendessen retten kann. Ich verdaue am Lagerfeuer die zerkochten Nudeln und vielmehr noch dieses spektakuläre Belgrad, das von nun an die Stadt meines Herzens ist.

Ich will mir dieses Gefühl behalten. Dieses Herzlich-willkommen-Sein an fremden Orten. Dieses Als-unbekannter-Fremder-mit-größter-Wärme-aufgenommen-Werden. Dieses Interessant-und-aufregend-Sein. In Wien hätte man uns in den heruntergekommenen Outfits in keinen Club gelassen, niemand hätte uns angesprochen, da bin ich mir sicher. Hier scheinen die Äußerlichkeiten, zumindest was uns vier angeht, wenig Bedeutung zu haben.

Es ist ein wohlig-glückliches Gefühl, das bleibt, wenn sämtliche Begegnungen viel herzlicher verlaufen, als ich das erwartet hatte. Wenn Begegnungen mit Unbekannten tief berühren. Es ist das Vertrauen, das mir und uns entgegengebracht wurde und das es mir ermöglicht, mich fremden Menschen so einfach zu öffnen. Keine vorsichtige Distanz, kein Schutzschild ist notwendig. Es ist schön, mein Menschenbild derartig positiv bestätigt zu sehen. Meine Einstellung ist, dass jeder ein Freund ist, von vorne herein, solange, bis er das Gegenteil beweist. Niemand beweist hier das Gegenteil. Jugos sind einfach super, da kann man sagen, was man will.

Sogar wenn wir vertrieben werden, passiert das mit einem Lächeln im Gesicht: „Nein, hier könnt ihr nicht zelten." – Lächeln. „Das ist Privatgrund." – Lächeln. „Leider, aber probiert es weiter vorne."

„Okay, machen wir. Danke und schönen Abend noch." –
„Gute Reise."

So, auf diese Art.

Unsere Herkunft ist hier scheinbar unerheblich. Nein, unser Ausländertum ist sogar ein Vorteil, es macht uns besonders, attraktiv und interessant. Kann man sich das vorstellen? Ich möchte dieses vorbehaltlose Vertrauen nach Hause mitnehmen, das und all die anderen guten Gefühle kommen in die Tasche zu meinen immateriellen Reisemitbringseln, neben den hässlichen Engel mit seinem Pfeil und Bogen. Danke, Serbien. Danke, du lebensfroher Balkan.

Morgenstimmung an der Schottergrube.

Belgrad grau

Meine liebste Tageszeit: die Goldene Stunde.

Belgrad vibrant

Ich habe den Menschen vertraut, sagt Filip, obwohl ich schon früh gemerkt habe, dass manche nur hinter meinem Geld her waren. In Damaskus waren die Menschen hilfsbereit, Familie und Freunde vertrauenswürdig. Ich habe erst spät verstanden, dass jetzt alles anders ist. Zu spät. Ich war blauäugig und dumm.

Ich bezahlte 1.200 Dollar direkt an den Freund meines Onkels, ohne Treuhänder, ich habe ihn einfach direkt bezahlt, ich habe ihm vertraut. Er hat wirklich gesagt, es dauere nur eine Stunde. Er war der Kontaktmann zum Schlepper, den Schlepper trifft man nie persönlich. Es gibt Agenturen, Kontaktmänner und Assistenten, so viele Assistenten, einen Assistenten für jeden Schritt der Reise. Das ist eine riesige Organisation, die verdienen so viel Geld. Der Kontaktmann versprach mir, dass wir in der Früh ablegen würden, wir müssten nur noch zum Strand, der aber nicht sehr weit entfernt wäre, irgendwo außerhalb Izmirs.

Im Hotel verpacke ich meine Sache wasserdicht, wickle den ganzen Rucksack in Folie ein, so gut es eben geht. Mehr als einen kleinen Rucksack darf man nicht aufs Boot nehmen, so sind die Regeln. Ich habe sowieso kaum noch Zeug. Für 50 Dollar kaufe ich mir eine Rettungsweste. Im Hotel treffe ich einen anderen jungen Syrer, der auch auf seine Überfahrt wartet. Wir gehen gemeinsam spazieren, essen noch einmal richtig gutes Kebab, jeder trinkt zwei Bier. Dann stehen wir auf, verlassen das Restaurant: „Okay, fahren wir nach Griechenland."

Meiner Familie sage ich davon kein Wort. Niemand von ihnen weiß, dass ich morgen in der Früh übers Meer fahren werde. Mein Bruder und mein Vater würden mich sonst alle fünf Minuten anrufen. Ich fahre einfach los.

Wir sind eine Gruppe von 35 Syrern, die in den Bus gepfercht werden, Männer, Frauen, kleine Kinder, sogar ein Säugling. Es ist bereits dunkel, als wir das Hotel verlassen und wegfahren. Keiner weiß, wo genau es hingeht. Zum Strand.

Die türkische Polizei gibt vor, nach Schleppern zu suchen, aber in Wirklichkeit schauen sie weg und ermöglichen die Schlepperei erst. Wenn man als Flüchtling gefasst wird, kommt man auf eine Polizeistation, wird vernommen, muss schriftlich zusichern, in der Türkei zu bleiben. Einen Zettel unterschreiben. Nach ein paar Stunden kommt man frei und probiert es nochmal. Die Polizisten dort stehlen dir nicht mal Geld oder Handy. Die Fahrer und Assistenten riskieren, ins Gefängnis gesperrt zu werden.

Das ist wirklich ein alter klappriger Scheißbus, in dem wir auf schmalen Feldwegen und Straßen durch das türkische Hinterland rumpeln. Jeder Syrer hält einen Koran in der Hand, jeder betet im Bus. Ich nicht, ich bin Christ. Nach einer Stunde platzt ein Reifen. Sie jagen uns in den Wald, wo wir uns zwischen den Bäumen verstecken, während die Helfer der Schlepper zwei oder drei Stunden brauchen, um den Bus am Straßenrand zu reparieren. Danach geht die Fahrt für zwei Stunden weiter, bis man uns irgendwo an einem Feld aussteigen lässt. Der Bus fährt weg. Ein neuer Assistent führt uns in drei, vier Stunden Fußmarsch zu dem Strand, von dem aus wir ablegen sollten.

Ständig, ständig falsche Informationen und Lügerei. Wir fahren nicht wie versprochen im Morgengrauen los, sondern müssen noch den ganzen Tag lang, versteckt am Strand, auf unsere Abfahrt warten. Das lange Warten auf die Überfahrt ist kaum auszuhalten. Ich habe nur eine Flasche Wasser bei mir. Essen habe ich gar keines. Aber Hunger spielt keine Rolle, denn die Angst ist so groß, dass ich sowieso nicht essen kann. Mir ist schlecht. Die Aussicht, aufs Meer zu fahren … Ich weiß, dass die Überfahrt sehr gefährlich wird. Wir alle wissen, dass viele Menschen dabei ertrinken.

In der Abenddämmerung wird dann das kleine Plastikschlauchboot aus dem Gebüsch gezerrt und aufgeblasen, der Außenborder montiert und wir klettern ins Boot. Schnell, bevor uns die Polizei erwischt. Die Schlepper erlauben kaum Gepäck an Bord, das Boot ist klein, eng und sowieso schon überfüllt, nur den Rucksack darf man mitbringen. Was zu viel ist, wird ins Meer geworfen. Ich halte den Rucksack in der Hand, die Wasserflasche ist bereits leer, meine orange 50-Dollar-Rettungsweste schnalle ich fest um den

Oberkörper. Wir denken alle nur an Griechenland, dort werden wir essen, trinken, rasten. Endlich. Die Schlepper laden noch einen großen Kanister Benzin für die Überfahrt ins Schlauchboot. Ein sieben Meter langes Schlauchboot aus schwarzem Gummi für 35 Syrer und einen marokkanischen Fahrer. Voll beladen, mehr geht nicht hinein, sonst sinken wir.

Wir sitzen Schulter an Schulter, eng aneinander gedrängt am Rand des Bootes, die Füße berühren den Gummiboden und das wenige Gepäck liegt in der Mitte des Ovals. Schon kurz nach der Küste versagt der Motor zum ersten Mal. Das ist die erste von drei Motorpannen in der ersten Stunde unserer Fahrt. Es wird schnell dunkel, gerade noch das letzte Licht des Tages am Meer. Nach zwei weiteren Pannen stößt das Schiff der türkischen Schlepper nochmal zu uns. Die Türken reparieren den Motor, füllen unseren Tank auf und weisen uns die Richtung. „Geradeaus!", rufen uns die Männer vom Schiff aus zu. „Gerade auf diesen hohen Berg zu! Das ist Griechenland." Ganz am Horizont ragt ein Gipfel aus dem endlosen Meer, das wäre die erste griechische Insel, meinen sie. Das ist so weit entfernt.

Wir fahren geradeaus. Aber an Bord wird es schnell unruhig, die Menschen beginnen zu streiten und unser Fahrer wird zum Problem. Der ist mittlerweile komplett bekifft und zugedröhnt, springt über Wellen, zick-zackt durchs Meer. Er findet das recht lustig. Der Idiot. „Fahr geradeaus!", schreien wir ihn an. Ich weiß nicht, was er sich dabei denkt, der Wahnsinnige. Wir drohen ihm, ihn ins Meer werfen, er bringt uns alle in Gefahr, er riskiert, dass Menschen von Bord fallen. Fast keiner am Boot kann schwimmen. Aber ihm ist das egal. Er fährt weiter wild in Schlangenlinien. Nach wenigen Minuten beschließen wir, ihn wirklich über Bord zu werfen, da bekommt er es mit der Angst zu tun, erst jetzt beginnt er, geradeaus zu fahren, direkt auf den Berg zu. Wir fahren stundenlang. Der Motor dröhnt und die Wellen spritzen uns nass. Ganz in der Ferne sehen wir ein paar kleine Lichter am Berg leuchten, darauf steuern wir zu, aber der Berg ist immer noch so weit entfernt.

Dann, Stunden nach der Abfahrt, mitten in der stockfinsteren Nacht, fällt der Motor erneut aus. Wir haben keine Lampen an Bord, nur Handys. Der Fahrer versucht wieder und wieder, den Motor zu starten – keine Chance. Er beginnt damit, den Motor abzumontieren, will ihn entlüften, so wie das vor ein paar Stunden die türkischen Schlepper gemacht haben. Aber mittlerweile ist Wind aufgezogen, die Wellen werfen das Boot auf und ab und schwappen über die Bordwand, über unsere Hosen, über das Gepäck ins Boot herein. Dem Idioten rutscht plötzlich der Motor aus der Hand ins Meer und sofort versinkt der Motor wie ein Stein in den Fluten. 35 Menschen in Todesangst, Frauen, Männer, kleine Kinder. „*Allahu akbar* – wir werden sterben." Die Frauen schreien, weinen. Aufregung, die sofort in Streit mit dem Fahrer mündet. Einige Menschen beginnen zu beten. Ich versuche Ruhe zu bewahren in dieser Situation. „Wir müssen uns sofort beruhigen!", rufe ich. „Wir müssen überlegen, was wir jetzt machen." Wir haben keinen Motor mehr, es ist stockdunkel, wir sehen ein paar weit entfernte Lichter, nur an diesem einen Berg. Kein GPS an Board, nur Handys mit türkischen Sim-Karten, die in internationalen Gewässern nicht mehr funktionieren. Die hohen Wellen. Mehr und noch mehr kaltes Salzwasser, das ins Boot schwappt. Das kleine Schlauchboot steht bereits bis zu den Waden voll Wasser, das Gepäck schwimmt in der Mitte. Wir schöpfen mit unseren Schuhen das Wasser aus dem Boot. Wir haben nichts Besseres. Alle schöpfen und helfen mit – wir wollen überleben. Was sollen wir sonst machen? Seit Tagen hat keiner mehr geschlafen, aber wir kämpfen um unser Leben. Die ganze Nacht hindurch kämpfen wir, schöpfen Wasser, rudern, ohne wirklich vom Fleck zu kommen. Ich springe mit meinem Freund ins Wasser, die anderen glauben, wir ersaufen, die haben alle Angst vor dem wilden Meer, aber ich schwimme gut. Wir versuchen, mit aller Kraft das Boot schwimmend weiter zu schieben. Unmöglich. Bei der Gelegenheit kann ich auch endlich pissen, vor den Frauen ist mir das peinlich, es ist ja eng und niemand hat Platz. Das Wasser ist eiskalt, wir können nichts ausrichten und klettern zurück ins Boot. Ich bleibe völlig erschöpft auf der Außenwand liegen. Meine Kleidung klebt nass und eiskalt am Körper und immer neue Wellen peitschen über das Boot hinweg. Ich bin am Ende. Wir sind mittlerweile sicher, dass wir sterben müssen.

## VON WACHHUNDEN UND ANDEREN FORMEN DER WILLKOMMENSKULTUR

Wenn du blöd genug bist, dein Zelt ohne jeden Schutz und Schatten mitten in den Sonnenaufgang zu stellen, dann brauchst du dir keine Sorgen übers Verschlafen zu machen. Denn im Vergleich zur glühenden jugoslawischen Gutenmorgensonne ist ein Lötkolben der reinste Eiswürfel. So gesehen ist dann auch unverhältnismäßiges Frühaufstehertum verständlich. Während wir uns den Großteil der Reise eher dachten: „Vorsichtig, lieber Wurm, ja nur nicht zu schnell aufstehen, sonst fängt dich am Ende der frühe Vogel", steht heute morgendlicher Blitzkrieg am Programm. Aufstehen, baden, Zähne putzen, Schlafsack, Zelt, Matte einpacken, scheißen gehen und sich dabei den frechen Blicken der Hirten entziehen, abfahren. Dem Basilikum ist das Ganze natürlich recht wurscht, weniger wurscht ist ihm, dass wir es seit zwei Tagen partybedingt nicht mehr gegossen haben. Aber zum Frühstück gibt es jetzt auch fürs Basilikum einen Schluck Wasser. Es wird, wie jeden Tag, äußerst unpraktisch und für jeden gut sichtbar auf den Gepäckträger gespannt – Grenzbeamter, wir freuen uns auf deine Kontrolle!

Und trotz allem müssen wir den schönen Balkan verlassen, müssen ins hügelige Rumänien, müssen über die Grenze, wo wir zu unserer großen Enttäuschung nicht mal schief angesehen werden – von kontrollieren gar keine Rede. Wir müssen vor Erschöpfung Mittagspause machen, müssen im Fluss baden, müssen einschlafen und uns einen Sonnenbrand abholen, müssen dann schlussendlich doch den Berg raufradeln, um endlich ins Tal, zur riesigen Wasserfläche des Staudammes Eisernes Tor zu gelangen, wo auf einer Tafel steht, die Straße sei gesperrt – bitte nehmen Sie die Umleitung. Sind aber nur 200 Kilometer. Danke und Servus.

Wir versuchen die rumänische Hinweistafel im Vorbeifahren zu entziffern, es handelt sich um eine Straßensperre, soviel verstehen wir, mehr aber auch nicht. Mittlerweile führt die Straße direkt am Wasser entlang, links neben uns geht steil die Bergflanke in die Höhe, rechts ist der tiefe Donaustausee, wunderschön, aber unüberwindbar am anderen Ufer liegt Serbien. Wir holen die Karte aus der Tasche, nein, alternative Routen gibt es nicht, es gibt überhaupt keine anderen Straßen hier in der Gegend als diese Uferstraße. Die Sperre zu umfahren wäre ein Zwei-Tages-Umweg.

Jetzt kann man vielleicht verstehen, warum wir das Umleitungsschild, zwar mit Bauchweh, aber doch ignoriert haben. In der Hoffnung, dass der Rumäne, wenn er „Sperre und Umleitung" sagt, nicht auch „Sperre und Umleitung" meint. An dieser Stelle möchte ich allen Beteiligten zu ihrem unbestechlichen Gespür gratulieren, weil wissen konnte das keiner. Es stellte sich heraus, dass die Umleitung einem größeren Felssturz geschuldet war, der nicht unwesentliche Teile der Straße mit Geröll blockierte. Es waren auch weitere Schilder aufgestellt, die vor den nicht zu übersehenden Felsbrocken warnten. Da der Felssturz aber schon vor einem Monat passiert war, war bereits ein kleiner Fahrstreifen geräumt. Wo ein Reisebus mit 30 Personen umkehren muss, schlängelt sich der behände Zweiräder durchs Gestein. Für eine gänzliche Räumung der Straße oder gar für eine Entfernung der Umleitung sahen die örtlichen Autoritäten nach einem Monat Sperre aber noch keinen Anlass.

Ob der tiefer stehenden Sonne stand schließlich die Schlafplatzsuche im Vordergrund. Wie man sich vorstellen kann, sind die Möglichkeiten in einem solchen Terrain, zwischen Stausee und Berg einen wirklich guten und versteckten Zeltplatz zu finden enden wollend. Wir wählten, schlecht versteckt im rumänischen Outback, den am wenigsten schmutzigen und am wenigsten harten Platz einer Rast- und Jausenstätte für unsere Nachtruhe. In der Hoffnung, dass die Rumänen weniger diebischer und mörderischer Natur sind, als das von meiner Oma in dunkler Vorahnung prognostiziert worden war. Laune war unterdurchschnittlich, um das Wort schlecht zu vermeiden. Wobei nur meine Laune. Alle anderen waren gut drauf, belustigt von der Steinschlagepisode und von all der Staudammschönheit enthusiasmiert. Ich war wütend! Wirklich wütend! Wütend, nicht mehr in der schönen Stadt, bei den schönen Mädchen, den lieben Leuten, den weichen Betten und dem guten, billigen Essen zu sein. Stattdessen war ich im Nirgendwo, mit schmerzendem Körper, Fadesse im Schädel, zwei Typen im Zelt und der Aussicht, dass sich die Situation auf absehbare Zeit nicht ändern wird. Da können einem nicht mal die aufmunterndsten Worte eines Reisebasilikums helfen. Da muss man die Mama anrufen.

Eine Mama ist so ziemlich das Beste, was man im Leben haben kann. Eine Mutter bleibt eine Mutter und anscheinend ist die immer für einen da: wenn die Stimmung gerade in freiem Fall begriffen ist, wenn man vor lauter Hilf-, Lust- und Freudlosigkeit schon die Tränen in den Augen spürt. Die Mutter ist da, mit warmen, aufmunternden Worten. Der Mama ist es nur wichtig, dass es dem Sohnemann gut geht. Sie versteht, dass es auch schwere Phasen gibt, im Leben sowieso und auch auf einer Reise. „So ist das eben", sagt sie, „gell, du hast dir erwartet, dass es immer nur gut und rund läuft?" Ja, natürlich habe ich das erwartet. Sie kennt mich. Mütterlicher Zuspruch baut mich auf und zeigt mir eine andere Perspektive. Meiner Mutter ist es ganz egal, wie viele Grenzen ich bereits überquert habe, Hauptsache, ich bin sicher. Danke für die emotionale Unterstützung, Mama.

Es war übrigens die fünfte Grenze heute. Mir ist das nämlich nicht egal. Ich bin stolz darauf. Sechs Länder, fünf Grenzen: Österreich, Slowakei, Ungarn, Kroatien, Serbien und jetzt Rumänien. Thomas, der Bastard, ist Sebastian und mir immer noch um ein Land voraus, da er bei seiner Anreise durch Deutschland gefahren ist. Frech. Ein uneinholbarer Vorsprung. Ganz geil sind wir darauf, unsere stolze Liste noch um ein paar exotische Staaten zu erweitern.

Für mich sind die Grenzüberquerungen zum Spaß geworden. Das sind doch surreale Phantasiegrenzen. Ja natürlich, da stehen kleine Grenzhäuschen und auch ein paar uniformierte Wachen, aber eigentlich sind das keine echten Grenzen, zumindest für uns nicht. Zu Beginn war ich noch nervös, aber man gewöhnt sich schnell daran, dass die Schlagbäume sofort nach oben schwingen, wenn man mit dem weinroten EU-Pass wedelt. Im Hinterkopf weiß ich genau, dass solche Landesgrenzen nicht für alle so inexistent und durchlässig sind wie für uns. Für Serben ist eine EU-Außengrenze sehr real. Mit Visumspflicht und allem Drum und Dran. Außer man nennt zufällig einen kroatischen Pass sein Eigen, sonst ist man Mensch zweiter Klasse.

Viele andere haben es noch schlechter erwischt, denke ich, für die gibt es gar keinen Weg in die EU, da sind die Landesgrenzen militärisch derartig dicht gemacht, dass nur der gefährliche Weg übers Wasser bleibt. Asylanträge darf man ja erst auf europäischem Boden stellen, sonst könnte ja jeder kommen. Über den sicheren Landweg lässt man sie nicht, und daher müssen die Burschen im Mittelmeer ersaufen. Weil? Ja, warum? Weil wir Angst haben, zu teilen? Weil wir Angst vor den Menschen haben, die durch unsere Waffen und unsere Geo-Politik aus ihren Ländern vertrieben werden? Ja, vielleicht.

Das Boot ist voll, heißt es dann immer, aber hat schon irgendjemand ein wirklich volles Boot gesehen? Ich nicht!

*#Reisetagebuch Tag 19:*
*„In der Nacht lautes Geknurr. Thomas schaut aus dem Zelt, meint, er sieht einen Bären. Kurz große Nervosität in beiden Zelten, dann kommt raus: Thomas ist ein krasser Gauner. Hunde zerfetzen unseren Müll und kämpfen um leere Thunfischdosen.*
*Eher spät aufstehen, weil unser Zelt im Schatten stand. Die Hunde haben unser Frühstück übriggelassen. Netter Move – danke!*
*Ich geh dippen in den Stausee, der ein bisschen schmutzig ist, aber das brauche ich in der Früh, für mein Lebensgefühl. Notiz an mich: muss Haus am See kaufen, unbedingt.“*

Die Straße führte ohne Auswege weiter, schön, romantisch Richtung Donaunadelöhr. Das ist ja alles Nationalpark, dieses *Porţile de Fie*, und wenn nur halb so viel Gegenwind gewesen wäre, hätte es immer noch gereicht. Das berühmte Eiserne Tor ist dann eine sehr enge Engstelle, früher war hier eine richtig gefährliche und turbulente Stromschnelle, bevor die Donau die Karpaten verlässt und in die Donautiefebene, Richtung Delta im Schwarzen Meer fließt. Dank zweier grenzüberschreitender Kraftwerke ist der Fluss gezähmt, der Wasserspiegel um 30 Meter angehoben, das Tal auf über 100 Kilometern überflutet. Fischwanderungen vom Schwarzen Meer bis hinauf nach Wien, wie das der leckere Stör oder der riesige Hausen gerne tun, gehören damit der Vergangenheit an. Der Fluss ist halb tot, aber man kann sein Handy aufladen und googeln, wie so ein Stör aussieht, dass so ein Hausen bis zu sieben Meter lang wird und dass es den Stör auch sonst nicht mehr so häufig gibt, weil man nicht nur die Donau mit Vorliebe verbaut, sondern auch die meisten anderen großen Flüsse.

Die alte Steintafel, die der werte Kaiser Trajan, ein alter Römer, ans Donauufer hat schnitzen lassen, diese Tabula Traiana, hat man nach oben versetzt. Denn über dem Wasserspiegel ist ein solch antikes Dokument touristisch wesentlich leichter zugänglich als einige Meter unter Wasser. Den Fischreichtum vergangener Zeiten kann man sich jetzt nur noch ausmalen, wobei so lange ist das noch nicht her, das Kraftwerk steht erst seit 1972 – danke, Tito. Aber wir haben nicht viel Zeit für solche Ausmalerei, wir müssen fotografieren, gerade biegt ein Pferdefuhrwerk voll frischem Heu aus einem Feld auf die geteerte Straße. Wildromantisches Rumänien. Der Bauer wuchtet seine Alte gekonnt hinten auf den Wagen, nimmt das Pferd beim Strick, setzt das Fuhrwerk in Bewegung, holt das Smartphone aus der Hosentasche und telefoniert den ganzen Heimweg lang mit irgendwem. Ich mag Rumänien.

Am Ufer des Stausees stehen einige Villen der reichen Rumänen, von denen es, soweit unser Eindruck bisher, in diesem Land nicht sehr viele gibt. Wir fahren wieder durch besiedeltes Gebiet, Häuser, Zäune, Tiere. Als ich mich wundere, warum Sebastian gar so nahe an dem am Straßenrand ruhenden Hund vorbeifährt, da ist es schon zu spät. Das Tier schießt wild bellend auf, attackiert Sebastian, der vor lauter Schreck einen Adrenalinsprint hinlegt – einen rumänischen Hund hängst du aber so leicht nicht ab. Er hat den Wachhund einfach übersehen.

Kurz danach, wir fahren bergauf und unterhalten uns gut, lache ich über einen kleinen Pinscher, bis mir die Panik in den Stimmen der anderen zu denken gibt. Als schließlich auch ich hinter dem Kleinen zwei weitere Schäferhunde auf uns zurennen sehe, rutscht mir das Herz in die enge und gut gepolsterte Radhose. Aber so ein Glück musst du erst mal haben, genau in diesem Moment kommen zwei Motorradfahrer den Berg herunter, werden umgehend zu neuen Opfern und wir entkommen unzerkaut. Puh.

Diese Hundethematik ist weit entfernt von cool und wir sind weit davon entfernt, auch nur irgendeine Lösung dafür parat zu haben. Auch die Zeltplatzsuche wird schwierig, da das Hinterland voll streunender Köter ist.

Wir fragen bei einem wohlhabenden Anwesen, werden von den reichen Besitzern abgewiesen und an die alten, bitterarmen Nachbarn weitergereicht. Die beiden, Vera und ihr Ehemann, nehmen uns äußerst wohlwollend auf, bringen uns eigens Stühle und Tische, damit wir gemütlich zu Abend essen können. Sie überlassen uns ein umzäuntes Fleckerl zum Zelten, bringen Kerzen, sogar ein Tischtuch. Danke!

Ich frage mich ehrlich, ob man zuhause in Österreich vier so rumstreunenden Rumänen auch derart freundlich und vorurteilsfrei Wohnraum in einem Garten bieten würde. Wie wäre die Reaktion, wenn vier junge Rumänen an eine Tür klingeln und mit Händen und Füßen verständlich machen, dass sie dort gerne gratis ihr Zelt aufstellen würden? Würde man denen dann auch Campingtische hinstellen und Kerzen bringen, damit sie ihr selbstgekochtes Abendessen genießen können? Ich hoffe ja.

Trotz aller Freundlichkeit schlafen wir schlecht, denn rund um uns bellen die Straßenhunde, die Wachhunde, die Kettenhunde. Aber schlecht zu schlafen sind wir längst gewöhnt, das gehört einfach dazu. Solange uns niemand die Räder stiehlt, vermiest uns kein schlechter Schlaf die gute Laune und wir sind ja, das wissen wir, am Weg zum Meer. Dort gibt es dann Entspannung, Sonne und Badespaß im Übermaß. Dort können wir jede versäumte Ruhestunde nachholen. Ich drehe mich auf die Seite und falle in einen tiefen, traumlosen Schlaf. Gute Nacht, Rumänien.

Felssturz und Straßensperre.

Mittagspause nach Todesanstrengung. Zum Glück mit eiskaltem Gebirgsfluss.

Engstelle Eisernes Tor (Hintergrund). Rumänische Lösungen (Vordergrund). Beides super.

Unser Boot ist voll, sagt Filip, zu voll. Wir sind seit zwölf Stunden am offenen Meer. Ich bin nass und durchgefroren. Im Boot steht das Wasser und niemand schläft. Bis auf die weit entfernten Lichter am Horizont ist es stockdunkel. Man muss sich sehr gut festhalten, denn mittlerweile sind die Wellen so stark, dass man leicht vom Boot gespült werden kann. Weißt du, wie lange eine Nacht dauert, wenn es mit jeder Minute kälter und kälter wird?

In der Früh geht dann endlich die Sonne auf, doch unser Boot verliert langsam an Luft. Die Bordwand wird immer weicher und das Wasser rinnt schon beinahe über die eingedrückten Ränder herein. Dazu wird es jetzt heiß. Sonne, Wind, Wellen, das ganze Salz und kein Wasser. Ich habe selbst überhaupt kein Wasser mehr und diejenigen, die noch ein wenig zu trinken haben, teilen nicht. Mein Mund ist salzig und trocken, die Augen brennen. Ich fühle mich schwach. Das kleine Kind hört nicht auf zu weinen. So treiben wir am Meer. Wir können zusehen, wie sich das Boot mit Wasser füllt, bald müssen wir schwimmen.

Dann, „*Wallah*!!", dann taucht ein Fischerboot auf. Weit weg noch, aber ein Boot! Wir schreien, pfeifen, winken, schlagen mit den Rudern auf Wasser, bis die Fischer endlich unser kleines Boot bemerken. Endlich! Gott ist bei uns, sonst hätten wir das nicht überlebt. Ich weiß nicht, wie sie uns bemerkt haben, sie wussten wahrscheinlich, dass hier Flüchtlinge im Meer sind. Wir bieten den griechischen Fischern unsere Benzinvorräte an, damit sie die Küstenwache um Hilfe rufen. Sie verstehen nicht, was wir sagen, sie rufen, wir rufen. Alle fuchteln mit den Händen. Sie können uns nicht aufs Boot holen, bei dem Wellengang. Ich glaube, sie funken. Dann schickt die Küstenwache einen Helikopter zur Aufklärung und wenig später ein Rettungsboot. Männer mit weißen Anzügen und Gesichtsmasken. Als wir über die Strickleiter aufs Schiff der Küstenwache steigen, ist kaum noch Luft im Schlauchboot. Nass und durchgewaschen klettern wir auf das Schiff. Wir waren 16 Stunden am offenen Meer. 16 Stunden. An Deck bekommen wir endlich Wasser, noch nie in meinem ganzen Leben war ich so durstig.

Sogar mit dem schnellen Schiff der Küstenwache dauert es noch zwei Stunden, bis wir die griechische Insel erreichen, das hätten wir nie geschafft. Sie bringen uns auf die Mytilene-Inseln, dort werden uns als erstes die Reisepässe abgenommen. Wir verbringen den ganzen Tag in einem Polizeibüro, direkt am Meer. Ich habe keine Ahnung, wo genau ich bin. Als wir endlich gehen dürfen, bricht bereits die Nacht herein. Ich schlafe unter freiem Himmel am Strand. Ich bin völlig erschöpft, sinke einfach zusammen und schlafe wie tot, bis mich die Sonne weckt. Meine ganze Kleidung ist steif, die Haut ist trocken und von einer weißen Salzkruste überzogen. Ein Tag im Meer.

Von Mytilene aus rufe ich zum ersten Mal meine Familie an, von einem geborgten Handy aus, weil meines und das Tablet bei der nassen Überfahrt kaputt gegangen sind. Damit sind auch die letzten syrischen Fotos weg. Ich höre die Stimme meiner Mutter und mir rinnen stille Tränen über die Wangen. Ich kann kaum sprechen. Meine Familie ist so erleichtert, dass ich in Griechenland angekommen bin, obwohl ich kein Wort davon erzähle, was draußen am Meer passiert ist. Ich sage, alles sei gut gegangen, ich will nicht, dass sich meine Familie um mich sorgt.

Tage später sehe ich die Luftaufnahme unseres luftleeren Bootes, ich sehe uns alle vom Bootsrand zum Helikopter aufblicken, wir haben es auf die Titelseite einer griechischen Zeitung geschafft.

Die Polizisten bringen uns in ein völlig überfülltes Aufnahmezentrum, wo wir mit hunderten anderen Bootsflüchtlingen aus allen Ländern auf eine griechische Aufenthaltserlaubnis warten müssen. Stacheldraht, meterhohe Gitter, überall liegt schmutzige gebrauchte Kleidung, kleine Feuer und Massen von wartenden, sitzenden, kauernden Menschen. Frauen mit Kopftüchern, Frauen mit Kindern im Arm, alte Menschen, junge Männer, Familienväter. Die Menschen hier schlafen nicht in Betten, sondern am nackten Asphalt, am Betonboden, an ein Gitter oder eine Wand gelehnt.

Es hungert hier keiner, aber ich will hier auf keinen Fall bleiben, es gibt nicht mal Duschen. Viele Menschen sind krank, erschöpft sind alle. Wir haben Glück, denn schon nach zwei Tagen halten wir unsere Papiere, die sechsmonatige Aufenthaltserlaubnis für Griechenland, in der Hand.

Mit zwei neuen Freunden besteige ich die erste Fähre nach Athen, wir nehmen uns in der Hauptstadt ein Hotelzimmer. Zwei Tage lang nur duschen, essen und schlafen. Wir müssen unsere Kräfte sammeln, für die Anstrengungen, die noch vor uns liegen.

# DER NATÜRLICHE FEIND DES RADFAHRERS IST DER GEMEINE LASTKRAFTWAGEN

Aufwachen in Rumänien. In einem umzäunten Vorgarten: Zum Frühstück schenkt Vera jedem eine Hand voll ungenießbar saurer Äpfel, die sie unreif vom Baum gepflückt hat. Wir bedanken uns ganz artig und packen alles in die ohnehin schon recht vollen Taschen.

Das Haus hat kein fließendes Wasser, die alte Vera schöpft Wasser aus einem völlig zugemüllten Bächlein, das vor ihrem Häuschen vorbeifließt. Das Ehepaar wirkt schon recht gebrechlich. Vera müht sich ab, die schweren Kanister mit einem Seil die kleine, wackelige Brücke hochzuziehen. Sie gießt in der Früh die Blumen am Eingang und im Garten. Immer muss sie das Wasser aus dem kleinen Rinnsal auf die Brücke hochziehen. Das Ehepaar muss die mühsamen Alltagsarbeiten allein bewältigen. Die Kinder, soweit können wir uns verständigen, leben nämlich in der Stadt. So ist das offensichtlich in Rumänien. Das Plumpsklo, das sich im hintersten Teil des Gartens befindet und vielleicht sogar die einzige sanitäre Einrichtung am ganzen Grundstück darstellt, wird es in keinen Reiseführer schafften, der Standard ist niedrig hier. Gleich daneben in einem kleinen, völlig verdreckten Holzverschlag lebt ein Hund eingesperrt. Jede Öffnung zwischen den Holzlatten ist mit mehreren Schichten alter Drahtgitter versiegelt, als ob die Besitzer den Hund fürchten würden. Das Tier ist unglaublich aggressiv und verbellt mich mit Hass. Die Art und Weise, wie der Hund eingesperrt ist – es gibt keine Tür, die man öffnen kann – lässt darauf schließen, dass er so gut wie nie aus diesem winzigen Zwinger kommt. Er muss dort drinnen verrückt geworden sein, wirkt richtig gefährlich. Bitte nicht freilassen. Wofür auch immer man einen Hund in seinem Garten einpfercht, aber hier hat so gut wie jeder zumindest einen Kettenhund zuhause. Vielleicht zur Sicherheit, gegen Diebe oder gegen die anderen Köter. I don't know.

Bei der ersten Gelegenheit verschießen wir die grauslichen Äpfel, ehrlich Vera, es tut uns leid, die waren einfach nicht zu essen. Der letzte Donauabschnitt vor den riesigen Fließkraftwerken wird dann zur Zitterpartie und die Überholmanöver der LKWs ziehen mir eine Gänsehaut auf.

Die autobahnartigen Straßen sind zweispurig und so eng, dass neben zwei LKWs kaum noch ein Fahrrad passt. Wir entscheiden uns heute alle für den Helm, auch Thomas, der mit seinem Kapperl normalerweise immer die Coolnesspreise abräumt. Wir werden ständig von Autos überholt, das geht. Die Lastwagen sind da wesentlich unangenehmer, denn jeder LKW bringt einen ordentlichen Windstoß mit, der einen richtig anschieben und auch ordentlich aus der Balance bringen kann. Wir müssen darauf vertrauen, dass uns die Fahrzeuge bemerken und noch mehr, dass sie auf uns Rücksicht nehmen. Es gibt zwischen Stausee und Bergflanke aber keinen anderen Weg. Haben wir das Unglück, dass zwei LKWs nebeneinander anrauschen, dann wird es wirklich eng. Rechts ist nur die Leitplanke, die den schmalen Pannenstreifen zur Uferböschung abgrenzt. Zur Entspannung kommen immer wieder Tunnels. Ein mulmiges Gefühl in diesen engen, schlecht beleuchteten Löchern. Wir verstehen dann unser eigenes Wort kaum, wenn die Trucks im Zentimeterabstand an uns vorbei brettern. An jeder Brücke, von denen es ausreichend gibt, verengt sich die Straße links und rechts um einen halben Meter, das sind die unangenehmsten Stellen auf dieser Strecke. Wir würden jetzt gerne den LWK-Verkehr gegen ein paar wütende Straßenhunde tauschen, gegen Hunde hat man eine Chance.

Gut, dass unsere Mütter nicht alles mitbekommen. Die würden keine Nacht mehr ruhig schlafen, wenn die wüssten, wo wir da unterwegs sind. Aber natürlich, so einfach lassen wir uns auch nicht niederfahren. Nein, nein, nein. Denn wir wollen zumindest noch den Staudamm ansehen. Davon reden wir schon seit Hainburg. Das mächtige Eiserne Tor.

Das Kraftwerk ist dann beeindruckend, riesig, aber: „No pictures", sagt ein wütender Wachmann, der anscheinend wirklich kaum mehr sagen kann als: „No pictures!"

Der Abend zeigt dann, was ein Sonnenuntergang in Rumänien so alles kann. Joko zeigt uns, wie man in einem Steinbruch Tortellini in einer Spargel-Knoblauchsuppe kocht. Unsere Zelte zeigen, dass das noch lange kein Sturm ist, sondern höchstens ein laues Lüfterl. Thomas zeigt uns den Bienenfresser und den

Steinkauz, die ihr Quartier gleich neben dem unseren haben. Der Wind treibt graue Wolken über die flachen Felder und die Aussicht vom Rande dieser Schottergrube reicht bis zum Horizont. Wir schlafen gut und ungestört in diesem zugigen Versteck.

Am nächsten Morgen bläst der Wind noch immer, darum muss es ganz schnell gehen: Zack, Zelt abbauen. Zack, Schlafsack wegstopfen. Zack, die wertvolle Matte einrollen. Zack, alles aufs Fahrrad packen. Zack, Zähne putzen – wir sind ja keine Tiere. Dann: Tempo, Tempo im Rückenwind – Frühstück gibt's, wenn dem ersten leicht schwindelig wird, also erst in circa 30 Kilometern. Danach fahren wir gemütlich durchs Land.

So arm dieses Rumänien auch ist, Schönheit kann man ihm nicht absprechen. In den Straßendörfern sitzen die Alten auf kleinen, liebevoll positionierten Holzbänken in der Sonne. Jedes Haus hat seine Hausbank an der Mauer stehen. In den bunten Gemüsegärten, die zur Straße hin reichen, tummeln sich junge Puten, Hühnerküken, Gänse führen ihre Jungen am Gartenzaun entlang. Jedes Haus ist eine kleine Selbstversorgerwirtschaft, überall stehen Obstbäume. Wo man kann, baut man Essbares an. Die Straßenränder werden gemäht oder von Eseln, Ziegen oder Schafen beweidet. Immer wieder überholen wir Pferdegespanne, einmal eines mit einer fetten Sau hinten drauf. Die Kinder laufen auf die Straße, um mit uns abzuklatschen, sie winken, und wenn man sich nach dem Vorbeifahren schnell umdreht, ist zwischen den winkenden Händen auch der ein oder andere Mittelfinger dabei.

Ehe man sich versieht, hat man 124 Kilometer heruntergespult und findet sich an der bulgarischen Grenze.

Bei Oryahovo (Bulgarien) südlich von Bechet (Rumänien) kreuzt eine Fähre, die uns am nächsten Morgen über die Donau schippern wird. Die letzte Nacht an dieser Lebensader, das bedeutet viel nacktes Herumlaufen, viel Baden und viel Lagerfeuer machen, nebenbei unser Basilikum beruhigen, denn es ist sehr aufgeregt, jetzt nach Ungarn, Kroatien, Serbien, Rumänien bereits das fünfte Land zu bereisen. Ein Blatt für jeden macht uns stark und bringt das Basilikum seinem baldigen Tod ein gutes Stück näher.

Zwölf Stunden und einen Sonnenaufgang später sitzen wir zwischen Lastwagen und einem deutschen Mercedes Sprinter, der teures Medizinequipment transportiert, auf der Donaufähre. Ich schreibe an meinem Tagebuch, ich versuche die wenigen Zeiten, die sich dazu eignen, zu nützen. Wenn man sich ausnahmsweise noch an einen Tisch setzen kann, ist man sowieso im siebten Tagebuchhimmel. Ich habe aber keinen und schreibe am Boden kauernd an einen Metallpfosten gelehnt. Die anderen drei versnacken die Kirschen der Mercedesfahrer. Ja, die Kirschen waren sehr billig. Das glaube ich dem deutschen Fahrer. Alles ist hier sehr billig. Und ja, sie haben in Bulgarien auch nicht so tolle Medizintechnik. Das glaube ich dem deutschen Fahrer auch. Und ja, sicher, die Autobahnen werden wahrscheinlich auch in Deutschland besser sein. Aber eigentlich kotzt mich das an, ein Land dafür auszulachen, dass die Preise so lächerlich niedrig sind und ihnen dann selbst ganz teures Zeug zu verkaufen. Die Kirschen sind jedoch vorzüglich, so wie fast alles hier vorzüglich schmeckt. Und ich freue mich auch riesig darüber, dass alles hier so billig ist, und gegen gute Straßen würde ich mich auch nicht wehren.

In Rumänien war Kommunikation bereits recht schwierig. Wir sprechen kein Rumänisch, nicht mal Italienisch. Die Menschen hier verstehen aber kaum andere Sprachen. Englisch, Deutsch und Französisch sind praktisch nutzlos geworden. Da bleibt wenig andere Wahl als mit Händen und Füßen eine große Pantomimenshow abzuziehen, wenn man was braucht. Gesellschaftliche Problemstellungen kann man so nicht diskutieren, Tomaten kaufen funktioniert aber hervorragend.

Nun freuen wir uns auf eine neue Sprache, von der wir leider auch kein Wort verstehen. Angeblich ist Bulgarisch dem Russischen ähnlich, das heißt, man verwendet auch eine andere Schrift. Wir verstehen also sowieso schon nichts und können nun aber das, was wir nicht verstehen, auch nicht mehr lesen. Wir erwarten weitere Komplikationen beim Kartenlesen und der Interpretation von Wegweisern. Das Schriftbild des Bulgarischen sieht auf den ersten Blick Kyrillisch aus, ist dann aber doch mit einigen anderen Buchstaben verfeinert, um es dem deutschösterreichischen Reisequartett nicht allzu einfach zu machen. Sicherheitshalber verfügen wir über keinerlei Bargeldreserven der lokalen Phantasiewährung. Sebastian versucht seit Tagen bei jeder möglichen und unmöglichen Gelegenheit einen Hosensack voll serbischer Dinar zu einem günstigen Kurs zu wechseln. Seit fünf Tagen ohne nennenswerten Erfolg, was sehr zur Erheiterung der restlichen Mannschaft beiträgt.

Wir verlassen die Fähre, treten in die Pedale, finden weder Bank noch Bankomaten und saugen die ersten Eindrücke dieses Landes auf. Ein zerstörter LKW am Straßenrand, griesgrämige Menschen, Schilder, die wir nicht lesen können. Dass Bulgarien sowohl NATO- als auch EU-Mitglied ist, würde man, nimmt man die Schlaglochdichte der Nebenverkehrsrouten als Indikator, nicht auf Anhieb erraten. Auf gut Glück fahren wir in das Land hinein, so schlecht kann es nicht sein (wenn ich ehrlich bin, weiß ich überhaupt nichts über Bulgarien, außer, dass es dort in den Bergen Bären und Wölfe gibt).

Wie immer ist auch in Bulgarien der Zufall unser mit Abstand wichtigster Verbündeter. Er tritt in Form eines 160 Zentimeter großen Schweizer Filmregisseurs, ebenfalls ein Fahrradreisender, in Erscheinung. Wir treffen ihn am ersten Lebensmittelgeschäft, bei einem kleinen Greisler, und bieten ihm an, sich an unserem Reisebasilikum zu laben. Er wechselt uns rumänische Leu in bulgarische Lew. Der Wechsel ist gut für beide, denn der Schweizer ist von Sofia aus Richtung Frankreich unterwegs, muss also nach Rumänien. Wir haben Hunger, hier in Bulgarien, und besitzen alle Währungen außer der Bulgarischen.

Die wiederhergestellte Liquidität erlaubt uns den Kauf einer Jause, drei Packungen Nudeln und eines Tomaten-Überraschungsglases (mit bulgarischer Inhaltsbeschreibung). Die Überraschung besteht darin, dass besagtes Glas statt Tomatensauce Ketchup enthält, was uns aber erst gegen Ende des Abendessens auffallen sollte. Der sehr unschweizerhafte Schweizer ist vom Scheitel bis zur Sohle eine coole Sau. Darum lebt er auch nicht in der Schweiz, sondern in der nördlichsten Stadt Afrikas: Marseille. „In dieser Stadt gibt es Märkte", sagt unser Herzensschweizer, „die sind dreck-billig." Thomas aus dem Ländle schmilzt beim Aufblitzen des Schweizer Dialekts förmlich dahin. Die Jause wird mit dem örtlichen Rumtreiber, einem sehr zerlumpten alten Manderl mit einem sehr heruntergekommen Fahrrad, geteilt. Dieser Herr gesellt sich kommentarlos zu uns, verspeist wortlos die im angebotenen Brot-, Wurst- und Käsebrocken. Wir lassen ihm dann noch ein wenig Geld zurück. Zum ersten Mal geben wir auf dieser Reise einem Armen und werden nicht umgekehrt von Armen beschenkt. In Summe waren es dann doch fast zwei Stunden, die wir auf Plastiksesseln vor diesem Markt, in wertvollster sozialer Interaktion, mit Schmähführen und mit viel Gelächter über des Schweizers lustige Witze verbracht haben. Hello, Bulgaria!

Rumänische Müllentsorgung und wir mittendrin. Burn it, Baby!

Wir werden anders behandelt, erzählt Malek. Wir sind aber auch viele. Viele Menschen, viele Männer, viele Flüchtlinge. Wir werden nicht freundlich behandelt und das, obwohl wir dafür bezahlen. Wir werden geschlagen, wir sind die stinkenden Afghanen, die Mutterficker, die Hurensöhne, und wir können kein Wort dagegen sagen, sonst gibt es Hiebe – oder wir werden einfach zurückgelassen.

Wir sind 50 Menschen in einem Raum, konnten nur Rücken an Rücken im Sitzen schlafen und warten seit drei Tagen. Heute gehen wir über die Grenze, sagen die Schlepper, über die Berge in die Türkei. Ich bin froh, denn ich will keine Nacht länger hier warten. Vor dem Haus wartet ein weißer Kastenwagen.

Die Schlepper holen uns aus der Wohnung – schnell, schnell, schnell. Ich greife meinen Rucksack und verliere Janan im Gedränge. In Sekunden leert sich der stickige Raum, nur ein paar Fetzen bleiben zurück. Schnell! Schnell! Die ersten Männer springen schon in den Kastenwagen, mehr Menschen folgen, hieven sich auf die Ladefläche und werden von der Masse weiter ins Innere gedrückt. Eine Traube von Personen bildet sich vor den offenen Flügeltüren. „Hinein mit euch, ihr faulen Hunde", schreit uns der Schlepper an, obwohl der Laderaum schon voll ist. „Ihr müsst da alle hineinpassen", sagen die Schlepper und schieben mit beiden Händen die Menschen Richtung Ladefläche. Personen steigen auf die Menschen, die schon im Wagen stehen, drücken sich an der Decke entlang in den Laderaum. „Geht über die Leute", schreit ein Schlepper und wirft mich in die Menge hinein. Wir sind jetzt in zwei Schichten gestapelt. Schweiß rinnt mir übers Gesicht, von hinten kommen noch mehr Leute nach.

Die Tür wird zugeschlagen. Es ist stockdunkel. Ein Stimmengewirr aus Dari, Paschtu, aus vielen anderen Sprachen. „Du erdrückst mich", schreit einer von unten, dann kommt ein Stoß und befördert mich tief in die Menschenmasse, ich drücke mich, mit der Hand in einem Gesicht, wieder nach oben. Schreie. Einer schlägt jemanden, der schlägt den nächsten und der wieder einen anderen. Chaos.

Da trommelt der Fahrer von außen an die Metallwand. Drei feste, laute Schläge. „Seid sofort still", brüllt er, „ich erschlage euch alle. "

Die Stimmen ersterben, aber man hört noch das Röcheln und Keuchen der Menschen, das stumme Ringen um Platz und Luft. Ich versuche, ruhig zu atmen. „Keine Panik, Malek", sage ich mir selbst. Ruhig! Ich bin von jeder Seite mit Menschen umgeben. Ruhig! Ich merke, wie sich meine Lungen auch in der Enge mit Sauerstoff füllen. Ruhig! Ich habe genug Luft zum Atmen. Ruhig. Der Kastenwagen fährt laut brummend dahin. Jetzt sterbe ich nicht. Nein! Vielleicht an der Grenze, aber nicht in diesem Bus.

Nach drei Stunden hält die Blechbüchse an, die Türen werden ohne Vorwarnung aufgerissen und wir fallen auf einen Waldboden. Frische, herrlich kühle Waldluft. Wie eine Geburt. Ich bin nicht erstickt.

Ich trinke Wasser und versuche mich zu sammeln. Ich sehe mich um und bemerke jetzt erst, wie viele Menschen bereits hier sind. Bestimmt 200, die an die Wände eines umzäunten Rohbaus gelehnt sitzen, unter den Bäumen lungern, herumstehen und rauchen. Alle warten. Es kommt noch ein Auto zu diesem Haus, wieder voller Personen, nochmal 50 Menschen, dann noch ein Wagen und noch einer. So viele Personen. Ich habe nicht gewusst, dass wir eine so große Gruppe sein würden. 400 Personen, Männer, Frauen, Kinder, alte Menschen – alles.

Unsere Schlepper aus Urumia sind längst weg, jetzt haben Schmuggler das Kommando. Sie sammeln unsere Handys ab: „Wenn uns Soldaten entdecken, werden sie ohne Vorwarnung schießen. Niemand darf uns sehen! Wir gehen erst bei völliger Dunkelheit. Keine Handys! Keine Lampen!"

Die Leute bleiben ruhig, geben ihre Handys her. Niemand will erschossen werden und jeder weiß, dass man mit Schmugglern nicht verhandeln kann.

Als ich mich auf den Boden setze, bemerke ich, dass meine Hände zittern. Ich versuche, die Gedanken aus meinem Kopf zu vertreiben, die Angst, dass mich Soldaten, die Kurden oder Banditen erwischen könnten. Ich brauche meine Kraft und einen klaren Kopf für die Wanderung.

Leise, in einer Gruppe von neun Afghanen, etwas abseits der anderen, diskutieren wir, was uns bevorsteht. Janan ist auch dabei. Wir versprechen uns, dass wir einander beistehen werden. Wenn einer nicht mehr weiterkann, wenn sich jemand verletzt, werden wir aufeinander aufpassen. Wir werden es gemeinsam schaffen.

„Kommt, ihr faulen Arschlöcher", sagen die Schmuggler und es geht los. Es ist stockfinstere Nacht, und ich gehe mit dem Ersten vorne weg. Wir sind die Späher. Der Schmuggler führt uns durch einen dunklen Wald, gerade in die Berge. Mein Rucksack ist leicht, nur die drei Wasserflaschen, Biskotten und ein paar übrige Datteln, sonst nichts.

Dort, wo wir gehen, gibt es keine Wege, keine Häuser, keine Menschen. Bald kommen wir in steiles, steiniges Gelände. Hoch hinauf, dann wieder hinunter und sofort den nächsten Berg hinauf. Nach jedem Berg kommt noch einer und noch einer. Die Stunden vergehen, die Luft wird kälter. Es ist anstrengend, in der Dunkelheit und im Geröll muss man sich auf jeden Schritt konzentrieren. Wir machen keine Pausen und gehen die ganze Nacht hindurch. Ich dachte, ich bin es gewohnt, in den Bergen zu gehen, aber das ist anders. Es herrscht Stress und Angst. Ich merke, dass mir hier niemand mehr helfen kann. Man darf nicht aufhören zu gehen, egal wie müde man ist. Weiter und weiter.

Wir bleiben erst stehen, als der Morgen dämmert. Die Schmuggler haben uns zu einem kleinen Platz geführt, der von großen Felsen umgeben ist. Hier sieht uns niemand. Es gibt sogar eine Quelle, wo ich meine Flaschen auffüllen kann. Die Schmuggler verteilen die Personen auf verschiedene Verstecke. Das sind einfache Höhlen oder irgendwelche Löcher in den Felsen. 50 in diese Höhle, 50 in die nächste Höhle, wieder 50 in ein anderes Loch. Den ganzen Tag über bleiben die 400 Menschen wie vom Erdboden verschluckt. Wir müssen leise sein, dürfen nicht sprechen, sagen die Schmuggler. So viele Personen und keine Worte – nur Stille. Die Menschen sind wie erschöpfte Gespenster.

Ich sitze am kühlen Boden, natürlich bin ich müde von der langen Nacht, aber ich kann mich nicht entspannen. Ich versuche mit meinem Kopf am Rucksack zu schlafen, Kraft zu sammeln. Am Abend bringen neue Schmuggler zwei Pferde und einige Maulesel. Sie sind für alte Leute, die nicht mehr weitergehen können, die ihr Gepäck nicht mehr selbst tragen können. Sie müssen sofort dafür bezahlen, sonst bekommen sie keine Hilfe.

Bereits in der Dämmerung gehen wir weiter. Der Wald liegt schon lange hinter uns, hier oben ist nur noch kahles, hartes Gestein. Wir gehen zwischen meterhohen Felsblöcken hindurch, die von den Gipfeln und Hängen heruntergefallen sein müssen und kommen nach einigen Stunden in steiles Gelände. Die Schmuggler führen uns zwischen großen Felsen und Geröll die steile Bergflanke hinauf. Es gibt einen sehr schmalen Pfad, an vielen Stellen muss man sich festhalten, um nicht abzustürzen, die Gruppe steigt immer höher auf, dann plötzlich fallen Schüsse. Krachend zerfetzen sie die dunkle Stille. Laut kommt der Widerhall von den gegenüberliegenden Hängen. Eine Kugel schlägt nur Zentimeter über mir in einen Stein. Splitter und Sand treffen mich im Gesicht. Ich lasse mich sofort hinter einem Felsen auf den Boden fallen, ziehe die Beine an, Hände über den Kopf. Ich versuche meinen Körper so gut es geht in Deckung zu bringen, das habe ich bei den Taliban gelernt. „Die schießen auf uns, verdammt! Was machen wir jetzt? Was wollen die, warum schießen sie auf uns?"

Krach, Krach, Krach, noch mehr Schüsse. Schreie und Panik. Schotter und Steine rieseln von oben auf mich herab, von all den Menschen, die sich über mir im Steilen in Sicherheit bringen. Woher schießen die Schweine?

„Kurden!", schreit jetzt endlich einer der Schlepper. „Versteckt euch!"

Krach, Krach, Krach. Jetzt sehe ich das gelbe Mündungsfeuer, weit unten, am Fuße des Steilhanges, ich höre die Pferde der Angreifer wiehern, ihr nervöses Hufgetrappel. Berittene Kurdenmilizen, zehn oder zwölf Personen. Jetzt sind wir tot, denke ich. Die holen sich unser Geld, die kidnappen uns, die bringen uns um.

Peng, Peng, Peng. Ich höre einen gellenden Schrei, ein Körper – oder ist es nur ein Stein – rumpelt über den Abhang. Wir haben Verletzte, wer wurde getroffen?

„Wir müssen kämpfen", rufe ich und taste nach handgroßen Steinen, die ich aus meiner Deckung zu fassen kriege. Ich weiß jetzt, wo sie sind, trotz der Dunkelheit. „Schießt auf sie", sage ich zu denen, die in der Nähe hinter Felsen liegen.

Mein erster Stein fliegt weit, segelt über den Abhang und schlägt dumpf irgendwo am Fuß des Hanges ein. „Steine!", schreien die anderen. „Werft Steine!"

Die Wurfgeschoße pfeifen durch die Nacht, als Antwort noch eine Salve, aber jetzt prasseln die Steine auf unsere Angreifer nieder, sie schlagen auf, zersplittern, machen ihre Pferde panisch, vielleicht treffen wir jemanden.

Die Schüsse bleiben aus. Ich höre ihre hektischen Stimmen, die Pferdehufe. Wir schicken ihnen noch mehr Steine nach. „Verschwindet! Lasst uns in Ruhe!" Die Hufgeräusche entfernen sich, ersterben, und ich lasse den letzten Stein, den ich noch in der Hand halte, auf den Boden gleiten.

„Schnell!", die Schmuggler geben jetzt wieder Anweisungen. „Schnell weiter!", schreien sie. Keiner sucht nach den Verletzten der Schießerei, niemand weiß, ob wer abgestürzt ist. Wir sind viel zu viele, und in der Nacht hat niemand den Überblick.

Hektisch verlassen wir unsere Deckung, planlos und chaotisch klettern wir den Hang hinauf. Steine lösen sich, rumpeln talwärts, Menschen stolpern, fallen. Meine Füße rutschen im scharfen Geröll. Nach wenigen Minuten blicke ich zum ersten Mal zurück, unter mir krabbeln die Menschen den Hang empor, wie Ameisen auf einem Haufen.

Dann stürzt ein Mann, er fällt mehrere Meter, ich höre es knacken. Hilflos bleibt er am Boden liegen. Er stöhnt.

„Steh auf", sage ich zu ihm, „bitte!"

Er stöhnt nur und kann sich nicht aufrichten. Der Schlepper kommt, sieht den Mann am Boden. „Wir müssen ihm helfen", sage ich zum Schlepper.

„Nein!" Die Schlepperantwort ist kategorisch. „Ich bin nicht für ihn verantwortlich. Die Soldaten kommen, wir können nicht warten." Der Schlepper geht weiter und lässt den Mann am Boden liegen. Verdammt. Ich reiche dem Verletzten die Hand, versuche ihn aufzuziehen. Er stöhnt und hat Schmerzen. „Bitte!", flehe ich ihn an, aber er schafft es nicht, sich aufzusetzen. Menschen überholen mich, niemand hilft.

„Ich muss weiter", sage ich voller Schuldgefühle, „ich kann dich nicht tragen", und dann, ein letztes Mal: „Bitte steh auf."

Der Mann sinkt in sich zusammen, ich lasse ihn zurück. Ich muss. Ich verhärte mein Herz, ich kann jetzt kein Mitleid haben. Ich muss überleben.

Er bleibt heute Nacht nicht der Einzige, den ich verletzt am Weg sehe. Menschen werden einfach zurückgelassen. Es geht immer weiter, niemand zählt, niemand hält an, um zu kontrollieren, ob alle da sind.

In den frühen Morgenstunden treffe ich den Hazara mit seiner Familie, er trägt seine Tochter am Rücken und ist erschöpft. Ich nehme ihm seine schwere Tasche ab und wir gehen gemeinsam, bis die Sonne aufgeht und uns die Schlepper zu neuen Verstecken bringt. Ich esse meine letzten Biskotten und setze mich neben den Hazara und seine Familie. Bei ihnen fühle ich mich sicher, da kann ich ein paar Stunden schlafen und muss keine Angst um mein Gepäck haben. Wenn Personen einschlafen, stehlen ihnen die anderen das Wasser und das Essen. Hier in den Bergen gibt es nichts. Kein Essen, kein Wasser, gar nichts. Der Hazara gibt mir Brot, er hat genug und teilt mit mir. Ich spare meine letzten Wassertropfen noch für morgen auf.

Wir ruhen wieder auf viele Plätze verteilt, niemand weiß, wie viele Personen nach dieser Nacht fehlen. Ich höre Gerüchte, aber weiß nicht, was stimmt und was Albträume sind.

Die Schlepper haben sich Zelte aufgebaut, sie kochen – nur für sich. Sie sind viel besser vorbereitet, sie wussten, was auf sie zukommt.

Einer der Schmuggler kommt in unsere Höhle. Er geht am Familienvater vorbei und nimmt einfach seine Frau. Er nimmt die Hazara an der Hand, zieht sie mit Kraft vom Boden auf und nimmt sie mit in sein Zelt. Der Vater kann gar nichts machen. Was sollte er tun? Er ist ein Flüchtling. Die Schlepper haben Waffen, rundherum sind nur Berge, niemand, der dir hilft. Ich weiß nicht, was er mit ihr im Zelt anstellt. Schlepper können machen, was sie wollen, wir sind nur Flüchtlinge.

Sobald die Sonne untergeht, treiben sie uns wieder weiter. Wie lange geht das noch so? Es ist jetzt die dritte Nacht, die wir ohne Pause durchmarschieren. Weiter, weiter durchs Niemandsland. Wir müssen doch irgendwann in die Türkei kommen. Ich trage wieder die Tasche des Hazara, er nimmt das kleine Mädchen auf den Rücken. Nach einigen Stunden, ganz sicher bin ich mir nicht, habe ich das Gefühl, es geht mehr bergab als bergauf. Immer öfter wachsen Büsche zwischen den Steinen und schließlich kommen wir in einen Wald. Ich habe überhaupt kein Wasser mehr, kein Essen, nichts. Mein Mund ist staubtrocken, mein Magen tut weh vor Hunger.

Den ganzen Morgen gehen wir durch einen ausgedehnten Wald, keine Menschen, keine Tiere weit und breit. Leeres Grenzland. Wir kommen an eine gut versteckte Stelle, von der aus man auf eine staubige Forststraße sehen kann.

„Wartet hier!", fahren uns die Schmuggler an. „Rührt euch nicht von der Stelle! Wir schicken euch Autos, die euch von hier abholen. Keiner rührt sich vom Fleck, bis die Autos kommen! Sie werden zwei Runden drehen, dann wisst ihr, dass es die richtigen sind."

Sie nehmen die Pferde und Maulesel mit und verschwinden. Wir sind im Nirgendwo. Zum ersten Mal bemerke ich, dass ich große, schmerzende Blasen auf meinen Füßen habe, die Schuhe sind zerrissen und meine Füße bluten. Ich habe gar nichts gespürt, ich muss mir an den spitzigen Steinen die Füße verletzt haben. Das war die härteste Tour meines Lebens.

Ich setze mich auf den Boden, neben viele andere, die auf dem Boden sitzen. Wir warten alle auf die Autos, die uns abholen sollen, aber wo bleiben sie? Ich bin so durstig, kein Wasser, keine Quelle. Wir dürfen diesen Ort nicht verlassen, haben die Schlepper gesagt, wir können nicht mal nach Wasser suchen.

Plötzlich wache ich auf, weil jemand an mir rüttelt. „Steh auf", sagt die Person. „Autos!" Wo bin ich? Ich versuche mich schnell zu orientieren. Habe ich den Transport verpasst? Ich muss eingeschlafen sein. Weit entfernt tanzen Staubwirbel über die Straße. Mehrere Ladewagen rasen bergauf in unsere Richtung. Es ist wieder Tag, waren die Autos in der Nacht schon einmal da? Die Autos drehen zwei Runden, genauso, wie es die Schmuggler beschrieben haben.

Wir rennen aus dem Wald und auf die Kastenwägen zu. Die Fahrer sind ausgestiegen und schreien die Gruppennamen. Alle Türen sind offen. „Assad! Assad!", schreit ein Mann und ich springe, ohne zu schauen, in den Laderaum seines Transporters. „Schnell! Schnell! Schnell!" Es fehlen viele Menschen in meiner Gruppe, denke ich, aber niemand wartet, niemand zählt, es geht alles viel zu schnell. Der Fahrer schlägt die Türen zu und sofort fahren wir ab.

Wir sind in der Türkei, denke ich, während wir ruhig auf irgendeiner Straße dahinfahren. Dann plötzlich: Sirenen. Was ist los? Ein Ruck geht durch das Fahrzeug und es schleudert uns im Laderaum umher. Der Fahrer gibt Gas, rast über die Fahrbahn, urplötzlich bremst er, fährt scharfe Kurven, dann rumpelt und hüpft der Wagen, dass es uns richtig umherwirbelt. Wir müssen auf einen Feldweg abgebogen sein. Der Wagen bremst, der Motor geht aus, die Fahrertür wird geöffnet und schlägt wieder zu. Wir hören, wie jemand davonläuft. Stille.

Niemand sagt ein Wort und alle lauschen. Hat uns jetzt die Polizei? Durch einen kleinen Schlitz hinter der Fahrerkabine dringt Luft in den Laderaum, die Türen sind versperrt. „Wir sind in einem Wald", flüstert eine Person, die auf Zehenspitzen durch diesen Schlitz nach draußen sehen kann. „Der Fahrer ist weg."

Ich sinke auf den Boden und warte. Niemand beginnt zu sprechen. Keine Pläne. Gar nichts. Wir warten einfach nur. Was können wir auch tun? Nach zwei Stunden kommt ein Mann zum Auto zurück. Es muss der Fahrer sein. Ohne Erklärung lässt er den Motor wieder an und fährt los.

Als er die Flügeltüren aufmacht, sehen wir die Rückseite eines Gebäudes. Das muss eine Tankstelle sein, eine Raststation. Schon wieder neue Schlepper. Sie schreien uns an, zerren uns aus dem Wagen. Ich verstehe nicht, was sie sagen. Sie bringen uns in eine winzige, schmutzige Kellerwohnung, hinter uns fällt die Tür ins Schloss.

Ich blicke in die Gruppe. Janan ist hier, und die Hazara-Familie hat es auch geschafft. Die Frau sieht gealtert aus, ihr Gesicht ist blank und hart, die Tochter ist müde. Ich setze mich auf den Boden und sinke in mich zusammen. Ich bin so müde, so hungrig, jede Stelle an meinem Körper schmerzt und ich stinke.

Als die Schlepper zurückkommen, lerne ich meine ersten türkischen Wörter, einer der Afghanen spricht sie: *Ekmek lazım* – ich brauche Brot.

Die Schlepper bringen uns Brot, Tomaten, Tee und Wasser. Nach vier Tagen esse ich zum ersten Mal wieder richtig. Ich lebe. Ich bin jetzt in der Türkei, irgendwo bei Van City. Jemand erzählt mir, dass es hier einen großen See gibt, aber den bekomme ich nie zu Gesicht.

Wir schlafen drei Nächte in dieser Kellerwohnung, während immer zwei und zwei der Flüchtlinge unseren Unterschlupf verlassen. Die Schlepper geben mir und den anderen Pässe. Ich habe keine Ahnung, woher die Pässe sind, ich habe in meinem Leben noch nie einen Pass besessen. Das Foto soll grob zu unseren Gesichtern passen, sagen die Schlepper. Sie reichen mir eines der Dokumente. Ich stecke den Pass in meinen Rucksack, ohne auch nur einen Blick darauf zu werfen, ich weiß nicht mal, für welches Land er gilt.

# DASS DAS SO EINE FAHREREI WIRD …

*#Reisetagebuch Tag 22*
*„Leider sind Bulgaren keine Rumänen. Daher ist das gönnerhafte Abklatschen mit Kindern am Straßenrand und das große ‚Hallo' und ‚Salut' auf ein Minimum reduziert. Minimum heißt auf null."*

Irgendwo muss es in Bulgarien ein großes Unternehmen geben, das ausschließlich damit beschäftigt ist, in bestehende Straßen tiefe Schlaglöcher zu sprengen. In vielen Fällen werden diese wirklich gefährlichen Verkehrshindernisse noch durch Temposchwellen ergänzt. Ab und zu steht eine Tafel am Straßenrand, die solche und andere Aktionen als EU-Investition preisgibt. Generell ist zu beobachten, dass die EU hier relativ viele Tafeln aufstellen lässt. So ziemlich alles, was nicht im völlig verfallenen Ostblockstil gehalten ist, hat so eine witzige Hier-versickert-Europäisches-Steuergeld-Tafel. Dazu passen auch die Einblicke des Schweizers, der ironisch vom wirtschaftlichen Aufschwung erzählt hat. Aufschwung in einseitiger Form: Die Armen bleiben arm, dafür stopfen sich aber die Reichen die Taschen voll.

Mich erwischt so ein Schlagloch und ich verliere eine wichtige Schraube am Gepäckträger, der nun weder das Gepäck noch sein geringes Eigengewicht trägt. Eine mittlere Katastrophe, denn ich bin mir sicher, dass keiner meiner drei Freunde, seien ihre Herzen auch noch so golden, mein Gepäck auf dieser ständigen Auf-und-ab-Route aufladen möchte. Aber schon nach wenigen Minuten hält ein LKW, ganz ohne unser Zutun. Der Fahrer freut sich sehr, als ihm Joko erklärt, dass wir Deutsche seien. Da passe es ja wunderbar, dass er einen Hitler auf seinen Oberarm tätowiert trage. Sehr super! Bitte ein Foto! Was geht hier eigentlich ab?!

Was noch superer ist: dass unser Rechtsaußen-LKW-Fahrer über diverseste Schrauben verfügt und den Gepäckträger innerhalb kürzester Zeit zusammenflickt. Da soll mir noch mal einer sagen: „Es war alles schlecht!"

Wir fotografieren den Adolf in Uniform, weil sonst glaubt uns das keiner. Wir wundern uns über das hiesige Geschichtsverständnis. Ich halte Rücksprache mit Joko – sollen wir den Typen jetzt unsympathisch finden? Einerseits ist er ein Nazi, andererseits hilft er uns gewaltig aus der Patsche. Wären die Humanisten bei uns auch so hilfsbereit wie die Nazis in Bulgarien? Muss man den LWK-Fahrer verurteilen? Wissen die überhaupt, was der Hitler für einer war? Lehrt man in Bulgarien Holocaust? Hatten die nicht ihre eigene Diktatur? Vielleicht ist das hier so, wie wenn sich bei uns einer den Che Guevara auf den Arm pecken lässst? Nein, so ein Hitler-Tattoo ist schon oag.

Wir können der Sache aber nicht weiter auf den Grund gehen und müssen angesichts kolossaler Sprachbarrieren diese politische Diskussion auslassen. Uns dämmert, dass sich mit wachsender Distanz zur Heimat auch das Geschichtsverständnis und die politisch-soziale Deutung von Ereignissen ändern wird. Ich bin Beobachter und verfolge mit Spannung die Außensicht auf unsere austro-germanische Herkunft: In Bulgarien ist Deutschland anscheinend Hitler, in Kroatien Kriegsunterstützung, in Griechenland wahrscheinlich Austerität. Ich bin gespannt, wie es weiter geht. Status bisher: Als Österreicher und Deutscher wird man freundlich empfangen, obwohl und in diesem Ausnahmefall, weil es einen Hitler gab.

Weitere wichtige Erkenntnis, neben der Popularität der Deutschen in diesem Lande: Auch nonverbale Konversation kann bereits EU-intern an ihre Grenzen stoßen. Meint der Bulgare „JA", so wackelt er mit dem Kopf, meint er „NEIN", so nickt er nach oben. Wirklich schwer, probier's mal in einem Gespräch, „Ja" sagen und dabei mit dem Kopf wackeln, so schnell kannst du „Genickbruch" gar nicht denken.


Tag 23

In der Früh werden wir im regennassen Lager von Hirten geweckt. Sie treiben ihre Rinderherde an unserem Zelt vorbei. Statt uns zu verjagen, sind sie unglaublich freundlich, bringen uns, nachdem sie uns entdeckt haben, frisch gebackene Bauernkrapfen – wir schütteln Hände, legen die Hand aufs Herz, rufen Ortsnamen und zeigen ihnen auf unserer Karte, wohin die weitere Route führen soll, wir lächeln und nicken viel, weil wir uns kaum verständigen können.

„Aufpassen", sagt der Hirte mit Händen und Füßen, „hier ist es noch sicher, aber da im Süden, dort, wo ihr weiterfahren wollt, da sind lauter Banditen. Sehr gefährlich. Wenn ihr überfallen werdet, Zeug liegen lassen und rennen."

„Ja! Okay! Verstanden!", sagen wir und „Danke" in allen Sprachen, die wir können. Bulgarisch und Russisch gehören leider nicht dazu.

Wir schlagen ihre Warnung aber in den Wind, das haben wir schon öfters gehört, dass genau hier die guten Menschen leben, aber Achtung – nur wenige Kilometer weiter, da wären lauter Wahnsinnige. Lokalpatriotismus oder Rassismus, wie man es nimmt. Zumindest hat der Tag blendend begonnen.

Der Tag wäre auch blendend weiter gegangen, wenn wir früh genug erkannt hätten, dass der trockene Feldweg, über den wir abends zu unserem Versteck am Rande des Getreidefeldes gelangt sind, sich nach einem nächtlichen Dauerregen in eine schlammige Falle verwandelt hat. Es wäre uns viel erspart geblieben, wenn wir unsere Räder die wenigen hundert Meter getragen und nicht über den schlammigen, lehmigen Weg gezogen hätten. So aber ist jedes Teil völlig verdreckt, der Lehm klebte Zentimeterdick an Reifen, Ritzeln, Bremsen, Schaltwerk, Kette.

Jokos Rad ist komplett fahruntauglich – erst nach einer Stunde Reinigung (mit seinem einzigen Löffel hat er den klebenden Lehm abgekratzt) läuft es wieder halbwegs rund. Aber auf Regen folgt Sonnenschein und in Bulgarien in einer täglichen Routine auch wieder Regen. Ein kleiner Navigationsfehler und eine „Abkürzung" führen uns auf eine abenteuerliche Bergstraße, an die ersten Ausläufer des Balkangebirges, eine Gegend, geprägt von kleinen Höfen und wenigen verfallenen Industrieanlagen. Das Radfahren fühlt sich nun wie ein Mountainbike-Ausflug an (nur mit großen Packtaschen). Ich fahre den einsamen Weg voran, genieße die Szenerie, die Tour, die Aussicht, einfach alles. Es tut gut, ein bisschen für mich zu sein, so ab und zu und zwischendurch.

#Reisetagebuch Tag 24
*„Die Boiz schlafen noch, aber Early-Bird-Pauli ist schon auf, läuft*

*durchs taunasse Gras, putzt die Zähne, geht zum Bach, gräbt ein Loch und füllt dieses mit dem Abendessen des Vortages. Ganz ruhig hier. Ein bisschen Hütten-Feeling, mit dem nassen Gras und den kurzen beweideten Wiesen. Wir sind jetzt schon über drei Wochen unterwegs, d.h. das war gerade mal ein Drittel unserer Reise.*

*Tag für Tag der gleiche Ablauf, Tag für Tag immer weiter weg von zuhause, man kommt in einen Flow, diese Reiseroutine kann man wirklich auch genießen. Das Einzige, was in der Wildnis ein Problem darstellt: Man ist nach einiger Zeit schwerstens under-sexed. Aber dafür gibt es ja den harten Fahrradsattel. Ziel des Tages heute: eine Bärensichtung. Zu meiner endlosen Begeisterung steht nach einer halben Stunde auch der Rest der Mannschaft auf. Mann-schaft stimmt in dem Fall auch zu bitteren 100 Prozent. Generell habe ich in der ganzen letzten Woche mehr Bären als Frauen gesehen und Bären habe ich keinen einzigen gesehen. Harte Zeiten.“*

Wir verplempern mal ein bisschen Zeit mit langsamem Zeltabbau und fahren dann ohne Frühstück in den Tag. Das Gute, wenn man nicht frühstückt: Man ist zwar nicht wirklich schneller, dafür hat man aber keine Kraft. Wir kämpfen uns zehn Kilometer zur nächsten Ortschaft, setzen uns ins erstbeste Lokal und versuchen, in einer zweistündigen Operation den Laden leer zu fressen. Das gelingt leider nicht, dafür sind wir aber vollgeschmaust, träge und ein klein wenig müde, die idealen Voraussetzungen für den kommenden, doch recht hohen Pass im Balkangebirge. Zum Glück gibt's vor dem eigentlichen Anstieg einen kleinen Aufwärmpass. Dann wieder ganz ins Tal hinunter und wieder rauf, nur jetzt noch wesentlich höher. Joko erwägt den Freitod, zieht dann aber doch tapfer mit. Wir kämpfen uns den ganzen Tag über mit unseren schweren Rädern die Schotterstraße hinauf. Ob wir es schaffen? Ja! Und ja! Sauzach war es, sauhappy sind wir, weil es geht! Wir packen das Gebirge und sind nicht mal schlecht in Form!

Zur Feier des Tages veranstalten wir eine ganz große Fresserei auf der Pass-Blumenwiese mit Aussicht über den Balkan. Kalorien verbrennen in unseren Körpern wie Stroh in einem

Hochofen. Die Straße den Berg hinauf war de facto eine bessere Kiesgrube. Hinunter dann, unsere Gebete wurden erhört, wurde ganz frisch die schönste EU-Straße hin asphaltiert, mit null Schlaglöchern drin.

Jetzt großer Amokplan: Wir könnten, quasi zum Runterkommen, auch noch den letzten Balkanpass fahren. Die Idee wird trotz leiser Joko-Proteste umgesetzt. Schoki essen – fahren – hoffen, dass nach der nächsten Kurve der Pass kommt – weiterfahren – trinken – wieder hoffen – weiterfahren – aufgeben und schönen Zeltplatz am Bach nehmen.

Alles cool, nur leider gibt's im Bach statt klarem, leckerem Bergquellwasser nur recht unleckere Minenabwässer. Metallisch schmeckendes Wasser, das nicht zu trinken ist. Wir waschen uns, waschen die T-Shirts, was mittlerweile eine reine Alibiaktion ist, und rationieren das Trinkwasser. Die Karte sagt, heute sind wir an die 2.000 Höhenmeter gefahren. Yess! Nur das Basilikum hat die Anstrengungen nicht überlebt, es hat auch schon die letzten Tage geschwächelt. Wir bestatten es mit allen Ehren in einem Ameisenhaufen. Wie jeden Tag gibt's abends köstlichsten Reis, heute mit Gemüse und Sauce. Sebastian stellt den Gaskocher für etwaige nächtliche Bärenkämpfe griffbereit vors Zelt. Die Nahrungsmittel hängen wir in einen Baum. Die abendliche Plauderei, die normalerweise sehr lustig ist, muss ich absagen und sofort schlafen gehen. Vor lauter zack-zack rauffahren habe ich nicht bemerkt, wie tot ich selber bin. Sehr, sehr, sehr tot.


Tag 25

In der Früh erreicht uns per SMS die Hiobsbotschaft, dass die Griechen bald krachen gehen: Wirtschaftskrise, Bankenschließung, Drosselung der Bargeldausgabe, Volksaufstand nicht ausgeschlossen. Ein großes Referendum zu neuen Hilfskrediten steht an und könnte abgelehnt werden. Vom Euroaustritt bis zum Staatsbankrott ist daher alles denkbar. In Griechenland sind darum die Banken geschlossen, es gibt kaum noch Bargeld, die Bankomaten geben nicht mehr als 60 Euro pro Tag und sind trotzdem meist leer. Eine schwere Zahlungskrise, die auch unsere Liquidität betreffen kann – wir haben uns darauf verlassen, in Hellas Geld abheben zu können. Da wir in der Wildnis kein Internet haben und von den Geschehnissen der Weltbühne abgeschnitten sind, sind wir auf Joanas SMS-Informationen angewiesen. Sie sagt: „Unbedingt Euro in bar oder Tauschgut mitnehmen." Joko will Schnaps und Zigaretten mitnehmen, ich überlege, eine Ziege hinten am Rad festzubinden.

Wir fahren los. Heute geht's nur noch höchstens drei Kurven lang bergauf und dann lassen wir es rollen, denken wir.

Nach den ersten drei Kurven wird es noch viele weitere Kurven bergauf gehen, das verrät uns ein kahlrasierter und braungebrannter Deutscher, der uns auf seinem Ultra-Tourenrad entgegenkommt. Glaubt man seine Geschichten, und ich glaube sie, dann fährt er seit anderthalb Jahren mit dem Rad durch die Welt: Westafrika, Spanien, Frankreich, Montenegro, Albanien ... ALLES! Sein Business ging den Bach hinunter (so wie die Abwässer aus der Mine), er nahm Reißaus, in Deutschland wäre keiner auf ihn angewiesen, er könne jederzeit problemlos nach Hause zurück, gäbe es da nicht dieses kleine Problemchen mit seiner unbezahlten Unternehmenssteuer.

Die Stimmung in der Mannschaft ist semigut, denn wir schwingen die Peitsche, Joko ist eher pro Schokipause, pro langsam fahren und pro sehr fertig sein. Shit! Ich kriege einen kleinen bis mittleren Stress wegen bevorstehender Zeitengpässe und der Endzielerreichung, das doch eigentlich Teheran heißt und nicht Sirtaki tanzen in Griechenland.

Irgendwann geht's dann doch bergab. Im Kiosk kaufen wir uns süßes Eis. Eigentlich ernähren wir uns zu 30% von Nudeln, 30% Weißbrot und Wurst, 40% Schokolade und Eis. In der Türkei werde ich mal zum Hufschmied müssen und mir ein paar Zähne ziehen lassen. Im Kiosk kassiert und bedient die schönste Kassiererin Bulgariens, mit dem hübschesten Prinzessinnengesicht und null Englischkenntnissen.

Wir fahren noch ein bisschen in die Mariza-Tiefebene (das flache Flachstück zwischen dem Balkangebirge und den Rhodopen) und geben dann recht schnell auf, pennen in den Weinbergen. Das hört sich sehr romantisch an, wenn man nicht dazusagt, dass uns die Gelsen endlich mal wieder totgestochen haben und der Regen uns nach wenigen Minuten ins Zelt getrieben hat.

## Tag 26

Es geht zum ersten Rhodopen-Pass, Joko ist schon beim Frühstück übel, zu Mittag gibt er W.O. und geht ins Hotel, für sieben Euro pro Nacht mit PC und Pool. Mich frisst der Neid, würde ich doch am liebsten auch gleich dortbleiben. Vor allem könnte ich dann an meinem Blog schreiben, mit dem ich schon eine Woche im Verzug bin. Wir lassen Joko zurück – sehr ehrenhaft – und fahren, nunmehr zu dritt, durch eine hammergeile Schlucht den Berg hinauf. Wir entdecken ein großes Bulgaren-Hobby: mitten ins Nirgendwo Talsperren zu bauen. Zweites großes Bulgaren-Hobby: immer böse schauen. Drittes großes Bulgaren-Hobby: nie keine Sprache sprechen, außer in Ausnahmefällen Bulgarisch.

Die Schluchtlandschaft ist wirklich spektakulär, rechts steil rauf, links steil runter, ein El Dorado für jeden Steinschlagliebhaber. Überall kommen Brocken und kleine Rutschungen herunter, die Straße ist für diese Umstände aber sehr okay. Dann großer Strafregen fürs Joko-Zurücklassen: sintflutartige Regenfälle für mindestens zwei Stunden. Wo andere schon längst beginnen würden, an ihrer Arche zu zimmern, bewahren wir Ruhe, packen die Wurst aus, den Käse, das Brot, den Aiyran und feiern unter dem Dach fröhliche und relativ kalte Urstände. Dann schnorrt sich der Erzähler höchstselbst von einem freundlichen Arbeiter eine Zigarette, um den Regen besser genießen zu können. Das Rauchen und die Kälte sollten mich in den nächsten Tagen fast um meine blendende Gesundheit und vor allem um meine Radfahrform bringen. Stichwort: Strafhalsweh. Die Tschick war dann auch nicht so lecker wie gedacht und natürlich ein bulgarischer Todeshunderter, für den Hals so gut wie ein Schluck Glasscherben. Da sich der Anstieg in weiterer Folge als ewig lange Todestour entpuppt, fahren wir bis in die Dunkelheit. Unsere Bremse und kluge Ratio, Joko, vermisse ich mittlerweile schmerzlich. Joko war zuständig für: „Vielleicht jetzt eine kleine Schokipause." Oder: „Vielleicht jetzt Ende für heute und keine weiteren Amokläufe." Von uns sagt nur jeder: „Ja, von mir aus können wir schon noch ein bisschen fahren. Geht schon noch!" Ich sterbe fast vor lauter nass, kalt und fertig, aber: „Jaja, geht natürlich noch."

## Tag 27

Dass dieses elende Radfahren bei einer Radreise so im Vordergrund steht, damit habe ich nicht gerechnet. Der gestrige Tag hat mich vollends gekillt, darum bin jetzt auch ich sicherheitshalber krank geworden. Da wir uns mitten in den Rhodopen befinden, muss die anstrengende Todestour allerdings weitergehen. Wie? Natürlich bergauf! Echt? Ja, und zwar auch noch lang und steil. Am liebsten würde ich nach jedem Tritt eine Pause einlegen. Ich versuche zu bremsen, zu demotivieren, mental zu sabotieren, aber das ist den beiden Bergspezialisten Thomas und Sebastian zu einhundert Prozent egal. Sieht fast so aus, als würden sie immer stärker, je schwächer ich werde. Dann kommt mir glücklicherweise Petrus zu Hilfe und öffnet die Schleusen des bulgarischen Himmels. Sintflut Nummer zwei. Freude und Erleichterung! So komme ich ohne zu betteln zu meiner Pause.

Hier in den Bergen wird es wirklich kalt, alle sind wir durchnässt und man kühlt aus, sobald man aufhört, sich zu bewegen. Gegen die Kälte hilft es, umgehend die gesamte Jause aufzufressen, plus jeder noch zwei Baniza. Baniza ist leckerer Schafskäse in fettigem Blätterteig, überall erhältlich, quasi das Leberkässemmerl des Bulgaren.

Im Unterstand treffen wir Mädchen aus der bulgarischen Sommerschule. Die Kinder sind die ersten Menschen, die in diesem Land mit uns Englisch sprechen. Ich bin begeistert. Eine singt sogar für uns. Die Lehrerin, die angeblich Französisch unterrichtet, weigert sich, auch nur ein Wort Französisch mit mir zu sprechen. Sie lässt alles von einer sechsjährigen Prinzessin dolmetschen, die um einiges besser Englisch spricht als sie.

Dann weiterfahren, ganz nach dem Motto: „Sonst werden wir ja gar nicht mehr nass."

Das Gute an Regenkleidung ist, sie schützt nicht nur mittelmäßig gegen Regen, sondern sie ist auch beinahe luftdicht. Ein riesen Vorteil, so wird man bei geringster Anstrengung sowohl von innen (Schweiß) als auch von außen (Regen) durchnässt. Sebastian und Thomas halten große Vorträge, wie leiwand es nicht ist, bei Regen zu fahren. Ja, sehr lustig. Ich überlege, wie ich dieser elenden Situation entkomme und wie debil es ist, sich freiwillig in eine solche Lage zu bringen. Abenteuer schön und gut, aber wenn es so nass und anstrengend wird, dann nicht mit mir.

Durch die ganze Anstrengung, den Regen, die Bergkälte werde ich lustigerweise gesund. Hä? Was passiert da eigentlich?? Es kommt die Sonne, es folgt eine saufeine Abfahrt, die Stadt Smoljan und, Teufel noch eins, der nächste Anstieg.

Tag 28

Entgegen aller Unkenrufe erreichen wir heute Griechenland! Yes! Gleich nach der Grenze liegen die Hunde, es sind sicher griechische Hunde, nur noch faul im Schatten herum und raffen sich nicht mal mehr auf, um uns anzubellen. Thomas verfeinert seine Skills im Patschen picken, gleich zweimal, bis er den kleinen Draht bemerkt, der aus der Innenseite des Mantels ragt und ihm jeden Schlauch nach wenigen Kilometern wieder kaputt sticht.

Wir sehen einen Hügel und nirgends anders wollen wir unser Zelt aufschlagen, mitten durch eine Ziegenherde hindurch. Der Platz ist von einem fotografisch-ästhetischen Standpunkt aus betrachtet saucool. Ein Hügel mit einem halb abgestorbenen Baum, erhaben über einer kleinen Schäferhütte. Am Hang an der Holztränke sammelt sich die Ziegenherde. Vom Hügel aus reicht der Ausblick über die griechischen Rhodopen, man kann die Küste erahnen, nirgends sind Häuser oder gar Dörfer zu sehen. Von einem praktischen Standpunkt aus gesehen ist der Platz voll elender Mücken und unendlich spitzem Todesgestrüpp.

Tag 29

1) Du sollst nicht hudeln.
2) Du sollst nicht selber deine Schaltung einstellen.
3) Vor allem dann nicht, wenn du keine Ahnung hast, was du da tust.
4) Du sollst in weiterer Folge nicht das Schaltauge zerstören, nicht die Schaltung zerstören und auch die Kette nicht abreißen.
5) Wenn du unklug genug bist, Punkt 2) – 4) nicht zu beachten, dann solltest du zumindest 6) beherzigen.
6) Nie niemals keinen Kollegen im Krankenbett zurücklassen, vor allem dann nicht, wenn er der Einzige ist, der

über einen Kettennieter verfügt. (Ein Kettennieter macht aus einer zerrissenen Kette wieder eine funktionierende.)
7) Wenn du 6) auch nicht beherzigt hast, dann musst du ab jetzt schieben, DU DEPP.

Ich muss sagen, ich fand die Angelegenheit nicht so lustig, aber immerhin waren wir ganz oben. Alte Weisheit: Es fährt sich bedeutend besser runter, als es sich rauf schiebt. Dass wir in der Nacht den Sternenhimmel genossen haben, ohne dass irgendwo im Umkreis ein Lichtlein zu sehen war, das ist in diesem Zusammenhang kein gutes Zeichen. Die Fakten: Das Rad ist völlig fahruntauglich, die Kette gerissen, rollen geht aber noch und die Bremsen funktionieren.

Wir kommen in winzige Dörfer, die von türkischen Griechen bewohnt werden, eine Werkstatt gibt es hier nicht, Hilfe ist auch schwer, denn griechische Türken sprechen circa gleich gut Englisch wie Bulgaren (aber fast alle sprechen Bulgarisch). Wir basteln eine russische Abschlepp-Konstruktion, um zumindest bis zum nächsten größeren Ort zu kommen. Sebastian, der bis dato Führende der Bergwertung, übernimmt die Eselsarbeit und zieht mich samt Fahrrad.

Dann: unser Held in glänzender Rüstung. Joko kommt die Straßen entlang getreten, auferstanden von den Kranken, den Kettennieter über seinem Kopf schwingend. Wie hat uns der Mann so schnell eingeholt? Mein Rad wird repariert und funktioniert nun, statt überhaupt nicht, schlecht – bei jeder ernstzunehmenden Steigung muss ich schieben.

Wir stoppen Autos – mit überschaubarem Erfolg. Irgendwann spät am Nachmittag nimmt mich dann endlich ein Ehepaar auf seinem Pick-up mit, mein Rad wird auf die Ladefläche gebunden, ich setze mich auf den Pick-up, los geht's. Sie fahren mich die Steigung hoch, schenken mir ein Stück Kuchen, ich revanchiere mich mit einer Banknote, denn was den Leuten hier fehlt, ist Geld. Ich rolle den Berg bis nach Xanthi hinunter, stelle mich beim ersten Bankomaten in die Schlange griechischer Menschen und hebe, so heimlich wie möglich, 300 Euro ab. Jedem Griechen stehen nur 60 zu – einzig mit einem ausländischen Konto hat man eine Chance auf mehr Bargeld. Glück gehabt.

In Xanthi repariert mir ein leiwander Grieche das ganze Fahrrad für nur 70 Euro in Cash und bringt uns vier abgekämpfte Gestalten umgehend ins coolste Hostel Xanthis, das Happy Living. Hier lernen wir ausgesprochen feine Leute kennen, ein Künstler lädt uns in seine beeindruckende Ausstellung, ein Deutscher (nicht Joko) gibt seine eigentümliche Meinung zur griechischen Wirtschaftssituation zum Besten, die Kellnerin des Hostels und ihre hübsche Freundin sind stolze Kommunistinnen. Es herrscht große Anspannung vor dem großen Referendum in vier Tagen, und doch sind am Abend die Bars voll. Wir verbringen den Abend in einem Lokal, wo ich mich derartig überfresse, dass es die ganze Nacht über sehr lustige Abwechselnd-scheißen-dann-speiben-Action gibt. Abwechselnd halte ich dabei für einen großen Glücksfall, weil gleichzeitig wäre nicht so cool.

*#Reisetagebuch Tag 29*

*„Wir fahren ans Meer und ich sterbe fast, weil die nächtliche Magen-Darm-Orgie ganz ordentlich an meinen Kräften gezehrt hat, davon, wie sehr das Bulgarien-Massaker an meinen Kräften gezehrt hat, davon rede ich noch gar nicht. Ich freue mich wahnsinnig über:*

*1) Große Hitze und*
*2) großen Gegenwind und*
*3) hohes Tempo wegen*
*4) grober Übermotivation Sebastians.*

*Dann finden wir endlich ein gutes Apartment mit einem noch besseren Wachhund. Sissi heißt der Wachhund, der kuschelig weich ist, nur sehr leicht in die Hand beißt und bevorzugt an den Eiern herumschnuppert. Einen PC gibt's auch uuuuuund eine Waschmaschine. Wir gehen an den Strand, baden, gehen saugut & sauteuer essen – endlich angekommen.“*

Ruinen-Shooting. Nice Pix, Joko!

Verlassene Bahnstrecke. Hat sicher seit Jahren keinen Zug mehr gesehen.

Griechische Hilfe für Österreichische Jungs.

Gemeinsam mit zwei syrischen Freunden wohne ich in einem Hotel in Athen, erzählt Filip. Wir erholen uns nur kurz von der anstrengenden Bootsüberfahrt, meine Freunde wollen dann mit dem Flugzeug nach Deutschland oder Italien. Ein Schlepper besorge gefälschte Pässe für 3.000 Euro, erklären sie. Ein schneller, sicherer Flug sei das.

„Dafür habe ich zu wenig Geld", sage ich. Außerdem traue ich den Schleppern nicht mehr – kein Wort aus ihrem Mund ist die Wahrheit.

„Warte auf uns", sagen sie. „Wenn das mit dem Flug nicht funktioniert, gehen wir mit dir zu Fuß."

Ich würde gerne gemeinsam reisen, aber ich kann nicht warten. Das Hotel ist teuer, mein Geld ist knapp, ich muss weiter. In Athen kaufe ich ein neues Smartphone, ich packe Wasser und Datteln in meinen kleinen Rucksack und wir trennen uns schon nach drei Tagen. Allein nehme ich den Zug nach Thessaloniki. Eine Tagesreise in den Norden, ich schlafe dort einfach im Stadtpark. Die Nacht ist angenehm warm, aber trotzdem muss ich ständig aufpassen, dass mir niemand meine Sachen und mein Bargeld stiehlt. Als die Sonne aufgeht, rauche ich eine Zigarette. Heute ist ein guter Tag. Schnell finde ich den Busbahnhof, kaufe ein Ticket, ich habe noch 300 Euro bei mir. Der Bus bringt mich nach Kilkis, rauf in den Norden Griechenlands, nahe an die mazedonische Grenze. Kilkis ist eine arme Kleinstadt, dort gibt es keine normalen Menschen mehr, nur ganz arme Leute. Der ganze Ort ist voller Syrer, die zu Fuß unterwegs sind und durch Mazedonien nach Serbien wollen. Das ist auch mein Plan: irgendwie durch Mazedonien und dann durch Serbien bis Belgrad. In der Stadt kann ich die nächste Überweisung meines Vaters abholen und von Belgrad weiter bis Deutschland fahren. Wenn ich spare, wenn ich Glück habe, schaffe ich es – hoffentlich.

Die Grenzen sind bewacht und die Überquerung ist illegal, soviel weiß ich, aber die Straßen sind trotzdem voller Menschen.

Syrer mit Rucksäcken, Syrer mit Wanderstöcken und Handtüchern um die Köpfe gebunden. Syrer mit Kappen und verdunkelten Brillen, die gegen die stechende Sonne schützen. Keiner trägt viel mit sich, manche haben ihren Proviant wie Wanderer an ihre Stecken gehängt. Alle sind dreckig und verschwitzt, aber in guter Stimmung. Manche hören Musik, singen, während sie in der heißen griechischen Sonne nach Norden spazieren. Es ist wie eine Völkerwanderung zur mazedonischen Grenze. Ich schließe mich einer syrischen Gruppe an. Von Kilkis aus sind es zu Fuß zwölf Stunden bis an die Grenze, das kann ich heute noch schaffen, denke ich, dann schlafen und am nächsten Tag – *Yallah* – rein nach Mazedonien. Ein guter Plan.

Am Weg nach Idomeni höre ich die Gerüchte, die unter Syrern die Runde machen: von bewaffneten Gangs, die in den dichten Grenzwäldern Mazedoniens Flüchtlinge überfallen und ausrauben. Anscheinend warten die nur auf fette Flüchtlingsbeute. Dazu kommen im mazedonischen Hinterland viele Bewaffnete. Einheimische, die den Flüchtlingen auf Bauernhöfen und Feldern auflauern. Sie stoppen Menschen mit vorgehaltener Waffe und nehmen sie aus. Das ist wirklich so einfach und alle wissen, dass niemand Flüchtlinge schützt oder verteidigt. Sie können sicher sein, ungestraft davon zu kommen. Welcher Flüchtling würde zur Polizei gehen? Sie wissen, dass wir Bargeld mitführen, Schmuck, Handys. Sie suchen nach isolierten, allein Reisenden, die leichte Beute sind. Ich habe ein Messer zur Verteidigung mitgenommen, das trage ich immer bei mir, zur Sicherheit. Trotzdem kriege ich weiche Knie, wenn ich daran denke, was mich hinter der Grenze erwartet.

Den ganzen Tag spazieren, 50 Kilometer. Zwölf Stunden gehen, mit wenigen kurzen Rauchpausen. Als ich Idomeni erreiche, ist es bereits dunkel. Meine Füße sind geschwollen und schmerzen in den Turnschuhen – ich bin komplett fertig, völlig am Ende. Ich bin den ganzen Tag in der gleißenden Sonne spaziert, das ist so anstrengend, ich muss eine Pause machen.

Die kleine Ortschaft ganz im Norden Griechenlands ist schmutzig und trostlos, der schlammige Boden ist feucht, es muss gerade geregnet haben. Alte, verdreckte Kleidung liegt an den Straßenrändern, Plastiksackerl und Müll. Einige wenige Lagerfeuer, die nach dem Regen noch dampfen, rauchen in den Nachthimmel. Überall sitzen Menschen – Frauen, Männer, Kinder – und warten. Idomeni ist der Ort, an dem sich die Flüchtlinge besprechen, sie planen dort ihren gefährlichen Sprung nach Mazedonien.

Gleich hinter Idomeni liegt die Staatsgrenze: einige Felder, das schotterige Bett eines schmalen Flusses, und schon ist man wieder draußen aus der EU. Der mazedonische Grenzort Gevgelija liegt direkt am gegenüberliegenden Ufer des Flusses, ich kann die Lichter der kleinen Stadt von Idomeni aus sehen, ein kurzer Spaziergang nur.

Heute kann ich aber nicht mehr, ich muss mich ausrasten. Am Hintereingang eines kleinen Shops finde ich eine trockene Stelle zum Schlafen. Alle meine Wertsachen klemme ich im Schlafsack zwischen meine Beine. Ich verbringe eine sehr, sehr unruhige Nacht.

Die Sonne weckt mich früh am nächsten Tag. Ich rauche sofort eine Zigarette, ich rauche viel zu viel, aber es hilft gegen die Nervosität. Ja, natürlich habe ich Angst – ich bin auch nur ein Mensch.

Eigens für die Grenzüberquerung habe ich frische Kleidung eingepackt, damit man mich nicht sofort als Flüchtling erkennt. Ich verkleide mich, ziehe die sauberen Sachen an und sehe mich um. Rundherum wachen andere Flüchtlinge auf. So viele Menschen in diesem Ort. Es bilden sich kleine Gruppen. Ich spreche mit einigen jungen Syrern in meinem Alter und wir beschließen, gemeinsam über die Grenze zu gehen – „Okay, *Yallah* – gehen wir.“

Auf den braunen Felder stehen keine Zäune, kein Stacheldraht – die grüne Grenze ist nicht versperrt, aber die Polizei patrouilliert ständig, und wenn man erwischt wird, landet man im besten Fall wieder in Griechenland, im schlechtesten Fall in einem mazedonischen Gefängnis. Ich will auf keinen Fall eingesperrt werden, wer weiß, für wie lange und was die Polizisten mit dir machen – ich kenne viele Geschichten aus Syrien und fürchte, dass die Polizei hier auch nicht besser ist.

Wir schleichen uns am hellen Morgen über die Felder und den Fluss bis in die Stadt Gevgelija. Ich trage eine kurze Hose, einen sauberen Pulli, meine Haare sind gekämmt, den Bart habe ich noch in Athen geschnitten, nur der Rucksack ist schmutzig. Wir überqueren die offene Fläche und schaffen es in den Schatten der ersten mazedonischen Häuser. Sofort bellen die Wachhunde. Ein Mann winkt uns verschwörerisch in seinen Garten und erklärt uns in mazedonischem Englisch, dass von hier aus Busse bis an die serbische Grenze fahren, 100 Euro pro Ticket, meint er, und wir lassen uns ohne groß zu überlegen auf den Handel ein.

Gute zwanzig Minuten später kommt er mit fünf Buskarten zurück, der Bahnhof sei gleich um die Ecke. Die Tickets waren sicher billiger, denke ich, aber die Hauptsache ist, hier nicht aufzufallen. An einem Fahrkartenschalter nicht Mazedonisch zu sprechen, heißt auffallen. Wir schlendern mit unseren Karten also zum Bahnhof. So, als sei es ein ganz normaler Vormittag und wir die entspanntesten Jungen dieser Stadt. Wir suchen ruhig und unauffällig nach unserem Bus, als plötzlich Blaulichter aufflackern. Grenzpolizei. Scheiße! Hat uns der Typ verraten?

Die vier Freunde stauben in alle Richtungen davon, nur nicht ins Gefängnis. Sie rennen in Panik, als ob es um ihr Leben ginge. Ich versuche, die Lage zu überblicken, die Polizisten können mich noch nicht gesehen haben. Alle Aufmerksamkeit ist auf den Flüchtenden. Ich setze mich, so ruhig ich nur irgendwie kann, auf eine Bahnhofsbank. Vielleicht übersehen sie mich und ich kriege den Bus nach Serbien.

Äußerlich bleibe ich völlig gelassen, so wie jemand, der nur auf einen Bus wartet – gelangweilt. Aber innen, da rast mein Herz wie verrückt. Ich spüre das Pochen in meinen Schläfen. Zwei Männer kommen auf mich zu, zwei mächtige Gestalten, Polizisten mit breiten Schultern und muskulösen Armen, richtige Berserker. Sie nehmen ihre Schlagstöcke aus den Gürteln und kommen direkt auf mich zu. Gott steh mir bei! Mach, dass sie mich nicht mitnehmen. Die beiden bleiben direkt vor mir stehen, bauen sich auf, sie sind noch mächtiger, als ich gedacht habe.

Ich bleibe so cool, wie ich nur irgendwie kann, versuche sie leicht überrascht anzublicken, sehr schwierig.

Die beiden fixieren mich mit ihren Blicken. „Woher kommst du?", fragt einer auf Englisch.

„Aus Athen", antworte ich und blicke ihm direkt in die Augen.

Er schüttelt nur enttäuscht den Kopf. „Nein!", sagt er, „Syrien!"

Ein kalter Schauer fährt durch meinen Körper. Ich bin geliefert. Er holt mit dem Schlagstock aus und lässt den Knüppel in seine gewölbte Hand klatschen. „Verschwinde", schreit er mich an, „zurück nach Griechenland! Sofort! Wird's bald!" Der Schlagstock saust auf die Lehne neben mir nieder. Da gibt es keinen Spielraum für Interpretation. *Yallah*! Ich laufe so schnell ich kann zurück, über den Fluss, die Felder, zurück nach Idomeni. Mein Herz rast, ich bin außer Atem und zittere am ganzen Körper. *Wallah* – bei Gott.

Ich setze mich an einer Hauswand auf den Boden, zünde eine Zigarette und sauge den Rauch in die Lungen. Ich bin verschwitzt, gestresst, voll Adrenalin, aber nicht im Gefängnis. Alles gut. Ich muss lachen – „Aus Athen!" –, ein dummer Versuch. Ich habe nur 100 Euro verloren, kein Problem, ich habe noch ein bisschen Geld.

Ich atme tief durch, nehme noch einen Zug und mache mich auf die Suche nach den anderen.

Zwei von ihnen wurden richtig gejagt, aber alle sind sie davongekommen. Yassim, ein 21-jähriger Bursche, hat auf der Flucht vor den Polizisten seine Tasche verloren. Die Tasche mit all seinem Bargeld, dem Pass, den Dokumenten, den Eheringen seiner Eltern, alles weg. Eine Katastrophe. Aber was soll er machen, er kann nicht zurückgehen und nach seiner Tasche fragen, sicher nicht.

Wir beraten uns und kommen zu dem Schluss, dass wir auf die Dunkelheit warten müssten – Banditen hin oder her. Im hellen Tageslicht haben wir keine Chance, viel zu viel Polizei. Die Jungs sind erschöpft und entmutigt, einige wollen es kein zweites Mal versuchen, sie möchten lieber einen Schlepper nach Serbien nehmen.

Wir ziehen uns zurück, nehmen ein Taxi zu einem kleinen Dorf südlich von Idomeni. Verschnaufpause. Ich dusche, esse, lege mich für ein paar Stunden hin und versuche zu schlafen. In der Unterkunft finde ich neue Weggefährten.

„Wir müssen eine große Gruppe bilden, wenn wir bei Nacht gehen wollen, sonst sind wir schutzlos", sage ich und ich weiß, dass alle dasselbe denken. Mehr als drei, vier Stunden habe ich nicht geschlafen, als wir um fünf am Nachmittag zurück zur Grenze gehen. Ich versuche es ein zweites Mal. Wir sind 37 Menschen, Syrer, die alle gemeinsam die zwei Stunden Fußmarsch zurück nach Norden, nach Idomeni spazieren. Der Grenzort ist wirklich ein hässliches Stück Erde. Es liegt Stress und Angst in der Luft, jeder will diesen Ort so schnell wie möglich verlassen, weiterkommen. Es geht die Furcht um, dass die Grenze militärisch geschlossen wird, obwohl immer mehr Menschen aus dem Süden nachzukommen scheinen.

In Idomeni beginnt es zu regnen. Nein, es beginnt zu schütten. Wir verstecken uns unter einer Brücke vor dem Wolkenbruch und den lokalen Behörden. Der Regen trommelt auf das Betonbauwerk und verschluckt jedes Geräusch. Wir warten einfach, dass es aufhört.

Wir glauben uns gut versteckt, da tauchen aus dem Nichts zwei griechische Polizisten auf. Sie sind völlig überrascht davon, so viele Menschen bei diesem Wetter unter einer Brücke zu finden. Scheiße, denke ich, die nehmen uns sicher fest.

Die Uniformen kommen auf uns zu, sie sprechen ein wenig Englisch. Es ist klar, dass wir nach Mazedonien wollen, illegal über die Grenze. Was sonst. Die Gruppe wird unruhig, ich spüre, dass einige schon am liebsten davonlaufen würden. Nur das Gewitter hält sie unter der Brücke. Die Polizisten ziehen keine Waffe, sie ziehen keinen Schlagstock, sie lassen ihre Funkgeräte da, wo sie sind.

„You want to go to Macedonia?", fragen die Polizisten – ein Raunen geht durch die Menge.

„Yes!", sage ich, es hat keinen Sinn zu lügen.

Der prüfende Beamtenblick wandert über alle 37, sie sehen Männer, Frauen, Kinder, alle feucht und fröstelnd in der Dunkelheit wartend. Eine kurze Stille – was machen sie mit uns?

„Wait until three, four o'clock", sagt der Polizist, „at night you can cross the border, use the railtracks, there will be no police at that time."

Wirklich? Ich sehe die Polizisten ganz erstaunt an.

„Did you understand?", bohrt der Polizist nach.

Ja, wir haben verstanden. Danke!

Die Männer drehen sich um, gehen ruhig den rutschigen Abhang hinauf, so als hätten sie gerade keine 37 Illegalen gesehen, als hätten sie nicht den entscheidenden Hinweis für unser Weiterkommen geliefert. Gute Menschen sind das. Danke, ihr Polizisten.

Irgendwann wird der Regen schwächer, die Luft kühlt ab. Wir warten für sechs lange Stunden versteckt unter der Brücke. Wir halten uns an die Anweisungen, die zwei meinten es gut mit uns. Um drei Uhr früh gehen wir los. Man sieht die Hand vor Augen nicht, als wir uns leise über den Abhang hinaufarbeiten. Eine mondlos finstere Nacht – was für ein Glück. Ich spüre keine Müdigkeit und keine schmerzenden Füße. Ich spüre nur ein wenig Kälte, die nassen Schuhe und Hosenbeine und meine konzentrierte Anspannung.

Wir schleichen uns nun vorsichtig Richtung Grenze, steigen auf die Bahngleise und gehen ins dichte Schwarz. Die Schienen dienen als Weg in der Dunkelheit, sie führen geradewegs nach Mazedonien, hinein in das gefährliche Land. 74 Füße wetzen über den groben Schotter des Gleiskörpers, hier und dann rumpelt ein Stein, weit entfernt beginnt ein Wachhund zu bellen. Wir müssen jetzt direkt an der Grenze sein. Meine Sinne sind scharf, ich achte auf jedes Geräusch, auf Lichter in der Entfernung. Wo ist die Grenzpolizei? Noch sind keine Autos zu sehen, keine Sirenen, kein neues Hundegebell. Die Nacht ist nun sternenklar und Schritt für Schritt kommen wir vorsichtig weiter nach Mazedonien.

# OXI – NEIN ZU DEUTSCHLAND

Heute ist Sonntag in Griechenland und heute ist ein besonders spannender Sonntag. Spannend für ganz Europa, noch spannender für den Griechen selbst, weil es um Griechenland geht.

Der Grieche ist ein sehr arbeitsames Wesen, das betont er immer wieder, ein sehr fleißiges Geschöpf, das praktisch immer arbeitet und kaum, wenn überhaupt, dann aber nur sehr, sehr ungern, herumsitzt, wie eben jetzt gerade. Quasi, das muss man so sagen, kann man von Glück reden, wenn man zufällig mal einen herumsitzenden Griechen zum Plaudern findet. Weil vor lauter roboti-roboti muss sich der Grieche schon fast einen Urlaub nehmen, wenn er nur mal schnell wo herumsitzen will. Gerade uns müsse man das vermitteln, weil dort oben im Norden, dort, wo die Menschen so sind wie das Wetter, dort wisse man ja oft nicht, wie fleißig der Grieche arbeite und sonst glaube man dort, der Grieche faulenze den ganzen Tag, mache nichts außer Olivenkernweitspucken oder von mir aus Rotweinsaufen oder vielleicht am Ende noch Knabenliebe. Aber so stimme das nicht, das bitte bei Gelegenheit dem IWF auszurichten. Weil ein bisschen nervös wird er, der Grieche, wenn man ihn täglich in einer langen Schlange für die 60-Euro-Höchstausgabemenge anstehen lässt, sofern der Bankomat durch exzessives 60-Euro-Abheben noch nicht bereits geleert ist. Das nimmt dem Land dann fast die Luft zum Atmen, kein Bargeld, keine Kartenzahlung, kein Warenverkehr, keine Lieferungen aus dem Ausland, weil auch die Auslandsüberweisungen eingefroren sind. Dazu muss man wissen, in Griechenland friert es fast nie! Aber im Hinblick auf das heutige Referendum hielt es die Regierung doch für angebracht, die Bargeldausgabe zu drosseln. Praktisch sind alle Konten gesperrt und ein ganzer Kontinent wartet gespannt, ob die Wiege der Demokratie das hart diktierte Sparpaket annimmt oder nicht.

Es mangelt hier in Hellas bereits seit Längerem an allen Ecken und Enden, den kerneuropäischen Lebensstandard kennt man noch aus Erzählungen. Es mangelt an medizinischer Betreuung, an Medikamenten, an Ausbildung und Möglichkeiten für junge Menschen. Das erzählt uns auch eine Informatikprofessorin, die nebenbei als braungebrannte Strandschönheit Furore macht. Wie sie ihren Studenten auf der hohen griechischen Informatikuniversität die Programmierkunst beibringt, ist schon interessant. Oder sagen wir so, erschreckend. Den Programmcode schreibt sie mit der Kreide an die Tafel, die Studenten schreiben selbigen ab und lernen ihn auswendig. Die Universität könne ihren Informatikstudenten nämlich keine Computer zur Verfügung stellen, dazu fehle das Geld. Aber verzagt scheint sie trotz allem nicht, sie habe kaum Geld, eine unterbezahlte Stelle, aber trotzdem wirken ihr fröhliches Lachen und ihre Lebenslust ansteckend.

Der Grieche kann heute bei einem Referendum „Ja" oder „Nein" zu einem Sparpaket sagen, das die Bedingung für viele Hilfsmilliarden ist. „OXI", sagt der Grieche, wenn er „Nein" meint, und dieses Nein geht weit über das Sparpaket hinaus: NEIN zu Politik von der IWF-/EZB-/EU-Kommission. NEIN zu einer noch höheren Jungendarbeitslosigkeit. NEIN zu viel Geld aus Europa, mit noch viel mehr Bedingungen aus Europa. NEIN zum Zusammenbruch des Gesundheitssystems. NEIN zum Olivenkernweitspucken und vielleicht sogar NEIN zum Euro und zu Europa. Das bringt natürlich großes kerneuropäisches Drohen und Säbelrasseln, ganz Europa will verhindern, dass der Grieche NEIN sagt, und niemand weiß, was so ein OXI dann tatsächlich bedeutet. Gedroht wird mit Wirtschaftskollaps, Bankencrash und Weltuntergang. Die Abstimmung endet am Abend.

Glaub es oder nicht, der Grieche hat am Sonntagabend dann tatsächlich „OXI!" gesagt. Klar und deutlich mit 60 Prozent.[2] Das hätte dem Griechen eigentlich keiner zugetraut, dass er ein solches Stehvermögen besitzt, und darum bleibt es spannend. Die Banken bleiben sicher geschlossen, das Geld wird bis auf Weiteres sicher nicht fließen. Es rumort im Lande und wir sind mittendrin, hervorragend bewacht von unserem kuschelweichen Wachhund, der Sissi. Wir hoffen, nicht vom wütenden Mob ausgeräuchert zu werden, planen vor allem Joko ob seiner Herkunft aus dem Land der Austerität zu schützen. Unser Deutscher ist zwar selber kein Merkel-Jünger, aber ein Deutscher ist und bleibt

[2] Im Nachhinein muss man sagen, das Sparpaket haben sie Wochen später doch angenommen, das Parlament gegen den Volkswillen. Der Finanzminister musste dann doch zurücktreten, weil ihm ein so dermaßen rauer Kerneuropa-Wind ins Gesicht blies und es kann sein, dass der Sokrates, hätte er miterlebt, was in diesen Jahren mit seinem Griechenland passiert, gleich wieder zum Schierlingsbecher gegriffen hätte.

Deutscher, der ist an mehr schuld, als man glaubt. Nicht so wie die herzensliehen Österreicher, die höchstens mal jemandem eine Mozartkugel schenken oder einen charismatischen Anführer für einen kleinen Weltkrieg.

Ich bin Radfahrer, Reisender und kein Finanzanalyst. Trotzdem rumort es auch bei mir, allerdings hauptsächlich im Magen. Dieser weigert sich immer noch, trotz täglichem Kohletablettenjausnen, mit mir zu kooperieren. Wir sagen erst mal OXI zum Weiterfahren und feiern unsere mutige Entscheidung mit exzessiver Leserei, großer Strandruhe, tabulosem Sissi-Kuscheln. Mit köstlichem griechischem Fisch, Laptop, Internet. Vor allem mit viel Schlaf in herrlichen Betten, ohne dass dir rechts die Zeltplane ins Gesicht flattert, ohne dass dir links der Mitabenteurer ins Ohr schnauft.

Als das Reise-OXI dann schön langsam bröckelt, nach zwei Tagen gediegener Strandruhe, fahren wir weiter, aber gemächlich. Die politische Lage bleibt unklar, aber unsere Herkunft nimmt uns trotzdem keiner übel. Grundsympathisch, das Griechenvolk, herzlich, freundlich und ganz ehrlich gesagt: Da bleibe ich lieber für zwei Wochen in Griechenland als zwei Tage in Frankfurt am Main.

Die nächsten Tage arbeiten wir uns in gemächlichem Tempo von Strand zu Strand, von Café zu Restaurant und rechtfertigen so die Wahnsinnsfahrt durch Bulgarien. Wir lassen unerschrocken die Seele baumeln. Das tut so gut. Das kostet uns so viel Zeit. Das tut so, so gut. Dazu kommt die Tatsache, dass Griechenland mit einer Hitze gesegnet ist, die einfach jede schnelle Bewegung zur Todesanstrengung macht. Da ist es gescheiter, sich ein bisschen in der Ägäis einzuweichen, als sich unnötig am Fahrrad abzuplagen.

Die nächste Etappe ist die Fahrt über Alexandropolis nach Istanbul. Was können wir bisher stolz verkünden?

› *1991 Kilometer abgespult in 31 Reisetagen.*
› *Den ersten Triel unseres Lebens gespottet. Für die Taxonomen ein Vertreter der Reigenpfeiferartigen, für den Rest ein lustiger Vogel mit großen gelben Augen.*
› *Gute Laune bei schlechter Darmflora ob griechisch-regenerativer Pause.*

› *Keine Tumulte, keine griechische Lynchjustiz ob unserer austro-germanischen Herkunft.*
› *Ausreichend Bargeld für den Iran (das Land ist durch die Sanktionen vom internationalen Zahlungsverkehr ausgeschlossen).*
› *Ausreichend Nacktfotos und -videos für den nächsten Jungfernradler-Kalender und fürs Sittlichkeitsurteil im Iran.*

Relaxen in Griechenland, es war schon auch sehr schön.

Schakale, Ziegenmelker, vielleicht sogar Wölfe an diesem Spot.

Nach meiner Bergüberquerung warte ich im Schlepperversteck in der Türkei, erzählt Malek. Ich habe einen falschen Pass in der Tasche und weiß nicht, wo sie uns hinbringen werden. Mittlerweile sind über drei Wochen vergangen, seit ich aus dem Taliban-Camp geflüchtet bin, 13 Tage, seit ich meine Familie verlassen habe – aber es fühlt sich an, als wäre es vor einem Jahr gewesen. Mein schönes Dorf, meine Mutter, mein Vater sind so weit weg.

Am Nachmittag des dritten Tages holen die Schlepper Janan und mich aus der Kellerwohnung. Wir würden mit dem Autobus weiterfahren, sagen sie. Ich glaube ihnen kein Wort, wir fahren sicher in keinem Autobus, denke ich.

Sie bringen uns zu einer Raststation, außerhalb von Van-City, einer Stadt ganz im Osten der Türkei. Ich bin überrascht, als ich tatsächlich einen Reisebus am Parkplatz stehen sehe – haben sie zur Abwechslung mal die Wahrheit gesagt?

Die Passagiere und der Fahrer verlassen gerade das Gefährt und machen Pause, nur der Steward steht noch rauchend an der Tür. „Der gehört zu uns", sagt uns der Schlepper und deutet auf den jungen Steward.

Wir warten, bis alle Insassen im großen Restaurant verschwunden sind, steigen aus und gehen die paar Meter zum Bus. Niemand bemerkt uns. Der Steward lässt uns in den Bus. Er schubst uns bis ganz hinten in die letzte Reihe des Busses und zieht die Vorhänge zu, die am Busende das Bordcafé vom Passagierbereich trennen. Hier ist unser Platz, gibt er uns mit Handzeichen zu verstehen und öffnet eine Klappe. Es ist nur ein kleiner Hohlraum, keine 50 Zentimeter ist die Öffnung breit, in die wir uns hineinzwängen müssen. Janan, der kleinere, als Erster. Er krabbelt durch die Luke, öffnet eine weitere Klappe und verschwindet in den Innereien des Reisebusses. Zum Glück bin ich so dünn, denn ich passe gerade so durch die Öffnung, krieche um eine Ecke und finde einen Platz, wo ich mich zusammengekrümmt auf der Luke, durch die Janan verschwunden ist, hinlegen kann. Wir könnten dort unten schlafen, meint der Steward, wenn wir Hunger oder Durst hätten, wenn es ein Problem gebe, sollten wir leise klopfen. „Nur ganz leise klopfen!", schärft er uns ein, dann öffne er die Luke. „*Tamam*", sage ich – okay – und er versperrt die kleine Türe.

Es ist stockdunkel. Wir warten und hören nach einer halben Stunde, wie die Menschen zurück in den Bus strömen. Ich sehe die Hand nicht vor den Augen, ich höre nur türkisches Stimmengewirr, Musik aus einem Radio und schließlich den Motor, der direkt unter uns sein muss. Der ganze Bus vibriert, fährt los und weiter auf die Autobahn, hoffentlich nach Istanbul. Der Motor dröhnt ohrenbetäubend, die Luft im Hohlraum beginnt sich mit Ruß und Dieseldunst zu füllen, und obwohl es immer kälter wird, schlafe ich ein.

Ich weiß nicht, wie lange ich geschlafen habe, als Licht durch die Luke fällt. Der Steward lässt uns heraus, anscheinend ist gerade wieder Pause. Er bringt uns Tee und etwas zu essen. Janan ist schwarz, rußig von Kopf bis Fuß – ich muss genauso aussehen. Ich friere richtig, es ist so kalt da unten. Der heiße Tee wärmt und im Inneren des Busses ist es auch nicht ganz so kalt. Wir trinken den Tee so schnell, dass ich mir die Lippen verbrenne. Die Kekse des Stewards schlinge ich hinunter. Nach wenigen Minuten treibt er uns wieder zurück in die kalten Löcher. Jetzt merke ich erst, wie schlecht die Luft hier unten ist. Ich friere sofort wieder und die Kopfschmerzen werden stärker. Ich schlafe wieder ein, und als ich durchgefroren aufwache, bin ich völlig verwirrt. Ich weiß nicht mehr, wie lange wir schon in diesem Bus sind, ich kann nicht nach draußen sehen, ist es Tag oder Nacht? Ich bin schon so lange unterwegs, dass ich nicht mal sicher bin, welche Jahreszeit gerade herrscht, es muss Sommer sein, wenn gerade erst Ramadan gefeiert wurde, denke ich. Ich kann mich nicht erinnern, wann ich zum letzten Mal den Wochentag wusste. Alles verschwimmt und ich schlafe wieder ein.

Das nächste Mal klopfe ich selbst gegen die Lukentüre, ich muss hier raus, ich erfriere und kann meine Finger schon kaum mehr spüren. Nichts passiert und ich klopfe für Minuten, bis der Steward endlich die Türe aufsperrt. „*Lütfen*! Bitte! Es ist so kalt. Können wir uns hier hinten im Bus auf den Boden legen?"

Der Steward sieht mich abschätzig an, er muss sehen, wie durchgefroren wir beide sind, dass wir es da unten nicht mehr aushalten. Widerwillig lässt er zu, dass wir uns auf den Boden legen. Wenn er ein Handzeichen gebe, sagt er, müssten wir aber sofort ins Loch verschwinden. Bei einer Kontrolle dürfe uns keiner finden. Wir bleiben für zwei Stunden am Teppichboden des Busses – herrlich angenehm. Wir sind gut hinter den Vorhängen versteckt. Dann treibt er uns wieder ins Dunkel.

Nach Stunden erst lässt er uns heraus. Ich kann mich kaum noch bewegen, bin starr vor Kälte und mir ist schwindelig. „Istanbul!", sagt er, und zum letzten Mal kriechen wir aus dem Loch. Wie lange waren wir hier drinnen? 24 Stunden? Länger? Ich habe jedes Zeitgefühl verloren.

Wir warten, bis sich das Fahrzeug geleert hat. Ich nehme meinen Rucksack, gemeinsam und sehr vorsichtig verlassen Janan und ich den Bus.

Es ist Nacht, ein Busbahnhof in Istanbul. Überall sind Menschen, Busse stehen kreuz und quer, dahinter Reihen und Reihen gelber Taxis. Personen laufen mit großen Säcken und Taschen zwischen abfahrenden Autos, Bussen und Taxis hin und her. Die Luft ist heiß und abgasgeschwängert. Ich bin verwirrt. „Wo müssen wir jetzt hin?", frage ich Janan, der auch keine Ahnung haben kann. „Der Schlepper meinte, dass uns hier ein Taxi abholt. Welches Taxi?" Es stehen hundert Taxis in langen Schlangen auf diesem mehrstöckigen Busbahnhof. Janan ruft den Schlepper an, er gibt uns eine Autonummer durch. Diesen Wagen müssten wir suchen, keinen sonst.

Rußig und abgerissen gehen wir die Fahrzeugkolonnen entlang und suchen das passende Kennzeichen. Männer sprechen uns an, bieten uns Taxidienste an, wir gehen weiter. Dann steigt ein großer Mann aus dem Auto, versperrt mir den Weg, hält mich am Arm fest, will mich zu seinem Auto zerren. „Hast du Papiere?", fragt er auf Englisch. „Papers?" Ich weiß nicht, was er von mir will, ist er ein Polizist? Der große Türke mustert mich von Kopf bis Fuß, er muss sofort erkannt haben, dass ich ein Flüchtling bin. Er will mich in sein Auto stecken. Ich bekomme Angst und Janan versteht sofort, dass wir Probleme haben. Er ruft nochmal den Schlepper an, während ich den Pass aus meiner Tasche hole. Der Mann nimmt mir das Dokument aus der Hand, betrachtet es kritisch. Ich solle einsteigen, erklärt er mir gestikulierend, und seine Finger graben sich fester in meinen Oberarm. Ich weiß nicht, was ich tun soll, er ist über einen Kopf größer als ich. Was, wenn er uns an die Kurden ausliefert? Janan erreicht den Schlepper, schnell erklärt er ihm die Situation. „Fahrt auf keinen Fall mit diesem Taxifahrer mit", sagt der Schlepper, „das sind Entführer. Ihr müsst ihm keine Dokumente zeigen. He is not police!" Janan ruft, dass das ein Entführer sei, kein Polizist. Ich reiße mich mit einer kräftigen Bewegung los, ziehe ihm im nächsten Moment den Pass aus der Hand. Ich bin überrascht, dass er mich so einfach gehen lässt.

Ich merke, wie mein ganzer Körper zittert, da hat Janan die richtige Nummerntafel gefunden. Der Fahrer steht lässig an die Autotür gelehnt. „Assad?", fragt er, als er uns kommen sieht. *„Evet!"*, sage ich – ja.

# ZIEMLICH COOL NACH ISTANBUL

Ein Meisterstück mitteleuropäischer Aufstehkunst war das. Weil so schnell wie wir war nicht mal die Sonne. Das ist auch gut so, weil die Sonne ist seit Kurzem der Feind Nummer eins. Sie ist wirklich sehr heiß, die Sonne in Griechenland. Darum schnell, schnell, packen, aufladen, weiterfahren, solange unser Feind noch nicht allzu wild vom Himmel brennt und uns grillt wie das reinste Grillgemüse.

Feind Nummer zwei steckt in meiner Fußsohle und hört auf den Namen Seeigelstachel. Motto: „Gut, dass ich mir den eingetreten habe, sonst hätte ich die nächsten Tage nichts zum Eitern." Mein Magen hat nun endgültig die Seiten gewechselt und spielt jetzt wieder mit mir statt gegen mich. Danke, mein gewundener Freund.

Im nächsten Moment rauschen wir über die militärisch gesicherte Grenze in die Türkei. Soldaten mit der Knarre, Stacheldraht, Zäune und Gitter. Die gemeinen Türken verlangen von uns armen Österreichern 25 Euro fürs Visum, während der Deutsche gratis davonkommt. Für den Fall, dass man den Grenzübertritt verschläft, sind ab jetzt überall gigantische türkische Fahnen angebracht.

Zu Mittag rettet uns die Stadt Keşan vor der gelben Sau. Im Ramadan jausnet der gute Moslem nur vor und nach Sonnenuntergang. Dementsprechend allein sitzen wir im Restaurant und schlagen uns unsere Christenbäuche voll. Wir versuchen die Blicke der vorbeigehenden Männer zu deuten, missbilligen sie, dass wir essen oder ist das für Ausländer eh okay? Ab jetzt rechnen wir auf jeden Fall mit ersten gröberen kulturellen Differenzen, Stichwort: nackt baden, am Straßenrand pinkeln oder kurze Hosen tragen.

Bis zum Meer verbrauche ich schließlich die Tagesrestkraft und hole mir eine ordentliche Abriebsverletzung am Gesäß. Endlich wird sie gebraucht, die Tube Hirschtalg in der Packtasche.

Wegen der Vortags-110-Kilometer-Gewalttour lässt sich heute kein Frühaufsteherpreis gewinnen, eher ein Wir-sterben-in-der-Sonne-Award. Zum Glück geht's wieder recht lustig bergauf und bergab auf einer der vielen gut gewählten Abkürzungen. Wir wollen zu einer Fähre (wieder eine Abkürzung), die uns über einen weiteren Wegpunkt (zweite Fähre) nach Istanbul bringen sollte. Wenn in Istanbul einreiten, dann mit hoch erhobenem Haupt, den Wind in den Haaren, auf einer Bosporus-Fähre. Aber, Meister der Navigation, zu früh gefreut. Denn nicht alles, was auf einer Karte eine strichlierte Linie ist, ist im türkischen Şarköy eine Fährverbindung. Genauer gesagt, in Şarköy gibt es überhaupt keine Fährverbindung.

Drei Alternativen:
1) Die ganze lustige Bergauf-bergab-Strecke in noch größerer Hitze zurückfahren.
2) Eine noch steilere Küstenstraße bis zur nächsten Fähre, die einmal rund ums Marmarameer und dann erst auf Istanbul fährt.
3) Tee trinken und mit den Locals reden.

Wir entscheiden uns für drittens. Von zehn türkischen Männern am Tisch spricht im Hafen-Teestübchen kein einziger Englisch. Darum schickt der feiste Babo nach seinem Sohn, der, gestählt durch teuren Privatunterricht, mehr schlecht als recht Englisch spricht. Schlecht, weil er zugibt, ein fauler Hund zu sein. Recht, weil der väterlich finanzierte Kurs sauteuer war und dann irgendwie doch so einiges hängenblieb.

Der Sohnemann ist ein cooler Kerl, versteht, dass wir wenig Geld haben, er ist einer der jungen Hippen aus dem Istanbuler Trendviertel Taksim. Ja genau, dort, wo am Taksim-Platz und gleich daneben im Gezi-Park zwischen der türkischen Riotpolice und den Demonstranten die Steine hin- und Tränengasgranaten hergeflogen sind. Dort, wo es so laut und lange gekracht hat. Dort, wo die Gummiknüppel waren und auch der ein oder andere tote Student.

Der Sohnemann, Ertunç sein Name, kennt Europa. Er reiste als Backpacker und war in fast allen der großen Metropolen unseres Kontinents. Der Papa ist ein einflussreicher Mann, besitzt eine riesen Landwirtschaft, Rinder, Schafe. Alles, was man als Türke gern verspeist und dazu noch eine fette Thunfischzucht. Wobei, Zucht ist das falsche Wort: Sie fangen die Tiere vor

Algerien, mästen sie in Aquakulturen und verscheppern die fetten Fische dann an die hungrigen, aber wohlhabenden Chinesen. Das Wort Goldgrube dürfte es treffen. Ein Foto hat er auch parat, wie er in einer weißen Fischerschürze mit dem Messer neben einem frisch aufgeschlitzten Thunfisch steht. Das Vieh misst mindestens drei Meter und ist an seinem Schwanz aufgehängt, ein schöner Fisch eigentlich, aber um Schönheit geht es bei dem Unternehmen nicht.

Doch trotz ausgiebigen Teetrinkens und Palaverns fährt noch immer keine Fähre und es wird auch in Zukunft keine fahren. Soviel steht fest. Die Verbindung von hier aus nach Istanbul existiert nur auf unserer Karte. Schade. Unsere neuen Freunde führen uns umgehend zum besten Lokal der Stadt, um traditionelles Fleisch mit Joghurt einzunehmen. Dort sitzen Sänger, Schauspieler, Lokalhelden und ganz, ganz schöne Bikinischönheiten, die sich vor dem Hintergrund der riesen Containerschiffe am Marmarameer auf ihren Liegestühlen räkeln. Vor lauter Schauen muss man aufpassen, dass einem das Joghurt nicht kalt wird. Ja, uns gefällt es hier. Noch besser gefällt es uns, als wir kaum 40 Minuten später ins Haus einer mit Ertunç befreundeten Familie eingeladen werden. Man reicht Früchte und spielt Musik und zwar so, dass wir den Mund vor lauter Staunen kaum schließen. Am türkischen Kanun, einem Instrument der Zither aus dem Alpenraum nicht unähnlich, spielt uns der Virtuose die Fährensorgen aus dem Kopf. Für uns Österreicher, denn Wien liebt man in dieser Musikerfamilie sowieso, spielt man den Türkischen Marsch. Keiner spricht die Sprache des anderen, aber die Musik vom Wolferl schüttelt der junge Türke mal nebenbei aus dem Ärmel. Er mit dem Kanun, sein Bruder begleitet auf der Geige. Am Ende verrät uns dann Ertunç, dass dieser junge Musiker einer der besten Kanunspieler der Türkei sein und normalerweise Konzertsäle fülle. Ja, in Österreich habe er auch schon aufgespielt, und der Vater dieser Musikerfamilie unterrichte im Konservatorium in Istanbul. Danke!

Dann wird uns geholfen. Fähre können wir uns abschminken, aber der Babo und sein Bub organisieren uns vier Plätze in einem Bus nach Istanbul, organisieren, dass man die Räder auch in den Bus lädt, organisieren, dass wir günstiger davonkommen als üblich, dass wir den Weg zum Busbahnhof finden und dort rechtzeitig ankommen. Danke!

Der Bus spuckt uns um ein Uhr morgens ins turbulent überfüllte Istanbul. Plötzlich stehen wir am gigantischen vierstöckigen Chaos-Busbahnhof. Istanbul ist eine 14-Millionen-Stadt. Dieser Moloch einer Stadt ist auch nach Mitternacht voller Menschen und hier ist offensichtlich das Chaos am größten. Die Busse fahren kreuz und quer, Taxifahrer rufen uns zu. Wir haben eigentlich keine Ahnung, wo wir uns befinden. Schnell Räder holen, Packtaschen, alles auf einen Haufen und dabei nicht überfahren werden. Erstens, wo sind wir genau? Zweitens, wo wollen wir hin? Drittens, was will der Taxler, der seit fünf Minuten ohne Unterbrechung auf uns einredet?

Wir haben die Adresse eines Hotels, der Taximensch sagt, alles kein Problem, Rädertransport im Auto kein Problem. Er wisse, wo wir hinmüssten, das sagt er, bevor ihm irgendwer die Adresse oder den Hotelnamen verraten hat. Wir sollten nur alles ins Auto räumen und einsteigen. Sehr, sehr schnell müsse es gehen.

Okay, machen wir, aber erst handeln wir ihn auf einen halbwegs normalen Preis herunter. Ob er das Hotel auch wirklich kenne, wir wollten nämlich genau dorthin und nirgendwohin anders.

Ja, kenne er, kein Problem.

Er reicht uns ein Telefon, irgendwer spricht mit uns und erzählt uns am Telefon irgendwas, in irgendeiner Sprache. Das Hotel? Unmöglich zu sagen. Auf jeden Fall müsse alles jetzt wirklich sehr schnell gehen, darauf hinzuweisen, wird der Taxler nicht müde.

Wir packen alles ins Auto: Die Räder, die Taschen und uns. Der Taxler fährt los.

Wo müssten wir jetzt eigentlich hin, fragt er, denn so genau kenne er sich selbst nicht aus. Eigentlich habe er keine Ahnung und in welches Hotel wollten wir überhaupt?

Ein Kurde, freundlich, aber eben nicht aus Istanbul und wahrscheinlich gar kein Taxifahrer. Der Mann hat uns also gründlich verarscht. Nein, er wisse nicht, wo das Hotel sei. Ob man ihm bei der Navigation behilflich sein könne. Joko navigiert den Taxler mit seiner Offlinekarte grandios in die Nähe des Ortes, wo wir unser Hotel vermuten. Joko ist, wie wir alle, zum ersten Mal in Istanbul. Joko ist ein wirklich guter Mann.

Das Hotel ist natürlich unauffindbar, aber unsere Räder sind wieder zusammengebaut und unversehrt. Wir entscheiden uns für eine schäbige Bruchbude mit Neonschriftzug, die tatsächlich so billig ist, wie sie aussieht. Ein altes Bordell, winzige Zimmer, Betten in Herzform, was will man mehr. Eine Terrasse gibt's auch. Mit Aussicht, sowohl auf die Blaue Moschee als auch aufs Marmarameer, und der Lobby-Boy ist schwul. Er hat faustgroße Rehaugen, volle Lippen und meterlange Wimpern. Joko ist übermotiviert und zwingt uns zu einem nächtlichen Ausflug, Essen und Istanbul-Akklimatisation.

Türkische Grenzsoldaten: freundliche Jungs mit großen Gewehren, die zwar böse schauen, aber trotzdem 1 Foto erlauben.

Zeltplatz an türkischem Fischerhafen. Links oben, wenn man genau schaut. Wildromantisch. (Wasser leider schlammig und grauslich.)

# Kidnapping in Istanbul

Wir kauern im Taxi, das uns vom Istanbuler Busbahnhof zum Schlepperquartier bringen soll, erzählt Malek. Der Fahrer spricht nicht mit uns, wir kennen uns in dieser Stadt überhaupt nicht aus und wissen nicht, wo genau er uns hinbringen wird. Angeblich hat Assad, der Schlepper, der meine Reise seit Afghanistan organisiert hat, sein Hauptquartier in dieser Stadt. Aber das ist nur ein Gerücht, man weiß nie, was wirklich stimmt. Ich habe Assad noch nie gesehen, nur seine vielen Helfer.

Der Taxifahrer hält vor einem Haus in einer heruntergekommenen Nachbarschaft. Es ist weit nach Mitternacht, als er Janan und mich aus dem Auto und durch die kleine Tür eines Hauses scheucht. Der Fahrer schubst uns weiter, über Stiegen in einen Keller. Dort sind mehrere Räume: einer, in dem Menschen sitzen und Tee trinken, ein weiterer Raum mit einem kleinen Ofen und dann stehen wir vor der hintersten Tür des Kellers. Er sperrt das Schloss der schweren Eisentür auf und wir sehen in einen dunklen, langen Gang. Mein Magen verkrampft sich. Der langgezogene Gang ist voller Menschen, die still am Boden sitzen. Es stinkt. Niemand gibt einen Ton von sich. Der Schlepper stößt uns in die am Boden Sitzenden und schon höre ich, wie hinter mir die schwere Tür ins Schloss fällt und fest versperrt wird. Scheiße.

Janan steht neben mir und ich sehe es in seinem Gesicht, er versteht genauso wenig wie ich. An der Decke hängt eine nackte Glühbirne, in der Ecke, ohne jeden Sichtschutz, eine dreckige türkische Toilette. Es müssen mindestens 40 Menschen sein, die hier unten eingesperrt sind. Es ist ein Gefängnis. Ein Schleppergefängnis.

Wir setzen uns zu Boden und versuchen erst mal zu verstehen, was gerade passiert ist. Wir sind gefangen. Die Blicke der Menschen gehen durch mich hindurch, so als existierte ich nicht. Ich bin niemand. Keiner grüßt uns, keiner fragt, woher wir kommen.

Nach einigen Minuten frage ich den Mann neben mir: „Was ist hier los? Warum sperren sie uns ein?"

Es gebe Probleme mit der Bezahlung, sagt er, sie hielten uns fest, bis sie ihr Geld hätten. Er selbst sei seit drei Monaten hier, sagt er in Urdu. „Ich bin auch seit drei Monaten hier", sagt ein anderer. „Bei mir sind es zwei Monate", sagt ein Dritter. Ich kann es kaum glauben. Mein Vater hat doch bezahlt, denke ich – was soll ich jetzt tun?

Wir hören Schritte, einen Schlüssel im Loch, und als die Metalltüre auffliegt, zucken alle zusammen. Zwei Männer pflügen durch die Personen am Boden und greifen sich einen pakistanischen Jungen, der am Boden sitzt. „Ruf deinen Vater an!", schreien sie, als sie ihn hochzerren. „Dein Vater hat nicht bezahlt, ruf ihn an." Der Junge nimmt sein Handy aus der Hosentasche und versucht eingeschüchtert, seinen Vater zu erreichen.

„Er hebt nicht ab", sagt er.

Da versetzt ihm der erste einen solchen Faustschlag, dass der Junge zu Boden fällt, der zweite nimmt das lange Kabel, das er in der rechten Hand hält und schlägt auf den am Boden Liegenden ein, er peitscht auf seinen Rücken, auf seine Beine, er peitscht nach seinem Kopf, den der Junge mit seinen Händen zu schützen versucht.

„Dein Vater schuldet uns Geld", brüllt der Peitschenmann. Die Schreie des Jungen erfüllen den Raum. Ich kauere mich an Janan.

Der Junge versucht es nochmals, und diesmal erwischt er seinen Vater. Der Schlepper nimmt ihm das Handy aus der Hand. Er spricht mit dem Vater. „Wir haben deinen Sohn und wir werden ihn schlagen, bis du uns das Geld geschickt hast", sagt er. Er reicht das Handy an seinen Kollegen weiter und schlägt den Jungen, dass es durch den ganzen Keller hallt. Der Kollege hält das Telefon und stellt sicher, dass der Vater die Schreie seines Sohnes auch deutlich hört. Sie schlagen ihn für eine Minute ohne Unterlass. Der Junge blutet und bleibt zusammengekauert am Boden liegen. „Schick uns das Geld", wiederholt der Schlepper. Der Peitschenmann zieht noch einmal mit dem Kabel durch. Ein letzter Schrei, dann legt der Kollege auf und wirft das Handy auf die zusammengekrümmte Gestalt am Boden. Die Metalltür fällt ins Schloss, die Männer sind wieder weg.

Stunden später bringen uns dieselben Männer Wasser und Essen. Das Wasser schmeckt salzig und ich kann sogar im Dunkeln den Schmutz darin sehen. Ich spucke den ersten Schluck wieder aus. „Das kann ich nicht trinken", sage ich.

„Was anderes gibt es nicht", sagt der Peitschenmann, er hält das Kabel wieder in seiner Hand.

„Ich habe für Essen und Trinken bezahlt", protestiere ich, „das ist kein gutes Wasser. Davon werde ich krank."

Der Mann schlägt mit dem Kabel nach mir, die Peitsche tut so weh, dass ich sofort den Mund halte. Er tritt mit den Füßen zu und deckt mich mit einem Schwall von Schimpfwörtern ein.

Das Essen ist auch ungenießbar. Der Reis, ungekocht, ist nur mit heißem Wasser übergossen. Es gibt nichts anderes als diese weiße, lauwarme Brühe mit harten Reiskörnern. Wer kann das essen? Kein Salz, kein Gemüse, kein Fleisch, nichts. Ich versuche, den Reis zu essen, so hungrig bin ich, nach zwei Stunden bekomme ich Bauchkrämpfe und muss mich übergeben.

„Du kannst Wasser kaufen", sagen mir die anderen. „Wenn du Geld hast, holen sie gutes Wasser aus dem Geschäft." Zehn Dollar nehmen sie fürs Wasser. Ich habe nur 90 Dollar für meine ganze Reise, denke ich, aber ich habe solche Bauchschmerzen, dass ich gutes Wasser brauche.

Den nächsten Mann, der durch die Türe kommt, frage ich nach Wasser. Er nimmt mein Geld und bringt Wasser. Er ist ein guter Mann, er bringt mir einen Fünf-Liter-Kanister. Ich versuche, noch etwas vom Wasserreis zu essen, aber ich bekomme gleich wieder Bauchschmerzen davon. Zumindest habe ich jetzt Wasser. Ich teile mit Janan und auch die anderen verlangen Wasser von mir. Ich bin in ein Gefängnis geraten und weiß noch immer nicht, warum.

Wir rufen unseren Schlepper an und beschweren uns, es ist bereits der zweite Tag im Keller. Wir beschweren uns, dass wir geschlagen werden, dass wir kein Essen und kein gutes Wasser bekommen. Er meint, dass Janan noch Schulden bei ihm hätte. Janan ruft seinen Vater an, der verspricht, das Geld zu schicken. Ich bin anscheinend versehentlich eingesperrt worden. Wir müssen hier raus, ich kann keine drei Monate in diesem Loch warten, nicht bei dieser Verpflegung.

# ISTANBUL

Istanbul ist Halbzeit, wir haben mittlerweile grob die Hälfte der Strecke zurückgelegt, aber die einfache Hälfte, die flache, kühle, europäische Hälfte. Vor uns liegen Asien, Anatolien, Gebirge, Autobahn und Hitze. Istanbul ist die erste große Etappe, Erholung und Regeneration. Der Outback-Alltag wird zunehmend anstrengend und so eine harte Sau wie gedacht bin ich offensichtlich doch nicht. Die Prinzessin in mir vermisst ab und zu eine Dusche. Wenn man über Tage zu dritt im engen Zelt schläft und sich kaum rühren kann, beginnt man, ein Bett zu schätzen. Unser Essen ist gut, aber manchmal freut man sich dann doch über eine Abwechslung zur einseitigen Brot-und-Wurst-Diät. Wäsche waschen ist zu meiner Passion geworden, auch weil wir nur eine einzige Fahrradkluft mitführen. Diese entwickelt nach mehreren Tagen Fahrt in brütender Hitze, sagen wir es so, einen gewissen Eigengeruch. Ab und an brauche ich einfach Zeit für mich selbst. Im Reisealltag picken wir nonstop von Sonnenaufgang bis Sonnenuntergang zusammen, nachts schlafen wir Schulter an Schulter im Dreimannzelt, bis die Sonne wieder aufgeht und wir gemeinsam aufstehen. Einen Tag zuhause bleiben, einen Tag mit niemandem reden müssen, einen Tag lang Kaffee trinken, rauchen und einfach nur Musik hören und nichts machen, außer die Blaue Moschee vom Dach aus anzuschauen und sich ums Eck die beste gefüllte Kartoffel der Welt holen. Das ist Entspannung. Das brauche ich jetzt.

Auch das eine oder andere Wehwehchen heilt eindeutig besser, wenn man nachts durchschläft. Denn nach den Zeltnächten wacht man meistens gerädert auf. Dass ich mir in der extremen Hitze der Vortage den Arsch wundgerieben habe, möchte ich in diesem Rahmen lieber nicht erwähnen. Insgesamt vier Nächte bleiben wir in diesem Istanbul, dann soll die Türkeidurchquerung beginnen, *inshallah*.

Wir residieren im noblen Touristenviertel Sultan Ahmed. Am Nachmittag des zweiten Tages lasse ich mich dann auch zu einem Stadtspaziergang überreden. Istanbul pulsiert förmlich, das liegt an den vielen Menschen, dem Verkehr, den vielen Touristen, den Verkäufern, aber auch am Bosporus, der mit seiner wilden Strömung den europäischen vom asiatischen Stadtteil trennt. Im Zentrum, direkt am Bosporus, stehen hunderte türkische Männer, die Meeräschen, eine nach der anderen, mit langen Ruten zwischen den vielen Touristenbooten aus dem schäumenden Meer kitzeln. Am Taksim-Platz sitzen hunderte Menschen brav in Reih und Glied an ihren Tischen. Sie starren hungrig auf ihre Teller und warten alle gemeinsam auf das Fastenbrechen. Eine Art Ausspeisung für gläubige Moslems, öffentlichkeitswirksam inszeniert, auf einem der bedeutendsten Plätze der Stadt.

Istanbul pulsiert vor allem nach Sonnenuntergang. Wenn es kühler wird und die Menschen auf die Straße strömen. Wir sind in einer Stadt, wir wollen ein bisschen fortgehen. Im Ramadan ist Partymachen aber so ziemlich das Unislamischste, was sich ein Imam vorstellen kann. Da haben wir Glück, dass der Staatsgründer, der gute alte Kemal Atatürk, selber ein Vorzeigealkoholiker war und sogar standesgemäß an einer Leberzirrhose zugrunde ging. Dieser eisernen Faust des türkischen Laizismus haben wir es zu verdanken, dass wir nach langem Suchen einen Club finden, dass wir, Ramadan hin oder her, ein köstliches, kaltes türkisches Efes serviert bekommen, auf Nachfrage sogar mehr als eines, dass ich der süßen Elif über den Weg stolpere, die eine türkische Architektin und Deutschlandliebhaberin ist, dass mir die süße türkische Elif einen Lageplan für eine furchtbar interessante und furchtbar sehenswürdige Istanbuler Sehenswürdigkeit zeichnet, die wir am nächsten Tag unbedingt besichtigen müssten. Als tags darauf die süße Elif bereits in den Efes-geschwängerten Erinnerungen verblasst, aber das Schädelweh dafür umso deutlicher in Erscheinung tritt, liegt tatsächlich ein handgezeichneter Plan auf meinem Bett, wo bis vor Kurzem noch eine Elif lag. Es stellt sich heraus, dass die Geheimtipps, die mir die gute Elif um vier in der Früh geflüstert und gezeichnet hat, bei Tageslicht und Kopfschmerzen nicht zu entziffern sind. Schade.

Wir haben uns aber vorgenommen, die Stadt in ihrer Bedeutung zu würdigen und nicht nur kaltes Efes zu saufen. Weil, wenn Historie überhaupt irgendwo historisch ist, dann hier in Istanbul. Wenn man vom Südwesten nach Istanbul hineinfährt, dann bemerkt man erst mal wenig vom schönen und gar nichts vom historischen Istanbul, dann sieht man nichts vom oströmischen Reich, nichts von keinem Kreuzzug, da glaubt man nicht, dass Byzanz durch den Konstantin zu Konstantinopel wurde und Konstantinopel schließlich zu Istanbul. Denn es zeigt sich, dass die 14 Millionen Menschen doch einiges an Platz brauchen. So fährt man Stunden, ohne dass links und rechts was anderes als riesige Wohnblocks die viel befahrenen Straßen säumt. Das Zentrum ist aber beeindruckend, was Menschen, was Bauwerke und die Allgegenwärtigkeit des Islam betrifft. Überall ragen die hohen Türme der Moscheen in den Himmel, fünfmal am Tag klingen die Rufe der Muezzine durch die Stadt. Die neuen Bosporusbrücken sind gigantische Baumonumente deutscher Ingenieurskunst und langsam dämmert mir, was Istanbul für ein strategisches Nadelöhr sein muss. Am Horizont, vom Dach unseres Hotels aus, sieht man hunderte Containerschiffe, die vom Schwarzen Meer Richtung Mittelmeer wollen. Dazu weiß ich jetzt, dass jeder, der auf dem Landweg Richtung Osten will, auch durch diese Stadt muss. Istanbul ist das Tor in den Osten und die Türken zeigen deutlich, dass sie diese Metropole in der Hand halten. So viele gigantische Fahnen, wie hier auf Hügeln, auf Bauwerken und auch überall sonst angebracht sind, habe ich noch nie gesehen. Man kann sie förmlich spüren, den geopolitischen Anspruch und das Selbstverständnis dieser Regionalmacht: „Wir sind nicht irgendwer, wir sind die Türkei!"

Wir hingegen sind jetzt wirklich weg von Europa, das ist eine andere Kultur. Hier gelten andere Gesetze und um die kleinen Österreicher schert sich sicher niemand mehr. Trotzdem, wir fühlen uns wohl, nur ein wenig gestresst – aber nie bedroht. Für mich ist das alles spannend und neu – eine islamische Kultur von innen zu erleben.

Glaub es oder nicht, wenn du ständig fährst, immer weiter und weiter, dann freust du dich, wenn du ein paar Tage einfach wo bleiben kannst. Das kann dann ruhig auch ein ehemaliges Puff sein, wo es im Bad schimmelt. Das kann so weit gehen, dass du den halben Tag kaum aus dem Puff rauskommst und dann, wenn du endlich das Hotel verlassen willst, gleich beim freundlichen Teppichhändler hängen bleibst, der dir ein bisschen seine Teppichhändler-Tricks verrät, dass der dich zum Tee ins Geschäft einlädt und der dir am Ende auch noch von seinem Land erzählt. Burat, der Teppichhändler, ist der Nachbar unseres Hotels und mit dem Lobby-Boy befreundet. Er wird auch unser Freund. Die interessanteste Begegnung Istanbuls, zwei Meter neben dem Hotel.

Burat erzählt uns in großem Detail, wie er die Touristen ködert, wie er den ahnungslosen Männern mit dicken Brieftaschen völlig überteuerte Teppiche verkauft. Er erklärt uns die klassischen Teppichhändler-Tricks und wir bekommen sogar eine Privatvorführung seiner Verkaufskünste. Nur eigentlich, meint Burat im Vertrauen, würde er ganz gerne aufhören mit der ganzen Lügerei. Es gefiele ihm schon lange nicht mehr, die Leute ständig übers Ohr zu hauen.

Eigentlich gehe der Handel immer schlechter, da die türkischen Händler schon fast jeden betrogen hätten. Die Chinesen fertigten die Teppiche maschinell, da käme nicht mal die arme Anatolierin preislich mit. Geringere chinesische Qualität, aber für den Laien gar nicht so leicht zu unterscheiden. Hinter vorgehaltener Hand und großem Sag-das-ja-niemand wird zugegeben: „Ja, wir verkaufen sie auch, diese chinesischen Teppiche, teilweise."

Dann driften wir in die Politik, nein Erdoğan, der seit mittlerweile 13 Jahren türkischer Präsident ist, dem könne er nicht viel abgewinnen, ein korrupter Hund sei das, und wenn nicht Erdoğan selbst korrupt sei, dann raffe zumindest seine Frau zusammen, was man zusammenraffen könne. Hier in Istanbul seien wir noch im Westen. Ankara, die türkische Hauptstadt, sei wesentlich konservativer als das mondäne Istanbul, meint Burat, und fest in der Hand Erdoğans. Weiter östlich im anatolischen Hochland wären die Sitten gestreng und die Auswirkungen auf die Gesellschaft fatal. So offen wie von Burat haben wir das bisher noch nicht gehört, denn Türken lieben ihr Land und sind stolz darauf. Nestbeschmutzung ist hier keine angesehene Tätigkeit. Die Beleidigung des Türkentums, und das umfasst so ziemlich alles, ist sogar strafbar.

Im Osten, in konservativen Landesteilen, packt Burat aus und wird dabei ernst, würden die Mädchen oft schon mit 15 Jahren in die Ehe gezwungen. Auf der anderen Seite wäre für unverheiratete junge Menschen Sex völlig tabu, auch Treffen in Zweisamkeit und unschuldige körperliche Zärtlichkeit würden von den Familien nicht gestattet. Die jungen Männer seien derartig sexuell ausgehungert, dass sie Esel fickten. Wirklich! Das hätte man davon, seufzt Burat. Natürlich gäbe es auch Vergewaltigungen, dazu käme dann ein eigentümliches Ehrverständnis. Es könne durchaus vorkommen, dass das Vergewaltigungsopfer von einem seiner Brüder ermordet würde, da die Frau nach diesem eigenartigen Moralverständnis beschmutzt sei. Das Opfer beschmutze das Ansehen der Familie und müsse weg, der Vergewaltiger komme unter Umständen davon.

In der Türkei setzen sich diese Probleme über Generationen fort, erklärt Burat. Die jung verheirateten, ungebildeten Mädchen bekommen sehr schnell zwei, drei, vier Kinder. Die jungen Mütter sind aber selbst dem Kindesalter kaum entwachsen, und woher sollten sie auch die Welt kennen? Was sollen diese jungen Frauen ihren Kindern weitergeben, wenn sie selbst schon so jung, ohne Möglichkeit zur Reflexion, in die Rolle der Hausfrau und Mutter gedrängt werden?

Aus eigener Erfahrung, erzählt Burat, er nimmt sich da auch selbst nicht aus der Kritik, sehen türkische Männer in Ausländerinnen meist reine Sexobjekte, ausländische Männer seien da, um sich ihr Geld zu holen.

Die Türkei strebt auf, erzählt er weiter, wir kommen in ökonomische Fahrwasser. Die Wirtschaft wächst und das Land scheint sich in den Augen vieler Menschen positiv zu entwickeln, wirtschaftlich zumindest. Mit der Wirtschaft wächst jedoch auch die Ungleichheit im Land. Der Gegensatz zwischen dem Leben im modernen, reichen Istanbul und dem in den kargen Hügeln Anatoliens ist gigantisch. Seit einigen Jahren gewinnt der Islam in der türkischen Politik an Bedeutung, zumindest dient er als Argumentationsgrundlage und zur Mobilisierung der Massen. Seit das Militär von Erdoğan entschieden entmachtet wurde, ist die Gefahr eines Putsches weitgehend gebannt, meint Burat. Erdoğan sei nun der starke Mann in der Türkei. Die Kurdenproblematik schneiden wir nicht an und zu diesem Zeitpunkt herrscht noch weitgehend Frieden im Osten der Türkei, in der

Region, die manche als Kurdistan bezeichnen – was aber auch unter Strafe steht.

Morgen beginnt unsere Reise ins unbekannte Anatolien. Wir erwarten uns derzeit keine Probleme militärischer Natur im Osten der Türkei. Das Land gilt zu diesem Zeitpunkt noch als sicher. Bekanntermaßen verläuft bzw. verlief die Reiseroute der ausländischen IS-Kämpfer durch die Türkei, weiters gab es Berichte, wonach verwundete IS-Kämpfer in türkischen Spitälern behandelt wurden, um später wieder an die Front zurückzukehren. Im Moment sind Entführungen in der Türkei aber äußerst selten, die Konfrontation zwischen Kurden und dem türkischen Militär steht erst bevor. Die Südgrenze zu Syrien und dem Irak soll aber unbedingt gemieden werden, sagt das österreichische Außenministerium. Ob der nahen Kriegshandlungen sind Artillerieeinschläge auch auf türkischem Staatsgebiet eine realistische Bedrohung. Es wird geraten, sich von großen Menschenansammlungen fernzuhalten, da es im Rahmen von Demonstrationen in der Vergangenheit immer wieder zu schweren Zusammenstößen mit den Sicherheitskräften gekommen war, mit Todesopfern, wie am Taksim-Platz.

Am meisten beunruhigt mich derzeit die Trennung von Joko, der wirklich unser guter Geist, das Schlemmermaul, die Gemütlichkeit und ein richtig lustiger Kerl war. Für ihn geht die Reise in Istanbul zu Ende, all das Locken mit Kultur und Abenteuer, alle Überredungskünste, aller Aufwand, ihn davon zu überzeugen, uns noch ein wenig ins türkische Niemandsland zu begleiten, scheitern. Standesgemäß dinieren wir noch einmal gemeinsam. Wir verabschieden uns am nächsten Tag von unserem Freund Burat, der uns seine Nummer plus Facebook-Kontakt für den Fall etwaiger Probleme anbietet. Danke! Der schwule Lobby-Boy, er muss aus Selbstschutz und Angst um seinen Arbeitsplatz vorgeben, straight zu sein, wünscht uns alles Gute für die Fahrt durch die Türkei. Danke! Joko begleitet uns noch bis zur Fähre. Danke für viel, lieber Reisefreund!

Plötzlich (im Sinn von: nach zwei Stunden windiger Fährenfahrt quer über das Marmarameer) sind wir wieder auf uns gestellt. Das Rad, der harte Sattel, der ausgeruhte Körper und das eigene Seelchen. Wir haben eine grobe Routenwahl getroffen. In der Türkei, vor allem in Anatolien, ist die Auswahl an Straßen begrenzt. Es wird uns wenig anderes übrigbleiben, als eine der großen Autobahnen Richtung Osten zu befahren. Vom Romantikstandpunkt her nicht sehr vielversprechend. Plan: schnell durchradeln, ohne überfahren zu werden, viel zu sehen wird es auf den Pannenstreifen ohnehin nicht geben. Außerdem wollen wir rechtzeitig im Iran ankommen, unser Visum gilt nur bis Ende September, wir erwarten gute Straßen und schnelles Fortkommen auf der Autobahn. Die Fähre landet nahe Bursa, die geplante Route soll in den nächsten Tagen über Eskişehir und Polatlı südlich an Ankara vorbeiführen, bis Nevşehir und nach Kappadokien. Dort wollen wir pausieren, dort die berühmten Höhlen anschauen, dort die Verstecke der frühen Christen bestaunen, dort die Heißluftballone bei Sonnenaufgang fotografieren. Wir fahren also mitten durch die Türkei, mitten hinein ins anatolische Hochland. Die Onlinekarte eines führenden Suchmaschinendienstleisters sagt, in 650 Kilometern wären wir dort, das entspricht ungefähr sechs bis sieben Tagen Fahrradfahren, je nach Wind, je nach Verfassung und je nach unerwarteten Zwischenfällen. Ab jetzt wird nicht mehr tiefgestapelt, wir wollen in den Iran.

Türkei und Flaggen: eine Liebesgeschichte.

Meeräschenfischer am Bosporus.

Ich bin spaziert, sagt Filip. Wirklich, das war sehr anstrengend, aber ein großes Abenteuer, so etwas habe ich noch nie gemacht. Spazieren, spazieren, den ganzen Tag nur spazieren.

Der Grenzort Gevgelija liegt völlig in Dunkelheit, keine Häuser mehr, die beleuchtet sind, nichts. Wir gehen so schnell und leise wir können. Weiter und weiter, nur weg von dieser scheiß Grenze.

Nach einigen Stunden traue ich mich leise mit einigen Syrern zu reden, sie sind in meinem Alter und reisen in einer kleinen Gruppe von sechs Personen. Einer von ihnen – ist es ihr Anführer? – kommt aus Aleppo. Er hat es von Athen aus mehrmals mit dem Flugzeug probiert, erzählt er im Plauderton. Geschichten vom Katz-und-Mausspiel mit der Grenzpolizei. Keiner der vier Versuche war erfolgreich, und er erzählt mir vom griechischen Gefängnis. 14 Tage war er dort eingesperrt, sie hätten ihn geschlagen, nicht so schlimm, nur Ohrfeigen, weil er seine Fingerabdrücke nicht abgeben wollte, und ein Wort habe er dort auch gelernt: *Malaga* – Schwuchtel heißt das. Das war der Rufname, mit dem der Wärter alle angesprochen habe: „*Malaga*, komm aus der Zelle. Hier dein Essen, *Malaga*. *Malaga* das, *Malaga* jenes." Immerhin, er kann ein griechisches Wort.

Die Sechs-Mann-Gruppe plant, Mazedonien zu Fuß zu durchqueren, erklärt Medo – so heißt der Junge. Sie sind super ausgerüstet und haben sich auf alles vorbereitet. „Wir haben zwölf Powerbanks, Handys, Medikamente, Schmerzmittel, Antibiotika, Salben, Gegengift für Schlangenbisse, wir haben Essen und Offlinekarten."

Es klingt nach einem super Plan: versteckt durch die Wälder Mazedoniens bis nach Serbien und dann mit dem Zug oder Bus nach Belgrad, perfekt und sehr billig.

„Kann ich mit euch kommen?", frage ich vorsichtig.

Medo überlegt einen Moment, sie wollen die Gruppe klein halten, sagt er, nicht mehr als sieben Leute, damit sie nicht entdeckt würden und schnell vorankämen.

„Ich bin allein", stelle ich sofort klar, „ich bringe niemanden mit und ich kann sehr lange spazieren, ohne Probleme, ich bin stark. Nehmt mich, bitte."

*Tamam!* Okay", sagt er. „Wir gehen gemeinsam. Heute Nacht bleiben wir noch bei der großen Gruppe, aber ab morgen nehmen wir eigene, verborgene Wege. Diese Großgruppe ist nicht zu übersehen, da werden wir bei Tageslicht sofort geschnappt! Wenn uns die Mazedonier erwischen, schicken sie uns zurück, ganz sicher und ohne Diskussion, dann war wieder alles umsonst."

Je länger ich mit ihm spreche, umso mehr sehe ich, wie gut ihr Fußmarsch vorbereitet ist. Ich habe die perfekte Gruppe gefunden.

Wir spazieren und spazieren. Erst als die Sonne aufgeht, zweigen wir in einen Wald ab, machen Pause und lassen die große Gruppe weiterziehen. Wir setzen uns auf den kühlen Boden mit dem Rücken an Baumstämme gelehnt. Ich rauche mir den Stress der vergangenen Nacht aus dem Körper, esse ein paar Datteln, trinke die letzten Schlucke aus meiner Flasche. Wir werden nur in der Dämmerung und Nacht gehen, vereinbaren wir, tagsüber verstecken wir uns im Wald. Zwei unserer jungen Siebener-Truppe bleiben stets munter und bewachen das Lager, wir wollen nicht überfallen und bestohlen werden. Wir sind gut organisiert und werden keine Fehler machen!

Unsere Wasserflaschen sind aber leer nach dieser Nacht, wir wollen noch, bevor wir schlafen gehen, Wasser organisieren. Medo und ich machen uns auf den Weg, den Bächen im Wald vertrauen wir nicht, denn hier draußen dürfen wir nicht krank werden.

Wir finden ganz in der Nähe eine Baustelle. „Kein Wort Arabisch!", sage ich zu Medo. „Wir gehen da einfach rein und fragen nach Wasser." Vorsichtig tasten wir uns auf die staubige Baustelle vor, treffen einen Arbeiter. „We need water", sage ich und zeige eine leere Plastikflasche her. Er sieht mich an, mustert mich. So gut war der Plan nicht, denke ich, die müssen sofort sehen, dass ich ein Flüchtling bin. Zwei Arbeiter führen uns in einen Baucontainer, sie lassen uns dort umständlich unsere Flaschen auffüllen und bewachen uns förmlich. Während das Wasser aus einem Tank rinnt, sehe ich, wie einer der Männer zum Telefon greift. Scheiße! Ich blicke Medo wortlos an.

Er hat es auch bemerkt, sagen seine Augen. Der Arbeiter spricht auf Mazedonisch ins Telefon, ich verstehe kein Wort – er wird uns doch nicht verraten? Langsam füllen sich unsere Flaschen. Fertig. Lass uns abhauen, denke ich. Nur mit einer Handbewegung zeige ich Medo, dass wir schnell verschwinden müssen. Die Männer betrachten uns skeptisch, wir wollen den Container verlassen. „Thank you", sage ich noch und mache einen Schritt hinaus. Einer der Bauarbeiter hält mich zurück, wir sollten noch warten, gibt er uns zu verstehen. Nein. Ich schiebe ihn von mir weg, trete vor den Container und da sehe ich schon, wie das Polizeiauto einbiegt. Verdammt!

„Medo – *Yallah*!" entfährt es mir auf Arabisch.

Die Polizei kommt unseretwegen. Wir rennen aus dem Container, raus aus der Baustelle. Das Auto schleift sich ein, zwei Polizisten springen aus dem Wagen, ziehen ihre Waffen. „Halt!", schreien sie, „Stehen bleiben!" Sie richten ihre Pistolen auf unsere Rücken, entsichern, zielen, aber wir rennen nur noch. Raus aus der Baustelle, hinein in den Wald, zurück zu unserer Gruppe. Wir finden die anderen, unwissend und gemütlich an Bäume gelehnt: „Die Polizei hat uns gesehen! Die sind ganz in der Nähe und suchen sicher nach uns! Wir müssen weg. SOFORT!"

Die fünf springen blitzartig auf, stopfen ihre Sachen in die Rucksäcke, eine Minute nur und schon sind wir wieder unterwegs. Wir laufen den Waldrand am Bahndamm entlang, immer hellhörig auf verfolgende Menschen, auf Autos oder Sirenen. Wir laufen eine halbe Stunde, eine Stunde, bis wir uns wieder halbwegs sicher fühlen. Sind wir weit genug weg? Suchen sie nach uns? Haben sie Hunde?

Wir hoffen einfach, dass wir davongekommen sind und nehmen einen schmalen Pfad, der ins dichte Gebüsch führt. *Wallah!*

Müde setze ich mich auf den noch kühlen Waldboden und zünde mir eine Zigarette an. Ich bin seit gestern Nachmittag unterwegs. Ich brauche jetzt unbedingt eine Pause, Ruhe, ein wenig Schlaf. Die weichen Betten des Athener Hotels sind Jahre entfernt. Ich hole den Schlafsack aus meinem Rucksack und lege mich auf den Boden.

Für die letzten hellen Stunden des Tages übernehme ich dann die Wache, während die anderen sich schlafen legen. Wir fürchten uns vor Afghanen, die immer wieder Syrer und Irakis ausrauben.

Ja, im Vergleich zu ihnen sind wir reich. Jeder Syrer hat ein paar hundert Euro bei sich, manche tausend. Wir haben Handys und einige verstecken Gold und Schmuck in ihren Rucksäcken. Wir sind ein leichtes, lohnendes Ziel, aber wir sind auch sieben Männer, die kämpfen können. Ich fürchte, aber ich bewundere die Afghanen auch. Sie sind das harte Leben gewöhnt, sie kennen es nicht anders. Afghanen gehen kilometerweit ohne Schuhe, ohne Jacke, sie schlafen ohne Decken im Freien, sie sind einfach so viel härter. Sie würden übers Mittelmeer schwimmen, wenn sie schwimmen könnten. Für mich ist dieses harte Leben neu, ich hatte zuhause in Damaskus ein wirklich gutes, ein angenehmes Leben – bis der Krieg kam.

Später setzt sich Medo zu mir und plant, mit seinem Handy in der Hand, die nächste Etappe. Im Wesentlichen geht es weiter die Schienen entlang, und dann, nach einigen Stunden hinein in die Berge. Wir müssen vorsichtig sein. Die mazedonischen Behörden haben ein Kopfgeld ausgesetzt. 50 Euro für jeden aufgegriffenen Flüchtling, das ist leichtverdientes Geld – es werden uns hier fast alle verraten. Bitter.

Es sind lange Tage in der Wildnis, die sehr hart, aber auch schön sind. Die Laubwälder rund um uns sind friedlich. Bäume wissen nicht, dass wir Flüchtlinge sind, die Sonne wärmt uns – auch wenn wir illegal in diesem Land sind. Manchmal, für einige Stunden, ist es wie ein lustiges Abenteuer, ich liebe es, mit den Freunden durch die Wälder zu gehen und draußen zu schlafen. Am Weg finden wir Obstbäume und Melonenfelder und natürlich bedienen wir uns an den Früchten. Ja, wir wollen auch leben. Einmal kommen wir sogar zu einem Schild, auf dem ein Melonenbauer die Refugees in fünf verschiedenen Sprachen auffordert: „Bitte nur die großen, reifen Wassermelonen nehmen. Danke!" Es gibt sehr freundliche Menschen, auch in Mazedonien.

Die Nächte bleiben aber eiskalt, das lange Spazieren ist anstrengend, wir haben Angst vor Hunden und wilden Tieren und beim Schlafen stechen uns die Mosquitos. Mittlerweile sind wir seit sechs Nächten unterwegs und die anderen beginnen zu jammern und beschweren sich, dass sie nicht mehr weiterkönnen. Wir haben alle blutige Füße, obwohl wir gute Schuhe tragen. Aber wir haben Wetterglück, seit Idomeni hat es nicht mehr geregnet – *Wallah* – bei Regen hätten wir ein echtes Problem, niemand hat ein Zelt dabei.

Wir gehen noch zwei Nächte. Auf Höhe der Hauptstadt Skopje sind wir dann so müde, dass wir nur noch wie Schnecken vorankommen. Wir sind total kaputt.

„Wir brauchen Räder", sagt Medo, „wir sind viel zu langsam, wenn wir nur zu Fuß durch die Wälder gehen. Schau her." Er zeigt mir auf seiner Offlinekarte die vielen Traktorwege, die die Wälder durchziehen. „Wir können auf diesen Wegen schnell bis Serbien fahren – unentdeckt."

Ich schleiche mich ins nächste Dorf. Dort treffe ich zufällig einen Mann in einer Werkstatt und versuche mein Glück mit Englisch. Keine Chance. Er spricht kein Wort dieser Sprache, aber er blickt mich freundlich an. Ich zeige ihm einen 50-Euro-Schein, er winkt ab, will mein Geld nicht, aber er versteht auch nicht, was ich von ihm möchte: „Räder!"

Google Translate hilft mir aus der Patsche: „Ich brauche sieben gute Räder", übersetzt mein Handy und er versteht.

Er habe selbst nur zwei, aber er könne einige besorgen. „Komm morgen wieder", tippt er ins Handy, „150 Euro pro Fahrrad."

Viel Geld, vor allem für Mazedonien, aber okay. Wir bräuchten Wochen, wenn wir weiter spazieren, und meine Freunde sind erschöpft.

Am nächsten Tag hat er tatsächlich sieben super Fahrräder für uns. *Wallah*! Echte Mountainbikes! Wir holen die Räder aus seinem Schuppen, bezahlen den Mann und dann werfen wir unsere Vorsicht über Bord: Jetzt müssen wir einfach nur schnell sein. Wir fahren kerzengerade Richtung Serbien, über Stock und Stein, auf unwegsamen Traktorwegen, aber diesmal viel schneller und bei Tageslicht. Hier in den Bergen sind kaum Menschen unterwegs. Auf den Waldwegen begegnet uns niemand. Nach neun Tagen im Wald ist das Radfahren bei Tageslicht eine willkommene Abwechslung.

Am zweiten Radtag sind wir zum ersten Mal auf größere Straßen gezwungen. Wir fahren schnell dahin, auf der Autobahn, LKWs hupen im Vorbeifahren. Wir winken zurück. Kurz nach Komanow, schon weit im Norden Mazedoniens, stehen plötzlich Menschen am Pannenstreifen, keine Polizisten. Nein! Wer ist das? Sie sehen aus wie Afghanen, sie warten auf irgendetwas.

Viel zu spät bemerken wir, dass sie auf uns lauern. *Wallah*! Sie stoppen den ersten unserer Gruppe, halten ihn fest, versuchen ihn vom Fahrrad zu zerren. Einer schlägt mit einer Holzlatte nach ihm, trifft nur das Fahrrad. Wir stürzen uns brüllend ins Getümmel, versuchen unseren Freund zu retten und die Angreifer zu verjagen. Ich krache in voller Fahrt in die Menge, werfe zwei von den Jungen um.

„Die Räder!", schreie ich, als ich verstehe, dass sie nur unsere Fahrräder stehlen wollen. „Haltet die Räder fest!" Die Diebe schlagen mit Stöcken nach uns, versuchen immer wieder, einem das Rad zu entreißen. Ich halte meines beim Lenker fest, schlage mit der Faust nach dem erstbesten Angreifer, er fällt zu Boden. Ich prügle wild um mich, trete einen Jungen, der gerade mit Medo kämpft. Unsere syrische Gruppe hält zusammen. Wir kämpfen wie die Löwen in dieser wilden Schlägerei mitten auf der Autobahn. Alles um mich verschwimmt, nur der Kampf bleibt messerscharf. Ich sehe den Stockschlag kommen, wie in Zeitlupe reiße ich meinen Unterarm in die Höhe und schütze meinen Kopf. Meine Faust trifft den jungen Schläger, er kann nicht älter als 15 sein, im Gesicht. Er bleibt regungslos liegen. Mit einer Hand halte ich immer noch den Lenker, mit der anderen schlage ich auf jeden ein, den ich erreichen kann. Wir waren in der Unterzahl, aber haben uns beinahe frei gekämpft. Es sind Buben, die uns hier angreifen, sie sind nicht völlig überzeugt, dass sie stärker sind.

Die ersten können sich losreißen. Ich treffe einen Jungen mit dem Ellenbogen genau in die Brust, er stöhnt, lässt meinen Gepäckträger los und auch ich komme frei, trete sofort in die Pedale, bin schon einige Meter weg vom Getümmel. Ich blicke um mich: Alle Freunde sind da, wir hängen die Bande ab, lassen sie immer weiter hinter uns.

Mein ganzer Körper zittert und ich spüre nicht einmal, wo mich der Stock getroffen hat. Filip ist unzerstörbar, denke ich. Wir fahren 30 Kilometer im Adrenalinrausch, wir kommen weit an diesem Tag und schaffen es beinahe bis zur Grenze. *Wallah*! Wir sind die beste Gruppe Mazedoniens, so stark. Die Sonne geht hinter den Bergen unter, wir treten immer noch wie die Wahnsinnigen, da trifft Medo eine Entscheidung: „Stopp. Pause. Tagesende."

Wir suchen uns ein Versteck für die Nacht, zerren die Räder ins Gebüsch und verstecken uns heute noch besser als die Tage zuvor, ganz sicher sind wir unseres Sieges nicht.

Noch immer spüre ich den Kampfrausch und bin trotzdem wie ausgepumpt. Nur langsam findet mein Geist wieder in einen normalen Zustand, ich bin noch immer aufgekratzt. Kämpfen, das macht dich zum Tier. Wenn du weißt, du hast keine andere Chance, dann musst du kämpfen, denke ich mir.

Im Wald setze ich mich auf den Boden, rauche eine Zigarette. Das war ein knappes Entkommen. Schließlich entzünde ich ein kleines Feuer und übernehme die erste Wache, denn schlafen kann ich sowieso nicht.

Diese Afghanen, langsam sickert die Realität ein, das waren eigentlich Buben. Ich habe es zuerst nicht bemerkt, dachte, wir kämpfen gegen ausgewachsene Männer, aber es war keiner über 16 dabei. Kinder, die Angst bekamen, als wir wie die Psychopathen zuschlugen. Irgendwie verstehe ich sie. Ich weiß, mit wie wenig Geld sich diese Jungen durchschlagen müssen, vielleicht sind sie genauso müde, wie wir es waren, und ohne Rad ist es wirklich schwer. Es ist eben fressen oder gefressen werden. Da muss man Stärke zeigen, ich will nicht gefressen werden.

Nach einigen Stunden löst mich Medo ab. Er übernimmt die Wache und ich lege mich in den nächtlichen Wald, spüre den harten Boden, höre den Wind durch die Baumkronen streichen. Langsam kriecht die Kälte in den Schlafsack und meine Glieder, sie hält mich noch ein wenig wach. Über mir sehe ich Millionen von Sternen, der gleiche Himmel, den ich auch von Syrien kenne. Wenn mein Bruder jetzt gerade am Flachdach unseres Hauses liegt, denke ich, er muss den gleichen Himmel sehen, die gleichen Sterne. Meine Mutter, mein Vater, meine Schwester tauchen in meinen Gedanken auf, ich schiebe sie weg, ich kann nicht an zuhause denken, das schwächt mich und ich brauche meine Kraft für die Reise.

# WEIT, WEIT IN DEN OSTEN

Wer von Mitteleuropa aus in den Iran will, der muss durch die Türkei, das ist kein Sprichwort, sondern eine Tatsache. In der Ukraine herrscht Krieg, in Syrien und dem Irak schneidet der IS nach Lust und Laune Köpfe von westlichen und einheimischen Körpern. Dementsprechend bleibt dem geneigten Fernreisenden nur ein 650 mal 1.500 Kilometer schmaler Korridor namens Türkei. Denn ganz im Osten des osmanischen Landes ermöglicht eine 500 Kilometer lange Grenze den sicheren Übertritt in den Iran. Ein bergiges Kurdengebiet mit drei Grenzübergängen soll es sein, dort wollen wir hin.

Obwohl Anatolien sehr niederschlagsarm ist, finden sich hier einige riesige Seen. Nicht weit von Istanbul, wenige Kilometer nordöstlich der Großstadt Bursa, liegt ein solcher. Es scheint, dass dieser Frischwasserschatz den Einheimischen vorbehalten ist. Kein Anzeichen von Touristen an diesem wunderschönen Ort. Wir Glücklichen landen durch unsere Streckenführung, mehr zufällig als geplant, am Ufer des İznik Gölü. Dort verbringen wir unsere erste, sehr schöne Nacht seit dem Verlassen Istanbuls. Der Zivilisationsentzug fällt leicht, wenn man versteckt unter alten Olivenbäumen an einem romantischen Seeufer sein Zelt aufschlagen kann, wenn man am Abend genüsslich und höchst unbekleidet im türkischen Süßwasser plantschen kann, wenn man vor lauter schmackhaftem Obst kaum weiß, in welche Frucht man seine Zähne zuerst versenken soll, wenn einem bei der abendlichen Zahnreinigung ein spektakulärer Sonnenuntergang dazwischen funkt, wenn man in der Dämmerung dem edlen türkischen Weißstorch auf seinen kräftigen roten Schnabel schauen kann. Ja, dann vermisst man auch das pulsierende Istanbul keinen Augenblick, dann vermisst man kein weiches Bett, keine Dusche und keine Dachterrasse, keinen Lobby-Boy mit meterlangen Wimpern. So eine sommerliche Türkeidurchquerung, denkt man dann unvorsichtigerweise, sei doch was Herrliches. Allerdings, und das halte man sich stets vor Augen, hat so ein kühler Binnensee auch irgendwo sein Ende. Dort, wo die angenehme Kühle eines solchen Süßgewässers endet, dort beginnt Anatolien langsam sein wahres Gesicht zu zeigen.

Tag 41

Wir kriechen vor Sonnenaufgang aus dem engen Zelt, früh-stücken, putzen die Zähne, rollen unsere Matten zusammen, bauen das Zelt ab und stopfen alles in unsere Packtaschen. Wir schlüpfen in die Funktionsfahrradwäsche, cremen uns Hände, Gesicht und Waden ein, setzen Helm und Sonnenbrille auf und schieben die bepackten Räder zur Straße. Thomas erleidet nach wenigen Kilometern mit seinem Rad einen Patschen. Er ist Flick-weltmeister und behebt das Malheur in Minutenschnelle.

Weiter auf der Landstraße am endlosen grünen Seeufer ent-lang, das gegenüberliegende Ufer ist kaum auszumachen, so riesig ist diese Wasserfläche. Die Straße ist an beiden Seiten von Oliven und Obstplantagen gesäumt, hier und dort harken Frauen in Kopftüchern und weiten Gewändern in der roten, trockenen Erde. Am See wiegt das Schilf im Wind und immer wieder sieht man die weißen Kuhreiher auffliegen. Im Wasser jagen und spie-len zwei Fischotter. Türkische Postkartenidylle. Wir drei erfreuen uns militant der schönen Herrlichkeit des Abenteurerlebens, als uns auf der Landstraße ein Pärchen entgegenfährt. Wie immer, wenn man Fernreisende trifft, bleiben alle Beteiligten stehen, es wird ein Reisepalaver gehalten, Erfahrungen, Warnung, Hinwei-se, Eindrücke und Fun Facts werden ausgetauscht. Sebastian, dieser Tiefstapler, der jedem erzählt hat, er wolle nur bis Istanbul fahren, fragt nach Tipps für Nordindien, für Myanmar und Ne-pal. Die beiden Holländer geben bereitwillig und umfangreich Auskunft. Sie kennen die Gegend, auf die wir uns zubewegen. Die beiden sind seit einem Jahr auf ihren Fahrrädern unterwegs, starteten irgendwo in Südostasien und fahren nun heim Richtung Europa. Ihre holländischen Häute sind von der Sonne gegerbt, sie haben ausgezehrte, sehnige Körper. Von Brotberuf sind die beiden Lehrer, was sonst.

Keine halbe Stunde nach dieser aufmunternden Begegnung beginnt unsere erste Bergwertung, wir entfernen uns vom ro-mantischen Seeufer und machen Bekanntschaft mit anatolischer Steigung. Erstaunlich heiß wird es dann, erstaunlich anstren-gend und erstaunlich ungemütlich. Die Räder sind voll beladen, schwer, und auf kühlenden Fahrtwind müssen wir verzichten. Wir fahren einige Stunden. Uns überholt ein Geflügeltransporter, zwischen den Gitterstäben lugen uns tausende gackernde Hühnerköpfe entgegen. Gesund sehen die Tiere aus, mit weißen Federn, leuchtend rotem Kamm. Ein beißender, ammoniakartiger Gestank nach Geflügelkot und nassem Stroh weht uns vom Lastwagen entgegen. Später werden uns die Hühner aus irgendeiner trockenen Wurst entgegenlachen, denke ich mir. Alles halāl, zulässig, dem Moslem vom lieben Gott als Brotbelag erlaubt.

Uns überholt ein schwerer Sattelkipper nach dem anderen, sie wirbeln am trockenen, erdig-kiesigen Bankett Staub auf, der uns die Augen tränen lässt, den Mund austrocknet und sich als Film über die eingecremte Haut legt. Schließlich erreichen wir eine Stadt, genau zur heißen Mittagszeit. Wir kaufen Börek, Brot und Wurst und verlassen die unwirtliche Siedlung, um uns irgendwo einen unbeobachteten Rastplatz zu suchen. Wir finden eine einzelne Platane, die, nicht weit von der Straße, über einen holprigen Feldweg erreichbar, direkt an einem trockenen Sonnenblumenfeld steht. Der nackte Erdboden ist aufgerissen, in einiger Entfernung führen undichte Bewässerungsrohre vorbei, die eine morastige Pfütze entstehen lassen. Wir essen im Schatten des Baumes, packen unsere Matten aus, legen uns eng aneinander in den dürftigen Schatten des Baumes und schlafen erschöpft ein.

Tag 42

Den ganzen Vormittag kämpfen wir uns am schmalen Pannenstreifen voran. Im Vorbeifahren hupen die LKWs und Autos grüßend. Ohne viel zu reden, fahren wir eng hintereinander im Windschatten, bis kurz vor Mittag direkt neben der Autobahn eine kleine Ortschaft und ein Park auftauchen. Wir kaufen ein und verkriechen uns über die Mittagszeit im Schatten der Bäume. Im Park habe ich endlich wieder grünes Gras statt trockenem Staub und harter Erde unter meinen Füßen. Ich lege mich auf meiner Matte ins weiche Gras und schlafe mit einem Jutesack über den Augen, bis mich die Sonne wach heizt. Ich bedanke mich bei unserem Schicksal für diesen kühlen, bewässerten Park und steige zurück auf Rad. Weiter geht's auf der Autobahn, es ist heiß, aber uns bleibt am Nachmittag große Bergfahrerei erspart. In einem hügeligen Auf-und-Ab führt die Straße weiter

Richtung Osten, es herrscht dichter Verkehr und wir müssen uns hintereinander aufgefädelt weit außen am Straßenrand halten. Der Pannenstreifen ist schmal und endet im Schotter des Straßenbanketts, ständig werden wir von Autos und Lastwägen überholt. Die Landschaft ist von Menschenhand geprägt, wirkt ausgeräumt und achtlos ausgebeutet. An der Autobahn stehen Zypressen und einige dürre Laubbäume, die irgendwann als spärlicher Windschutzgürtel gepflanzt wurden und nun mehr schlecht als recht vor sich hin vegetieren. Und einer davon ist geschmückt wie ein Festtagsbaum. Jeder dürre Ast ist mit einem schmalbeinigen Storch dekoriert, die schönen Vögel heben sich majestätisch gegen den dunkler werdenden Himmel ab. Die untergehende Sonne lässt ihr weißes Gefieder golden leuchten. Ein wahres Kunstwerk. Als wir zum Fotografieren anhalten, schrecken die Vögel auf, entzaubern den schönen Christbaum und fliegen über die trockenen Äcker davon.

Wir sind zufrieden mit den 120 Radkilometern, die wir heute geschafft haben. Wenige hundert Meter neben der Autobahn, in einem kleinen abgelegenen Kiefernwäldchen auf einer Geländekuppe, schlagen wir unser Zelt auf. Unter uns ziehen Lastwägen und Autos unaufhörlich vorbei. Bevor es dunkel wird, lesen wir noch die größten Glasscherben und Flaschensplitter vom Boden unter den kleinen Kiefern auf. Hier dürften die Hirten heimlich saufen und dann ihre Flaschen ganz gründlich in größere und kleinere Einzelteile zerschlagen. Hier und da die kleinen ovalen Hinterlassenschaften der türkischen Schafe und Ziegen. Ein angenehm kurzer, aber ausgetrockneter Weiderasen erstreckt sich über den ganzen Hügel. Wir kochen Reisnudeln mit Tomaten und Schafskäse, für jeden einen vollen Napf und sehen unter uns den Lichtern zu, wie sie in die eine und andere Richtung dem Horizont zustreben.

Tag 43

Wir kriechen wieder vor Sonnenaufgang aus dem engen Zelt, frühstücken und lassen die Motivation für den heutigen Reisetag langsam erwachen. Der Blick wandert im Morgengrauen über die Hügel und die weitläufige Straße, dorthin, wo noch alles neu für uns ist. Heute wird ein guter Tag. Heute gibt es Rückenwind.

Wir putzen Zähne, rollen unsere Matten zusammen, bauen das Zelt ab und stopfen alles in unsere Packtaschen. Wir schlüpfen in die staubige Fahrradwäsche und schieben die bepackten Räder den holprigen Weg, den Glasscherben und Gräben ausweichend, über die Hutweiden zurück zur Straße.

Stundenlang fahren wir nur bergauf, bergab die Autobahn dahin, endlos, heiß und monoton. Die alten LKWs blasen uns die Abgase ins Gesicht, die Luft wird mit Fortdauer des Tages zunehmend heißer und staubiger. Die Autobahn führt schnurgerade dahin, wir sehen stets, wie sich die nächsten Kilometer gestalten werden, meist so wie die letzten. Wir sehen deutlich die nächsten Stunden Straßenkampf vor uns liegen. Die einzige Überraschung bleibt der Wind. Wir rasten in der Mittagshitze unter einigen Bäumen in einer verdorrten Wiese, direkt hinter einer Autobahnraststätte. Ein ungemütlicher Ort, aber die wenigen Bäume bieten Schutz vor der Sonne. Dort gibt es Wasser, dort essen wir Brot mit Wurst. Am Nachmittag kämpfen wir uns bis Polatlı durch, durchfahren die Stadt auf einer riesigen Autobahn, auf Unter- und Überführungen. Bei jeder Auf- und Abfahrt kommen wir zwischen den dröhnenden Autoverkehr. Not so nice. Abends finden wir keinen guten Schlafplatz, alles ist flach, brettleben, umgeackert und einsichtig, nur in weiter Entfernung zeichnen sich niedrige Hügel ab. Wir müssen an einem Feldweg campieren, offen und wenige Meter neben der Autobahn. Das Zelt steht wie am Präsentierteller auf einer harten, spärlich bewachsenen Brache. Wir kochen Reisnudeln mit frischen Tomaten und Schafskäse, und wenn wir zwischen Rädern, Kochplatz und Zelt hin und her schlendern, tragen wir Flip Flops. Alles ist stachelig hier, der Boden voller Disteln und anderer zwergwüchsiger Pflanzen, die einen ewigen Kampf gegen die Ziegen, die Hitze und den Wassermangel führen, an barfüßiges Gehen ist nicht zu denken. Danke, Evolution.

Tag 44

Wir kriechen vor Sonnenaufgang aus dem engen Zelt. Die Nacht war ruhig. Niemand hat uns auch nur irgendwie belangt. Schon nach Kurzem müssen wir die Autobahn verlassen und nehmen die Abzweigung zur südlich an Ankara vorbeiführenden

Route. Eine hügelige Landstraße, die sich langsam ansteigend irgendeinen Bergrücken hinaufzieht. Die Landschaft ist von Erosion gezeichnet. Die spärliche Vegetation am Straßenrand ist vertrocknet und überall steigen die Lerchen in ihrem typischen Singflug kerzengerade aus der Steppenlandschaft in die Luft, verharren dort oben jubilierend und gleiten schließlich, weiter singend, in weiten Kreisen Richtung Boden. Ein Adlerbussard fesselt uns lange an die Ferngläser und noch mehr Haubenlerchen, überall in der trockenen Felslandschaft.

Wir bewältigen die aufreibende Erhebung, Gegenwind macht uns zu schaffen. Irgendwo im Nirgendwo pausieren wir kurz im Schatten einer Betonsäule, um wieder zu Kräfte zu kommen.

Sebastian trifft wenig später zielgenau ein Schlagloch und zwei Speichen seines Hinterrades brechen. Wir planen die Mittagspause für die Ortschaft Haymana, die laut Karte in einer akzeptablen Entfernung liegt. Der letzte Anstieg ist ausgesprochen steil, die Mittagssonne brennt vom türkischen Himmel, Sebastian kämpft sich neben uns mit einem deformierten Hinterrad nach oben. Wir fragen uns in Haymana zum örtlichen Fahrradgeschäft durch. Da gerade Ramadan gefeiert wird, haben Fahrradgeschäfte geschlossen, erfahren wir. Der Fahrradgeschäftsbesitzer wohnt aber gleich neben seinem geschlossenen Laden, sein Cousin spricht ausgezeichnetes Englisch, holt ihn aus seinem Haus und der freundliche türkische Geschäftsbesitzer öffnet eigens für uns seinen Laden. Er hilft uns damit wirklich aus der Patsche. Sebastian erwirbt drei Speichen und wir bekommen eine Empfehlung für das örtliche Hamam, das angeblich das beste türkische Bad in weitem Umkreis sei. Wir adaptieren unsere Pläne. Statt der täglichen Mittagsruhe, statt Schatten und Schlaf, statt Brot mit Wurst besuchen wir das türkische Bad. Wir verschieben unseren Aufbruch in den späten Nachmittag. Unsere Körper haben seit Tagen kein Wasser mehr gesehen, die Haut klebt vor Sonnencreme und Staub, Nacken und Schulter sind verspannt von den Nächten auf hartem Boden, ohne Polster im engen Zelt.

Ohne Übertreibung und Absicht betreten wir das Hamam, einen großen, quadratischen Raum mit Sitzbänken an jeder

Seite, wie die Bühne einer Exotenschau. Wir sind die einzigen Hellhäutigen, die einzigen mit blonden ausgeblichenen Zotten, die einzigen mit wuchernden Bärten. Wir drei sind einen guten Kopf größer und wesentlich muskulöser als alle anderen zwanzig Männer im dampfenden Raum und leuchten schneeweiß aus der anatolischen Bademasse. Der Teint der Männer hier ist dunkel. Die anatolischen Männerarme, -beine, -rücken und -bäuche sind großzügig und schwarz behaart. Arme, Gesicht und Nacken sind dunkelbraungebrannt und zeugen von Arbeit im Freien. Bärte und Haupthaar werden stolz zur Schau getragen, in sorgfältigst gepflegter und getrimmter Manier. Da steht kein Haar in die falsche Richtung. Wir werden mit freundlicher Neugier betrachtet und angestarrt und setzen uns etwas verlegen auf eine freie Bank. Burschen setzen sich zu uns, wollen erfahren, woher wir kämen, was wir vorhätten, was wir erlebt hätten. Gespräche passieren hier natürlich und ausschließlich aus Interesse an unserer Anwesenheit, die Neugier ist groß. Wir sitzen Arm an Arm neben fremden Menschen, neben dickbäuchigen Männern und jungen Burschen. Wir unterhalten uns, soweit es die sprachlichen Barrieren zulassen. Der Lehrer mit Australienvergangenheit dolmetscht, wenn wir nicht mehr weiterkommen. So sehr sich die freundlichen Hamam-Besucher für unser Abenteuer und unser exotisches Ausländertum interessieren, so sehr möchte ich ihr Leben und ihre Kultur aufnehmen, aufsaugen. Alle Details, ihr Denken, ihre Einstellungen. Denn hier ist es ganz anders als Zuhause.

Mit Badehosen und feuchten Holzpantoffeln an den Füßen sitzen wir im nassen, weiß gefliesten Aufenthaltsraum. Alles ist feucht, die Holzpantoffeln wechseln immer wieder den Besitzer und das Einzige, was mir durch den Kopf geht, ist: Fußpilz. Draußen hat es an die 40 Grad, wir überblicken durch eine angelaufene Glasscheibe die staubige Landschaft um Haymana. Der Aufenthaltsraum hat den Charme eines heruntergekommenen Bauwerks aus den Sechzigerjahren, erst der dunkle, orientalisch verzierte Massageraum lässt irgendetwas von dieser tausendjährigen Badekultur erahnen, die in jedem Reiseführer bis zum Erbrechen gepriesen wird. Wir lassen uns vom türkischen Bademeister massieren, einer nach dem anderen. Der Türke legt mich auf die warme Steinplatte, seift mich wortlos ein und findet mit seinen Händen zielsicher und gnadenlos jede Verspannung, fährt mit seinen kräftigen Fingern meine Muskeln entlang und malträtiert mich nach allen Regeln der Kunst. Ich werde mit heißem Wasser abgespült. Ich werde vom Tisch komplimentiert. Der Tisch mit heißem Wasser abgespült. Der Nächste, bitte!

Hinter einem niedrigen Durchgang befindet sich ein hoher Raum, ein blaues Becken voll dampfenden, gelblichen Wassers. Wir weichen unsere Körper im heißen Thermalwasser ein. Wahrlich eine großartige Badekultur.

Wir kaufen Lebensmittel, holen die Räder aus der versperrten Werkstatt des freundlichen Mechanikers und schlüpfen widerwillig in die schmutzigen Fahrradklüfte. Ich fühle mich so sauber, dass ich keinen Meter mehr fahren möchte. Aber es geht weiter, und es geht weiter bergauf. An einer Baumgruppe neben der Straße treffen wir ausgelassene Türken, gut ein Dutzend, alle zwischen zwanzig und dreißig, die sich heimlich aus dem Dorf stehlen und sich abseits der strengen Augen der Sittenwächter im Niemandsland die Birne vollsaufen. Natürlich sind sie mit dem Auto unterwegs und natürlich werden sie auch wieder mit dem Auto nach Hause fahren. Sie halten uns auf der Straße an, einer pöbelt ein wenig, ein anderer beruhigt den Pöbler. Sie umringen uns aggressiv und überdreht, mein Körper spannt sich an. Doch die Lage beruhigt sich schnell, die Saufköpfe saufen weiter und geben uns den Weg wieder frei. Wir zweigen in eine kleine Nebenstraße ab und genießen eine letzte Bergwertung zum Tagesausklang. Unter dem einzigen Baum in weitem Umkreis richten wir auf einem Geländerücken unser Lager ein. Der Wind weht hier oben so stark, dass wir Jacken und Stirnbänder aus den Tiefen der Packtaschen fischen müssen. Der Gaskocher vermag den Topf kaum zu wärmen, wir bauen einen Windschutz auf, um kochen zu können, denn mehrmals bläst der Wind die Flamme aus. Wir hängen unsere Fahrradmontur zum Trocknen in die spröden Äste des Baumes, dabei ramme ich mir einen der vielen dürren Spieße beinahe ins Auge. Während Thomas und ich mit dem Gaskocher ringen, bemerkt Sebastian zu seiner großen Freude, dass sechs weitere Speichen im vorderen wie im hinteren Laufrad gebrochen sind. Mangels geeigneten Werkzeugs kann er höchstens zwei davon selbst ersetzen. Mich machen Anstrengung und komfortlose Lebensbedingungen schön langsam aggressiv. Der starke Wind weht auch die Nacht über weiter und drückt uns beim Schlafen die Zeltplane ins Gesicht.

Tag 45

Zu Sonnenaufgang beginnt Sebastian mit der Reparatur seines Fahrrades, scheitert daran, sämtliche kaputte Speichen zu ersetzen, zerstört im Rahmen der Arbeiten zwei neue Fahrradschläuche und ärgert sich furchtbar. Dabei verbraucht er zwei wertvoll kühle Morgenstunden und schlingt schließlich wütend und ölverschmiert sein Frühstück hinunter. Ich, obwohl unbeteiligt, werde zunehmend ungehaltener, weil ich die morgendliche Kühle sich lodernd aufheizen sehe. Die Stimmung ist schlecht. Sebastian will mit seinem halbdemolierten Hinterrad den Versuch wagen, die nächste Stadt zu erreichen. Die Sonne steht bereits hoch, als wir schließlich alles in unsere Taschen gepackt und den Lagerplatz verlassen haben. Wir müssen über gewundene Landstraßen und Feldwege zurück zur Autobahn finden. Dazu dient eine türkische Straßenkarte im Maßstab 1 : 400.000. Nicht alles, was auf der Karte als Abkürzung erscheint, ist in der anatolischen Realität tatsächlich eine solche. Höhenlinien sind auf der Karte nur sehr grob eingezeichnet und statt den Weg abzukürzen, führt die Route dann in Serpentinen auf schlechter Straße über einen Berg. Wir pausieren nach einer dieser „Abkürzungen" müde auf einer Hausmauer, der Besitzer kommt aus seiner Liegenschaft und bringt uns als Willkommensgeste sauren Ayran. Wir leeren das türkische Elektrolytgetränk gierig in unsere Körper und warten auf den Durchfall.

Wir passieren Marschlandschaften, schilfbestandene grüne Tümpel voll flatternden Lebens, voll gedrungener hellbrauner Rallenreiher und schließlich erreichen wir nach Stunden die Autobahn. Hätte keiner mehr für möglich gehalten. Wir essen in einer schäbigen Autobahnraststätte, es gibt fettiges Fleisch mit Reis, Internet und keinen Platz für ein Mittagsschläfchen. Sebastian klebt die fünf Löcher seiner frisch zerstörten Fahrradschläuche. Der Nachmittag gehört dann, bis kurz vor Sonnenuntergang, der Autobahn.

Hinter einer mit hohem Maschendraht umzäunten und mit Stacheldraht gesicherten Trafoanlage, auf einem abgeernteten Getreidefeld neben der Autobahn verstecken wir uns für die heutige Nacht. Zum Essen, es gibt Reisnudeln mit Tomaten und Schafskäse, erschreckt uns ein Polizeiwagen, der mit Blaulicht und Scheinwerfer an unserem Lagerplatz abbremst. Es ist bereits dämmrig und die Scheinwerfer erleuchten das Lager und uns spärlich bekleidete Gestalten. Ich ziehe mir schnell ein Shirt über den nackten Oberkörper, stehe auf, gehe zum Wagen und versuche gutes Spiel zur bösen Miene zu machen. Zwei junge Polizisten steigen aus dem Wagen, sprechen kaum Englisch.

*„Merhaba"* – Hallo. Wir versuchen Kontakt aufzunehmen, geben ihnen die Hand und erklären, wir kämen aus *Avusturya*, mit dem *Bisiklet*.

Sie sehen, dass wir das Zelt bereits aufgebaut haben, auf den Matten stehen unsere Futternäpfe, daneben der halb leere Kochtopf. Die beiden schauen sich kurz um.

Ob es ein Problem sei, hier zu schlafen, wollen wir nervös wissen. Ob sie uns Landstreicher vertreiben würden, weil es irgendeine Regel, ein Gesetz gegen Rumtreiberei gäbe. Ob wir hierbleiben könnten, wir zeigen auf das Zelt.

*„Tamam, Tamam!"* Alles okay, meint der junge Bulle und beschwichtigt uns mit einer ruhigen Handbewegung. Wir könnten das Zelt stehen lassen, schlussfolgern wir. Die beiden steigen zurück ins Auto und brausen davon. Bitte mehr von solchen Polizisten.

Tag 46

Wir kriechen vor Sonnenaufgang aus dem engen Zelt, wir strecken uns in der kühlen Morgenluft und tapsen beim Zähneputzen barfuß durchs Stroh. Wir schlüpfen in die Fahrradwäsche, cremen uns ein, adjustieren Helm und Brille und schieben die Räder über den Feldweg zurück, zur Autobahn, die an den Ausläufern des riesigen Salzsees entlangführt. Nach einigen Kilometern erreichen wir das Ufer des Tuz Gölu, seines Zeichens der erwähnte Riesensalzsee. Wir bewandern und fotografieren die gleißend helle Mondlandschaft, stehlen unabsichtlich eine Wassermelone, werden von Hunden attackiert, setzen unsere

Reise fort und nähern uns langsam der Metropole Şereflikoçhisar. Über allem schwebt die Mission Fahrradreparatur. Mit rudimentärem Türkisch, Deutsch, Englisch, mit Händen, Füßen, Zehen und Ohrenwackeln fragen wir uns durch bis zum Mechaniker. Ein schmutziger Bursche mit Brille, der aus einer dunklen, höhlenartigen Garage lugt. Die sprachliche Barriere erreicht ihren Höhepunkt, aber wir zeigen dem Meister und seinem Gehilfen, worin das technische Gebrechen liegt. Den beiden „Mechanikern", denn offensichtlich schimpft sich hier jeder, der schmutzige Hände und einen Schraubenzieher sein Eigen nennt, Mechaniker, fehlt sämtliches notwendiges Werkzeug. Die beiden besitzen keine Kettenpeitsche, dementsprechend können sie die Ritzel nicht öffnen und die etlichen demolierten Speichen nicht tauschen. Die beiden Herren sind nicht in der Lage, Sebastians Hinterrad zu reparieren, was sie natürlich wortreich in Abrede stellen. Sebastian sucht nach Auswegen und kauft am Ende den beiden Trickbetrügern ein neues Hinterrad und einen Schlauch für insgesamt 25 Euro ab, ein Vermögen im anatolischen Hochland. Die Investition wird getätigt, ein gutes, aber beschädigtes Hinterrad wird gegen ein schlechtes, aber unbeschädigtes getauscht, alle Beteiligten ärgern sich und wir fahren ab, weiter durch die Stadt. Heute gönnen wir uns mittags ein kleines Festmahl in einem Fischrestaurant auf einer Anhöhe am Rande der Stadt. Wir sehen die roten Dächer der vielen neugebauten Wohnblöcke, die dicht an dicht nebeneinanderstehen. Die zwei weißen, spitzen Türme der Moschee, die das Stadtbild des türkischen Wohnbaus überragt, ein paar Blechdächer, staubige Straßen, unverputzte Ziegelwände und in der Stadt immer wieder Pappeln als fahle grüne Kontrapunkte. Dahinter braunes, ockerfarbenes Anatolien, gelbes, pastellverschmiertes Anatolien, staubiges, trockenes, heißes Anatolien. Der einzige See weit und breit ist eine riesige Salzfläche. Ich bin manchmal wirklich froh, im grünen, regenreichen Salzburg aufgewachsen zu sein. Mit klaren Voralpenseen in Reichweite, mit einem kalten Kanal gleich um die Ecke. Alles leckeres, kaltes, klares, frisches Trinkwasser. Du schönes verregnetes Salzburger Land! Ich vermisse deinen Schnürlregen. Ich sehne mich zusehends nach dem kühlen heimatlichen Klima deiner Staulage.

Zurück auf der Autobahn passieren wir nach einigen Stunden Fahrt zum ersten Mal ein Flüchtlingslager. Einfache, große weiße Zelte, die einigen Familien Platz bieten auf einem abgedroschenen Getreidefeld, unweit der Autobahn zwischen zwei Sonnenblumenäckern aufgestellt. Ein paar Zelte stehen direkt am Straßenrand, der Rest um eine Tankstelle gruppiert. Zwischen den Zelten hängt die Wäsche, ein paar Feuer rauchen mehr, als dass sie brennen, Kinder spielen am Pannenstreifen und Menschen schleppen gefüllte Wasserkanister von der Tankstelle zu ihren Behausungen. Ich bin schockiert, dass die Kinder hier direkt neben der Autobahn leben, es gibt kein fließendes Wasser, keine Toiletten, die Zelte sehen improvisiert aus, vielleicht leben sie hier sogar illegal. Ich dachte, Flüchtlingen würde es besser gehen, dachte, sie würden vom Staat irgendwie unterstützt. Es sind nur wenige, gerade mal 50 Personen – die großen Lager müssen im Süden, nahe an der syrischen Grenze liegen. Trotzdem brennt sich der Anblick in mein Gedächtnis ein, Krieg und Vertreibung kommen näher und werden real. Ein paar Kindern winken uns von der anderen Straßenseite aus fröhlich zu, wollen uns einladen, aber wir fahren weiter, wir wollen noch Strecke machen, etwas außerhalb der Zweihunderttausend-Einwohner-Stadt Aksaray einen Schlafplatz finden und die Sonne steht bereits tief. Sobald wir die Gegend als sicher erachten, suchen wir nach einem Zeltplatz. Wir überqueren die Autobahn, lassen uns nicht überfahren, schlängeln uns dann auf einem Feldweg einen Hügel hinauf, vorbei an improvisierten und betonierten Bewässerungsgräben, an stinkenden Kloaken. Wir fahren weiter, irgendwo ins Gemüse und finden gut versteckt, von der Straße aus nicht einzusehen, eine Art Schottergrube mit kleinem See. Rund um uns spärliche Vegetation, nur noch vereinzelt bedecken dornige, grüne Büschel den staubigen Boden. Die höher gelegenen Hügel sind braun, kahl und völlig überweidet. In den Wänden des ausgebaggerten Sees nisten Blauracken. Immer wieder blitzen die azurblauen Schwingen auf, wenn die Vögel mit Insekten im Schnabel in die engen Höhlen schlüpfen oder sich aus der Röhre spielend in die Luft fallenlassen, um wieder auszufliegen. Die Lage dieses Platzes scheint recht abgeschieden zu sein, wir glauben hier eine ruhige Nacht verbringen zu können.

Aber im Blauracken-Hauptquartier gibt es türkisch-menschlichen Besuch. Ein Auto mit drei Männern hält an, einer spricht ein wenig Englisch und warnt uns, dass das hier der Ort für die geheimen Trinkgelage sei, für die türkischen Männerbesäufnisse. Kaum zu übersehen, wir stehen praktisch hüfthoch in Bierflaschen und Dosenmüll.

Wir werden des nächtens von Autos angeleuchtet, ein wenig Musik, sehr wenig Gegröle und kein einziger Angriff auf Leib und Leben. Alles gut. Ich schlafe trotzdem nicht besonders ruhig, der Wind weht wieder stark, drückt und rüttelt am Zelt. Jeden Tag muss ein anderer den unangenehmen Platz in der Mitte der Dreimannsardinenformation einnehmen, heute hat es mich getroffen. Auf den äußeren zwei Schlafplätzen drückt einem der Wind zwar die Plane ins Gesicht, aber man hat seine Ruhe und eine menschenlose Seite, eine Seite, wo einem keiner ins Gesicht schnauft.

## Tag 47

Vom Türkenbesäufnis der Nacht bleiben nur Reifenspuren, leere Flaschen und eine verwischte, neblig verträumte Erinnerung in unseren Köpfen zurück. Wir fahren weiter den ganzen Tag stur die Autobahn entlang. Hitze, Steigung und Gegenwind gehören zum täglichen Geschäft, aber die Langeweile und Eintönigkeit machen dich fertig.

Du kämpfst natürlich mit aller taktischen Raffinesse gegen die hirnzermarternde Langeweile. An einem Tag hörst du das erste Hörbuch, am nächsten Tag das zweite Hörbuch, am dritten Tag ist dann die Batterie aus. Dann redest du mit jedem einmal das Leben durch, die Zukunft durch, die Pläne für die Zukunft durch, die Reise durch, dann singst du dir gegenseitig alles vor, was du kannst, auch die Kinderlieder, die du irgendwo im hintersten, verstaubtesten Eckerl deines Langzeitgedächtnisses ausgräbst. Dann bemerkst du, dass du in den letzten Tagen eigentlich nichts außer trockenem Türkenbrot mit ganz komischer Türkenwurst gegessen hast, Tankstellenessen und Cola, bis die Plomben jubeln. Dann gehen dir schön langsam die Eigenheiten der anderen auf die Nerven, dann stört dich, wie einer seine Hände wäscht, dann stört dich, wie einer sein Brot isst, dann stört dich, was einer ständig für Fragen fragt, dann stört dich, wie schnell einer den Berg hoch fährt und dann weißt du – wenn du nicht bald nach Kappadokien kommst, dann wirst du leider durchdrehen. Langeweile und Anstrengung sind vom Effekt her eine ähnliche Mischung wie Ammoniak und Salpetersäure. Stichwort: Sprengkraft.

Tag 48

Wenn ich nicht mehr weiterwill, wenn mir die Dinge über den Kopf wachsen, dann besinne ich mich meiner Wurzeln. Da gibt es eine alte Bauernregel, auf Regen folgt Sonnenschein, besagt sie. Die türkische Version davon: Auf Sonnenschein folgt Sonnenschein. Es ist dann nicht die Bauernregel, sondern der Bauer persönlich, der meine 180-Grad-Stimmungswende einleitet.

Der Bauer, auf dessen Feld wir zelten, der schaut in der Früh mit dem Motorrad vorbei. „Wer zeltet hier auf meinem Grundstück? Wer scheißt mir da ins Sonnenblumenfeld?" Das fragt er beides nicht, aber er heißt uns ganz herzlich willkommen. Er sagt, wir sollten mit zu seiner Familie, er sagt, wir sollten zum Frühstück kommen. Ein bisschen Tee trinken mit ihnen, ein bisschen Familienköstlichkeiten versnacken. Alles, was man eben so zu hören bekommt, wenn Hirten und netten Bauersleute auftauchen. Türkisches Überraschungsfrühstück ist also angesagt. Wir schlüpfen in unseren feinsten Zwirn, also in den am wenigsten stinkenden, putzen Zähne, machen uns gesellschaftstauglich und werden ins große Bauernhaus geführt. Die ganze Familie ist anwesend, Jungbauer, Vaterbauer, Mutterbauer, Bauernschwester eins und Bauernschwester zwei, letztere verbringt mit ihrem einjährigen Bauernkleinkind gerade einige Urlaubstage bei ihrer Ursprungsfamilie. Üblicherweise ziehen die Bräute nach der Hochzeit zur Familie des Ehemannes und verbringen dort gemeinsam mit dem Glücklichen und einer stetig wachsenden Zahl Kinder ihr Leben. Ab und an kann man aber offensichtlich ins Elternhaus zurückkehren und als Frau zuhause Urlaub machen. Die beiden Schwestern tragen Kopftücher, die Blusen sind zugeknöpft bis zum Hals, aber die Augen nicht. Die beiden sind freundliche Wesen. Sie geben uns zur Begrüßung sogar die Hand. Sie heißen uns herzlichst willkommen und ja, natürlich dürfen wir Fotos machen, alle gemeinsam, dafür muss aber die Bauernmama doch noch schnell ihr Kopftuch richten und sittlich ihr Haar verbergen. Wir tragen als Gäste lange Hosen und lange Oberteile, das gehört sich hier so.

Güler heißt die hübsche junge Mutter und Schwester des jüngeren Hoferben. Sie spricht von allen anwesenden Familienmitgliedern das mit Abstand beste Englisch. Das heißt, sie spricht überhaupt Englisch, was hier im anatolischen Nirgendwo sowieso ein riesen Glücksfall ist. Trotz allem brauchen wir sehr viel Google Translate und noch mehr Hände und Füße, um uns halbwegs zu verständigen. Was der Herzlichkeit dieser Begegnung aber keinen Abbruch tut.

Güler, die Bauernschwester, hat in Nevşehir, einer der größeren Städte hier in der Gegend, Geschichte studiert. Jetzt kann sie, ob ihrer neu gegründeten Familie, leider nicht mehr als Historikerin an der Universität arbeiten, weil die Lebensaufgabe nunmehr Hausfrau und Mutter lautet. Was ihr leid tut und mir auch, weil es ist schade um die offene, intelligente, freundliche Frau. So eine kann man sicher gut gebrauchen, wenn man ein Land wie dieses in die Moderne führen will.

Am Boden des Wohnzimmers liegt ein dicker, roter Teppich, Sofas stehen an den Wänden, ein Fernseher auf einem kleinen Kästchen, sonst kein weiteres Mobiliar. Das Frühstück wird auf großen silbernen Tabletts ins Zimmer getragen und in der Mitte des Raumes auf den Boden gestellt. Alle setzen sich, Schneidersitz, dass die Adduktoren schnalzen. Der Vaterbauer teilt frisches Fladenbrot aus, jeder bekommt genug, jeder bekommt Tee, dann dürfen wir beginnen. Mit Selbstbeherrschung, weil wie die hungrigen Wölfe würden wir am liebsten alles verschlingen, aber Contenance, höflich bleiben, kleine Stücke kann man ja auch hinunterschlingen, viele kleine Stücke. Wie köstlich das ist, wie selbstgemacht und wie freundlich diese Familie uns Landstreicher vom Feld am Straßenrad einfach in ihr Zuhause einlädt. Güler muss leider auch auftragen und abservieren. Der Frauenjob. Das heißt, wir verlieren immer wieder unseren Englisch sprechenden Dreh- und Angelpunkt der holprigen Konversation. Wenn sie den Raum verlässt, kommt das Gespräch ins Stocken. Dann muss man Fotos herzeigen, Fotos ansehen, die volle

Smartphone-Action abziehen. Dann muss man viel lächeln und immer wieder sagen, wie herrlich das Essen doch mundet. Dann muss man ein bisschen Ortsnamen rufen und über Fußball reden. Red-Bull-Salzburg, ja, da komme ich her. Aber Güler kommt ja wieder und bringt unsere Unterhaltung ein weiteres Mal in Schwung. Schließlich trudeln sogar noch Opa- und Omabauer zur großangelegten Frühstücksgala ein. Omabauer sieht aus wie ein Wollpullover, der einmal zu heiß gewaschen wurde. Sie ist höchstens 120 Zentimeter groß, Ballonfahrerhosen, Schlapfen, ein Kopftuch. Ein winziges, hutzeliges, uraltes Weiberl, in Wirklichkeit wahrscheinlich kaum über sechzig. Alle kommen heute zu Besuch und wir dürfen da mittendrinnen sitzen. Zum ersten Mal in einer türkischen Familie, mitten in einem Familientreffen der vier Generationen. Noch mehr Fotos schießen, Facebook-Freundschaft schließen und vor allem diese Familie, die freundliche Güler und ihre Leute ins Herz schließen. Danke für alles. Wir verlassen das gastfreundliche Haus, biegen um die erste Ecke, wechseln unsere wohlriechenden Gewänder gegen die mit Sonnencreme verschmierte und staubige Fahrradkluft, die wir seit Tagen tragen. Bereichert!

Hinter der nächsten Ecke wartet schon die nächste Überraschung. Überraschungen sind gut, denn es ist schöner, Leute zu treffen, zu frühstücken und zu plaudern, als sich im Privatduell mit Sonne und türkischer Autobahn aufzureiben. Viel schöner! Da kommt nämlich ein Deutscher aus der Gegenrichtung, von Bali kommt der Deutsche daher. Der Deutsche will mit seinem Rad zurück nach Deutschland, an den Bodensee, dort komme er nämlich her. Er kennt die Strecke, die uns bevorsteht. Der Deutsche sagt: „Nicht lange in der Türkei herumtrödeln, sofort ab in den Iran, weil dort netteste Menschen, schönste Frauen und größte Ajatollahs. Da gibt es Geschöpfe," sagt der Deutsche, „das glaubt man nicht!" Da wundere es ihn nicht, dass man die zuhänge, die Geschöpfe, schwärmt der Deutsche. Hm ... diese Geschöpfe.

„Aber kurz in Kappadokien vorbeischauen solltet ihr schon", sagt der Deutsche, und wo wir schlafen könnten, sagt er uns auch. Und dass man immer auf die Universität gehen solle, sobald man sich in iranischen Städten aufhalte, weil erstens, zweitens und drittens schöne Frauen, viertens englische Sprache, fünftens großes Interesse am Ausländer, am Europäer. Iranisches Frauenmotto sei angeblich, je blonder der Europäer, umso besser der Europäer. Und grundsätzlich lasse man dort dem Europäer eine beinahe sakrale Verehrung angedeihen. Unglaublich. Ein guter Tipp noch vom Deutschen: Man mache im Iran keine Fotos militärischer Anlagen, wenn man seine iranischen Nachmittage nicht unbedingt auf diversen Polizeiwachen verbringen wolle und man bestrebt sei, seine Speicherkarten wieder heil mit nach Hause zu bringen. UND: auf Ehebruch und Herumhuren stehe die Todesstrafe. Danke! Gute Reise, lieber Deutscher. Gute Heimreise an den Bodensee, Ulli.

Türkisches Autobahnpanorama. Thema: Weißstorch. Alles echt, keine Fotomontage.

Der tägliche Besuch beim Obst- und Gemüsehändler unseres Vertrauens. (Wir vertrauen jeden Tag einem neuen.)

İznik Gölü: Gigantischer Binnensee gleich bei Bursa. 1 Traum. Zeltplatz im Olivenhain.

Ungemütlichster Zeltplatz bisher. Exponiert, windig, große Erdschollen.

# Goldene Morgenröte in Griechenland

Nach drei Tagen im Kellergefängnis lassen sie uns frei, erzählt Malek. Janans Geld sei aus Afghanistan angekommen, sagen die Schlepper, und dass ich eingesperrt wurde, war tatsächlich ein Missverständnis, das passiere eben. Ich bin schwach von diesem schlechten Essen und spüre noch die Peitschenstriemen von dem verfluchten Kabel. Dieser Peitschenmann ist ein Arschloch, kein guter Mann. Er schlägt die Leute zum Spaß, das kann ich nicht verstehen.

Wir sind frei, sagen sie, aber wir wissen nicht, wohin wir gehen sollen. Wir wissen ja überhaupt nichts. Ich kenne die Türkei nicht und Europa noch weniger. Ich sage dem türkischen Schlepper, dass ich nicht weiß, wie die Reise weitergehen soll. „Okay", sagt der, „ich spreche mit eurem afghanischen Schlepper, der wird wissen, wo ihr hingehört!"

Wir warten einige Stunden im Keller, dann kommt er zurück. „Ihr müsst nach *Unan*", sagt der Türke. Das ist der afghanische Name für ein Land: *Unan* oder *Unanistan*. Ich kenne den Namen, aber ich habe keine Ahnung, wo dieses Land liegen soll. „Okay", sage ich, „gehen wir nach Unan."

In der Nacht bringt uns ein Fahrer zu einem Park, dort sammelt sich eine neue Gruppe Flüchtlinge. Versteckt warten alle Personen auf dasselbe Auto. Noch bevor die Sonne aufgeht, kommt der Kastenwagen. Wir werden wieder in den Laderaum gesteckt und in einem Wald einige Stunden entfernt abgeladen. Wir befinden uns am Ufer eines großen Flusses – keine Ahnung, wo genau, aber wieder sind weder Häuser noch Menschen zu sehen. Gut, denke ich, niemand, der uns einsperrt. Wir müssten auf die andere Seite, sagen die Schlepper und packen ein Schlauchboot mit Kompressor aus. Zwölf Personen sind wir, Janan ist immer noch an meiner Seite. Wahrscheinlich ist das hier die Grenze, aber welches Land ist auf der anderen Seite? Unanistan?

Wir pumpen das Gummiboot auf, werfen den Kompressor ins Gebüsch und nehmen die zwei Paddel in die Hände. Wir schieben das Boot ins Wasser und alle zwölf Personen steigen in das wackelige Ding. Wir sind überladen, das Wasser steht fast bis zum Rand des

Schlauchboots. Zwei Personen rudern, alle anderen paddeln mit ihren bloßen Händen. Ich will nicht daran denken, aber ich weiß sicher, dass einige Personen nicht schwimmen können. Die meisten Afghanen können nicht schwimmen, und von den Schwarzen schauen einige mit Angst aufs Wasser. Sie suchen nach Tieren, sie haben Angst vor Krokodilen, wir wissen ja wirklich nichts.

Zwei schlechte Ruder und ein Fluss, breit wie die Donau. Ich kann schwimmen, ich kann mich in einem schnellen Fluss treiben lassen, das habe ich als Kind oft gemacht, aber in ruhigem Wasser, da gehe ich unter.

Es geht langsam voran, der Fluss hat starke Strömung, wir sehen das Ufer auf der anderen Seite. Wir paddeln und paddeln und es kommt immer mehr Wasser ins Boot. Wir haben es schon beinahe ans andere Ufer geschafft, da kommen wir schließlich nicht mehr voran. Das Boot ist so voll mit Wasser, so dass es nur noch mit der Strömung treibt. Was sollen wir tun? Wir kommen mit dem Boot nicht ans Ufer. Wenn wir warten, werden wir sterben, das Boot wird einfach untergehen. Die Menschen haben Angst, es sind nur noch wenige Meter. Wir wissen nicht, was in dem Fluss ist. Ich springe ins Wasser und versuche, bis ans Ufer zu schwimmen. Die Strömung treibt mich sofort ab. Der Rucksack füllt sich mit Wasser und zieht mich nach unten. Ich lasse meinen Rucksack los und schaffe es, mich irgendwie an einem ins Wasser ragenden Ast festzuhalten. Ein ganz rutschiger Ast, in einem Steilhang. Sofort beginne ich einen nach dem anderen zu mir zu ziehen, ich kann die Menschen ans Ufer ziehen, sie halten sich fest, helfen den nächsten, wir haben es alle zwölf geschafft. Jetzt sind wir am Ufer, klatschnass, aber auf festem Grund.

Ich habe meinen Rucksack verloren und alles, was drinnen war: mein falscher Pass, meine Kleidung, die Wasserflasche. Nur das Handy steckt noch in meiner Hosentasche, eingepackt in Plastik. Ohne Handy verliere ich meine Familie.

Wir klettern den Steilhang hoch, ich blicke zurück zum Ufer, von dem wir losgepaddelt sind. Und jetzt? Wie weiter? Die Strömung hat uns so weit abgetrieben, dass wir schon zweifeln, im richtigen Land zu sein? Ist das Unan?

Weil wir nicht wissen, wo wir hinmüssen, gehen wir einfach in irgendeine Richtung, weg vom Fluss, stundenlang in das unbekannte Land hinein. In einen großen kahlen Hügel ist mit Steinen eine weiß-blaue Flagge gelegt. „Kennt jemand diese Flagge? Ist das Unan?", frage ich – aber all die anderen haben genau so viel Ahnung wie ich, nämlich gar keine. Wir wissen noch immer nicht, wo wir sind.

Schließlich sehen wir einen Bauer, der uns auf einem Feldweg entgegenfährt. Ich halte ihn an und frage ihn, in welchem Land wir hier seien. Vergeblich, der Mann spricht kein Englisch und ich spreche seine Sprache nicht. Wo sind wir? Ich kann ihm erklären, dass wir zur nächsten Stadt wollen und er weist mir den Weg.

Als wir die nächste Schnellstraße überqueren, haben wir weniger Glück. Eine Polizeistreife überrascht uns, nimmt uns mit vorgehaltener Waffe fest.

„Woher kommt ihr?"

„Aus der Türkei."

„Wie?"

„Mit dem Boot über den Fluss."

„Okay, ab mit euch in den Polizeitransporter." Wir sind festgenommen. Mehrmals fällt das Wort Alexandropolis – der Staat heißt also Alexandropolis, denke ich.

Die Polizisten bringen uns in ein Lager, ein gut gesichertes Camp voller Flüchtlinge. Hier treffen wir endlich auf Menschen, die Dari sprechen. Wir werden alle zwölf in eine Zelle gesperrt und warten darauf, was mit uns passiert.

„Woher kommst du, Bruder?", fragt mich ein Mann auf Dari.

„Afghanistan, Provinz Nangarhar", sage ich, froh, endlich jemanden gefunden zu haben, mit dem ich reden kann. „Wo sind wir hier, Bruder? Wie heißt das Land, in dem wir uns befinden?"

„Unanistan", sagt er, „oder Griechenland – das ist dasselbe."

„Nicht Alexandropolis?"

Er lacht. „Nein, Junge, das ist der Name der Stadt. Du befindest dich in Unanistan, sie nennen es Griechenland, die Hauptstadt ist Athen und Alexandropolis ist eine der größeren Städte im Norden, nahe der türkischen Grenze. Bruder, du bist in Europa! Hier ist Sicherheit! Die Polizisten schlagen dich fast nie."

Ich versuche, die Fakten aufzusaugen. Sicherheit? Ich bin eingesperrt, von Polizisten und Stacheldraht umgeben, das fühlt sich für mich nicht wie Sicherheit an.

„Sie werden eure Fingerabdrücke nehmen", sagt der Afghane. „Sie werden euch fragen, wie alt ihr seid. Ihr dürft auf keinen Fall unter 18 Jahre sein, sonst kommt ihr für Jahre ins Gefängnis, die stecken euch in Jugendzentren. Sagt, dass ihr volljährig seid."

Ich verstehe nicht, was das eine mit dem anderen zu tun hat, aber diese Informationen sind die besten, die ich habe. Ich werde alles so machen, wie der Afghane sagt: Die Polizisten tunken meine Finger in blaue Farbe, sie nehmen die Abdrücke aller zehn Finger, sie fragen mich nach meinem Alter, ich sage, ich sei 21. Der Beamte blickt mir ins Gesicht, ich bin 16 und genauso sehe ich auch aus, er blickt wieder auf sein Formular und schreibt 21. Ich komme zurück in die Zelle und schon am nächsten Tag halte ich ein Papier in der Hand, das sei die griechische Aufenthaltsgenehmigung. Ich dürfe für einen Monat in diesem Land bleiben, offiziell. Ich bin zum ersten Mal kein Illegaler mehr – ich habe eine Erlaubnis. Toll. Natürlich weiß ich, dass ein Monat nicht lange ist, aber besser als nichts.

Am nächsten Tag bringen sie uns alle zum Bahnhof. Ein großer Bus lädt uns vor der Eingangshalle ab. Von meinen 90 Dollar habe ich noch genau 22 übrig, die Polizisten haben mir kein Geld gestohlen. Wir gehen zum Bahnhof, die nette Frau am Schalter gibt mir für die 22 Dollar eine Fahrkarte nach Athen.

Der ganze Bahnsteig ist voller Flüchtlinge, der letzte Zug des Tages ist bereits abgefahren, werden wir informiert, aber morgen komme ein neuer. Wir spazieren an den Strand, Janan und ich. Wir kaufen uns ein Kebab, er borgt mir Geld, denn ich habe ja gar nichts mehr. Wir essen am Strand, das Kebab schmeckt super, wirklich gut. Wir genießen den Abend, flanieren durch die Stadt und schlafen dann neben vielen anderen Flüchtlingen am Bahnsteig.

Am nächsten Vormittag bringt uns ein überfüllter Zug nach Athen, und weiter? Natürlich wissen wir wieder nicht, wohin. Wir gehen einfach durch die Stadt, bis wir einen Park im Zentrum finden. Dort schlafen wir die ersten Wochen, gemeinsam mit vielen anderen Flüchtlingen. Es ist warm und angenehm, wir schlafen auf der Erde unter freiem Himmel, ich habe nichts mehr, das man mir stehlen könnte, kein Geld, keinen Rucksack, gar nichts. Ich kann mir keine Unterkunft leisten und auch sonst nichts, aber ganz in der Nähe steht eine Kirche, wo Essen an Drogenabhängige ausgegeben wird. Um 9 Uhr gibt es dort gratis Frühstück und dann um 15 Uhr Abendessen. Wir essen jeden Tag, zwei-, dreimal. Herrlich. Nach wenigen Tagen kennen wir alle Ausspeisungen im Umkreis, wir wissen genau, zu welcher Zeit es wo Essen gibt. Ich rufe meinen Vater an, zuvor habe ich ihn schon zweimal aus der Türkei angerufen. Ich sage ihm, dass ich lebe, dass es mir gut geht, dass ich es bis Griechenland geschafft habe.

Ich lerne ein bisschen Griechisch und kann mich bald verständigen. Wir bleiben gute drei Wochen in dem Park, bis Janan weiter möchte. Er sagt, er möchte das Land verlassen, da seine Aufenthaltsgenehmigung abgelaufen sei. Ich habe kein Geld, um weiter zu reisen, also trennen wir uns.

Ich versuche einen Job zu finden, ich brauche Geld. Ich gehe einfach zu Geschäften und Restaurants und frage, ob ich dort arbeiten kann. Ich frage auf Griechisch: „Haben Sie Arbeit für mich?"

Die meisten sagen nur: „Wir haben keine Arbeit. Hau ab!" Nach zwei Tagen Suche habe ich Glück, der Besitzer eines Pizza- und Döner-Shops sagt zu mir: „Komm morgen wieder, dann sehen wir weiter." Ich komme wieder, er stellt mich an. Zuerst packe ich nur Pizzen in Kartons, nach wenigen Tagen beginne ich auch in der Küche zu arbeiten: Zwiebel und Gemüse schneiden, Hilfsarbeiten, eigentlich mache ich alles, was sie brauchen. Den ganzen Tag, von früh bis spät, bin ich im Kebab-Laden. Ich bekomme 400 Euro im Monat, das ist viel Geld. Sonst habe ich nichts, sonst mache ich nichts, außer schlafen. Mein Chef hat mir eine Unterkunft organisiert, für 150 Euro im Monat kann ich dort wohnen. Das ist super, denn das Leben im Park ist plötzlich gefährlich geworden.

Vor wenigen Tagen gab es eine Wahl in Griechenland und die Goldene Morgenröte wurde stark – diese Partei mag keine Flüchtlinge. Dazu kam, dass ein griechischer Taxifahrer von einem Flüchtling erstochen und ausgeraubt worden war. Der Partei reichte dieser Mord, um alle Ausländer als schlecht darzustellen. Auf einmal waren Gangs auf Motorrädern in der Stadt, die Jagd auf Flüchtlinge machten. 30, 40 Menschen gegen ein, zwei Flüchtlinge. Ein Pakistani und ein Mann aus Bangladesch wurden von diesen Schlägern getötet. Ich hatte zum Glück den Job, war die meiste Zeit im Döner-Laden und damit nicht in Reichweite der Motorradbanden, aber all meine Freunde waren in Gefahr und ich wusste, dass ich nicht mehr lange in Griechenland bleiben konnte. Ich muss weggehen aus diesem Land.

Der Schlepper, den ich finde, ist selbst Afghane. Ich schlafe einige Male in seiner Wohnung, habe aber nicht genug Geld, um von Griechenland wegzukommen. Der Schlepper sagt, er nimmt mich gratis mit, wenn ich mit ihm so Sachen mache. Ich schäme mich für diese Geschichte, ich habe sie niemandem erzählt. Nicht meinen Freunden, nicht meinen Eltern, niemandem. In Afghanistan passiert das Jungen oft, dass Männer sie nehmen und angreifen und so Sachen mit ihnen machen. Das ist nicht gut.

„Nein! Ich mache so etwas nicht." Ich bin noch in der Nacht aus seiner Wohnung raus, geflüchtet, davongelaufen. Aber ich habe mein Handy dort vergessen. In der Früh war ich wieder dort, aber das Handy wollte er mir nicht geben. Er will mich erpressen, er weiß, wie dringend ich mein Telefon brauche, dass ich nichts habe, dass ich ganz allein hier in Griechenland bin. Ich brauche das Telefon, um meinen Vater zu erreichen.

Wir laufen uns in den nächsten Tagen öfters über den Weg, jedes Mal kommt er zu mir her: „Komm mit mir, bitte!", flüstert er mir ins Ohr. Ich bin angewidert, aber er lässt mich nicht mehr in Ruhe, immer wieder kommt er: „Bitte, bitte!"

Ich gehe weg und dann sehe ich zwei griechische Polizisten auf Motorrädern. Ich gehe zu ihnen und zeige auf den Afghanen, ich sage: „Der da drüben, diese Person ist ein Schlepper. Er hat auch mein Handy!" Sie nehmen ihn sofort fest, aber sie nehmen mich auch fest und bringen mich in ein Lager. Zum Glück kommen wir in unterschiedliche Gefängnisse, ich zu den Minderjährigen, diesmal glauben sie mir die 21 Jahre nicht, der Schlepper wird irgendwo anders eingesperrt. Nach drei Tagen im Lager bekomme ich eine neue Aufenthaltsgenehmigung, ich habe mein Handy vom Schlepper zurück, ich bin wieder frei.

Ich gehe zurück zu meiner Arbeit, habe meinen Schlafplatz, aber jetzt kommt die Angst. Was, wenn der Schlepper wieder freikommt? Er kennt so viele Leute in Athen und ich kenne niemanden. Er hat Geld und ich habe nichts. Er wird mich sicher finden. Ich fürchte mich vor seiner Rache und meine Angst vor den Taliban kommt auch zurück. Jetzt bemerke ich, wie viele Afghanen in Athen leben, da können auch Taliban dabei sein. Ich rasiere mir wieder die Haare, damit mich niemand erkennt, ich kann nicht mehr schlafen, ich habe dauernd das Gefühl, verfolgt zu werden, ich habe Angst um mein Leben.

Auch mein Chef redet mir mittlerweile ins Gewissen, weil die Straßengangs immer öfter attackieren und er meint, dass es das Beste für mich wäre, Griechenland zu verlassen. So schnell wie möglich.

Ich finde einen anderen Schlepper: „Kannst du mich für 600 Euro von hier wegbringen?", frage ich ihn.

„Ich kann dich nach Süditalien bringen", sagt er, „das kostet aber 1.200 Euro."

„Ich habe nur 600 Euro", sage ich, „mehr habe ich nicht. Kannst du mich auch für 600 Euro aus diesem Land bringen?"

„Nein." Mit Schleppern kannst du nicht verhandeln. Sie wissen, dass es für dich keine anderen Möglichkeiten gibt.

Die Verzweiflung packt mich, die Angst vor den Banden, die Angst vor dem Schlepper, die Angst vor den Taliban. Ich weiß keinen Ausweg mehr und rufe meinen Vater an. „Warum hast du mich von zuhause weggeschickt?" Ich klage ihn an. „Ich bin durch die halbe Welt gereist und hier ist es auch nicht sicher."

„Du weißt nicht, was ich weiß, mein Sohn", sagt mein Vater. Er sagt nicht, was er meint, irgendwas muss in Afghanistan passiert sein, das er mir nicht sagen will – aber ich bin hier in Gefahr.

„Vater, Jan", sage ich, „ich brauche Geld, um Griechenland zu verlassen. Hier kann ich nicht bleiben. Es ist zu gefährlich. Bitte."

„Wohin willst du, mein Sohn?"

„Nach Italien", sage ich.

„Okay", sagt mein Vater. Er erlaubt es und schickt 800 Dollar. Mir fällt ein so großer Stein vom Herzen, dass ich es gar nicht beschreiben kann. Ab jetzt ändere ich meinen Namen, niemand darf mich mehr erkennen, wenn ich aus Griechenland fort bin.

# BAGDAD-BOYS IN KAPPADOKIEN

Nach 700 Kilometern und sieben Tagen Non-Stop-Radfahren erreichen wir Göreme-Kappadokien. Direkt vom Outback kommen wir in diese Touristenhochburg, werden am Weg von Einheimischen auf einen Tee eingeladen und finden auf Anhieb das Hotel, das uns der gute Ulli empfohlen hat. Alles ist voller gut gekleideter Menschen mit teuren Kameras, straffen Zeitplänen, Lonely-Planet-Reiseführern und Flugtickets, die die Touristen zur nächsten höchst sehenswerten Reiseattraktion bringen werden.

*#Reisetagbuch Tag 47*
*„Ausspannen ist der Himmel und eigentlich machen wir den ganzen Tourism-stuff eh nur pro forma. Würd mich nicht stören, den Tag nur auf der Terrasse herumzusitzen und mir nix anzuschauen außer meine Kaffeetasse. Nach so vielen Tagen am Rad braucht man die Pause für den Körper und noch viel mehr für den Kopf."*

Also, die Schuld dafür, dass wir am Ende doch das gemütliche Hotel verlassen haben, die möchte ich ganz offiziell der UNESCO geben. Weil ein solcher Banause kannst du gar nicht sein, dass du nicht zumindest einen Blick riskierst, wenn die UNESCO da irgendwo Weltkulturerbe draufschmiert und sogar noch für den Biologen: Weltnaturerbe. Wenn man ganz ehrlich ist, zusammenfassend, nach einigen kappadokischen Tagen, das Wort „wunderschön" ist gar nicht zu hoch gegriffen.

Der Geologe würde sagen, eine Erosionslandschaft vom Allerfeinsten. Da findest du Feentürme, ein Turm neben dem anderen. Die sehen manchmal aus wie ein Gupf Eis aus einer Softeismaschine, manchmal auch wie ein überdimensionaler Phallus, ganz unterschiedlich, ganz schön anzuschauen. Das hat alles die Erosion aus der Landschaft gewaschen, sieht wirklich cool aus. Der Mensch hat dann weiter geschnitzt, Höhlen, Häuser, Ställe, Taubenverschläge, Kathedralen und ganze Städte wurden in den Tuff gegraben. Alles unterirdisch und gut versteckt. Bekannt ist die Gegend auch als Siedlungsraum der Frühchristen.

Der Mensch, da war es egal, ob es ein Frühchrist war oder nicht, hat natürlich auch gut daran getan, sich zu verstecken.

Wenn du damals direkt an der Seidenstraße gewohnt hast, sind im Laufe der Jahrhunderte einige Leute vorbeigekommen: die Phryger, die Lyder, die Meder, die Perser, die Makedonier, die Römer, die Isaurier, die Hunnen, die Seldschuken, die Turkmenen und schließlich die Osmanen. Oft nicht als Touristengruppen, viel öfter als eine gut bewaffnete, hungrige und beutegierige Armee, ganz selten sind die, wie wir, nur zum Teetrinken gekommen. Sagen wir so, was heute das Teetrinken ist, das war damals eher das Morden, Brandschatzen, Rauben und Vergewaltigen. Darum die Taktik des Kappadokiers: rein in die Höhle, Deckel zu und ruhig verhalten, in der Hoffnung, dass die durchziehende Armee woanders zum Teetrinken stehen bleibt.

Heute gleicht die Landschaft einem Museum, doch viele der Höhlen sind immer noch bewohnt, einige zu Hotels und andere zu Restaurants umgebaut. Wir geben uns die Sehenswürdig-keiten, entdecken ein Tal voller heimlicher alter Kirchen, lernen Amerikaner, Italiener, Japaner, Mongolen und Chinesen kennen. Wir bewundern den ganzen Tag lang die Geologie, die diesen Ort zu einem solchen Touristen-Eldorado macht.

Des Abends begeben wir uns auf den kappadokischen Schmusehügel, wo wir ganz ohne Vorsatz den irakischen Rami aufzwicken. Dass wir dort oben Irakis treffen, hat aber nichts mehr mit Geologie zu tun. Weil die Geologie, die nimmt sich normalerweise Zeit für ihre Projekte, muss nicht unbedingt von heute auf morgen sein. Wenn hingegen Krieg ist zuhause, dann musst du schon von heute auf morgen weg, ganz schnell und auch ganz weit. Sonst bist du, so schnell kannst du gar nicht schauen, selbst Teil der Geologie, Erdkruste, arabische Platte, erster bis zweiter Meter von oben.

Stell dir folgendes Bild vor: Da oben am Panoramaberg, der das ganze Tal überblickt, fertigt jeder, wirklich jeder und, um der Geschlechterverteilung gerecht zu werden, auch wirklich jede, ein telefonisches Selbstporträt an. Dann noch 100 Fotos vom Sonnenuntergang, noch eines, wo man die Sonne in der Hand hält und vielleicht 27 Wir-küssen-uns-am-Gipfel-Fotos. Und in dieser Traube von Pärchen und 140 cm großen Asiaten steht ein riesiger, 120 kg schwerer irakischer Brocken, Marke: Zuchtstier.

Der hält bei seinen guten 195 cm Sohle-zu-Scheitellänge den Selfiestick noch zwei Meter höher in die Luft und überragt die gesamte Touristenschar. Dieser Einbauschrank eines Irakis hat mit seinen Freunden einen solchen Spaß, dass man beim Zuschauen schon lachen muss. Da kommst du als Menscheninteressierter nicht um ihn herum, um den Rami.

Ich spreche ihn an, schief von der Seite natürlich, und er reagiert gleich freundlich. Ein Geplänkel und schon sind wir im Gespräch. Wow, interessant, denke ich, ein echter Iraki. Ich kenne Land und Leute nur aus den Nachrichten, jetzt möchte ich hören, wie es dort wirklich ist. Er ist auch der erste Flüchtling, den ich persönlich kennenlerne. Irgendwie eigenartig, denn für mich ist er ein Junge wie ich – ja, größer und kräftiger, ein ehemaliger Boxer eben –, aber sonst sehe ich nicht so viele Unterschiede. Wir bestellen ein Bier und setzen uns an einen Tisch mit Aussicht.

Rami und seine Freunde sind vor einigen Monaten aus Bagdad, der Hauptstadt des Zweistromlandes, Wiege von Ackerbau, Viehzucht und Sesshaftigkeit, jetzt Wiege von Gewalt und Autobomben, geflohen. Aus dem Irak, Richtung türkischer Grenze im Norden, durch die Kurdengebiete, die seit dem Sturz von Saddam Hussein seit Jahren sicherer sind als die sunnitischen und schiitischen Regionen im Rest des Landes. Hauptexportartikel des geschundenen Iraks sind neben Flüchtlingen im Moment leider Gewalt, schwere Waffen aus Regierungsdepots, auch leichte Waffen aus Regierungsdepots, Munition, gepanzerte Fahrzeuge und gut ausgebildete sunnitische Kämpfer, die gerade Syrien aufmischen, in Form des Islamischen Staates und auch in Form der Al-Nusra-Front.

Wenn so halb Krieg ist im Land, dann gibt es für junge Männer jobtechnisch oft nur zwei reizvolle Alternativen: Soldat oder Soldat. Rami verdiente seine Brötchen als Bodyguard, schützte Minister und Generäle – wichtige Leute eben, die nicht sterben sollen. Er arbeitete als Bewaffneter, bis eines Tages unter seinem Auto eine Bombe hoch ging. Die Bombe zerstörte das Auto nur teilweise, sie verletzte den Fahrer, seinen Freund. Durch die Explosion wurde dem Fahrer das Lenkrad so tief in den Oberkörper gepresst, dass er nicht mehr weiterkonnte. Beide waren blutüberströmt. Rami zog seinen Freund vom Fahrersitz, übernahm selbst das beschädigte Steuer und brachte seinen schwerverletzten Freund ins Krankenhaus. Rami war nach dem Anschlag für kurze Zeit beinahe taub, die laute Explosion, nicht gut für die Ohrwascheln! Dann fuhr er nach Hause, wusch sich, wusch das Blut von Gesicht und Körper und wechselte seine Kleidung, er wollte seiner Mutter nicht so besudelt begegnen. Seine Mutter durfte das ganze Blut nicht sehen, weil sie sich sowieso seit Längerem gröber um seine Sicherheit, um sein Leben sorgte. So geht die erste Anekdote aus dem Leben vom Rami, so gehen viele Anekdoten aus dem Leben vieler irakischer Burschen.

Ganz offen sagt er es nicht, aber dass er vor seinen Bodyguard-Zeiten ein wenig im irakischen Widerstand aktiv gewesen ist, das kann ich mir beim Rami durchaus vorstellen.

Ein Großteil des irakischen Widerstandes gegen die Willigen wurde von normalen Irakern getragen, Lehrer, Beamte, Bauern, junge Burschen, einfach alle, die sich mit militärischen Mitteln gegen eine recht brutale Besatzung auflehnten. Die Behauptung, dass die Amerikaner im Irak hauptsächlich gegen Al-Qaida und andere wahnsinnige Terroristen kämpften, stimmt so nicht. Auch wenn das von der Koalition der Willigen gerne so dargestellt wird. Eine Koalition, die ursprünglich viel Demokratie, viel Freiheit, wenig Tod und noch weniger Foltergefängnisse bringen wollte. Eine einfache Schwarz-Weiß-Geschichte lässt sich eben an der Heimatpressefront wesentlich leichter erklären und man spart sich viel unnötiges Mitleid. Wenn man aber plötzlich gegen ganz normale Irakis kämpft, gegen Familienväter und Lehrer, gegen einfache Bauern oder Universitätsprofessoren, dann beginnen die Grautöne die schöne Schwarz-Weiß-Geschichte ein bisschen zu versauen. Dann ist nicht mehr jeder erschossene Iraki ein großer Erfolg und ein Dienst an der Freiheit. Dann ist nicht jeder inhaftierte junge Mann ein Schritt zu Demokratie und Sicherheit. Offiziell wird daher nur gegen Terroristen gekämpft, werden nur Terroristen getötet und da von diesen Terroristen sowieso jeder ein Wahnsinniger ist, gibt es leider nur eine gute Terrorismustherapie: die Kugel ins Hirn.

Ramis irakische Jugend war kein Zuckerschlecken. Die frühe Erwachsenenzeit hat er mit der Waffe in den Händen verbracht.

Da sitzen wir beide, ich 28, er 23 und immer noch denke ich, so verschieden sind wir doch gar nicht, von den Lebensumständen mal abgesehen. Aus dem Blauen bekomme ich die nächste Kostprobe der irakischen Realität in meine Seifenblase geliefert: Wie das genau aussieht, wenn man ganz nahe an der Autobombe dransteht, das kennst du nicht, sagt der Rami, im Irak ist das ganz normal. Wenn du ganz nahe an der Bombe stehst, dann zerfetzt es dich. Dann fliegen deine Körperteile wild durch die Luft. Rami hat das oft gesehen, dann liegt der Kopf da herum und ein Bein ganz woanders, der halbe Oberkörper dort und ein Arm noch woanders. Meistens stehen ja auch mehrere Menschen um so ein Auto herum, bevor es explodiert. Eine warme, dampfende Angelegenheit, wenn es lauter Menschen, die ja vor Kurzem noch mit 36,8 Grad Körperkerntemperatur gelebt haben, in ihre Einzelteile zerlegt. Unvorstellbar. Einmal, eine sehr lustige Geschichte, da ist ein Fuß über 200 Meter weit geflogen, auf einem Dach gelandet, den hat man dann erst Tage später gefunden. Kannst du dir das vorstellen? Da lacht er, der Rami. Hahaha.

Nein, ich kann mir das nicht vorstellen. Arg. Mich erinnert diese Erzählweise an meinen alten Nachbarn, den ich als Kind zum Russlandfeldzug ausgefragt habe. Der hat auch immer gelacht, an Stellen, an denen es eigentlich zum Weinen ist. Wie soll man damit umgehen, wenn Töten und Morden plötzlich zur Normalität wird?

Ramis gutes Englisch macht es uns leicht, seinen Erzählungen zu folgen, die Sprache habe er sich selbst beigebracht, mit Hollywoodfilmen. Beeindruckend. Er würde natürlich sehr gerne mal in die USA. Auch sein Türkisch sei schon wirklich gut, nach nur wenigen Monaten im Lande. Jetzt arbeitet er in einem Touristenhotel in Kappadokien, sein fairer türkischer Chef zahlt ihm nur den halben Lohn, denn er ist Iraker, hat keine offizielle Arbeitserlaubnis und kann sich darum nirgends beschweren. Die zwei anderen Jungs an seiner Seite sind auch Irakis, seine Freunde, aber der große Boxer-Rami ist klar der Chef der Burschengruppe. Es sind hübsche, arabische Jungs, sie sehen ein bisschen, nein eigentlich zu 100 Prozent wie Fußballer aus und sie werden schön langsam nervös, so lange politisieren wir schon herum, dabei wollen sie doch schon längst Touristen-Mädels aufreißen. Dass der Sonnenuntergangsgipfel ein guter Spot für die Liebelei ist, dürfte sich herumgesprochen haben.

Die beiden Soccer-Boys sind knapp über zwanzig. Sie erkundigen sich über das österreichische Asylsystem, hätten sie dort eine Chance? Sorry Jungs, das wissen wir leider nicht, man kann leider aus dem Ausland keinen Antrag stellen, dafür muss man einreisen, sich einschleichen, auf einer der gefährlichen und teuren Schlepperrouten. Rami würde schon gerne nach Europa gelangen, dafür müsste er übers Meer fahren, das weiß er. Er wolle aber nicht ersaufen, sagt er. Nach Bagdad zurück? Auf absehbare Zeit sicher nicht! Er könne nicht, es wäre zu gefährlich für ihn. Die Mama sei noch zuhause, aber sie verlasse das Haus nur, wenn unbedingt notwendig. Ich frage ihn, ob er vom jüngsten Autobombenanschlag in der Hauptstadt gehört hätte, der mit den vielen Toten. Ja schon, sagt er, aber das sei Bagdad. Vier Bomben am Tag, das wäre dort ein friedlicher Tag. Da sitzt du einfach im Café, sagt Rami, und plötzlich fliegt neben dir ein Auto in die Luft. Das ist Alltag. Die Leute trauen sich kaum mehr, zu heiraten. Wenn der Mann getötet wird, wer sieht dann nach der Frau, wer ernährt sie und wer die Familie? Der Tod lauert in Bagdad an jeder Ecke.

Was er sich wünsche? Eigentlich nur eine Frau und eine Familie, ein normales Leben, vielleicht eine Arbeit, in der er sein Sprachentalent nützen könnte. Er hätte ein Mädchen im Irak, die Tochter eines einflussreichen Mannes – recht verliebt, ja. Aber das spiele es im Moment leider nicht. So sieht es aus. So ist das. Aber Trübsal blasen? Nein! Eher Spaß, eher Witze reißen und Zigaretten teilen. Eher einen lustigen Abend haben und relativ fremden Menschen relativ viel Persönliches erzählen.

Kappadokien: Ballone, Erosionslandschaft und viel Tourism.

Fortbewegungsmittel im direkten Vergleich.

Wir sind mit dem Fahrrad gefahren, erzählt Filip, durch Mazedonien, ja! Aber nur die letzten drei Tage. Sonst sind wir nur spaziert. Über die Grenze ist es dann aber besser zu Fuß, da kann man kein Fahrrad mehr mitnehmen. Leider.

Fünf Kilometer vor der serbischen Grenze verkaufen wir unsere Fahrräder, schwer unter Preis, an wartende Mazedonier. Die Straßen des kleinen Ortes sind voller Syrer und wir beschließen sofort, uns unbemerkt in den Wald zu schleichen.

Eine Stunde erst sind wir sieben wieder zu Fuß unterwegs, da überrascht uns ein zerbeultes Auto, das leise von hinten an uns herangerollt ist. Ein Polizist steigt aus und packt mich sofort am Kragen, zieht mich hoch, schreit mich an. Was will er von mir? Ich strample mich los, kassiere eine Ohrfeige, ziehe meinen Pass aus der Hosentasche, die griechische Aufenthaltsgenehmigung, für Mazedonien habe ich natürlich keine Papiere.

Der Polizist spricht kein Wort Englisch, nur mazedonisches Kauderwelsch.

Polizist: „Bla bla bla."

Ich: „Sprichst du Englisch?"

Polizist: „Bla bla bla – nein, fuck Englisch!" Das sagt er mit einer wegwerfenden Handbewegung.

Ich: „Brauchst du Geld?"

Kurz ist Ruhe.

Ich krame in meinem Rucksack und halte ihm einen 100-Euro-Schein vor die Polizistennase. Er blickt mich zufrieden an, sieht zu seinem Kollegen und hält Zeige- und Mittelfinger in die Luft. So ein gieriges Aas. Medo hilft aus, besticht den zweiten Beamten und sie lassen mich gehen. Die beiden drehen sich um, fahren davon und lassen uns allein im Wald stehen.

Es sind noch wenige Kilometer, bis wir schließlich eine Grenztafel im Gelände stehen sehen: „Република Српска - *Republika Srpska*". Und ein paar hundert Meter weiter, was ist das? Wir befinden uns an einem Hang, von dem aus man auf ein schmales

Tal blickt. Links und rechts gehen Berge in die Höhe. Ein lichter Wald, mit alten, hohen Bäumen, der hier das Grenzland zwischen Mazedonien und Serbien bildet. Mitten in diesem Niemandsland, zwischen Buchen und Geröllblöcken, wartet eine Gruppe von gut 200 Menschen. An den Plastiksäcken und dem zerschlissenen Gewand erkenne ich von Weitem und auf den ersten Blick, dass es Flüchtlinge sind. Auf den zweiten Blick sehe ich: Syrer! Was für eine Überraschung – Brüder. Aber was machen all die Leute hier, warum warten sie direkt vor der Grenze. Irgendwas kann hier nicht in Ordnung sein.

„Komm, wir fragen sie", sagt Medo, als wir noch ausreichend weit entfernt stehen, um nicht von ihnen entdeckt zu werden.

Zu siebt spazieren wir in ihren Lagerplatz: „*Salam alaikum!*"

„*Alaikum salam.*"

Ein Mann löst sich aus der Menge, reicht uns einladend die Hand, bedeutet uns Platz zu nehmen, am Gruppenwaldboden.

„Was ist hier los? Was macht ihr hier mitten im Wald?"

Der Mann, er ist Familienvater, hat zwei Kinder und seine Frau im Schlepptau, erklärt uns kurz die Lage: „Wir sind durch ganz Mazedonien gewandert, haben es bis hierher geschafft und möchten nach Serbien. So wie alle. An den Hauptstraßen gibt es strenge Grenzkontrollen, darum versuchen wir es im Wald. Alles in Ordnung, aber seit Tagen halten sich Gerüchte – die Menschen sagen, dass auf der serbischen Seite Organhändler lauern. Die Mafia entführe dort Flüchtlinge. Wir trauen uns nicht über die Grenze", sagt er. „Wir warten, bilden eine große Gruppe. Es ist zu gefährlich, allein zu gehen."

„Organhändler?", frage ich. Das klingt so unrealistisch und grausam, wie alle diese Dinge, die gerade tatsächlich in Syrien passieren. Gibt es wirklich so schlechte Menschen?

Mit jeder Stunde strömen mehr Flüchtlinge in das Sammelbecken. Wir wachsen zu einer riesigen Gruppe an, die hier versteckt im Wald auf die Grenzüberquerung wartet.

Am Morgen des nächsten Tages sind wir an die 600 Menschen. So etwas habe ich noch nie gesehen. 600 Menschen, die unruhig, angespannt und nervös im Wald warten. Es sind viele Frauen und Kinder dabei.

Am Vormittag gehen wir los, es ist hell, eigentlich nicht zum Fürchten, aber die Sonne kann die bösen Geschichten nicht vertreiben. Männer nehmen Stöcke und Steine in die Hand. Wir sind wie eine Herde Bisons, die sich vor Wölfen schützt: außen die bewaffneten, starken Männer, innen die Frauen, Kinder und Alten. Wir gehen in diesen ruhigen Grenzwald hinein, folgen dem Tal, das nach Serbien führt. Nur Blechschilder markieren hier im Wald die Staatsgrenze, keine Zäune, keine Schranken, kein Stacheldraht. Wir spazieren einfach Richtung Norden, gehen einen Trampelpfad entlang, kommen nach Serbien. Der Wald ist menschenleer, nicht einmal Grenzpolizei. Wir sprechen nicht, behalten misstrauisch das Nichts zwischen den Bäumen im Auge. Der schmale Pfad mündet in eine breite Forststraße, wir sind jetzt in Serbien und plötzlich tauchen sie auf. Männer! Überall stehen schwarz gekleidete Männer mit Sturmgewehren, Sonnenbrillen und Funkgeräten. 30 sind es mindestens. Sie sehen uns an, rauchen und stehen regungslos am Wegrand. Neben ihnen sind teure Autos geparkt: Jeeps, Range Rovers, Mercedes-Defenders, BMWs. Schwarze Autos ohne Nummerntafeln. Ist das die Mafia? Wir gehen angespannt weiter. Ich nehme meinen Knüppel fester in die Hand, bin kampfbereit und beobachte die Männer, die ungerührt wie rauchende Statuen ein Spalier am Wegesrand bilden. Eine gespenstische Stille, in der man nur die Schritte der vielen Menschen hört. Warum tragen diese Männer keine Uniformen? Wer sind sie?

Nun kommen wir auf gleiche Höhe. Die Männer haben ihre Waffen immer noch lässig über die Schulter gehängt. Warum sagen sie nichts? Was tun sie hier im Wald? Wofür die Autos? Ich erwarte, dass sie uns aufhalten, angreifen, dass sie die Frauen aus der Gruppe holen, irgendwas. Aber nichts passiert. Langsam gehen wir an ihnen vorbei. Vielleicht haben sie nicht mit so vielen Menschen gerechnet. Das kann nur die Mafia sein, von der alle geredet haben, denn ich habe noch nie eine Grenze ohne Polizei gesehen!

Wir lassen die furchteinflößende Szene hinter uns. Und doch trauen wir der Situation noch nicht. Der Forstweg führt leicht abschüssig durch den Wald und dann hören wir einen Motor – aber aus der entgegengesetzten Richtung. Wir kommen aus dem Wald, vor uns liegt liegen abgeerntete Getreidefelder. Da ist sie plötzlich, die serbische Polizei. *Wallah!*

Ein kleiner Wagen mit drei Beamten. Ich muss beinahe lachen. Aber natürlich, zu lachen gibt es da nichts. Wenn uns die Polizei entdeckt, dann schicken sie uns wieder zurück, so war es immer. Die Polizisten sind offensichtlich überrascht. Mit 600 Menschen haben sie nie gerechnet. Ein Inspektor steigt aus dem Auto, er wirkt überfordert und schreit: „No one move!" Er zieht seine Pistole, hält die andere Hand in die Luft. „Stop!", bellt er und wirkt dabei hilflos. Es sind drei Männer und wir sind 600, er hat eigentlich keine Chance. Trotzdem bleiben wir. Wo sollen wir hin? Nach Mazedonien können wir nicht, im Wald wartet die Mafia, hier ist die Polizei und vor uns liegen offene Felder. Ich fühle mich bei der Polizei sicherer als bei diesen dunklen Gestalten im Wald. Ein Irrtum.

Seine Kollegen holen Verstärkung, nach einer Stunde sind 20, 30 Autos auf diesem Feld. Die Männer spannen Bänder zwischen ihre Wagen, halten uns unter freiem Himmel, mitten auf diesem Feld fest. Die Sonne hat den Zenit überschritten und über dem Wald ziehen mächtige Wolken auf. Dicht an dicht stehen wir im Polizeikessel gedrängt, sind gefangen. Wir wollen weitergehen und wissen nicht, was hier mit uns passiert. Sie halten uns einfach fest, ohne jede Erklärung. Von allen Seiten werden wir zurückgedrängt, eng zusammengequetscht in einem kleinen Radius. Wir sind umzingelt. Zwei, drei Meter Abstand müssen wir zu den Polizisten halten. „Zurück mit euch!", schreien sie uns nervös an.

Die Wolken halten, was sie versprechen: Regen. Es gibt keine Unterstände in diesem Freiluftgefängnis und die meisten sind katastrophal ausgerüstet. T-Shirts, kurze Hosen, keine Regenmäntel oder Jacken. Wenige haben Müllsäcke, die sie jetzt über ihre Schultern und Köpfe werfen, einige Rettungsdecken, in die sie ihre kleinen durchgefrorenen Kinder wickeln, aber die meisten haben nichts. Fünf Männer fällen einen Baum, machen ein Feuer in der Mitte der Gruppe, wo sich zumindest die Kinder und Frauen ein wenig aufwärmen können. Es ist soooo kalt. Nach einer Stunde bin ich durchnass, es kann nicht mehr als zehn Grad haben. Es regnet und regnet und regnet. Der weiche Boden verwandelt sich in Schlamm. Kinder weinen, ihnen ist mittlerweile so kalt, dass sie schon sterben möchten. Die Eltern versuchen sie nahe am Feuer zu halten, damit sie nicht auskühlen. Die Polizei hat nichts für uns, keine Decken, keine Unterstände, keine Information. Mutige protestieren lautstark, schreien ins Gesicht der Polizisten: „Wo ist die UNO, wo sind unsere Rechte?" Tumulte und immer mehr Syrer, die in die Sprechchöre einstimmen. Die Polizisten werden nervös, sie haben Angst, die Kontrolle zu verlieren, überrannt zu werden. Sie halten hier 600 Menschen gefangen. Mit aller Gewalt versuchen sie den Abstand zu sichern, Schlagstöcke werden ausgepackt, Uniformierte schießen in die Luft – Peng, Peng, Peng. Die Menge schreit auf, Männer weichen zurück, aber nur, um noch wütender auf die Polizisten einzuschreien: „Was haben wir getan? Warum schießt ihr? Unsere Kinder haben Panik, sie erfrieren hier! Wo sind unsere Rechte?"

Der Captain nimmt das Megafon zur Hand, er steigt auf die Motorhaube eines Polizeiwagens und antwortet uns in holprigem Englisch: „UNO? Die gibt es für euch nicht! Weiterfahren? Das gibt es auch nicht! Ihr bleibt hier oder wir schicken euch sofort zurück!"

Der Mann ist betrunken. So aggressiv und dumm wie er redet. Er will uns gar nicht beruhigen. Wir sind aufgebracht, wir wollen weiter, wir sind Flüchtlinge, keine Kriminellen: „Lasst uns gehen! Es regnet, hier sind Kinder, Frauen, kranke Menschen!"

Er setzt zu einer Beleidigungsrede an: „Ihr seid Flüchtlinge", sagt er, „was macht ihr, wenn ich euch jetzt in mein Land lasse? Was macht ihr in Serbien? Ihr fickt unsere Frauen und Töchter! Ich werde euch niemals in mein Land lassen!"

Pfiffe, wütende Proteste – er ist wirklich besoffen und will uns nur provozieren. So ein Arschloch. Das Problem ist aber nicht dieser Captain, sondern das Wetter. Die Situation wird immer schlechter, es hört einfach nicht auf zu regnen, mir ist eiskalt, ich spüre meine Finger kaum mehr. Aus Not zippe ich meinen Schlafsack mit Medos zusammen, wir versuchen uns gegenseitig zu wärmen wie die Pinguine und ein bisschen zu schlafen. Unmöglich. Es ist nur nass und kalt, aber der Schlafsack schützt zumindest ein bisschen. Mittlerweile ist es dunkel. Wie lange halten die uns hier fest? Das kann nicht legal sein.

In der Nacht flammen Unruhen auf, die Polizisten schießen wieder in die Luft, bis auf die Blaulichter und Autoscheinwerfer ist es stockdunkel. Wir besprechen uns, wir müssen hier raus, wenn wir leben wollen.

„Hier erfrieren wir", sage ich. „Morgen in der Früh kommen ganz sicher die Busse, dann bringen sie uns erst recht zurück nach Mazedonien. Wir müssen jetzt abhauen, morgen früh ist es zu spät!" Alle sechs stimmen zu. Wir werden uns einzeln hinausschleichen, in dem Chaos müssten wir irgendwie aus der Wagenburg kommen – Treffpunkt: die kleine Anhöhe im Wald.

Es ist drei Uhr morgens. Noch nie in meinem Leben war mir so kalt. Ich lasse meinen Schlafsack im Schlamm liegen, er ist total durchnässt, fünf Kilo schwer, schmutzig und unbrauchbar. Ich gehe zum erstbesten Polizisten, er ist beschäftigt mit anderen Syrern, ständig kommt wer, will Decken, will Unterschlupf, will Essen: „Nein! Nein! Nein!"

Er versucht, wie alle in der Linie, die Menschen in Schach zu halten, er hat keine Erklärungen, keine Decken für die Mütter der frierenden Kinder, keine Antworten auf die Fragen der wütenden Männer, nur für Toilette und Feuerholz werden die Menschen mittlerweile kurz aus dem Kreis gelassen. Die Polizisten sind unablässig damit beschäftigt, die Gruppe zu kontrollieren. Ich trete schnell an ihn heran. „Ich muss aufs Klo", sage ich.

Er sieht mich kaum an. „Okay", sagt er und lässt mich unter dem Absperrband hindurch. Ich gehe an den Waldrand, schleiche mich hinter dem ersten Baum aus seinem Blickfeld, laufe sofort tiefer in den Wald, so schnell ich kann. *Wallah*. Ich lege mich flach auf den Waldboden, jetzt bin ich verschwunden, so dunkel ist die Nacht. Ich warte ab und lausche, was passiert. Niemand folgt mir, niemand ruft nach mir. Ich glaube, er hat in dem Durcheinander überhaupt nichts bemerkt. Ich robbe weg von diesem Feld, krieche durch den Schlamm und das nasse Gebüsch zum Treffpunkt. Ich warte, der Regen tropft durch die Zweige, Wasser rinnt mir ins

Genick. Ich bin zu müde, um zu zittern. Wo bleiben die anderen? Finden sie mich hier in der Dunkelheit?

Da höre ich ein Krachen im Unterholz, geduckt warte ich, bis ich den Menschen erkenne: „Medo! Hier bin ich!"

Kurz zuckt er zusammen, dann sehe ich das breite Grinsen auf seinem Gesicht „*Wallah* – es funktioniert!" Mein Herz macht einen Sprung.

Wir liegen jetzt nebeneinander am nassen Boden – die Augen werden schärfer, je länger wir am Waldboden liegen. Die nächste Gestalt kommt durch den Wald geschlichen: „Achmed, hierher!"

Keine Stunde dauert es, bis es alle sieben aus dem Freiluftgefängnis geschafft haben. Das Chaos am Feld schwillt wieder an, wir hören den Captain durchs Megafon brüllen.

„Schnell weiter!", zischt Medo. „Am Waldrand wimmelt es vor Polizisten, wir müssen auf die andere Talseite, um von hier weg zu kommen. Wir müssen zu den Schienen, die nach Norden führen. *Yallah*!"

Wie sieben Zombies schleichen wir, durchgefroren, nass und schlammig, durch den Wald. Leise und unauffällig stehlen wir uns davon, bevor jemand auf die Idee kommt, uns einzufangen.

# AUS DEM ALLTAG EINER DÖRRENDEN MARILLE

Wir sind seit mehr als sieben Wochen auf der Reise und haben circa die Hälfte der Türkeidurchquerung hinter uns. Das nächste Ziel ist Van City. Eine kurdisch-türkische Provinzhauptstadt, die am Ufer des größten türkischen Binnensees weit im Osten der Türkei und nahe der iranischen Grenze liegt.

Dazwischen liegen noch 1.000 Kilometer türkische Autobahn, einige kurdische Städte und die Gewissheit, dass sich die nächsten zehn Tage kaum voneinander unterscheiden werden: Es wird ein dauernder Kampf mit der zunehmenden Hitze, der endlosen Autobahn, dem bergigen Anatolien und unserer eigenen Motivation werden. Wir versuchen, täglich vor Sonnenaufgang aufzustehen, fahren, bis wir nicht mehr können, verschlafen die heißesten Stunden des Tages irgendwo im Schatten und radeln dann lange in den Abend, bis die Sonne untergeht. Die Landschaft ist völlig ausgeräumt, Steppe und Getreidefelder, oft fahren wir 20, 30 Kilometer, ohne irgendwo eine schattige Stelle zu finden. Trinkwasser beziehen wir noch immer aus Brunnen am Straßenrand.

*#Reisetagebuch Tag 51*
*„Ab circa elf Uhr ist die Straße so weich, dass der Teer und Rollsplitt an den Reifen picken bleiben. Man macht kaum andere Bewegungen als Radfahren. Einzige Abwechslung ist jausnen und schlafen – sonst passiert NIX. Landschaft stays the same.“*

*#Reisetagebuch Tag 52*
*„Wegen Hitze läutet der Wecker täglich um 5:30 Uhr. Keiner außer Sebastian hört den Wecker. Thomas und ich wachen normalerweise erst ab 6 Uhr auf. Sebastian behauptet sogar, ich hätte während des ersten (5:30 Uhr) und des zweiten (6 Uhr) Weckers laut geschnarcht. Blödsinn, wenn du mich fragst.“*

*#Reisetagebuch Tag 53*
*„Sebastians Packtaschen sind gebrochen und sein Gepäckträger ist kaputt. Er ist so wütend, dass ich umgehend beschließe, ein Video zu machen. Wir campen am Panorama-Peak schlechthin.*

*Große Diskussion, ob wir den Krieg sehen könnten, untertags sahen wir türkische Kampfflugzeuge am Himmel."*

*#Reisetagebuch Tag 54*
*„Ich würde saugern bei Diyarbakır vorbeifahren (der heimlichen Hauptstadt Kurdistans), schauen, ob man die US-Drohnen sieht, die türkischen Kampfbomber and such. Arg, dass Krieg, Tod und Verderben so nahe sind.*
*Fröhliche morgendliche Abfahrt runter und rein nach Darende. Die Leute schauen uns an, als wären wir exotischste Fabelwesen. Siebzehnmal pro Tag erklären wir, dass Austria nicht Australia ist. Wohin (nereye)? Woher (nereden)? Ich sage immer: Red-Bull-Salzburg, das funktioniert. Dann weiter zum Markt, wo Sebastian vergeblich versucht, einen Gepäckträger zu erwerben. Es gibt leider nur Kinderräder, dafür aber viel Interesse ob der Unterschiede zwischen Austria und Australia.*
*Heute auch großes Passkino: denn in der Karte ist ein 1.800 m hoher Gebirgspass eingezeichnet. In Wirklichkeit sind es drei Pässe – OIDA! Aber wir schaffen es, ich glaub, ich werde stärker, denn ich bin noch immer nicht tot und jeden Tag wird's zacher. Am Weg alles voller Marillenverkäufer. Wir pennen am Hügel neben der Autobahn, alles stachelig, wir verstecken uns wie die Ninjas."*

*#Reisetagebuch Tag 55*
*„Jetzt habe ich sie abgehängt, und zwar mit dem klassischen Mähdrescher-Trick, ich hätte wahrscheinlich bis in den Iran fahren können, aber ich will die anderen nicht ganz verlieren. Seit 20 Minuten warte ich nun im kleinsten Schatten der Welt, unter dem jämmerlichsten Bäumchen, das die Türkei zu bieten hat, aufs Eintreffen der Bagage."*

Natürlich stellt jeder immer die gleiche Frage: Wie geht der Mähdrescher-Trick, weil wichtig ist er, dieser Trick, wenn du halbwegs unzerstört durch die türkische Hölle kommen willst. Also, du musst dir vorstellen, da geht eine sehr lange und sehr breite Straße mitten durch die riesengroße Türkei. Links und rechts der Straße war der Türke ein bisschen einfallslos, er hatte nur drei Ideen: Getreidefelder, Getreidefelder und manchmal

Getreidefelder. Dafür aber in allen Varianten: umgebrochen, Stoppelfeld, voll im Korn, sogar Brachen, manchmal mit nix als stacheligen Disteln drauf, manchmal auch Blumen, Stoppelfelder mit Schafen, Felder ohne Schafe, Felder mit Hirten und Eseln, Felder mit Plastikmüll und manchmal auch ohne, aber eigentlich immer das gleiche Getreidefeld, von Istanbul bis zum großen Vansee. Der Straßenrand ist da wesentlich spektakulärer, weil Arche Noah der Verkehrsunfälle, wenn man genau hinschaut. Der tote Hund ist zum Beispiel nicht schwer zu finden, der hat schon vor 100 Metern so süßlich geduftet, dass es dir das Frühstück aus dem Magen wieder heraufarbeitet. Wenn auf so einen 40-kg-Straßenmischling die Sonne eine gute Woche drauf brennt, kann sich ein Germteig noch einiges abschauen – weil Ballon mit vier Haxen trifft es da noch am besten. Und eben, so süß ein Hund ist, wenn er lebt, so süß riecht er dann auch, wenn er verwest. Ziesel, Kaninchen oder auch ein Igel sind da nicht so marktschreierisch unterwegs und olfaktorisch sehr unauffällig. Die sind meist derart an den Asphalt angeschmiegt, daher kommt das Sprichwort: Ich passe genau unter einen LKW-Reifen. Daneben gibt's noch Dachse, Schlangen, Füchse, Vögel, Eidechsen, Schafe, alles was die karge anatolische Landschaft so hergibt, alles in unterschiedlichem Verletzungs- und Verwesungsgrad, aber prinzipiell alles recht tot.

Der gemeine LKW ist hier das mit Abstand stärkste und bedrohlichste Landraubtier. Für einen Hund bremst niemand, zum Radfahrer ist man sehr höflich und man grüßt. Direkt neben dem Radfahrer. Mit der ganz großen, ganz lauten LKW-Hupe, Bauart: Nebelhorn. So, dass es den Radfahrer vor Schreck fast vom Sattel herunter beutelt. Ja Hallo! Ganz genau weiß der Radfahrer nämlich nie, ob gerade gehupt wird, weil: Hallo, Servus, Grüß dich, oder weil es gerade sehr, sehr eng wird und die Hupe, die das Trommelfell zerfetzt, eigentlich das Stichwort zur Operation Lebensrettung wäre.

Doch jedes Schlechte hat auch sein Gutes, und damit kommen wir der Erklärung des LKW- und Mähdreschertricks schon sehr nahe. Der Trick sieht folgendermaßen aus und funktioniert nur bei den altersschwachen Modellen: Man lauert an einem anhaltend steilen Straßenstück, mühsam hinauf schnaufend und sich die Seele aus dem Leib schwitzend, bis sich so ein Ungetüm nähert. Dann Wadenschmalz, dann Sprint, dann Was-geht-Vollgas und wenn du mit dem LKW auf gleicher Höhe bist, wenn du ganz knapp dran bist, dann musst du zugreifen. Fest. Beim Zugreifen gut zielen, nicht hängenbleiben, wirklich gut festklammern, den ersten Ruck lässig ausbalancieren, dann kannst du feiern, weil dann müssen nur noch die anderen treten, dich zieht's wie am reinsten Skilift den Berg hinauf und manchmal auch weiter. Keine blöde Idee ist, trotzdem noch halbwegs zu schauen, weil wenn du einhändig so ein richtiges Schlagloch triffst, so schnell kannst du Intensivstation gar nicht sagen. Wobei es hier im größeren Umkreis sowieso keine Intensivstation gäbe.

Der Mähdrescher ist der Volvo unter den LKWs, weil langsam, sicher wie ein Familienauto und sehr gut zum Anhalten. Von so einem Mähdrescher träumst du den ganzen Tag. Wenn du aber nicht gerade am Mähdrescher hängst, dann weißt du kaum, wohin mit all den Gedanken, die dir das Gehirn solange umrühren, bis nur noch Brei übrigbleibt. Riesenvorteil natürlich, du hast ganz viel freie Hirnkapazität, um genau zu überlegen, wie anstrengend es gerade ist, wie sehr der Gegenwind gerade bläst, wie wenige Kilometer du erst gefahren bist. Aber diese Erfahrung kannst du natürlich später zuhause nützen, Stichwort: Motivationstraining für den unentschlossenen Selbstmörder.

*#Reisetagebuch Tag 56*
*„Leider kein Diyarbakır, weil Sebastian, der Feigling, hat Angst vorm IS! Ha!*
*Ich träumte in der Nacht von Soldaten mit der AK, die sagen: ‚Es ist hier ur gefährlich.' Gruselig. Heute sehen wir die Militärpolizisten in Zivil, mit den fetten Sturmgewehren in der Hand. Dann geiles Brückenspringen in den Euphrat-Staudamm, von einer 16-18 m hohen Brücke. Die Schulter tut seither ziemlich weh, aber es gibt top Videos, auch von Backflips. Mittelmäßiges Mittagessen, wie sehr oft in letzter Zeit. Wetter ist super, weil 40 Grad Celsius im Schatten, Wind ist, als ob dir jemand mit einem heißen Fön ins Gesicht bläst. Die Augen trocknen sogar hinter der Sonnenbrille vollgas aus. Thomas verträgt die Hitze am schlechtesten und ist echt fertig. Wir zelten bald bei einem*

verlassenen Haus zwischen Obstgarten und Getreidefeld. Sebastian und der schwer angeschlagene Thomas schlafen im Zelt, ich schlafe draußen und lasse mich von den Moskitos durch Sonne und Mond stechen."

*Reistagebuch: Tag 57*
„Wir fahren weiter, Thomas behauptet, ihm ginge es wieder gut. Er sieht noch immer aus wie hingespieben und hat null Hunger. Schlauerweise fahren wir an Elazığ vorbei und nehmen weder den Bus noch den Zug nach Tatvan. Wir kommen nach der Mittagspause nicht mehr sehr weit, Thomas ist noch am Recovern. Am Abend kommen wir dann drauf, dass uns die Zeit davonläuft (Kraft und Lust wird auch nicht mehr). Wir beschließen daher, morgen mit dem Zug ab Palu nach Tatvan, dann mit der Fähre nach Van zu fahren und von dort aus mit dem Rad zur iranischen Grenze. Wir zelten nahe an den Gleisen, hinter der Betonmauer eines Fabrikgeländes auf einem frisch umgebrochenen Acker. Bevor wir das Zelt aufbauen, müssen wir die großen, hart getrockneten Erdschollen flach stampfen, damit wir halbwegs gerade schlafen können."

*#Reisetagebuch Tag 58*
„Das erste Mal seit Wochen schaffe ich es, als Erster aufzustehen. Zum Frühstück fährt der Zug, den wir gern genommen hätten, direkt an unseren Nasen vorbei. Leider sind wir keine Hobos und können daher nicht einfach aufspringen. Okay, okay, da wird schon noch was kommen. Pünktlich zur Abfahrt hat Tommy-Boy einen Patschen. Zwischenstopp an der Tankstelle, unmotiviertes Teetrinken mit einem Haufen Tankstellen-Türken, von denen natürlich wieder keiner ein Wort Englisch redet, daher großes Wohin-Woher und großes Austria-von-Australia-Unterscheiden. Wenige Meter nach der Tankstelle entscheidet sich Thomas' Reifen wieder mal dazu, die Luft zu verlieren. Niiiice. Weitere gute Nachricht: Beide Züge in unsere Richtung sind heute schon gefahren. Nächste Möglichkeit: morgen früh. Aus Verzweiflung fahren wir ins nächstgelegene Dorf, legen uns dort an den Fluss und hoffen, dass das Schicksal eine gute Wendung für uns parat hält."

Sebastian und LKWs: Mir kommt fast vor, er genießt den täglichen Kampf.

Weit im Nirgendwo. Unter Tags sieht man manchmal Kampfjets am leeren Himmel.

Was ist der Lieblingsbuchstabe des Tü-ü-ü-rken?

Größte Gastfreundschaft und Herzlichkeit bei bitterarmen Marillenpflückern.

So trocknen die Marillen für unser Müsli.

# LKW-Nächte, ein Speedboat und ein griechisches Gefängnis

Hier sagen sie nicht Terrorismus, erklärt Malek, aber es sind gefährliche griechische Banden, die Menschen jagen, verprügeln und manchmal sogar töten. Extreme Leute, die Ausländer hassen. Ich kann nicht ständig in Angst leben, Angst vor dem Schlepper, den ich verraten habe, Angst vor den Taliban, Angst vor Schlägertruppen. Darum verlasse ich Griechenland, ich möchte an einen Ort, wo mich niemand kennt, wo ich leben kann.

Ich nehme das Geld meines Vaters und zusammen mit meinen übrigen Ersparnissen gehe ich wieder zum Schlepper: „Ich muss weg von Athen", sage ich.

„Wohin willst du?", fragt er mich. Ich weiß es nicht.

„Ich kann dich nach Italien bringen", sagt er, „dort ist Sicherheit." Er bietet mir einen Autobus an, der mich nach Italien mitnehmen würde.

„Gut", sage ich und gebe ihm die 1.200 Dollar, die er verlangt. Früh am nächsten Morgen bringt er mich und einen zweiten Jungen aus Pakistan, den ich zum ersten Mal sehe, zum Bus. Das lange Fahrzeug steht verlassen am Parkplatz der Raststation, weit und breit keine Menschen zu sehen.

Unter dem Bus ist eine Metallstange, eine Achse, ich weiß nicht genau, was, da kann man sich draufsetzen, der Schlepper beschreibt es. Ich klettere also unter den Bus, setze mich auf die Metallstrebe und sehe zu, dass ich mich gut festhalten kann. Der andere Junge klettert auf der gegenüberliegenden Seite unter den Bus und findet auch einen guten Platz. Ich habe zwei Packungen Kekse und eine Flasche Wasser mit, die lege ich in eine Vertiefung.

Menschen steigen ein, der Motor geht an, der Bus fährt los und wir halten uns fest. Kein Problem. Unter mir rauscht der Asphalt vorbei. Jetzt erst bemerke ich, dass ich direkt unter dem Motor sitze, der heiß und heißer wird. Ich spüre die Hitze und muss vorsichtig sein, genug Abstand zu halten, um mich nicht zu verbrennen. Die heiße Luft bläst mir ins Gesicht, die Metallteile rundherum erwärmen sich. Es darf nicht zu heiß werden, sonst kann ich mich nicht mehr halten. Ich finde gute Stellen, an denen ich mich festklammern kann, da ist ein Reservereifen unter dem Bus, dort kann ich meine Füße einspreizen, so werde ich sicher nicht auf die Straße fallen. Nach einigen Stunden bleibt der Bus stehen. Ich esse einen Keks und trinke einen Schluck Wasser. Wir sind unter dem Bus und sehen nicht nach draußen. Die Menschen steigen aus, verlassen das Fahrzeug, sind weg. Es wird ruhig und für mehrere Stunden passiert nichts mehr. Wo sind wir? Wir wissen überhaupt nichts. Ich rufe den Schlepper an: „Was sollen wir machen?"

„Wartet, bis der Bus wieder anfährt", sagt er. Okay, wir warten. Ich esse noch einen Keks, nehme einen Schluck Wasser. Wir warten und halten uns unter dem Bus fest, nichts passiert und ich merke, dass es dunkel wird. Ich halte mich die ganze Nacht, und als es Morgen wird, passiert noch immer nichts. Ich rufe den Schlepper wieder an: „Warten, bis der Bus weiterfährt", sagt er.

„Okay."

Es wird ein heißer Tag. Ich habe noch ein wenig Wasser und esse jede Stunde einen Keks, um meine Kraft nicht zu verlieren. Der Tag vergeht, ohne dass etwas passiert. Wir halten uns weiter unter dem Bus. Der Bus fährt nicht los. Der Bus bleibt stehen. Wir beide warten die zweite Nacht auf unseren Sitzen unter dem Bus. Die zweite Nacht vergeht. Natürlich schlafe ich nicht. Wenn ich hinunterfalle, kann mich der Bus überfahren, wenn ich hinauskrieche, werde ich entdeckt und komme nicht aus Griechenland. Der Tag vergeht, und schließlich sind die Kekse aus. Ich weiß nicht wie, aber wir schaffen noch eine Nacht unter dem Bus, am Morgen des dritten Tages kann ich nicht mehr. Ich frage den anderen Jungen – wir reden nicht viel, damit man uns nicht entdeckt.

„Ich gehe raus", sagt er, „ich kann nicht mehr." Er verlässt das Versteck als Erster. „Was siehst du?", frage ich ihn von unter dem Bus.

„Hier ist nichts", sagt der Junge, „das ist nur eine Insel, rundherum ist Meer, keine Polizei." Ich klettere unter dem Bus hervor. Wir befinden uns auf einer Raststation. Die Leute sehen uns ganz verwundert an. Wir sind rußig und schwarz von Kopf bis

Fuß. Die Abgase. Niemand hält uns auf. Wir gehen auf die Toilette und versuchen, uns zu waschen. Ich wasche mein Gesicht, ich versuche, meine Hände sauber zu bekommen, aber das geht nicht. Ich versuche auch, meinen Mund ein bisschen sauber zu machen, der ist voller Staub und Russ. Wir verbrauchen alle Seife und das ganze Klopapier auf der Toilette.

Draußen an der Raststation arbeitet ein Ausländer. Er streicht die Fassade, ein Pakistani. „Wo sind wir?", fragen wir ihn.

„Das ist eine Insel", sagt er.

„Welches Land ist das?"

„Das ist Griechenland."

„Nicht Italien?"

„Nein, nicht Italien." Scheiße.

„Wie weit sind wir von Athen entfernt?"

„Zwei Stunden."


Das Ticket zurück nach Athen kostet zwei Euro. Wir fahren wieder in die Hauptstadt und ich gehe gleich zum Schlepper. „Ich fahre nicht mehr mit dir", sage ich, „das war sehr gefährlich. Wir haben drei Nächte unter dem Bus verbracht und es nicht mal aus Griechenland geschafft. Gib mir mein Geld zurück."

Der Schlepper gibt mir mein Geld, nicht alles, ein paar hundert Euro behält er sich. Dagegen kann ich gar nichts machen, er ist der Schlepper. 950 Euro bekomme ich wieder.

Die Suche geht weiter und über Freunde finde ich einen Mann, der Speedboats anbietet. Eine schnelle Überfahrt nach Italien mit dem Speedboot übers große Wasser. Na gut, denke ich, das klingt besser, das ist einfach und ungefährlich.

„Okay, kein Problem", sage ich zum Schlepper, „das mache ich."

Zwei Tage später bringt mich ein Assistent zum Boot. Für 600 Euro bekomme ich meinen Platz und eine Rettungsweste. Das Boot ist mit 30 Personen voll beladen, sie kommen aus allen möglichen Ländern: Syrien, Bangladesch, Pakistan, aber auch aus Afghanistan. Mit Pakistani und Afghanen kann ich mich verständigen, die anderen verstehe ich nicht. Es sind auch Frauen am Boot, nur keine Kinder.

In der Nacht legen wir ab, unser Fahrer ist komplett betrunken und fährt wie ein Wahnsinniger. Viel zu schnell! Wir springen über Wellen, fallen beinahe ins Wasser. Gefährlich.

Plötzlich taucht die Küstenwache auf, ich weiß nicht, wie sie uns gefunden haben. Vielleicht mit Radar, keine Ahnung. Sie leuchten mit einem Scheinwerfer nach uns, sie rufen irgendwas über einen Lautsprecher. Der betrunkene Schlepper rast weiter, driftet über Wellen, versucht, sie abzuhängen, aber das Boot der Küstenwasche ist gleich schnell. Sie schießen. Ich ducke mich sofort. Sie schießen auf unser Boot und sie treffen uns am Bug. Wasser läuft ins Schnellboot, wir werden langsamer. Wir sind an mehreren Stellen getroffen. Die Küstenwache muss das bemerkt haben, der Schlepper mischt sich unter die Flüchtlinge, er versteckt sich unter uns, damit sie ihn nicht als Schlepper erkennen. Die Küstenwache begleitet uns kurz, sie warten, sie sehen, dass wir nicht mehr weiterkommen und dann fahren sie weg. Sie lassen uns einfach allein am großen Wasser. Sie müssen wissen, dass wir untergehen werden. Sie haben auf uns geschossen, auf Flüchtlinge, das ist doch illegal?

Durch die Löcher dringt immer mehr Wasser, das Boot wird von den Wellen von einer auf die andere Seite geworfen. Die Leute schreien, die Frauen weinen. Was sollen wir tun? Noch sind wir über Wasser, aber ich kann kein Ufer sehen. Nirgends ist ein Ufer. Ich sehe kein Ufer. Langsam, langsam geht das Speedboat unter. Die Leute schreien: „Wir sterben hier!"

„Ja, wir sterben", sage ich, „aber sterben wir in Ruhe. Ohne Schreien, ohne Panik."

Und dann, es kann nur Zufall sein, kommt eine Fähre direkt an uns vorbei. Wir rufen und winken und versuchen, das riesige Schiff in der Dunkelheit auf uns aufmerksam zu machen. Der Strahl des großen Bordscheinwerfers gleitet über unser Boot, haben sie uns gesehen? Die Fähre steuert direkt auf uns zu, die rammen uns. Dann schwenkt der Lichtkegel zurück, bleibt auf uns fixiert, der Motor heult auf, ein Notmanöver, Richtungsänderung. Im letzten Moment dreht sich das Schiff so weit, dass es wenige Meter an uns vorbei gleitet. Eine meterhohe Bugwelle spült über uns hinweg, dreht das Boot um, reißt uns ins Wasser. Die Fähre gleitet davon. Ich tauche unter, nur durch die Schwimmweste bleiben mein Kopf und die Arme an der Oberfläche. Irgendwie kann ich zurück zum Boot paddeln, schaffe es, mich am Boot festzuhalten. Die Personen im Wasser schreien, haben Panik und Angst zu ertrinken. Viele können nicht schwimmen, wir haben keine guten Rettungswesten. Die Fähre gleitet weiter in die Nacht, aber der Scheinwerfer bleibt auf uns gerichtet, blendet und schmerzt in den Augen. Der Motor heult wieder auf und ich sehe, wie das große Schiff wendet. Es dauert zehn Minuten, eine Ewigkeit, bis die Fähre wieder bei uns ist. Sie kommt langsam direkt neben uns zum Stehen. Weißgestrichen, 20 Meter hoch, drei hohe Stockwerke, die übereinander gebaut sind, oben gehen die Touristen hinter der Reling auf und ab.

Weitere Wellen rollen über uns hinweg, als sich die Fähre Meter für Meter an uns heranschiebt. Die meisten Flüchtlinge haben es geschafft, sich wieder am umgekippten Boot festzuhalten. Die Griechen an Bord rufen uns etwas zu. Sie schießen uns ein Netz, eine Strickleiter zum Boot, damit sie uns an Bord holen können.

„Einzeln!", schreien sie. „Einer nach dem anderen kann über die Leiter hinaufgezogen werden." Ich verstehe, was sie sagen, aber viele der Flüchtlinge sprechen kein Griechisch, ich schreie auf Dari: „Einzeln, einer nach dem anderen! Sie sagen: Einzeln!", aber niemand hört zu. Die Personen sind in Panik und müssen alles um sich ausgeblendet haben: Zehn Menschen auf einmal stürzen sich auf das Netz, klettern nach oben und werden in die Höhe gezogen. Die Griechen schreien, kreuzen verzweifelt die Hände, winken: „Nein! Nein! Nein! Das sind zu viele! Einer nach dem anderen!"

Trotzdem klettern die Flüchtlinge weiter, sie wollen so schnell wie möglich aus dem Wasser. Reiner Überlebensmodus. Dann reißt die Leiter, die Menschen knallen mit Körper und Köpfen gegen die harte Metallwand der Fähre, fallen ins Wasser – Platsch – das Netz fällt direkt auf sie. Kurz schwenkt der Scheinwerfer, Dunkelheit. Wo sind die Menschen hin? Ich kriege Panik, das Wasser ist jetzt stockdunkel, nur die Fähre leuchtet, die Schiffsschraube heult auf, das Wasser scheint zu kochen. Ich kann nichts mehr sehen. Der

Scheinwerfer schwenkt zurück und richtet sich auf die Fläche direkt am Bug der Fähre und nahe der Schraube. Ich sehe zwei abgetrennte Hände im blutroten Wasser schwimmen. Ich sehe einen Kopf. Die müssen tot sein. Eine Person kann zurück zum umgekippten Boot schwimmen, aber wo sind die anderen? Wer aus dem Scheinwerferlicht ist, ist verloren – treibt ab, ertrinkt.

Die Menschen schreien vor Entsetzen. Ich halte mich weiter am Boot fest. Frauen schreien nach ihren Männern, Buben nach ihren Freunden. Es kommen keine Antworten aus dem Meer.

Die Bootsbesatzung schießt ein zweites Netz zu unserem Boot. Wir sollen es am umgekippten Schnellboot anbinden, rufen sie über Lautsprecher. Jetzt hören wir ihnen zu. Wir binden es an, aber niemand will hinaufklettern.

„Geh du zuerst!" ruft einer.

„Nein, du zuerst!", entgegnet ein anderer.

Niemand will da rauf. Wir sterben sowieso, denke ich, ich lasse zuerst die anderen probieren, ich will nicht so sterben. Die Menschen haben Angst, doch schließlich traut sich der Erste, langsam klettert er hinauf. Das Netz hält. Dann der Nächste und wieder der Nächste. Alle verschwinden sie an Bord der Fähre. Ich warte, ich traue mich nicht. Als Letzter klettere ich am Netz in die Höhe. Vorsichtig, Schritt für Schritt, arbeite ich mich die Bordwand hinauf, bis zum obersten Deck, das 20 Meter über dem Wasser liegt. Menschen in weißen Anzügen packen mich an den Armen und ziehen mich über das Geländer aufs Schiff. Ich habe überlebt. Dann kommen Polizisten. Sie bringen uns alle in einen Raum. Sperren uns ein. Ich zittere unkontrolliert am ganzen Körper. Es fehlen neun Menschen. Es fehlen fünf Afghanen. Sie lassen die Leichen im Meer und fahren weiter, wieder zurück nach Griechenland.

Wir sind hungrig, wir fragen um Essen und bekommen Burger, Äpfel und Soufflaki. Wir bekommen Wasser. Ich bemerke, dass ich plötzlich ganz müde werde. Langsam erwärmt sich der Körper, die Anspannung löst sich, ich bin wieder in Sicherheit. Ich wickle mich in eine der goldglänzenden Decken und schlafe im Sitzen ein. Erst als mich ein Polizist an der Schulter rüttelt, wache ich auf. „Wir sind im Hafen", sagt er, „jetzt müsst ihr an Land."

Die Polizisten bringen uns in ein Gefängnis, direkt an der Küste. Es sind zwei getrennte Gebäude, die beide voller Menschen sind. Hohe Zäune und Gitter sperren uns ein, die Zäune sind oben mit Stacheldraht gesichert, so wie die amerikanischen Militärcamps in Afghanistan. Gar keine Chance, hier rauszukommen. Die Betonböden sind schmutzig, die Toiletten verdreckt, es sind viel zu viele Menschen auf diesem engen Raum und es gibt nichts, was wir hier drinnen tun können. Nur warten. Das Lager ist voller afghanischer Jungen und Männer, dazu einige Syrer und einige Schwarze. Wir schlafen auf Matten und am Boden, ich trage meine alte, schmutzige Kleidung. Wir bekommen Essen und werden nicht geschlagen. Ich werde hier für 14 Tage eingesperrt.

Als ich dann endlich freikomme, gehe ich zu meinem alten Schlepper, zu dem, der mich drei Nächte unter dem LKW warten ließ. Seit der Bootsfahrt habe ich Angst bekommen. Bootfahren ist nicht gut. Auf diese Weise sterbe ich sowieso. Ich bitte den Schlepper, einen guten Weg für mich zu finden, einen Weg, auf dem ich nicht sterben werde.

Er findet wieder einen LKW für mich, ich habe Bedenken, aber ich sage nur: „Besser als das Speedboat." Ich habe keine Wahl, ich bin nicht reich, ich kenne die Länder nicht, ich kann hier nicht bleiben. Natürlich versuche ich es nochmals.

Diesmal fahren wir unter einem Sattelschlepper mit. Alles ist diesmal viel besser organisiert.

# WEIL DER MENSCH ZÄHLT

Die wichtigen Sachen zuerst:

1. Zaza ist eine wichtige (hauptsächlich in der Türkei lebende) Volksgruppe mit ca. drei Millionen Zugehörigen.

2. „Man kann nie zwei Wassermelonen unter einem Arm tragen", sagt unser Zaza, Philosoph und Gastgeber zum Thema Polygamie im Allgemeinen. Was natürlich nicht heißt, dass Polygamie in der Türkei nicht vorkommt. Ja, selbst im Heimatort unseres guten Zaza-Zugehörigen gibt es einen alten Mann mit über 30 Kindern – und bevor du blöd fragst: Nein, nicht mit nur einer Frau. Aber eigentlich ist Polygamie in der Türkei schon eher verboten.

3. Anarchismus und Religiosität schließen sich nicht aus. Ihr wisst das natürlich, aber ich habe in der Zeit, wo jeder andere Tolstoi gelesen hat, sich mit dessen Leben, Gottesbild und Gedanken zur Anarchie beschäftigt hat, in einer Handballhalle Strafliegestütz gemacht, weil ich eben oft neben das Tor geworfen habe oder auch an die Stange.

4. Es muss einem aber nicht immer peinlich sein, wenn man die eine oder andere Wissenslücke hat, hinsichtlich des einen oder anderen Philosophen. Vor allem nicht, wenn man in ein abendfüllendes Gespräch mit unserem jungen, eloquenten Zaza-Gastgeber und frommen Moslem verwickelt ist. Unser Zaza-Türke (gemeinerweise Student der vergleichenden Literaturwissenschaften) zitiert Tolstoi, Karl Jaspers, Sokrates, liest den guten Hesse und ca. eine Million iranische Autoren, fragt uns über deutsche Autoren, deren Namen wir noch nie gehört haben, war an der Sorbonne, den Koran dürfte er sowohl gelesen als auch verstanden haben, er ist im Allgemeinen furchtbar gescheit.

An solchen Abenden geht man dann nicht früh schlafen, sagt doch „Ja" zum 17. Glas Schwarztee und freut sich auch, dass man Stunden zuvor die Zaza-Einladung am Marktplatz angenommen hat, obwohl man doch schon am Weg zum Fluss war, baden wollte und felsenfest vorhatte, den Müßiggang noch mindestens bis zum Sonnenuntergang fortzusetzen, um am folgenden Tag den Zug zu erwischen, der einen nach Van und in die Nähe des Iran bringen sollte.

Am Marktplatz sind wir dann eine Attraktion – ohne die geringste Übertreibung würden drei Giraffen auf Fahrrädern kaum größeres Interesse wecken als wir drei leicht müffelnden, von Sonne und Insektenfauna gezeichneten Langstreckenvagabunden.

Unser Zaza-Freund ist ein sehr Feiner, spricht akademisches Englisch, das ist nicht selbstverständlich in einem ostanatolischen Nest, fünf Kilometer abseits der Hauptverkehrsstraße. Wir stellen ihm alle Fragen, die sich auf den letzten 1.000 Türkei-Kilometer in unseren Köpfen angestaut haben. Der Dorfwitzbold und Bodybuilding-Champion füttert uns derweil mit Stücken einer Zehn-Kilogramm-Wassermelone und amüsiert die Versammelten am Dorfplatz mit allerlei Späßen, die Großteils auf unsere Kosten zu gehen scheinen. Wir sitzen unserem Zaza-Freund auf kleinen, höllisch ungemütlichen Hockern gegenüber, man bringt uns Tee und kalte Coke. Rund um uns steht mehr oder weniger die gesamte Dorfjugend und auch viele ältere Semester, ausschließlich männliche Vertreter der Zaza-Gesellschaft.

Unser englischsprechender Zaza muss seinen Dorfgenossen alles ganz genau übersetzen. Er muss unsere Geschichte erzählen und er reicht die vielen Fragen der neugierigen Dorfjugend bereitwillig an uns weiter: Woher? Wohin? Also doch nicht Australien? Das wichtigste, wie viel kostet das Fahrrad? Wie viel kostet die Reise? Warum nehmt ihr Wahnsinnigen kein Motorrad? Alle Fragen reicht er an uns weiter und wir antworten. Der Dorfjugend taugt es, uns auch. Man ist im ruralen Ostanatolien furchtbar an uns Austro-Exoten interessiert.

Später werden wir in größter Freundlichkeit in ein Zaza-Haus aufgenommen und die spannende Konversation dauert bis tief in die Nacht. Wir rauchen Selbstgedrehte, wir trinken noch mehr Tee. Wir haben zufällig einen Geistesmenschen getroffen, einen Intellektuellen und Humanisten. Einen jungen Mann, der trotz all seiner Religiosität ein Anarchist ist (siehe Tolstoi), der Gleichberechtigung und europäische Aufklärung beinahe besser kennt als wir. Der aber trotzdem, aus einer religiösen Argumentation heraus, unbedingt eine Jungfrau heiraten möchte, der möchte, dass sich die Frauen verschleiern. Einer, der für ein Gleichgewicht zwischen Mann und Frau eintritt, der aber nichts daran findet, dass sich die Frauen abends nur in den Häusern treffen können, da gibt's kein Fortgehen, während die Männer laut und bis spät in die Nacht hinein den gesamten Markplatz allein für sich beanspruchen, ganz klare Geschlechtertrennung. Am Abend sieht man keine Frauen auf der Straße, auch untertags sind kaum Frauen zu sehen. In der Öffentlichkeit palavern, auf Plastiksesseln Teetrinken, rauchen, herumsitzen, das ist hier Männersache. Das sagt unser Furkan nicht, aber so ist es hier.

Wir sind Gäste in seinem Haus, das eigentlich das Haus seines Vaters ist, mit Gemüsegarten und Obstbäumen, wie überall hier in der Gegend. Seine Schwester ruft ihn nur durch die einen Spalt geöffnete Zimmertüre, sie wird uns nie begrüßen, wir werden sie nie zu Gesicht bekommen, wir werden ihr ganz sicher nicht die Hand schütteln. Sie bleibt versteckt vor uns fremden Männern. Ehre! Die Frau, die selbst Lehrerin ist, die Schwester unseres humanistisch gebildeten Furkan, sie deckt den Tisch, sie richtet Frühstück, sie wäscht ab, sie macht uns die Betten, aber sie darf sich nicht zeigen, das geht nicht, das gibt's nicht. Wir sind wirklich ein wenig verstört. Nicht unser Land, nicht unser Haus, nicht unsere Sitten, auch nicht unsere Osttürkei, aber unser Furkan.

Wir verbringen die Nacht in herrlich weichen Betten und verpassen am nächsten Morgen, nach einem herrlichen Zaza-Frühstück den Zug. Warum? Weil ein recht unentspannter Schaffner steif und fest behauptet, in unseren Packtaschen könnten Bomben versteckt sein, unsere Räder könnten unmöglich mit auf den Zug. Prinzipiell könnte das schon sein, aber im Speziellen ist es nur ein Vorwand, um uns nicht mitzunehmen – elender Dolm.

Und da wären wir beim zweiten Thema: dem unseligen, traurigen und furchtbar unnötigen Kurdenkrieg. Wir sind in einer Region, die sich langsam wieder auf einen Krieg zubewegt, die ersten Erschütterungen sind zu spüren, die Sicherheitsvorkehrungen sind eine Reaktion auf die steigende Kriegsgefahr, bald werden viele Menschen ihr Leben lassen müssen. Nicht weit von uns herrscht bereits seit Monaten und Jahren Krieg. Obwohl wir uns in der Türkei derzeit noch sehr sicher fühlen und uns praktisch im Schwarzteehimmel von Einladung zu Einladung schlürfen, bewundert werden und so weiter, kurz, ein fröhliches Österreicherleben führen, herrscht doch rund um uns Krieg.

Keine 300 Kilometer südlich wird im Irak gemetzelt. Um einiges näher, derzeit in unserem Norden, stellt die PKK dem türkischen Militär einen Sprengstofftraktor vor die Tür (30 Tote) und die Türken machen dafür oder davor oder aus einem anderen Grund den Nordirak platt. Die Region ist auf dem besten Weg, wieder in Gewalt und Chaos unterzugehen, der Kurdenkonflikt ist im Begriff, wieder aufzuflammen, und wir sitzen bei einer weiteren Minderheit, bei den Zaza.

Wir hören, dass es noch in den 90ern Repressionen gab, ganze kurdische Dörfer wurden von der Armee niedergebrannt, die kurdische Sprache war verboten, tausende Tote auf beiden Seiten. Gerade weil wir von allen möglichen Volksgruppen so freundliche und liebenswerte Leute treffen, ist es hart, zu sehen, wenn sich so ein Krieg entzündet und da wie dort die jungen Leute ins Feuer geschickt werden.

Und auch was diese angebliche Terrorbekämpfung angeht, ich kann diesen Bombardements einfach nichts abgewinnen. Obwohl es immer schöne runde Zahlen getöteter Terroristen sind, obwohl niemand nie einen Zivilisten trifft und jede Bombe nur für ein größeres Gut, die Demokratie oder vielleicht sogar für die Menschenrechte fällt. Wir sind dem Ganzen jetzt so nahe, dass es unmittelbar ist und nicht nur in den Nachrichten. Wenn man einen Kampfjet am Himmel sieht, denkt man nach, wo der Jet gerade herkommt und ob der nicht vielleicht wo was abgeworfen hat.

Ohne es auszusprechen, bedanke ich mich für Sebastians Sicherheitsdenken. Gut, dass er nicht nachgab und gut, dass wir nicht aus sinnlosem Abenteurertum den Weg über die schöne, spannende und pulsierende Kurdenhauptstadt Diyarbakır genommen haben. Gut, dass Sebastian mir gegenüber klargestellt hat, ich könne gerne über Diyarbakır fahren, aber eben ganz sicher ohne ihn, Treffpunkt dann iranische Grenze. Gut auch, dass ich nicht so blöd war, tatsächlich allein zu fahren. Weil Diyarbakır war eine der ersten Städte, wo es ein wenig geraschelt hat, Anschlag auf die Polizei, Tote auf der Schnellstraße, gewalttätige Demonstrationen mit Steinewerfen und ein bisschen Fenster einschlagen. Schlechte Vibes.

Dank Safety-Sebastian sind wir im Zaza-Land, in Zaza-Sicherheit und bald an der Zaza-Bushaltestelle, eine halbe Stunde vom schönen Palu entfernt. Von dort aus soll uns der Bus ganz in den Osten des Landes bringen, vorbei am großen Vansee, in die Stadt Van, gut 100 Kilometer vor die iranisch-türkische Grenze. Dank Safety-Sebastian werden wir in unserer dreistündigen Wartezeit an der Bushaltestelle auf gute zehn Tassen Tee eingeladen, erzählen mehreren türkischen Altherrenrunden von unseren Reisegroßtaten und den weiteren Plänen, bekommen mehr Zigaretten geschenkt, als meinen Lungen gut tut.

Weil Sonntag ist, ein Anruf zuhause. Mein alter Herr freut sich darüber. Es ist auch schön, ihn zu hören und ein bisschen zu erzählen. Und zum ersten Mal, nur ganz vorsichtig und in einem Nebensatz seine Frage: „Ist es sicher bei euch?"

„Ja, Papa – alles cool", sage ich sofort und ich denke mir: „Danke, dass du mich ganz ohne Widerstand fahren lässt, dass du mich doch unterstützt, auch wenn du dir sicher Sorgen machst. Ich werde mein Bestes geben, um wohlbehalten heimzukommen. Bin ich zu mutig, habe ich immer Sebastian an meiner Seite, der mich und Thomas an die Gefahren dieser Welt erinnert. Alles gut."

Aber jetzt eben Planänderung, jetzt kleiner Trick, jetzt Zeitdruck reduzieren und zück-zack aufholen, was man die letzten Wochen so vertrödelt hat. Wir haben jetzt eben das Glück, den Bus nach Van zu erwischen, nachdem wir den Zug verpasst haben, das Glück, dass unsere Fahrräder einfach ins Gepäckfach gestopft werden, das Glück, die nächsten 400 Ostanatolien-Kilometer die Vorteile moderner Verbrennungsmotoren und Klimaanlagen zu genießen.

Wir kommen zu nächtlicher Stunde in dieser fremden Stadt an, setzen Rad und Gepäckspuzzleteile wieder zusammen, schlängeln uns durch den nächtlichen Verkehr, finden das gut recherchierte Hotel. Super. Als ich dem Portier klar mache, ich würde gerne über den Preis verhandeln, sieht er mich unglaublich böse an, macht uns seinerseits mit Gestik, Mimik und gebrochenem Englisch unmissverständlich klar, dass es bei diesem Preis rein gar nichts zu verhandeln gibt. Gute Nacht, Osttürkei!

# Durch den Schlamm nach Belgrad

Die serbischen Polizisten haben gar nicht bemerkt, dass wir davongelaufen sind, erzählt Filip. Wir haben das richtig gut gemacht, wir sind im Chaos dieser kalten Nacht verschwunden. Wir dachten schon, wir hätten es geschafft. Das Freiluftgefängnis liegt weit hinter uns, als plötzlich zwei Polizisten unseren Weg kreuzen. Wie aus dem Nichts sind sie da und halten uns auf: „STOP! Was macht ihr hier?"

Da stehen wir: schmutzig, schlammig, klatschnass – wie Straßenhunde nach einer Woche Regen. Wenn die Polizisten eins und eins zusammenzählen, wissen sie, woher wir kommen. Wir sitzen in der Scheiße, in einer nassen, schlammigen Riesenscheiße. Sie werden uns einsperren, abschieben, ich sehe uns schon zurück hinter der mazedonischen Grenze. *Wallah!*

Medo, der gerissene Hund, ergreift die Initiative: „Die Polizisten haben uns hierhergeschickt", lügt er grandios und deutet in Richtung des Gefängnisses, „sie haben gesagt, wir sollten die Schienen entlanggehen. Wo sind die Schienen?"

Die beiden sehen uns im Strahl ihrer Taschenlampe an: sieben Erdgolems syrischen Ursprungs. Das Wasser rinnt aus unseren Schuhen, die wie Schlammklumpen an unseren Füßen hängen. Bis zu den Knien sind wir völlig braun und dreckverschmiert. Unsere Hosen selbst sind vom Kriechen aufgewetzt, Äste und Blätter hängen an meinem Rucksack und in Medos Haar. Alle sieben frieren wir sichtlich. Zähne klappern unter triefend nassen Kapuzen, aufgeweichte Haut zittert bleich unter nassen Anoraks und Jacken. Es muss um drei Uhr in der Früh sein.

„Dort drüben", die Polizisten deuten in die verregnete Dunkelheit, „dort drüben liegen die Schienen. Sie führen in den Norden nach Leskovac. Wenn ihr an eine große Brücke gelangt", er spricht mit Handzeichen und Brocken englischer Sprache, „müsst ihr unter der Brücke hindurch. Die Brücke ist voller Kameras, ihr müsst unter der Brücke bleiben."

Wir blicken den helfenden Polizisten voll Überraschung an. Ich fühle, dass er mein Freund ist, hier und heute Nacht. Trotz

Waffe, Funkgerät, Handschellen und Uniform. Er ist unser Freund. Ein Mensch.

„Danke", sagen wir – hektisch und kurz angebunden, denn jedes Gefühl wird sofort von der Kälte verdrängt und wir verschwinden in die Dunkelheit.

Wir stolpern beinahe über die Gleise, so dunkel ist es. Der Regen weicht uns ein und saugt die Kraft aus unseren Körpern. Wir müssen tiefer nach Serbien hinein, erst 50 Kilometer nach der Grenze wird man nicht mehr abgeschoben. 49 km – du musst zurück; 50 km – du kannst bleiben. Wir gehen im Schlamm und Dreck unter der Brücke durch, ein wertvoller Tipp. Wir durchwaten den Bach, klettern an der gegenüberliegenden Seite den glitschigen Hang hinauf und folgen den Schienen. Nach einer Stunde finden wir ein altes, verlassenes Haus, es fehlen die Fenster, keine Türen im Gebäude, aber ein Dach. Endlich ein trockener Ort! *Wallah*. Wir entzünden ein kleines Lagerfeuer am Betonboden des Hauses, damit wir uns zumindest ein bisschen aufwärmen können. Die Kleidung tropft auf den trockenen Boden. Natürlich ist alles komplett nass, eiskalt. Ich habe kein einziges trockenes Kleidungsstück. Nichts. Kannst du dir vorstellen? Weißt du, wie lange es dauert, bis alles am Körper trocknet? Ewig! Bei Wind und Kälte!

Wir essen ein bisschen, das ist gut. Ich rauche. Aaaah, was für eine Entspannung. Wir schlafen einige Stunden am Boden zusammengekauert, jeder wärmt sich am Körper des nächsten, in der Mitte brennt das kleine Feuer.

Als wir in der Früh den Rohbau verlassen, sehen wir weit entfernt Busse und Transporter fahren. Sie werden jetzt alle Flüchtlinge nach Mazedonien zurückbringen – alle, die mit uns gemeinsam auf diesem Feld gefangen waren. Ich weiß nicht, was mit ihnen passieren wird. Zum Glück sind wir entkommen.

Es nieselt nur noch leicht, als wir im Morgengrauen weitergehen. Mich treibt die Angst voran, mein Geld ist aus, ich bin pleite, muss es unbedingt nach Belgrad schaffen. Seit Griechenland hatte ich überhaupt keinen Kontakt mehr mit meiner Familie. Sind alle am Leben? Wie geht es ihnen im Krieg? Kann mir mein Vater helfen? Ich muss unbedingt Belgrad erreichen, brauche eine kurze Pause, damit mir mein Vater Geld schicken kann. Schon an der mazedonischen Grenze war das Bargeld knapp, aber jetzt habe ich nichts mehr, muss mir Geld von meinen Freunden borgen – allein wäre ich gestrandet.

Den ganzen Vormittag über spazieren wir an den Schienen entlang, ab Mittag kommt die Sonne heraus, es wird warm, es wird richtig heiß und endlich trocknet die schmutzige Kleidung. Am Nachmittag erreichen wir ein kleines serbisches Dorf. Von einem der Häuser ragt ein Gebetsturm in den Himmel. „Eine Moschee", freuen sich die Jungs, sie sind komplett aus dem Häuschen, wie kleine Kinder freuen sie sich. „Eine Moschee!", rufen sie. „Der Imam wird uns sicher helfen! Jeder gute Moslem hilft."

Es ist nur ein kleines Steingebäude mit runder Kuppel, nicht mehr, davor liegt ein Brunnen. Die Moslems unserer Gruppe ziehen ihre Schuhe aus, waschen sich, so wie sich Moslems eben vor dem Gebet waschen: die Beine, die Hände, die Unterarme, das Gesicht. Etwas sauberer und barfuß gehen sie in die Moschee. Ich bin Christ, Medo auch, wir bleiben draußen, kaufen Zigaretten und setzen uns in die Sonne. Ich genieße es, wie die Strahlen meinen Körper wärmen, denn irgendwie steckt die Kälte immer noch in meinen Knochen.

Nach 20 Minuten kommen Ahmed und die anderen vier Freunde aus der Moschee, Medo tritt sofort an den Mann heran, er hat Charme, er beherrscht es, Menschen auf seine Seite zu bringen. „Wir brauchen Hilfe, wir haben uns seit 14 Tagen nicht mehr gewaschen, kaum gegessen und geschlafen", sagt Medo, „wir müssen nach Belgrad kommen, wir brauchen ein Auto, einen Bus, irgendetwas, um nach Belgrad zu kommen."

Der Imam nimmt uns mit in seine Wohnung, er bringt uns frische Kleidung und Essen. Wir dürfen uns bei ihm waschen, duschen. Seit 14 Tagen kein fließendes Wasser mehr, es ist herrlich. Ich liebe das warme Wasser, das aus der einfachen Dusche rinnt, richtiger Luxus.

Leider sagt der Imam, dass er uns nicht weiterhelfen könne. Essen – ja, Kleidung – ja, aber er habe keine Möglichkeit, uns weiter zu bringen. In Serbien sei Schlepperei strafbar und wenn er uns nach Belgrad brächte, dann riskiere er 14 Jahre Gefängnis –

14 Jahre, dafür, dass er uns mit dem Auto ins Landesinnere bringt. Auch die Flüchtlinge würden eingesperrt – für Monate kämen wir ins Gefängnis, warnt der Imam.

Die hohen Strafen sollen den Flüchtlingen viel Angst machen, soviel ist mir klar. Sie wollen uns abschrecken, ins Land zu kommen. Noch sind wir keine 50 Kilometer von der Grenze entfernt, wir sind immer noch illegal und können hier nicht um eine Aufenthaltsgenehmigung anfragen – wir sind in der Zwickmühle.

Dann stellt der Imam den Kontakt zu einigen Männern her, Taxifahrer nennt er sie. Die Taxifahrer kommen zur Moschee, 100 Euro verlangen sie für die Fahrt, aber sie werden uns nicht bis nach Belgrad bringen. Zu weit und zu gefährlich. Sie können uns in die nächste Stadt im Norden fahren, nach Leskovac, dort wären wir weit genug im Landesinneren, könnten bei der Polizei die Genehmigung abholen und weiter nach Belgrad. 100 Euro pro Person. Natürlich, billig ist es nie, aber es ist ein okayer Preis. Ich kann mir das Geld ausborgen, mittlerweile habe ich 180 Euro Schulden.

Die Taxifahrer arbeiten wie die Mafia. Sie teilen uns auf drei Wagen auf. An der Strecke nach Leskovac steht alle paar Kilometer ein Späher, der die Fahrer anruft und ihnen mitteilt, ob die Strecke frei ist. Wir kommen ohne Polizeikontrollen durch, fahren die 20 Kilometer in die Stadt und verlieren uns, weil jede Gruppe woanders ausgeladen wird.

Flüchtlinge treffen sich immer an denselben Plätzen, das passt schon – es beunruhigt uns nicht, obwohl wir an einem völlig fremden Ort sind. Wir gehen wie automatisch zum Bahnhof. Das Gelände der kleinen Station ist voller Menschen, fast ausschließlich Syrer, die alle durch Serbien wollen. Wir suchen in der Menge, fragen uns durch und finden schließlich unsere Freunde wieder. Wir wollen unbedingt zusammenbleiben, nur gemeinsam schaffen wir diese Reise.

„Ihr braucht keine Aufenthaltsgenehmigung", erklärt uns ein Syrer am Bahnhof, „ihr könnt sofort ein Ticket nach Belgrad kaufen." Das ist uns neu, stimmt das wirklich? Sollen wir das Risiko eingehen?

„Nein!", denke ich und berate mich mit Medo. Nein, wir wollen nicht schon wieder ohne Papiere unterwegs sein. Man weiß nie, was passiert, wenn man festgenommen wird. Wir gehen zur Polizei, entscheiden wir gemeinsam, wir gehen auf die nächste Wache, geben unsere Dokumente ab und holen uns das Papier, das wir brauchen. Abgemacht. Es ist schon dunkel, als wir den Polizeiposten betreten, uns als Flüchtlinge zu erkennen geben – als ob wir das verbergen könnten – und die Polizisten um legale Papiere bitten. Wir warten, sie machen uns keine Probleme, aber niemand kennt hier Eile. Wir warten fünf Stunden, bis wir endlich unsere Aufenthaltsgenehmigung in der Hand halten. Das Dokument gilt für 72 Stunden, drei Tage dürfen wir uns jetzt also frei in Serbien bewegen. Ein sehr gutes Gefühl. Endlich können wir mal durchatmen, drei Tage lang kann uns niemand einsperren oder abschieben, wir müssen uns jetzt nicht mehr verstecken. Zufrieden zünde ich mir eine Zigarette an, es ist weit nach Mitternacht. Hallo Serbien, denke ich mir, als ich den wundervollen Rauch genüsslich in meine Lungen sauge.

Wir gehen zurück zum Bahnhof, natürlich sind wir müde – aber wo sollen wir hin? Am besten gleich weiter. Der letzte Bus nach Belgrad fährt um zwei Uhr nachts und ist voller Menschen. Wir sind beinahe sauber, dank des Imams, aber viele andere sind schmutzig, unvorstellbar schmutzig. So schmutzig, wie wir selbst waren. Fünf Stunden später kommen wir in Belgrad am Busbahnhof an. Wir sind komplett fertig, übermüdet, hungrig. Einfach am Ende. Es ist sieben Uhr morgens und die Sonne geht auf, über dem Bahnhof im Zentrum der serbischen Hauptstadt.

# THE VAN-CITY-BOYS

Wir erwachen in einem freundlichen Hotel in der Ostтürkei. Der Tag steht im Zeichen einer körperlich-optischen Generalüberholung. Fokus: Haupt- und Gesichtsbehaarung, die ob langer Laissez-Faire-Politik wuchernde Zustände erreicht hat.

Ein Mann kann nirgendwo, nicht mal im Schoß einer noch so schönen Frau, besser aufgehoben sein als in den Händen eines türkischen Barbiers. Der schneidet, kämmt, rasiert und flambiert uns nach allen Regeln der Kunst, und derer gibt es viele. Eine Stunde später kann jeder an den symmetrischen Kanten unserer Frisuren und Bärten seine Uhr stellen.

Für unsere adrette Einreise nach Persien fehlt schließlich nur noch das standesgemäße Beinkleid. Im Iran der gestrengen Mullahs trägt ein sittlicher Mann Hosen, nicht irgendwelche, sondern lange. Man bedeckt sich jedoch nicht völlig freiwillig, denn was für Mann und Frau gut ist, das überlegen sich die Herren aus dem Revolutionsrat in Form verbindlicher Regeln. So verbindlich, dass bei Nichteinhaltung verbindliche Gefängnisaufenthalte angeboten werden. Dem Manne tut es gut, sich in lange Hosen zu kleiden, keinen Alkohol zu trinken und keine Drogen zu sich zu nehmen, sich möglichst außerehelichen Liebesabenteuern zu entziehen und selbstverständlich, als iranischer Staatsbürger, einen zweijährigen Militärdienst zu absolvieren. Weiters wird dem Manne nachdrücklich empfohlen, sich nicht der gleichgeschlechtlichen Liebe hinzugeben, auch die Vergewaltigung wird hierzulande wenig geschätzt (außer es handelt sich um die werte Ehefrau, deren sexueller Verfügbarkeit sich der Ehemann jederzeit bedienen darf). Man lästere Allah, dem Größten, bitte nicht, und falle, sei man Moslem, besser nicht von diesem, dem rechten Glauben, ab.

Der Frau tut es gut, ihr Haupt zu verhüllen. Sie bedecke ihr Haar mit einem Kopftuch oder einem Hilfsmittel ihrer Wahl. Es tut ihr gut, lange und weite Kleidung zu tragen, bis zu den Knöcheln und bis zum Handgelenke. Sie verhülle und verhänge ihre weiblichen Reize, das Popöchen und andere Ausbuchtungen, die männliche Erkundungsinteressen wecken könnten, durch weite Gewänder und Tücher. Und bitte, sie rauche auch nicht in der

Öffentlichkeit. Für Erwerbsarbeit, für eine Reise ins Ausland, für den Erwerb von Grundbesitz hole sie die Erlaubnis ihres Ehemannes ein, ist sie nicht verheiratet, kann auch der Herr Papa derartig weitreichende Freiheiten erteilen. Auch gebe sie sich nicht dem unehelichen Geschlechtsverkehr hin, schon gar nicht gegen ein Entgelt, außer sie verspüre stark Lust ein langes, glückliches, islamisches Leben gegen ein kurzes Leben, schmerzhaften Tod inklusive, einzutauschen.

Wir müssen uns nur lange Hosen anschaffen und den liebgewonnenen Alkoholkonsum einstellen, ansonsten können wir weitermachen wie gewohnt. Natürlich ist auch für uns jede Liebelei ab jetzt strafbar. Man rät uns darüber hinaus eindringlich, keine Bilder militärischer Anlagen aufzunehmen. Denn unter der Frau, auf der iranischen Skala der Unglücklichen, kommt nur noch der Esel, und ganz am Ende, den Kopf kleidsam in die Schlinge des Galgenseiles geschmiegt, kommt der Spion, der Unglückskönig.

Des Nachmittags schlendert man als österreichischer Neuling durch die Stadt, bewundert die vollen Straßen und einige Frauen ohne Kopftücher, bewundert die bettelnden Kinder, die uns beim Essen einige Münzen abringen, bevor sie von den Kellnern verjagt werden, bewundert den schwer bewachten Burger King, bewundert die bewaffneten Polizisten in Splitterschutzwesten, bewundert die Wasserwerfer und die gepanzerten Polizeiwagen mit den schneidig aufgepflanzten Maschinengewehren. Man erinnert sich an die Fernsehbilder, die über die Flachbildfernseher des modernen Barbiersalons flackerten. So wenig Türkisch kann man gar nicht verstehen, dass man diese Bilder falsch interpretiert: Da demonstrierte man in kurdischen Städten, da brannten die Autos, Reifenstapel und Straßenbarrikaden. Gelinde gesagt: Scharmützel mit der Polizei, Tränengas, Knüppel, Steine, die ein oder andere Kugel dürfte auch dabei gewesen sein. Hubschrauber kreisten über den Städten – Hauptschauplatz Diyarbakır.

Zurück im Hotel lassen wir uns vom freundlichen, 160 Zentimeter großen Hotelbesitzer unsere Euro in phantastische Summen iranischer Real wechseln. Sehr wenige Euronoten gegen bündelweise iranisches Bargeld. Ein Euro entspricht *dreiunddreißigtausendzweihundertneunundsiebzig* iranischen Rial. Keine Spesen, keine Gebühren, der Wechselkurs aus dem Internet zählt. Da wird der erfahrene Österreicher schon misstrauisch, bei so viel unprovozierter Nettigkeit. Aber am Tag des freundlichen Kurden wirst du nicht beschissen, da kannst du noch so viel Angst haben. Da erzählt er, der Kurde, dir höchstens noch ein paar Geschichten. Er, der Kurde, ist Unternehmer und Krieg ist Gift fürs Unternehmen, vor allem, wenn die Unternehmung Fremdenverkehr heißt. Sein Hotel ist halb leer, seine organisierte Tour auf den türkischen Fünftausender, den Mount Ararat, musste abgesagt werden. Die Gebirge wurden aufgrund jüngster Eskalation zum militärischen Sperrgebiet erklärt. Dort im Norden ist nämlich PKK-Land. Die PKK operiert in den Bergen, das türkische Militär verschanzt sich in ihren gut gesicherten Basen. Darum zahlt er auch Tourismustaxen an beide: ans türkische Militär genauso viel wie an die PKK. Anders geht das nicht, wenn man Business machen will, Friedensverhandlungen hin oder her.

Aber die sind seit einem Tag abgebrochen, die wurden geopfert, damit Herr Erdoğan zu Neuwahlen schreiten kann. Aber er ist ein Businessman, er findet den Erdoğan ehrlich gut, obwohl er, der Unternehmer und Hotelbesitzer, Kurde ist. In den letzten Jahren war weitgehend Ruhe in den Kurdengebieten eingekehrt, erzählt er, der Friedensprozess wurde eingeleitet, Autobahnen, Infrastruktur, neue Straßen bis ganz in den Osten gebaut. Super! Wirtschaftswachstum, es geht seit Jahren bergauf, auch hier in Van. Kein Grund für übermäßige Kritik am mächtigen Erdoğan, der für die Politik der letzten Jahre verantwortlich zeichnet. Den Leuten hier geht es viel besser als früher. Früher, da waren sie arm, Gesundheitsversorgung, Bildungssystem, alles ist nun besser, sagt der 160-Zentimeter-Hotelbesitzer. Man kann also auch Pragmatiker sein, nicht nur strenger Ideologe, man kann keine Freude damit haben, dass die PKK noch lustig herumkämpft im Hinterland. Unser praktisch zurechtüberlegtes schwarz-weißes Gesellschaftsbild der Türkei wird zunehmend, fast täglich, durch weitere Grauschattierungen verwischt. Was jetzt? Ist Erdoğan also doch nicht nur das korrupte, machtgeile Schwein, das ausschließlich über Leichen geht? Liebt doch nicht jeder die edle PKK, wo Frauen gleichberechtigt mit Männern kämpfen, wo auch getötet wird, nur eben für so edle Motive wie Selbstbestimmung, Freiheit und sozialistische Brüderlichkeit?

Wir fragen den guten Hotelbesitzer schließlich nach der Sicherheitslage. Wir wollen wissen, ob wir unsere Reise halbwegs ungefährdet zur iranischen Grenze fortsetzen können. Ja, meint er, da müssten wir uns keine Sorgen machen, wegen dieser kleinen Scharmützel, da hätte es sowieso keiner auf Touristen abgesehen, das Militär nicht und die PKK schon gar nicht, und dass wir Touristen seien, das sehe man aus weiter Entfernung, dessen seien wir versichert. Danke für die Infos und Danke für die Beruhigung.

BILANZ TÜRKEI: Unsere Räder laufen wieder einwandfrei, Thomas hat dreimal an zwei aufeinanderfolgenden Tagen seine Patschen-Pick-Skills verfeinert, Sebastians Gepäckträgerbruch ging glimpflich über die Bühne, mir wurden zwei neue Gewinde geschnitten, nun hält auch mein Gepäckträger wieder. Ein Hitzekollaps wurde knapp vermieden und alle Beteiligten haben sich im wohligen Zwei-Sterne-Motel gut erholt. Wir haben zwei Monate hinter uns, sind über 4.000 km gefahren und befinden uns nun im Endspurt. Wenn man uns was wünschen kann, dann wären das: Wolken, Rückenwind und sehr robusten Zahnschmelz – weil bei dieser Tee- und Zuckertherapie gewinnt sonst der Karies, der alte Gauner, die Oberhand.

Tag 1. Bratislava.

Tag 60. Van City.

## Brautschau in Belgrad

Ich bin tot, sagt Filip, komplett am Ende. Wir sind so viel spaziert. Erst in Griechenland, in Idomeni, über die Grenze, wieder zurück, nochmal nach Mazedonien, tagelang durch den Wald, über die Grenze nach Serbien, dann diese scheiß Polizei, die Wagenburg, das Gefängnis im Freien, eine ganze Nacht im kalten Regen, die Flucht und dann noch zwei Tage ohne Schlaf bis Belgrad. Ich kann nicht mehr.

Es ist sieben Uhr früh und alle Hotels in Belgrad lehnen uns ab: „Check-in erst ab elf Uhr", sagen sie, „ihr seid zu früh." Ich will einfach nur schlafen. Ich schlafe am Boden, hier im Park in Belgrad, ganz egal.

Aber Medo findet WiFi, er findet online eine Unterkunft, die uns aufnimmt. Irgendein Serbe spricht mit ihm am Telefon. Medo stottert herum und gibt mir sein Handy: „Da, Filip, sprich Englisch! *Yallah*." Der Serbe ist ein sehr freundlicher Mensch. Ich sage nur, dass wir eine schöne Wohnung brauchen, für sieben Leute und zwei Nächte.

Ja, wir könnten bei ihm schlafen, meint der Serbe. Sieben Syrer? Kein Problem. Er heiße Raico und wir könnten jederzeit kommen.

„Ich habe keine Ahnung, wo wir sind", sage ich, „kannst du uns im Park abholen? Wir sterben sonst. Ich schicke dir unsere Location." Ich hoffe, er versteht mich, weil weder sein noch mein Englisch sind wirklich gut. Raiko braucht keine 15 Minuten, bis er bei uns im Park steht – *Wallah* – und uns weiter in seine Wohnung führt. Dort wohnt er, erklärt er uns müden Gestalten, gemeinsam mit seiner Frau Tamara und seiner Tochter. Für uns gibt es drei Schlafzimmer, ein Bad und sieben Betten. 13 Euro pro Nacht und Person.

Die Wohnung ist wie ein Traum für mich: so schön, so groß, so sauber. Wir kommen direkt aus der Wildnis, aus dem Wald und dem Schlamm. Ich bin beinahe erschlagen von der weißen Sauberkeit der Badezimmerfliesen, von dem großen Spiegel: Ich sehe aus wie ein Tier. Mein Bart wuchert die Wangen zu, meine Haare sind lang und zerzaust, mein Gesicht ist abgekämpft, aber braungebrannt. Die Betten sind weich und bezogen. Wir wohnen hier wie die Könige – *Wallah*!

Noch am Morgen des nächsten Tages erreiche ich meinen Vater in Damaskus. „Alles gut", sagt er, „alle leben." Meine Familie verlasse unser Haus nur noch selten. Es gebe dauernd Anschläge, erzählt mein Vater. Autobomben, Artillerie, Raketenangriffe, aber alle seien gesund, auch mein Bruder in der Armee. Die Lebensmittel seien immer noch sehr teuer, meint er, Kriegswirtschaft und Schwarzmarkt, aber das Geld könne er mir trotzdem schicken, kein Problem, sagt er, ich könne in wenigen Stunden die 1.000 Euro in Belgrad abheben. Ich weiß, dass er das Geld von Verwandten geborgt hat. „Ich werde alles zurückzahlen", sage ich.

„Gott wird dich auf deiner Reise beschützen, mein Sohn", antwortet mein Vater und wischt meine Worte damit vom Tisch.

Hungrig und durstig verlasse ich Raicos Wohnung, schlendere durch die Straßen in der Umgebung, genieße es, nirgendwohin weiter zu müssen. Belgrad ist eine super Stadt, wirklich. Die serbischen Mädchen sind schön, das Essen ist sehr gut, die Zigaretten sind billig, Raico und seine Familie sind so freundlich zu uns. Mir gefällt es hier.

Die Wohnung verlassen wir trotzdem nur für wenige Stunden. Die meiste Zeit schlafen wir, wir duschen, essen, rauchen, wir ruhen uns einfach nur aus. Ruhe, Ruhe, Ruhe. Wir wissen, was in den nächsten Tagen noch auf uns zukommt.

Raico ist wie ein Freund. Er bietet mir sogar – haha – seine Tochter zur Heirat an. Ich werde rot, natürlich bin ich geschmeichelt. Sie ist hübsch, aber ich kann jetzt nicht in Belgrad heiraten. „Nein danke, Raico", sage ich, „ich möchte eine deutsche Frau heiraten." Vielleicht war es auch nur ein Spaß, ich weiß es nicht.

Die anderen – natürlich – verarschen mich jetzt den ganzen Tag: „Filip, wann heiratest du Raicos Tochter? Mach schnell, wir müssen morgen weiter! Filip, sollen wir euch heute Nacht das Zimmer frei machen?" Sie finden sich furchtbar lustig, solche Idioten. Aber ich mag diese Idioten und eigentlich haben wir zum ersten Mal seit Tagen wieder was zu lachen. Das tut gut. Das entspannt.

Dazu kommt: Wir sind nun legal im Land, wir haben Betten, warmes Wasser, Internet, wir haben frisches Gewand und freundliche Menschen um uns, ich liebe Belgrad.

Am Nachmittag gehe ich nochmals kurz hinaus, hole das Geld meines Vaters, kaufe Zigaretten und – ganz wichtig – eine dicke Jacke. Nie wieder möchte ich so frieren wie an der Grenze – nie wieder.

Den Abend verbringen wir rauchend und Tee trinkend in der Wohnung. Mittlerweile sind alle Handys geladen, unsere Powerbanks sind wieder auf 100 Prozent, die Offlinekarten aktualisiert. Medo sitzt an seinem Smartphone und zeigt mir die weitere Strecke. Es ist schon auch viel Planung bei dieser Reise. Wir müssen an die ungarische Grenze. Im Norden, am Ufer des Theiss-Flusses ist eine gute Stelle, um diese zu überqueren. Ungarn sei wirklich gefährlich für Flüchtlinge, das sagen alle, Facebook ist voll von furchteinflößenden Videos, von Menschenjagd-Videos und Polizeigewalt. Wir müssen vorsichtig sein. Medo zeigt mir auf Google Maps einen schmalen Waldstreifen, zoomt in die grüne Waldfläche hinein: „Dort drinnen können wir uns verstecken und uns im Auwald bis nach Szeged schleichen."

Ich schaue ihn skeptisch an; ob das wirklich funktioniert? Einfach wird es auf keinen Fall.

Am Morgen des dritten Tages verabschieden wir uns von Raico, von seiner Familie, der hübschen Tochter und der wunderbaren Wohnung – unsere Reise geht weiter. Mit zwei Taxis fahren wir an die ungarische Grenze, nach Kanjiža. Ich fühle mich wieder kräftiger nach den zwei Nächten im weichen Bett. Ich bin frischer, ausgeruhter und irgendwie ruhiger und glücklicher. Ich bin nicht mehr so gehetzt. Meine Füße schmerzen kaum noch, die Blasen sind fast abgeheilt. Auch die anderen sehen wieder wie Menschen aus: Wir sind bereit für Ungarn.

# VON HUNDEATTACKEN UND ANDEREN GANGSTEREIEN

Eigentlich war der Tag sehr schön, wir haben schön langsam gefrühstückt, sind dann schön in die ostanatolische Kurdenhitze gekommen, schön am ersten Militärkonvoi vorbei, haben schön den kreisenden Hubschrauber bewundert, uns schön über das erste Schild mit Aufschrift „Teheran" gefreut. Landschaft grün, Landschaft voller Schafe und voller Golfrasenwiesen, voller Gegenwind und voller flacher Ebenen, auf denen man beim besten Willen nirgendwo einen versteckten Zeltplatz findet, außer man schleicht sich bei einem Dorf auf ein verlassenes und halb abgewracktes Schulgelände.

Wir befinden uns also noch in der Türkei, dessen Präsident sich bekanntermaßen mit einem Krieg gegen die Kurden im eigenen Land und auch mit einem Krieg gegen Kurden in anderen Ländern profiliert. Und wenn dann einer sagt, dass vor lauter Bombenabwerfen auf diese Kurden kaum mehr Bomben für unsere Freunde vom IS übrig sind, dann hat dieser eine gar nicht mal so unrecht. Jedenfalls fehlen uns nur noch gute 30 km bis zur iranischen Grenze, die wir ob der immer dicker werdenden Luft schnell erreichen wollen.

Man muss zu unserer Verteidigung sagen, dass wir uns der Tatsache nicht bewusst waren, hier am letzten Tag unserer Türkeidurchquerung am Rande eines türkischen Dorfes zu zelten, das zur Förderung kultureller Spannungen mitten in ein Kurdengebiet platziert wurde. Wir haben es dann zuerst auch nicht hundertprozentig ernst genommen, als zwei eigentümliche Gestalten mit geschulterten AKs gestikulierend in unserem Zeltplatz standen. Die Reisnudeln köchelten schon am Gaskocher und unser Zelt hatten wir auch schon aufgebaut. Wir haben einfach nicht verstanden, was die zwei Menschen mit ihren Schießprügeln von uns wollten. Richtig unfreundlich oder aggressiv waren sie auch nicht. Falls jemand schon mal von einer Sprachbarriere gehört hat, hier handelte es sich um eine ebensolche.

Die Herren von der Miliz lachen, dann werden sie sehr ernst, dann gestikulieren sie wild, dann zeigen sie uns die scharfe Munition in ihren Magazinen, dann zeigen sie zum Himmel und deuten eine Schießerei an.

Von uns hat es immer noch keiner kapiert, aber offensichtlich ist unsere Zeltplatzwahl schwer verbesserungsfähig. Als plötzlich zwei gepanzerte Jeeps mit aufgepflanztem MG und Polizisten in kugelsicheren Westen drei Meter vor unserem Zelt stehen, wird die Sache ernster und auch wesentlich verständlicher. Denn einer der Soldaten im Jeep spricht Englisch, steigt aus und erklärt uns, was läuft.

Die Lage sei angespannt, denn die Herrschaften der Militärpolizei befürchten Angriffe der lokalen PKK auf das Dorf. Unser Zeltplatz, genau neben der verlassenen Schule, ist bei solchen Attacken angeblich bevorzugter Einfallsort der kurdischen Rebellen. Zu unserer Sicherheit, wie von jedem stets betont wird, sollten wir an einen anderen Ort gebracht werden. Zelten ist also prinzipiell ok, nur nicht hier. Wir werden sehr freundlich und zuvorkommend behandelt, packen in Windeseile unsere sieben Zwetschgen (samt den halb fertigen Reisnudeln) und folgen auf unseren Fahrrädern den gepanzerten Polizeifahrzeugen. Wir werden in die Basis gebracht, gut mit Stacheldraht, Wachhunden und anderen Unannehmlichkeiten gesichert. Der Polizei-Babo meint, wir könnten gleich hier neben der Basis zelten – ansonsten gäbe es auch noch ein Hotel. Dafür müssten wir aber bezahlen. Kurz darauf steht unser Zelt zehn Meter neben der Polizeikaserne auf einer holprigen Wiese. Es heißt, wir könnten am Tag darauf weiterreisen. Eigentlich fühlen wir uns hier doch bedeutend unsicherer als im Nirgendwo. Wir denken, wenn jemand angreift, dann doch sicher die Polizeikaserne. Generell ist die Bedrohung auch keine reine Imagination. Alle sind bewaffnet (außer uns), jeder trägt eine kugelsichere Weste (außer uns), auf den Landstraßen und im Ort patrouillieren gepanzerte Fahrzeuge.

Wir beschließen einstimmig, unseren Eltern nichts von dieser Militäraction zu erzählen und hoffen, dass die PKK heute Nacht keine Angriffe plant. Die Polizisten kümmern sich ausgesprochen liebenswert um uns Radfahrerseelen. Sie bringen Tee ans Zelt, plaudern mit uns und erklären uns die verzwickte Situation, auch, dass für Touristen praktisch keine Gefahr bestünde. Generell seien Touristen in dieser Gegend nicht Ziel von Angriffen, am gefährlichsten lebe es sich im Inneren einer Polizei- bzw. Armeeuniform. Auch den sogenannten Dorfschützern anzugehören, sei keinesfalls lebensverlängernd, aber Touristen wolle niemand töten. Viele der jungen Polizisten sind von weit weg hierher beordert worden. Einer in unserem Alter, 28, ein Jurist und Interpolbeamter mit gutem Englisch, erzählt uns seine Mission. So richtig happy, hier gegen die PKK kämpfen und dafür Kopf und Kragen riskieren zu müssen, sind sie alle nicht. Wir schlafen in dieser Nacht wesentlich besser als in vielen Nächten davor. Eigenartig.

Am Tag darauf macht der Polizeichef nochmal Stress: Die Straße sei gesperrt, kein Durchkommen, viel zu gefährlich. „Zurück nach Van mit euch!", meint der Babo. Das wäre nicht gut, vor allem, da die rettende Grenze keine 30 Kilometer entfernt liegt, Van ist da wesentlich weiter und absolut keiner von uns will zurück.

„Bitte, bitte, lieber Polizeichef, wir möchten in den scheiß Iran!" Wir verhandeln, so gut wir können, Sebastian fragt nervös nach, was denn passiert sei. Bitte, Sebastian, nicht fragen! Schließlich ruft der Polizei-Babo die Armee an, die gibt grünes Licht und wir dürfen passieren. Schnell auf die Räder, schnell weg, bevor sich das hier jemand anders überlegt.

Und dann, wir haben das Dorf bereits verlassen, als kleines türkisches Abschiedsgeschenk: noch eine Konfrontation der Sonderklasse. Ein Hütehund, so groß wie ein Kalb, kommt mitten im Nirgendwo auf uns zu gesprintet. Sebastian fährt vor uns, er gibt Gas, Thomas und ich schaffen es nicht mehr, zu entkommen. Der Hund stürmt von hinten heran, bellt, fletscht die Zähne, springt um die Räder. Fuck! Wir sind völlig überrascht von der Heftigkeit des Angriffs, bremsen sofort, machen auf kampfbereit, Hunde-Abwehr-Taktik und versuchen den Hund zu erschrecken. Mir schlägt das Herz bis zum Hals. Irgendwie funktioniert der Bluff, bis plötzlich ein zweiter Hund, ein noch größeres Tier, in vollem Tempo angaloppiert, dem ersten wieder Mut macht und ganz dicht an Thomas' Waden die Luft zerbeißt. Scheiße, wirklich! Warum hilft uns keiner? Wo ist Sebastian?

Wir bleiben dicht zusammen, schreien die zwei Hunde an und tun alles, um wie gefährliche Gegner zu wirken. Wir können die Tiere in Schach halten. Da sehe ich, wie sich aus der Schafherde in einigen hundert Metern Entfernung vier weitere Hunde lösen und laut bellend zu den zwei zögernden stürmen. Jetzt sind wir geliefert. Wir schreien, treten, machen uns groß, versuchen, uns die Viecher irgendwie vom Leib zu halten. Plötzlich sind wir auf allen Seiten von aggressiven Hunden umzingelt. Sie kläffen, springen, schnappen von vorne und hinten nach uns. Wir haben keine Chance. Den Hirten ist das komplett egal, kein Wort, kein Ruf, hätte wahrscheinlich auch nichts gebracht.

Wir versuchen, langsam aus dem Getümmel zu fahren, hoffen auf ein Wunder und kommen irgendwie davon. Uns beiden schlägt das Herz bis zum Hals, keiner wurde gebissen, nicht mal die Packtaschen. Das Zittern vergeht nun langsam. Alter, wie knapp war das jetzt? Dann sehe ich Thomas grinsen, wer meldet sich freiwillig und fährt nochmal vorbei? Wegen dem einen guten GoPro-Video wär's?

Leider keiner. Für alle, die eine solche Hundeattacke gerne erleben würden: Die Osttürkei ist sehr zu empfehlen.

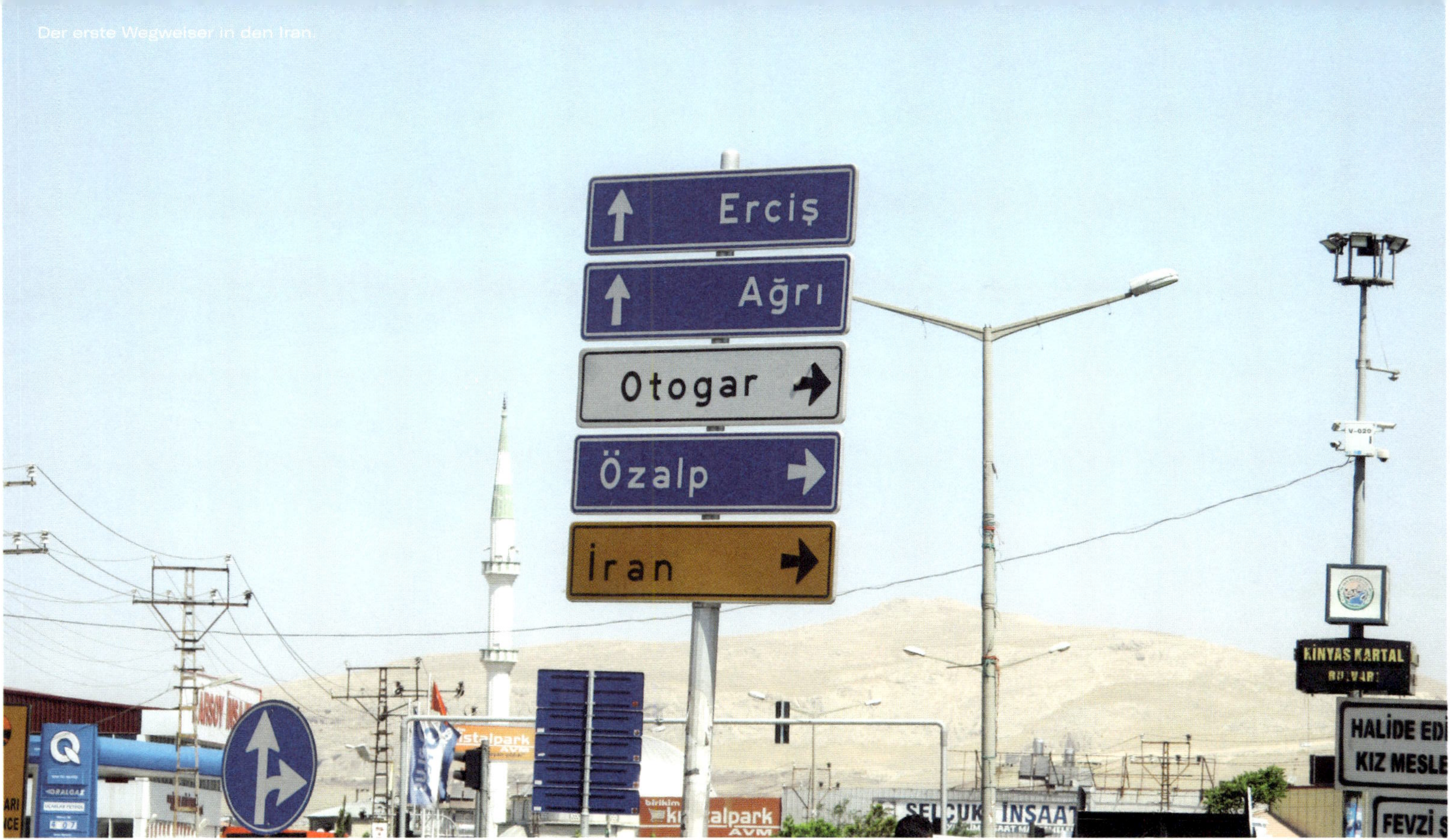


Der erste Wegweiser in den Iran.

Türkisches Bergdorf im Niemandsland. Pastell all over the place.

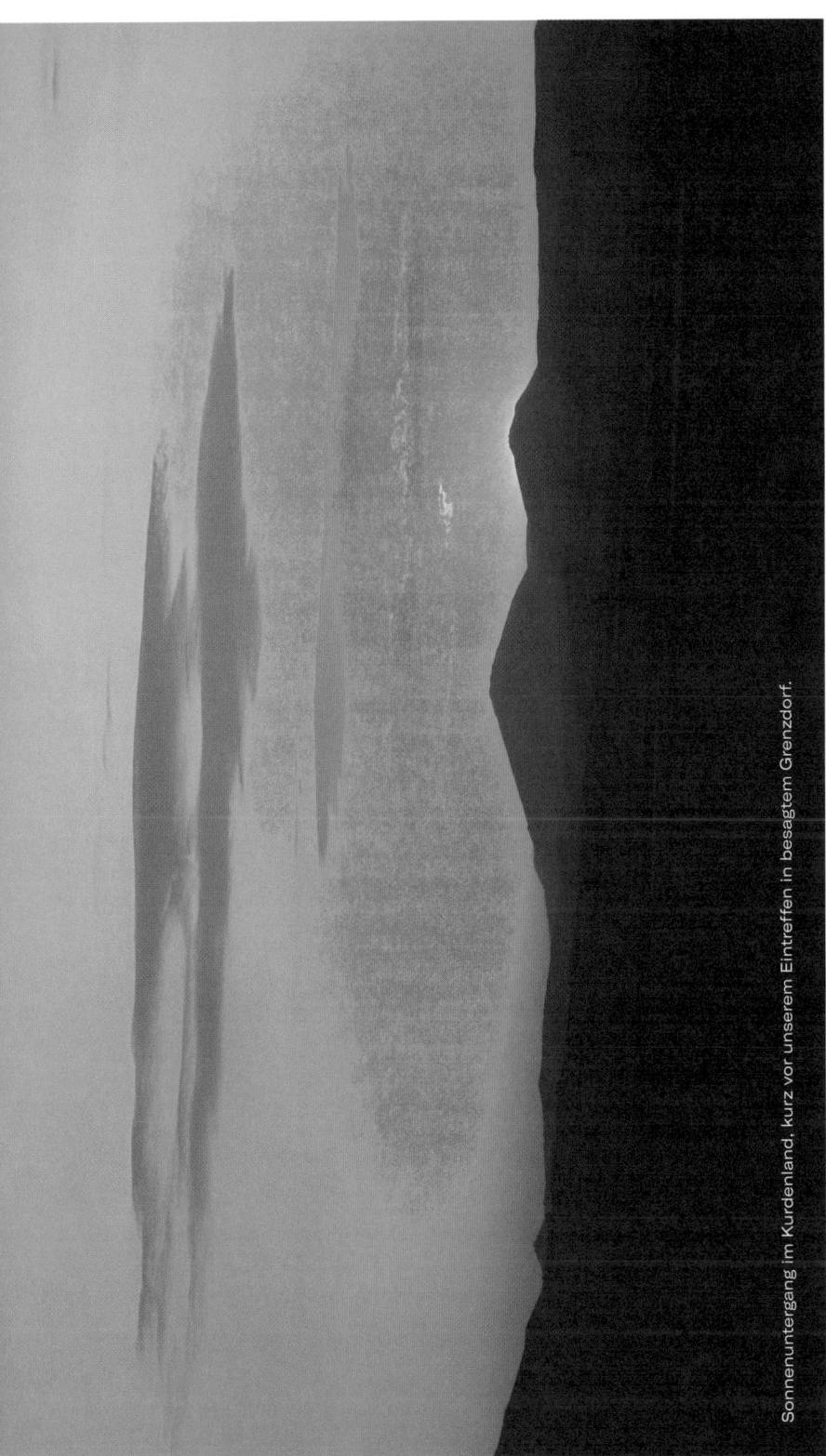

Sonnenuntergang im Kurdenland, kurz vor unserem Eintreffen in besagtem Grenzdorf.

# Diese scheiß Theiss

Wir nehmen zwei Taxis nach Kanjiža, sagt Filip. Das ist eine kleine Stadt im Norden Serbiens, nahe an der ungarischen Grenze. Drei Stunden dauert die Fahrt und als wir aussteigen, merke ich erst, wie nervös ich bin. Ich habe richtig Angst vor dieser Grenze. Angeblich ist das ungarische Gebiet voller Polizei. Die grüne Grenze wird Tag und Nacht kontrolliert. Wir sieben sind bei Weitem nicht die Einzigen, die heute weiter nach Norden wollen. Überall sehen wir Gruppen von Menschen: Syrer, Afghanen, Irakis.

Zwei, drei Kilometer vor der Grenze zweigen wir zum Fluss ab, suchen eine geschützte Stelle, setzen uns ans Wasser und warten. Wir lassen den Tag verstreichen und sehen der Sonne beim Untergehen zu. Ich kann den schönen Anblick nicht genießen, rauche eine Zigarette nach der anderen, sehe immer wieder auf die Uhr und dann zu meinen Freunden: Medo geht am Ufer auf und ab, Ahmed lässt die immer selben Steine in seiner Hand kreisen. Die vier Moslems Djamil, Hakim, Moha und Hassan beten leise. Jeder von ihnen sitzt für sich allein und wiegt sich, leise murmelnd, vor und zurück. Niemand spricht. Die Anspannung ist greifbar. Sobald die Sonne verschwindet, kommen Moskitos, *Wallah*, hunderte und tausende, die in jeden freien Quadratzentimeter Haut stechen. Sie stechen in meine nackten Unterarme, in den Hals, sie stechen mich in die Fußgelenke und in die Stirn. Wir versuchen, uns irgendwie zu schützen, sprühen uns von Kopf bis Fuß mit bitter schmeckendem Insektenspray ein, ziehen lange Kleidung an und Kapuzen über die Köpfe.

Sobald es dunkel ist, gehen wir los, folgen einem Trampelpfad im Wald, bis wir an einen Bach kommen. Hier müsste die Grenze liegen. Irgendjemand hat einen Baum gefällt, der liegt gerade über den schmalen Bach. Wir balancieren über das Rinnsal, einer nach dem anderen, und verstecken uns auf der anderen Seite. Jetzt müssen wir in Ungarn sein. Ich traue mich nicht, mein Handy aus der Tasche zu holen und das zu überprüfen. „Kein Licht!", flüstere ich auch den anderen zu. Der Trampelpfad führt zurück auf den Dammweg, dorthin wo alle Flüchtlinge weiter nach Szeged gehen.

Wir schlagen uns tiefer in den Auwald. Wir hören Menschen in der Dunkelheit den Treppelweg entlang gehen. Auch in der Nacht sind wir bei Weitem nicht die Einzigen. Der Waldstreifen zwischen Fluss und Weg ist ein Dschungel. Nur noch dichtes Gestrüpp und Büsche, kein Pfad, nur Wildnis und alles voller Moskitos. Sie stechen durch die Hose, in die Lippe, in meine Hände. Das Spray hilft überhaupt nicht.

So leise wir können, klettern wir weiter durchs Unterholz. Plötzlich geht eine Sirene los: „Weeeo, weeeeo, weeeeeo, weeeeeeo, weeeeeeeo." Scheinwerfer leuchten den Wald aus. *Wallah*. Wir sind geblendet, brechen durch Äste, die am Boden liegen, stolpern, kriechen weiter, schnell, schnell aus dem Scheinwerferlicht.

„Weeeo, weeeo, weeeeo", die Sirene hört nicht auf. Ich laufe planlos in die Dunkelheit, und auf einmal bin ich allein. Wo sind die anderen? Ich darf sie jetzt nicht verlieren. Ich falle über eine Böschung, einen Abhang hinunter, plötzlich liege ich am Ufer. Vor mir der Fluss, hier kann ich nicht weiter, aber hier sind zumindest andere Menschen. Medo steht am Ufer, Ahmed erkenne ich in der Dunkelheit und daneben stehen die anderen vier unserer Gruppe. Der Alarm lärmt durch den ganzen Wald. Neben mir die Böschung, über die ich heruntergerutscht bin. Da höre ich einen lauten Motor, sehe einen Scheinwerfer, der übers Wasser gleitet, das Ufer ausleuchtet und auf uns zu kommt. Die haben Boote auf dem Fluss.

„*Yallah*! Zurück in den Wald! ", schreie ich. Wir klettern die rutschige Böschung nach oben, rennen wieder ins Unterholz, schnell weg vom Ufer, weg von der Polizei.

Wir hören Stimmen, Rufe aus verschiedenen Richtungen. Wo sind wir? Nach einigen Minuten bleiben wir stehen und hören uns um – was passiert hier gerade? Zum Wasser hin bleibt es still, niemand verfolgt uns vom Ufer aus, das Polizeiboot hat uns vielleicht gar nicht gesehen. Langsam und vorsichtig tasten wir uns weiter Richtung Norden, weg von der Grenze und immer in der Mitte des kleinen Waldes.

Wie aus dem Nichts bricht der nächste Alarm los. Die Sirenen müssen direkt neben uns irgendwo an den Bäumen montiert sein.

Wie lösen wir diese Dinge aus? Sind hier auch Kameras? Wissen die Polizisten, wo wir sind?

Wieder rennen wir davon. Ich muss mit den Händen vor mir tasten, um nicht in Bäume und Äste zu laufen, so geblendet bin ich von den Scheinwerfern. Wir bleiben eng zusammen. Gehen Körper an Körper, damit wir uns in der Dunkelheit nicht verlieren. Dann bleiben wir wieder stehen.

Am Waldrand ist eine Menschenjagd in vollem Gang, eine Treibjagd. Die Menschen, die am Dammweg unterwegs waren, flüchten in alle Richtungen, sie laufen in den Wald, rennen ins Gebüsch, schreien wild durcheinander. Dazwischen immer wieder Polizisten. Menschen werden zu Boden geworfen. Ich höre Kämpfe, dumpfe Schläge, ein Schuss peitscht durch die Nacht, ich ducke mich sofort auf den Boden. *Wallah.* Ich möchte einfach nur davonlaufen, aber wohin? Ich kann kaum noch denken, nur weg, weiter in den Wald, weg von den Stimmen, weg von den Autos, weg von dem Blaulicht.

Durch ein Mikrofon brüllt jemand in den Wald hinein: „LEAVE THE FOREST IMMEDIATELY! HERE IS THE HUNGARIAN PO-LICE! EVERY INDIVIDUAL MUST LEAVE THIS FOREST NOW!"

„Ruhig", sagt Medo leise in die Gruppe. „Ruhig. Wir gehen da sicher nicht hinaus. In der Nacht können sie uns hier nicht finden."

Die Stimmen am Waldrand werden lauter, dringen näher zu uns, Menschen brechen durchs Unterholz, Taschenlampenstrahlen leuchten zwischen den Bäumen hindurch.

„Legt euch flach auf den Boden", zische ich. In dem dichten Gestrüpp sind wir unsichtbar, solange wir uns nicht bewegen und es gibt andere, die alle Aufmerksamkeit auf sich ziehen. Ich höre Frauen schreien, Kinder weinen, hektische Männerstimmen. Die Flüchtlinge laufen planlos durch den Wald, werden gefangen, rennen aus dem Wald, in die Arme der Polizei. Wir warten, bleiben in Deckung, verlassen uns auf die Dunkelheit. Es muss eine Stunde vergangen sein, vielleicht mehr, ich weiß es nicht. Plötzlich – mir fährt ein eiskalter Schauer durch den Körper – höre ich das Hundegebell. Zehn, fünfzehn Hunde bestimmt. Deutsche Schäfer, Rottweiler, Dobermann, ich weiß nicht, welche Hunde. Mein Kopf erfindet schreckliche Bilder. Sie bellen, kläffen, die Sirenen und das kalte Blaulicht überfluten den dunklen Auwald mit Stress. Gegen Hunde haben wir keine Chance!

„THIS IS THE HUNGARIAN POLICE! LEAVE THE FOREST AT ONCE! WE WILL RELEASE DOGS!!", dröhnt das Megafon. Ich halte mich an Ahmed neben mir fest. Vor Hunden kann man sich nicht verstecken. Die treiben uns wie die Schweine aus dem Wald.

„Schnell", sagt Medo, „*Yallah*, wir müssen tiefer in den Wald." Wir kriechen, so weit wir können, ins Gebüsch.

„THIS IS THE LAST WARNING", plärrt das Megafon, „WE LET THE DOGS LOOSE!"

Medo packt mich bei der Schulter, ich reiße Hakim zu mir, ein Männerkreis, Schulter an Schulter stehen wir da, verzweifelt halte ich mich an meinen Gefährten fest.

„Wir nehmen Stöcke und Steine", sagt Medo. „Wenn die Hunde kommen, dann ficken wir sie!"

Ich greife mir den stärksten Ast, den ich am Boden finden kann, nehme ihn fest in beide Hände. „Wir werden die Hunde töten", presst Medo heraus, „bevor sie uns zerreißen können."

Wir stehen im Wald, die Stöcke in jede Richtung wie Schwerter erhoben. Noch immer rennen Menschen durch den Wald. Ich kann nicht sagen, ob es Flüchtlinge oder Polizisten sind. Die Hunde bellen wie verrückte Bestien. Ich kann mir vorstellen, wie sie an den Leinen reißen, die Zähne fletschen, wie ihnen Polizisten die Beißkörbe abnehmen.

Dann flutet das Gekläffe den Wald, die Hunde dringen ein und treiben Menschen vor sich her. Ich muss fast kotzen, ich will an einem anderen Ort sein. Ich will einfach nur davonlaufen, weg, weit weg von all dem. In den Fluss springen. In Sicherheit vor den Hunden. Ich muss mich zwingen, stehen zu bleiben. Ich bin ein Mann.

Ich warte, den Stock zitternd in der Hand. Ich höre das Gebell, die vielen Stimmen der Flüchtenden. Wir sind bereit, zu kämpfen, zuzuschlagen, meine Augen sind auf jede Bewegung in der Dunkelheit gerichtet, auf jeden Schatten. Ich zittere vor Angst, meine Knie sind weich, der Stock rutscht mir fast aus den Händen. Ich lausche in den Wald. Wo bleiben die Bestien? Sie kommen sicher. Die Hunde müssen riechen, dass wir hier sind.

Irgendwann, ich habe jegliches Zeitgefühl verloren, entfernen sich der Lärm und das wütende Gekläff. Weit weg hören wir noch Schreie. Die Hunde haben zwar uns nicht gefunden, aber sie jagen noch Menschen durch den Wald. Was ist das für eine Welt?

Nach einer Ewigkeit sinken wir Rücken an Rücken auf den Boden nieder. Keiner sagt ein Wort. Zitternd sitze ich auf der kühlen Erde und halte mich an meinem Holzprügel fest. Erst jetzt bemerke ich die hunderten Moskitos wieder, die mir das Blut aus dem Körper saugen. Ich muss das vergessen haben. Auf einmal spüre ich wieder Stiche in die Augenlider, in die Nasenlöcher, in meine Hände und Arme. Es ist mir egal. Sollen die unser Blut haben, wir bleiben im Wald. Mein Herz rast wild, mein Kopf pulsiert. Ich dachte, die Hunde würden mich in Stücke reißen, mich bei lebendigem Leib auffressen. *Wallah.* Ich höre die anderen atmen und spüre selbst, wie mir der Schweiß in Strömen über das Gesicht rinnt. Fuck you, Hungary! Was haben wir dir getan? Wir wollen auch nur leben.

Die ganze Nacht über bleiben wir in unserem Versteck und die Moskitos – *Wallah* – kennen keinen Schlaf. Die Angst bleibt, obwohl die Sirenen und das Blaulicht schon lange verschwunden sind. Ich bin erschöpft, antriebslos, aber Medo ergreift die Initiative: „Wir müssen weiter", sagt er, „solange es noch dunkel ist. *Yallah*, Brüder!"

Ja, das müssen wir. Durch die Baumkronen dringt kein Licht, kein Stern leuchtet durch das schwarze Blätterdach – die Dunkelheit ist unser Freund.

Leise kämpfen wir uns weiter durchs Gestrüpp. Meter um Meter durch stachelige Stauden, die unser Gewand zerreißen und uns die Arme blutig kratzen. Wir schleichen durch den Dschungel, bis uns der hohe Zaun einer Kläranlage den Weg versperrt. Der Morgen graut, wir können den Fluss entlang nicht mehr weiter. Jetzt müssen wir aufs offene Land hinaus. Bei Gott. Überall lauert die Polizei und auf den freien Feldern gibt es nirgendwo Deckung. Wir warten eine ganze Stunde am Waldrand, keiner von uns traut sich, loszurennen. Niemand will da hinaus.

# WELCOME TO ASERBAIDSCHAN

Wir kommen an den Pass, der die Türkei von der islamischen Republik Iran trennt und den Berg fair zwischen den beiden Ländern teilt. Das ist halt noch eine wirkliche Grenze! Ich muss sagen, das findet man im schönen Schengen-Europa kaum noch. Eine ehrliche Grenze, wo man sagt, da ist Schluss, keinen Schritt weiter, mit einem Stacheldraht und zur Not schießen wir scharf.

Schon von Weitem leuchten die Wachtürme von den Gipfeln herunter, an der Straße liegen gut gesicherte Armeestützpunkte mit Sandsäcken in den Fenstern. Große Flaggen auf den Bergflanken. Es liegt Spannung und Hektik in der Luft. Der Verkehr kommt schon weit vor der Grenze zum Erliegen, in einem beeindruckend chaotischen Riesenstau. Die Autos und LKWs stehen kreuz und quer, Stoßstange an Beifahrertür, alles versucht, sich irgendwie in den enger werdenden Kontrolltrichter zu zwängen. Ich kann mir nicht vorstellen, wie sich dieses Fahrzeuggewirr auch nur irgendwie auflösen könnte. Wir fahren vorsichtig am Rand der hupenden Blechlawine vorbei und stellen uns frech ganz vorne bei den Fußgängern an. Niemand hält uns auf und wir sind mal wieder froh, mit dem Fahrrad unterwegs zu sein.

Das Grenzprozedere ist dann eine Wissenschaft für sich. Sehr praktisch, dass alles auf Türkisch und Farsi angeschrieben ist. Auf Türkisch können wir „Brot" sagen und bis zehn zählen, auf Farsi können wir „gut", „sehr gut" und „Hallo". Aber hier herrscht allergrößte Gastfreundschaft und Hilfsbereitschaft, nach dem Motto: Schön, dass du hier bist, lieber Ausländer. Ein unbekannter Mann weist uns den Weg, nimmt uns die Pässe aus der Hand und führt uns zur türkischen Grenzkontrolle. Stempel in den Pass. Ausreise. Rein in den ersten Grenzgitterkäfig. Der Unbekannte führt uns weiter, zeigt die Dokumente dem nächsten Uniformierten, anstellen, schauen, warten und ab zum nächsten Amtsträger. Diesmal schon einer mit persischen Abzeichen, in Wüstentarnuniform mit einem ockergelben Käppchen. Der schaut dann lange und blöd auf die Pässe. Österreich, Austria, was soll das sein?

„In Europa", sagen wir – jetzt auf uns allein gestellt, „ein Land! Fast wie Deutschland! Da bei Italien, das ist der Stiefel."

Kennt der Typ (seines Zeichens Grenzbeamter) einfach unser Land nicht. Wir versuchen es auf Türkisch, bemühen die EU, sagen Österreich in allen Sprachen, die wir können und schließlich fällt der Groschen. Denn der Perser sagt *Autriche* zum schönen Österreich, nicht *Austria* und auch nicht *Avusturya*.

Neben uns sehen wir die Leute warten, die iranischen Grenzbeamten stempeln die Einreisevisa in größter Gemächlichkeit. Auf türkischer Seite war das hübsche Mädel noch mit Hip-Hopper-Kappe und coolem Style unterwegs, kurz vor dem Übertritt zieht sie ein Kopftuch auf, jetzt ist sie Muslim-Chick, immer noch hübsch, aber den Bekleidungsvorschriften unterworfen. Sie lacht, grüßt uns freundlich, das kennen wir nicht aus der Türkei. Super.

Neben uns werden die Autos peinlich genau kontrolliert, jedes wird einzeln in einen Gitterkäfig gesperrt, Kofferraum auf, alles wird durchsucht, der Unterboden mit einem Spiegel gecheckt. Das dauert natürlich ewig und erklärt auch den fetten Stau auf der türkischen Seite. Stress haben die Soldaten hier sowieso keinen. Alles steckt in einer adretten Uniform, Marschstiefel, lange Armeehosen und Hemden. Gutaussehende Männer, sie machen aber nicht den Eindruck, als wäre mit ihnen übertrieben gut Kirschen essen.

Schließlich, eine Dreiviertelstunde dürfte vergangen sein, vielleicht eine Stunde, kommen wir zum Chef der Grenzschikane. „Aha", sagt er, „Österreicher also." Was wir in den Packtaschen hätten, will er wissen.

„Dreckiges, stinkendes Gewand", sagen wir.

Ob wir in den letzten Monaten in Afrika gewesen wären oder anderweitig den schönen Iran mit ansteckenden Tropenkrankheiten zu infizieren suchten, fragt er.

„Nein", sagen wir, „blütenrein sind wir, da scheuen wir auch mit der Jungfrau Maria keinen Vergleich."

Ob uns bewusst wäre, dass Alkohol und andere Spaßmacher hier strengsten Verboten unterlägen. Lückenlosen, um genau zu sein.

Ja, sagen wir, dessen wären wir uns vollumfänglich bewusst.

Ob wir denn auch keinen Alkohol in unseren Taschen schmuggelten.

„Nein, sicher nicht."

Er knallt uns den Stempel aufs 100-Euro-Visum, schickt uns weiter, wir bekommen die Pässe zurück, keiner öffnet auch nur eine einzige unserer vielen Radtaschen, das große Metalltor schwingt auf und wir sind im Iran.

Draußen dann großes Geldwechsler-Kino, kleine Jungs laufen mit fetten Geldbündeln durch die Gegend und versuchen, die Neuankömmlinge zum Bargeldwechsel zu bewegen. Dazu muss man wissen, der Iran ist ob westlicher Sanktionen vom Finanztransaktionsverkehr ausgeschlossen. Das heißt, der Iran ist einer der wenigen Staaten, in denen man kein Geld vom heimatlichen Konto beheben und genauso wenig mit Kreditkarte bezahlen kann. Man muss also sämtliche Mittel in bar einführen. Unendlich praktisch. Vor allem aber trifft diese Maßnahme viele Iraner, die im Ausland leben, die im Ausland studieren oder aus irgendeinem anderen Grund Geld nach Persien transferieren wollen. Darum übernehmen die Jungs in Flip Flops den Bankensektor und wedeln mit schmutzigen Geldscheinen um unsere Aufmerksamkeit: „Hello Mister!"

Die Sanktionen werden aber aufgehoben, das wurde vor wenigen Tagen in langwierigen Verhandlungen vereinbart. Ein wirklicher Meilenstein, die Chance auf eine Öffnung dieser abgeschotteten Diktatur. Verhandelt wurde in Wien und wir hoffen, dass die Iraner uns Österreichern auch darum gut gesonnen sein werden. Wobei dieser Deal und die damit verbundene Aufbruchsstimmung nur das Sahnehäubchen sein können, da der Iran und seine Leute sowieso bereits als Hort der Gastfreundschaft verschrien sind.

Wir entfernen uns schnellstmöglich von der Grenze, zu viel Polizei, zu viele zwielichtige Geldwechsler, zu viele klapprige Autos und antike LKWs, die versuchen, uns über den Haufen zu fahren. Die Grenznähe macht uns Angst, am Ende doch noch genauer kontrolliert zu werden. Nicht, dass so ein Perser die vielen Reisenacktfotos auf unseren Kameras findet und uns ins iranische Sittenverlies befördert. Wir befinden uns auf unbekanntem Terrain und fühlen uns noch ziemlich unsicher. Was ist hier alles verboten? Wie streng sind die Regeln? Wann wird man eingesperrt? Wir sind dem Land, den Leuten und seiner Polizei ausgeliefert, wir wollen nicht unnötig auffallen. Wir haben gerade die Grenze in einen religiösen Gottesstaat überquert.

Dann führt die Straße durchs allerschönste iranische Tal hinunter. Jipiiii! Grüne Flussoasen, beeindruckende Berge, jedes Auto ist alt, jeder Iraner grüßt uns. Aber nicht mit der todbringenden, trommelfellzerfetzenden Eine-Million-Dezibel-Hupe wie in der Türkei. Wir fahren mittlerweile in langen Hosen und verstecken uns recht gut beim Pinkeln. Komisch, was hier alles verboten ist. Beim nächsten Militärcheckpoint werden wir von Soldaten angehalten. Gleich ein Schreck. Aber der Chef kommt sofort persönlich zu uns. Keine blöden Passkontrollen, keine Schikanen. „Welcome to Aserbaidschan", sagt er. Ein cooler Typ ist das, und er ist freundlich ohne Ende. Aber was soll das mit Aserbaidschan? Wir wissen ganz genau, dass wir im Iran sind. Verarschen lassen wir uns nicht.

Wir fahren in die Stadt Koy, bezahlen ab jetzt alles in Millionen iranischer Währung. In der Stadt werden wir von allen Seiten angesprochen, verschleierte Mädchen winken uns aus vorbeifahrenden Autos zu – wir sind im richtigen Land.

Wir verlassen die Stadt, fahren über staubige Straßen, vorbei an Werkstätten, Schlossereien, LWK-Mechanikern, Schreinereien. In jedem zweiten Haus entlang der Straße ist so ein offener Handwerksbetrieb, interessant, alles ganz einfach, dreckig und Leute lassen ihre Arbeit liegen, um uns zuzuwinken. Der Sonnenuntergang ist dramatisch schön, wir zelten gut versteckt im Sonnenblumenfeld.

| ارومیه | ۲۰۰ | کیلومتر |
| تبریز | ۲۴۰ | کیلومتر |
| تهران | ۸۱۰ | کیلومتر |

| Orumiyeh | 200 km |
| Tabriz | 240 km |
| Tehran | 810 km |

Whadi in Persien. Die Straße vom Grenzübergang ins Landesinnere verläuft durch spektakuläres Gebirge: steinig, trocken, karg und beeindruckend.

So geht die Sonne im Iran unter. Ist in Ordnung.

## Szeged oder:
## Die Angst vor offenen Feldern

Es ist der Morgen nach der Menschenjagd, erzählt Filip. Wir kauern hinter Büschen und blicken auf einen staubigen Weg, links und rechts davon niedrige Gemüsefelder. Wir sind am Rande Szegeds, der ungarischen Grenzstadt. Die Hunde und Polizeisirenen der letzten Nacht stecken mir noch in den Knochen. *Wallah*. Wenn wir weiter wollen, müssen wir in die Stadt und dafür über offene Felder und durch eine kleine Siedlung laufen. Völlig ungeschützt, ohne Deckung, ohne Versteck, ohne nichts. Es dämmert gerade erst. Tagesanbruch, aber keiner von uns traut sich vor. Niemand will da hinaus.

„Die Flüchtlinge gehen alle in der Nacht", sagt Medo schließlich, „hier ist immer Polizei und sie erwarten sicher, dass wir wie alle Refugees in der Dunkelheit gehen. Wir müssen am Tag über die offenen Felder laufen, schnell hinein in die Stadt. Wir müssen ein Taxi finden, das uns direkt nach Budapest bringt."

Ich denke kurz nach, natürlich, ich hätte auch auf die Nacht gewartet – wie berechenbar. Wir stimmen für Medos Plan: Es ist ein Risiko, aber es ist unsere beste Chance.

Wir warten also, bis es richtig heiß wird. Wir werfen alles weg, damit wir schneller laufen können. Jacke weg, Pulli weg, Tasche weg, Wasserflasche weg: Ich behalte nur eine Hose, ein T-Shirt, eine kleine Umhängetasche mit Handy, Pass und Geld.

Wir teilen uns in zwei Gruppen, sollte eine gefangen werden, kommt zumindest die andere Gruppe davon. Wenn Polizisten auftauchen, verteilen wir uns, sie sollen auf keinen Fall alle sieben auf einmal erwischen.

Von unserem Versteck aus können wir den Feldweg soweit überblicken, bis er zwischen zwei Siedlungen in Richtung Stadtzentrum verschwindet. Hinter den Häusern liegt gleich der Bahnhof, nördlich davon eine Tankstelle, soviel wissen wir von Google Maps. Wir warten, bis die Luft rein ist. Wir sehen keine Polizei, keinen einzigen Menschen in der prallen ungarischen Mittagshitze. Ich richte ein stilles Stoßgebet an meine Schutzengel, sammle meine Kraft. JETZT!

Mit einem Satz laufe ich los, renne den Weg entlang und an den kleinen Häusern und Bauernhöfen vorbei. Sofort schlagen die Wachhunde an, kläffen, warnen die gesamte Nachbarschaft. Ich renne weiter. Ein Mann tritt auf den Feldweg, will mich aufhalten. Er beschimpft mich. „Fuck refugees!", ruft er, und, „I call the police." Aber da bin ich schon um Meter ausgewichen, umkurve den Idioten und laufe übers Feld bis zu den Siedlungen. Mit einem hastigen Blick über die Schulter sehe ich die anderen sechs, die mir dicht auf den Fersen sind. Wir laufen jetzt gemeinsam über die Eisenbahnbrücke, weiter die Straße entlang, und da leuchtet mir schon die gelbe Shell-Tankstelle entgegen. Schwer atmend bleibe ich stehen.

„Wartet hier auf mich", sage ich, zu meinen Freunden gewandt. „Ich frage an der Tankstelle um ein Taxi. Kommt erst nach, wenn es sicher ist."

Sie bleiben stehen, versuchen, so gut als möglich mit einer schmutzigen Hauswand zu verschmelzen, verteilen sich unauffällig, zwei stellen sich in den Schatten eines Einganges.

So schnell ich kann, laufe ich zur Tankstelle. In einer kleinen Parkbucht steht ein Taxi. Kaum Menschen auf der Straße, es ist ein gleißend heller Tag. Ich reiße die Tür auf, am Fahrersitz sitzt ein ganz normaler Mann. „Bitte, bitte! Bring uns nach Budapest", flehe ich auf Englisch. Der Fahrer sieht mich überrascht an. Er mustert mich, natürlich erkennt er sofort, dass ich vor der Polizei davonlaufe.

„Okay", sagt er, „ich brauche 500 Euro! Steig ein, schnell." Ich setze mich auf den Beifahrersitz, ziehe die Türe zu.

„Wir sind vier Personen", sage ich, noch leicht außer Atem, „100 Euro pro Person?"

„Okay."

„Und wir brauchen ein zweites Auto, wir sind zwei Gruppen."

Er ruft einen Kollegen an. „In drei Minuten ist das zweite Auto hier, schnell!"

Ich steige aus, winke den anderen zu. Es dauert nur Sekunden und schon sind sie bei mir. Ahmed und Hakim springen zu mir auf die Rückbank, Medo sitzt vorne. Mit seiner Lockenmähne sieht er nicht wie ein Araber aus. Im nächsten Moment biegt schon das zweite Auto in die Parkbucht, auch die anderen drei verschwinden im Wagen.

„Budapest!", sage ich, „bitte schnell." Der Wagen beschleunigt und nimmt den direkten Weg auf die Stadtautobahn.

Nach zwei Stunden erreichen wir die ungarische Hauptstadt. Das Auto unserer Freunde haben wir im Verkehrsgetümmel aus den Augen verloren. Wir fahren über eine große Einfallstraße Richtung Zentrum. Medo nennt dem Fahrer eine Adresse, die gleich in der Nähe des Bahnhofs liegt. Eine Schlepperwohnung. Sie gehört einem Mann aus dem Sudan, der selbst in Amerika lebt, er ist eine Legende. Alle fahren mit ihm. Er organisiert schnell und gut. Er ist ein großer Schlepper.

An der Eingangstür werden wir von einem Gehilfen kontrolliert, er lässt uns rein und hinter uns fällt die Wohnungstür zu – geschafft.

Wir warten hier auf die anderen drei, sie sollten dicht hinter uns sein, sie haben dieselbe Adresse, lange kann es nicht dauern, denke ich. Wir warten 30 Minuten, eine Stunden, zwei Stunden – keiner der vier taucht auf. Was ist mit ihnen passiert?

Medo fischt sein Handy aus der Tasche, er versucht einen nach dem anderen anzurufen, alle Handys sind tot, kein Kontakt. *Wallah*! Mich beschleicht ein mulmiges Gefühl – aber was können wir tun? Irgendetwas muss ihnen passiert sein.

Wenig später schon sprechen wir mit dem Schlepper. Er kann uns nach Österreich oder Deutschland bringen. Medo will nach Wien, ich will nach Frankfurt, dort leben schon zwei meiner Cousins. Die zwei anderen wollen weiter nach Schweden.

Nur nach München habe er schon morgen eine Mitfahrgelegenheit, sagt der Schlepper, 500 Euro. Die drei anderen müssen warten.

„Okay", sage ich, „wenn ich mit dir nach Deutschland komme!"

Wir können hier Essen und Wasser kaufen. Wir geben den Schleppern Geld und sie erledigen unsere Einkäufe. Selbst wollen wir die Wohnung nicht mehr verlassen, zu gefährlich in Ungarn. Wenn uns die Polizei erwischt, stecken sie uns in ein Lager, schicken uns zurück, ich weiß nicht was.

Den Tag verbringen wir mit Nichtstun. Natürlich sind wir total fertig. Wir essen, rauchen, trinken Tee. Ich schreibe meiner Familie eine Nachricht.

Am Nachmittag bringt uns ein Helfer Kaffee aus einer kleinen Küche, er setzt sich zu uns und beginnt, mir die morgige Fahrt zu erklären: „Ich brauche heute das Geld von dir, 500 Euro. Morgen bringe ich dich zu einem Parkplatz, dort fährt der Bus nach Deutschland. Keine Probleme, einfach über die Grenze und in München kannst du dann zur Polizei gehen. Dort bekommst du Asyl, dort kannst du bleiben. Deutschland ist ein tolles Land. Viele schöne Frauen, viele Jobs. Ein guter Ort, um Geld zu verdienen."

„Okay", sage ich – ich bin zum ersten Mal in meinem Leben in Europa, ich habe keine Ahnung von Deutschland. Sie bauen gute Maschinen, auch gute Waffen, das weiß ich, und sie gewinnen immer im Fußball.

In der Nacht legen wir uns jeweils zu zweit auf weiche Federkernmatratzen. Ich schrecke immer wieder hoch, träume von Hunden, dann von Polizeisirenen und Schüssen. Dann bin ich kurz verwirrt, weiß nicht, wo ich bin. Ich habe Angst, dass sie mich holen, haben wir Wachen aufgestellt? Ach ja, wir sind ja nicht mehr im Wald.

Ich blicke im dunklen Raum um mich, höre den gleichmäßigen Atem meiner Freunde. Leise stehe ich auf und zünde mir eine Zigarette an. Jetzt erst geht mir die morgige Fahrt durch den Kopf, die zwei Grenzen, die ich überqueren werde – allein diesmal. Ich weiß, dass ich irgendwie nach Frankfurt muss, dort werden mir meine Cousins weiterhelfen. Ich freue mich auf die bekannten Gesichter, auf meine Familie! *Wallah*. Ich kann es kaum erwarten.

# IRAN STATT DAHAM

*#Reisetagebuch Tag 63*
*„Guten Morgen, lieber Iran. Ich habe dich sehr gern, und das nicht nur, weil ich zwischen den Sonnenblumen versteckt super scheißen kann. Auch das Joghurt mit den sauren Pflaumen schmeckt hier weniger sauer als in der Türkei. Wir sind viel schneller als geplant. Beim Losfahren gibt's gleich Rückenwind, später eine Teeeinladung, auf der Autobahn pfeifen wir dahin."*

Wir befinden uns ganz im Nordwesten des Iran. In der Region Aserbaidschan, die wiederum aus den drei Bezirken Ost-Aserbaidschan, West-Aserbaidschan und Ardabil besteht. Im Westen grenzt die Region an die Türkei, im Norden an die autonome aserbaidschanische Exklave Nachitschewan, dann an Armenien, dann an den Aserbaidschan, im Westen ans kaspische Meer. Jetzt beginnt die Aufklärungsarbeit – auch für uns. Es gibt nämlich einen aserbaidschanischen Aserbaidschan, einen lupenreinen Staat, der nach dem Zerfall der Sowjetunion entstand, daneben gibt es den iranischen Aserbaidschan, eine Region der islamischen Republik. Der Soldat hat uns also doch nicht verarscht und wir befinden uns tatsächlich in Aserbaidschan.

Wenig überraschend werden beide, sowohl der iranische als auch der aserbaidschanische Aserbaidschan, von Aserbaidschanern bewohnt. Die allesamt, da Turkvolk, Azari parlieren. Daneben existieren noch ein paar weitere Sprachen, zum Beispiel Kurdisch, das darf man in diesen Berggegenden nie ganz vergessen. Amtssprache im iranischen Aserbaidschan ist aber Persisch. Autobahntafeln sind auf Persisch. Meistens zumindest, denn zu unserer großen Freude zieren auch manchmal Schilder mit lateinischen Lettern und arabischen Zahlen die schnörkellose Autobahn. Dazu sei erwähnt, dass die persische Schrift, so schön sie auch sein mag, dem einfachen österreichischen Radtouristen von Anfang bis Ende ein, wenn auch wunderschönes, Rätsel bleiben wird. Verhängnisvoll ist weiter, dass der Perser auch keinen Gefallen am arabischen Zahlensystem findet, so wie der Perser grundsätzlich kaum Gefallen an irgendetwas Arabischem findet. Zusammenfassend klingt das circa so: „Faule Kameltreiber, diese

Araber, die allerhöchstens im Schatten herumliegen und Datteln fressen. Und trotz ihrer Unfähigkeit nur deshalb so reich geworden sind, weil man auf ihrem Land kaum wo ein Loch bohren kann, ohne auf eine neue sprudelnde Ölquelle zu stoßen."[3] Vielleicht, das munkelt man, hat auch der bittere irakisch-iranische Krieg, in dem gut 500.000 Iraner für Glaube, Wahnsinn und Vaterland ihr Leben lassen mussten, solch negative Vorurteile ein kleines bisschen zementiert. Zumindest verwendet der Perser keine arabischen Zahlen. Im Persischen ist ein Punkt eine Null, ein Herz eine Fünf, ein Siebener eine Sechs und ein verkehrter Dreier eine Vier. Merk dir das einfach. Und eben, wie erwähnt, Araber werden hier nicht sehr geschätzt.

Wir fahren tiefer ins Land hinein, fühlen uns zunehmend sicherer, freundlich aufgenommen. Das Leben hier, so der Eindruck, dürfte für den Durchschnittsperser auch ohne Sport hart genug sein. Wenn hier im Nordwesten etwas ganz sicher nicht ausgebrochen ist, dann ist das Reichtum. Weil die hundert zotteligen Schafe, die der Hirte auf seinem Esel unter der Autobahn durchtreibt, die sind sicher keine Millionen wert, auch die Bienenstöcke nicht, die als bunte Kleckse die ausgedörrten Hänge beleben. Die Armut hindert die Leute aber nicht daran, freundlich zu sein, hindert die Hirten nicht am Winken und hindert die Kinder am Straßenrand nicht daran, uns anzuhalten für ein motiviertes Fotoshooting. Am Weg passieren wir wunderschöne Bergdörfer. Kleine, niedrige Lehmhäuser, die sich so perfekt in die Landschaft schmiegen, dass sie von den umgebenden Hängen fast verschluckt werden, wären da nicht die knallblauen Türen. Schön! Zum Heizen, in den harten Wintern hier im Bergland, liegt vor jedem Haus ein großer Vorratshaufen getrockneter Kuhfladen. Holz muss man, von den blauen Türen abgesehen, mit der Lupe suchen, weil kein Niederschlag, weil staubtrocken und weil die Ziegen und Schafe jeden Trieb abbeißen, den sie nur irgendwie erwischen. Und sie erwischen fast jeden. Romantisch? Ja. Tauschen? Lieber nicht.

---

[3] Eine Aussage, die wir in unterschiedlicher Form immer wieder von Iranern gehört haben. Hat uns überrascht.

*„Wir treffen zwei dicke Australier am Weg. Stolz geben sie zu Protokoll, dass sie kaum mehr Essen haben und daher gezwungen sind, Peanutbutter out-of-the-jar zu schmausen. Wir fragen uns, ob die dünn weggefahren sind und nun immer dicker werden, bis das Fahrrad zusammenbricht. Das Mädchen, Sarah, ist von Kopf bis Fuß schwarz verschleiert und stirbt fast vor Hitze. Auch ein bisschen selber schuld, sie nimmt die Winterburka, die wärmer ist als jeder Skianzug. Der Typ ist mit GoPro, GPS, Warnweste etc. top ausgerüstet, aber auch das hilft dir wenig, wenn du vom Wasser Durchfall bekommst. In der Nacht, in der wir neben der Polizeikaserne schliefen, waren die beiden Aussis bei einem PKK-Typen untergebracht, dessen Brüder in Syrien gegen den IS kämpfen."*

Wir überholen die zwei Dicken und lassen sie mitsamt ihrer Erdnussbutter hinter uns, bis uns die Hitze in den Schatten einer Tankstelle zwingt. Eine kurze Wasserauffüll- und Internetpause wächst sich zu einem zweistündigen Aufenthalt aus. Wir brauchen das Internet, um uns in der nächsten Großstadt ein Couchsurfing zu checken. Wenn es wahr ist, können wir dank dieser Plattform in Tabriz bei einem gewissen Meysam schlafen.

Wir essen, immer noch in derselben Raststätte, als ein älteres deutsches Ehepaar völlig abgekämpft das Restaurant betritt. Wir laden sie an unseren Tisch und die Pause verlängert sich um ein weiteres Stündchen. Sie ist Lehrerin, er Software-Engineer. Die beiden bereisen die Welt, wollten den höchsten Berg der Türkei besteigen und wurden aufgrund großer PKK und Militäraction vom Ararat-Basislager vertrieben. Das gesamte Bergmassiv wurde nach dem jüngsten Aufstand gesperrt, Touristen und Zivilisten evakuiert. Tags darauf wurden das Gebirge, Höhlen und Berglager bereits bombardiert. Schusswechsel in der Stadt am Fuße des Berges, wo die beiden im Hotel ausharrten. Gefechtslärm, Explosionen und Kampfhubschrauber. Daher wurde die Reise in den Iran verlegt, das Ehepaar ist, wie wir, am Weg nach Tabriz.

Es kann wirklich ein Riesenvorteil sein, mit Menschen zu sprechen. Es kann sich lohnen und es kann mehr sein als nur eine unnötige Verzögerung der Abfahrt. Wir sprechen, wir labern, wir hören zu und wir erfahren, dass es, wie weithin bekannt sei, angeblich in der nächsten Stadt einen Wahnsinnigen gäbe. Diese Weltbekanntheit wäre ihr zukünftiger Gastgeber, meint Uschi, der bringe nämlich sämtliche Radfahrer unter, die an seine Pforte klopfen. Also auch uns, meint Uschi. Er würde jedem eine Schlafstätte zur Verfügung stellen und Reisende fürstlich verpflegen. Die Geschichte klingt wie ein Märchen, der Wohltäter wie ein Serienmörder: Mr. Eckbert. Die Stadt heißt Marand und liegt in einem Nadelöhr auf der Route zwischen türkischer Grenze und Teheran. Dort kommt jeder vorbei. Wir bezahlen, setzen alles auf eine Karte, vertrauen der Lehrerin und hoffen, unangemeldet bei diesem Herrn Eckbert unterzukommen.

Es dämmert beinahe, als wir die Stadt endlich erreichen. Die lange Fahrt ist zahllosen Fotopausen besagter Lehrerin, die mit einem Riesenobjektiv jeden zweiten Stein fotografiert, und dem körperlichen Zustand ihres Ingenieur-Mannes geschuldet. Als wir auf der Hauptstraße ins Zentrum vorstoßen, nähert sich uns ein drahtiger Mann am Fahrrad, fragt, ob wir schon ein Plätzchen für die Nacht gefunden hätten. Ja, gibt Sebastian zurück, wir würden bei einem gewissen Herrn Eckbert nächtigen und nirgends sonst. Das ergebe sich gut, erwiderte der Drahtige, er sei nämlich dieser sagenumwobene Mr. Eckbert, wir sollten ihm also schleunigst folgen, im Übrigen warte er schon seit zwei Tagen auf uns, solange habe er von Fernfahrerfreunden die Nachricht, dass neues Radfahrermaterial, drei blonde Burschen, am Weg zu ihm seien. Wir folgen artig durch den gemeingefährlichen Autoverkehr der Stadt, Mr. Eckbert bahnt sich auf seinem gefederten Bling-Bling-Mountainbike in rücksichtsloser Art und Weise den Weg, Ausländer gehen eindeutig vor. Halt bei einem Lokal. Es gibt Sandwiches für alle. Sehr zum Ärgernis des Wirtes besteht Mr. Eckbert darauf, dass keiner von uns zahlt. Frech. Mr. Eckbert und ein freundlicher Mann machen ein Foto von uns allen – fürs Archiv. Wir sind Gäste Nummer 654, 655 und 656 beim guten Samariter der Seidenstraße, der erst vor 14 Monaten seinen Warm-Showers-Account eröffnet hat. Seither nimmt er jeden auf, den er erwischt. Ein dickes Buch mit Menschen aus aller Welt, von jedem ein Foto, von jedem Name, Nationalität, Email und Social-Media-Kontakt. Ein bisschen weite Welt in einem Land, aus dem man als Einheimischer gar nicht so einfach raus kommt. Er führt uns zu seinem Haus. In der Garage: „Bitte die Räder abstellen, die notwendigsten Notwendigkeiten einpacken." Ein Taxi, das uns zu unserem Quartier bringe, befände sich bereits am Weg. Zack-zack. Wir werden gemeinsam mit dem Ehepaar weiter verfrachtet.

Rauf auf die Autobahn. Raus aus Marand. Viel Angst bei dem wahnsinnigen Taxifahrer, der ein Auto ohne Bremspedal erwischt haben muss. Dafür funktioniert aber die Hupe sehr gut. Wir werden an einer Tischlerei ausgeladen, es ist bereits stockdunkel. Dort übergibt man uns den nächsten Iranern, einem jungen Mann und seiner Frau. Aufsteigen. Rauf auf den Pick-up aus der Vorkriegszeit. Die Damen nach vorne in die Kabine, der Rest hinten auf die Ladefläche. Irgendwie festhalten am Stahlgestell, an dem auch der riesige rostige Wassertank russisch angeschweißt ist und die Ladefläche einnimmt. Herrlich. Dann über Stock und Stein, rauf auf den Berg, man bringt uns natürlich in einer Berghütte unter, in einer selbst gebastelten Berghütte, ein bisschen Authentizität muss sein. Während der Fahrt versuche ich mich möglichst so zu platzieren, dass ich nicht vom Auto gebeutelt werde und mir gleichzeitig der gefüllte Wassertank, sollte dieser aus dem Stahlgerüst brechen, nicht das Beinchen zermantschen kann.

Warum der ganze Wassertransport? Dort oben gäbe es kein fließendes Wasser. Besser: Es gibt dort gar kein Wasser außer einer kleinen Quelle, die einen 15-minütigen Nachtspaziergang entfernt liegt. Das Wasser braucht unser Chef de Maison für seinen Garten. Er trotzt dort oben nämlich dem trockenen, steinigen Boden ab, was er nur kann. Alles Wasser, auch das aus der kalten Outdoor-Dusche, wird in die mickrige Gemüse- und Obstplantage geleitet. Unsere zwei Gastgeber sind beide Bergsteiger, Berge gibt es ja einige höhere im Iran. Der Gastgeber arbeitet im Brotberuf als Teppichknüpfer und erzählt von all den Annehmlichkeiten, die mit diesem Beruf einhergehen: zunehmender Verlust der Sehkraft, Rückenprobleme und miserable Bezahlung.

Spät nachts gibt es leckerstes iranisches Omelett mit Lavash. Im Schneidersitz löffeln wir uns mit dem trockenen, ungesäuerten Brot die Köstlichkeit in den Mund. Immer die rechte Hand verwenden, die ist die saubere. Und womit lässt man schließlich einen solchen Tag ausklingen? Genau, man blendet eine Wüstenspringmaus mit der Taschenlampe und schaut, was passiert, wenn man ihr auf den Schwanz greift.

Die Sonne küsst unsere zerknitterten Gesichter am Hüttendach wach, wo wir uns das Nachlager eingerichtet haben, damit die besserwissende Lehrerin in der Hütte schlafen kann. Wir putzen unser Zahnwerk, das von den Strapazen kaum, aber von den Hektolitern gezuckerten Tees ganz wesentlich mitgenommen ist. Zum Frühstück reicht man Nektar und Ambrosia. Also Schwarztee mit viel Zucker und noch mehr von diesem trockenen Brot, das man mit Wasser besprüht, damit es nicht gar so staubt. Dazu Eier und was eben noch übrig ist. Wir packen, wir lassen unseren Gastgebern einen Haufen iranische Real zurück, sie wollen eine Solaranlage aufs Hüttendach klatschen, sparen auf eine Batterie. So dreist, dass wir uns alles gratis nachwerfen lassen, wollen wir auch nicht sein. Der Pick-up rumpelt die Straße hinunter, wir fahren auf der Autobahn den Weg zurück, den wir später mit dem Rad erneut bewältigen werden müssen.

Mr. Eckbert besitzt in der Stadt eine Gemischtwarenhandlung. Eigentlich einen kleinen Greißler. Der Laden ist eine einzige Werbefläche für die Fernradlerei. An mehreren Stellen prangt groß das Warm-Showers-Logo, eine Plattform, die Fernreisenden gratis Unterkünfte vermittelt und die Mr. Eckbert zum Lokalhelden hier in Marand macht. Alles in seinem Leben scheint sich ums Radfahren zu drehen. Auch Eckbert selbst ist von Kopf bis Fuß gebrandet. Er, das verriet er uns tags zuvor, wolle unbedingt, daran führe kein Weg vorbei, einen Ultramarathon laufen. Mehrere Marathons hintereinander, eh klar. Wo? In der Sahara. Natürlich! Das traue ich dem Typen auch zu. Frau, sagt er, habe er keine. Für solche Spompernadeln habe er keine Zeit, dafür wären ihm die Fernradfahrer auch viel zu wichtig. An die zehn Ausländer, fast alle Europäer, drängen sich heute in seinem Laden. Wir waren offensichtlich nicht die Einzigen, die da durch das Eckbertsche Nadelöhr in Marand mussten. Aus der Tiefkühltruhe gibt es für jeden drei Liter eiskaltes Wasser – sehr leiwand – und Snacks. Es wird viel palavert, wir treffen die zwei ausgefressenen Australier, die sich gerade mit Schokoriegeln eindecken.

Uns geht dann alles ein wenig zu langsam in der Eckbert-schen Gemischtwarenhandlung. Wir freunden uns in diesem Getümmel mit einem jungen Belgier an, er hört auf den eingängigen Namen Tom Van den Nieuwenhuizen, der Einfachheit halber nennen wir ihn: Belgier. Dem Belgier geht auch alles viel zu langsam und er drängt zum Aufbruch. Ja, passt, wir machen uns zu viert aus dem Staub, danke, Mr. Eckbert. Du geiler Hund! Gemeinsam mit dem Belgier fahren wir im Windschatten und in halsbrecherischer Geschwindigkeit bis an die Ausläufer der ersten iranischen Millionenstadt: Tabriz.

Transport zur Berghütte unserer Gastgeber. Einfache Regel: Iraner sind wie ganz normale Menschen, nur freundlicher.

1 iranisches Bergdorf: schön & einfach. Heizmaterial: Kuhdung. Holz ist wertvoll.

Hirten. Esel, Schafe und Hütehunde. Drei von vier mögen wir gern.

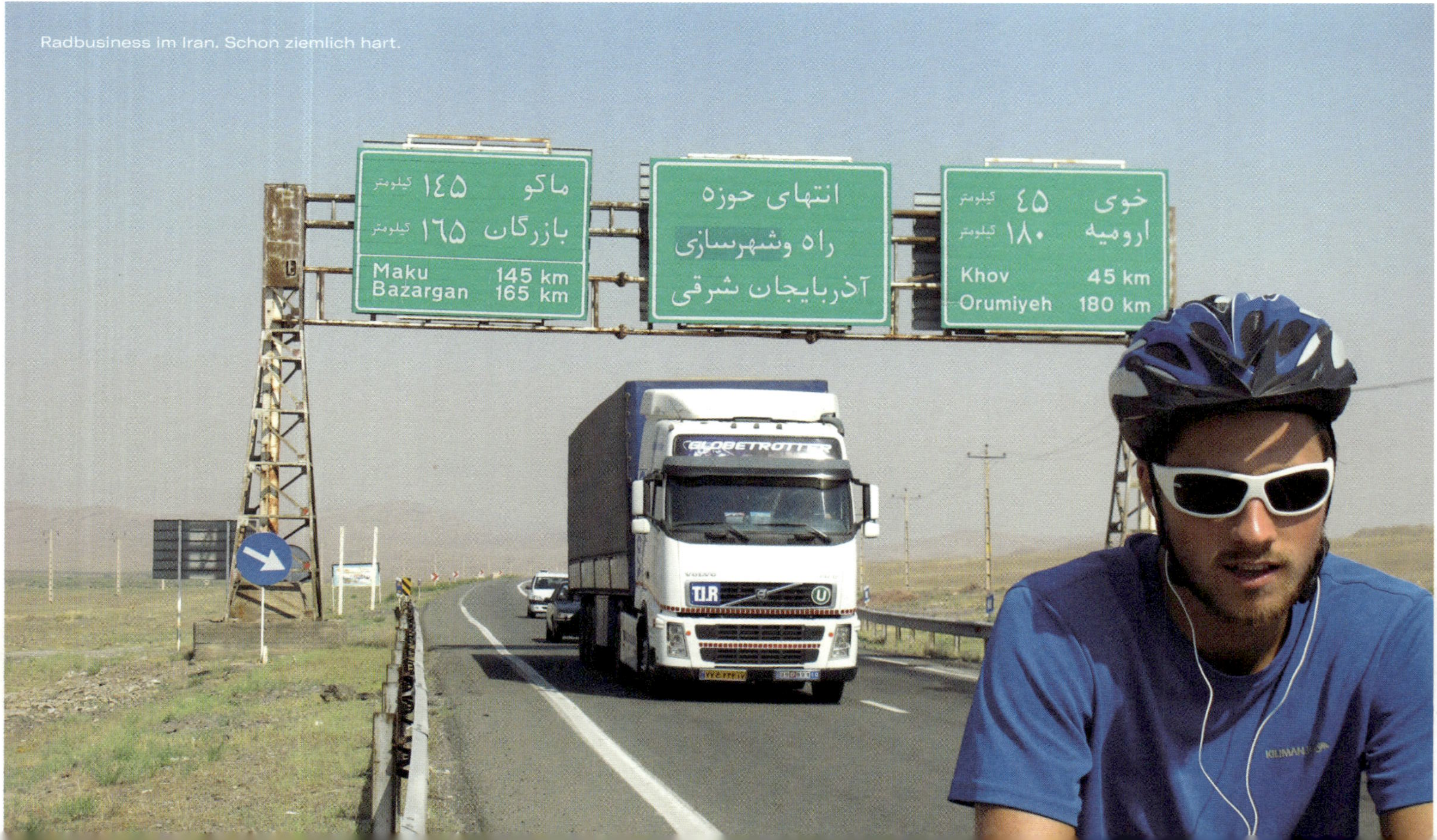

ماکو ١٤٥ کیلومتر
بازرگان ١٦٥ کیلومتر
Maku 145 km
Bazargan 165 km
انتهای حوزه
راه وشهرسازی
آذربایجان شرقی
خوی ٤٥ کیلومتر
ارومیه ١٨٠ کیلومتر
Khov 45 km
Orumiyeh 180 km
GLOBETROTTER
VOLVO
TIR
Radbusiness im Iran. Schon ziemlich hart.

Schon in der Früh verabschiede ich mich von den verbliebenen Freunden. Ich umarme Medo, Hakim, ich klopfe Ahmed auf die Schulter. „Alles Gute", sage ich, „meine Brüder!" – „Alles Gute, Filip", wünschen mir meine Freunde.

Die Schlepper bringen mich und einige andere am Vormittag zum Bus, der uns von Budapest nach Deutschland bringen soll. Ja, ich bin angespannt, aber ich freue mich auch darauf, endlich mein Ziel zu erreichen. Endlich meine Cousins in Frankfurt zu sehen, Familie, Sicherheit, Menschen, die ich seit Kindertagen kenne. In Deutschland finde ich bestimmt einen Job, denke ich, damit ich meine Schulden zurückzahlen kann. Ich weiß nicht, vielleicht kann ich nach ein paar Monaten wieder zurück nach Syrien gehen, wenn der Krieg vorbei ist.

Wir steigen an einem gut versteckten Parkplatz aus dem ungarischen Schlepperauto. „Hier ist der Treffpunkt", sagt der Fahrer, aber am Parkplatz steht nur ein weißer Kleintransporter.

„Wo ist der Bus?", frage ich den Schlepper.

„Das ist der Bus", sagt der.

*Wallah*! Was für eine Scheiße!

Wir sind 23 Personen, die in den Laderaum des kleinen Transporters gepfercht werden sollen. Keine Sitze, keine Griffe zum Festhalten, keine Fenster, gar nichts: für eine Sieben-Stunden-Fahrt nach München. Die Menschen zögern kaum und trotzdem treiben die Schlepper. „Schnell", rufen sie, „schneller, schneller! Wir fahren sofort los." Es ist nur ein kurzer Moment, als mich die Hektik, die die Schlepper erzeugen, an die Bootsfahrt erinnert. Der Gedanke entwischt mir, als ich von hinten gestoßen werde. Nachkommende drängen mich in den Laderaum.

Lauter Menschen, die ich nicht kenne. Einige Eltern tragen ihre Kinder, die sich ängstlich an Hals und Oberkörper festklammern. Im Laderaum ist kaum Platz, dort müssen sie die Kleinen auf den Boden stellen. Sie verschwinden in der Menge, sie sind einfach so viel kleiner. 23 Menschen, wir müssen uns, Körper an Körper, so weit wie möglich in den Laderaum drängen. Der Fahrer schlägt die Flügeltüren zu und versperrt sie mit einem Klicken. In der völligen Dunkelheit bricht sofort Chaos aus. Menschen versuchen, sich brutal Platz zu schaffen, stoßen, drücken, schlagen. Vor mir steht ein großer Mann, sein Rucksack drückt mir ins Gesicht, ich versuche, ihn wegzuschieben, damit ich zumindest frei atmen kann. Schimpfwörter in allen Sprachen fliegen durch den Raum. Die Luft wird dicht und ich rieche den Gestank der abgekämpften Menschen, natürlich hat sich keiner gewaschen. Säuerlicher Schweiß, ich rieche Urin und den Mief von viel zu lang getragener Kleidung. Man kann hier weder dem Geruch noch der Enge entkommen, muss froh sein, wenn man einfach einen guten Platz zum Stehen findet und selbst nicht pinkeln muss.

Dann geht ein Ruck durchs Fahrzeug, wirft uns durcheinander. Einige prallen gegen die Metallwand. Ein Gerumpel und Geschrei, aber wir fahren jetzt. Ich bin zwischen Körpern völlig eingequetscht. In jeder Kurve fallen wir mit der Schwerkraft. Ich taste im Dunklen nach etwas zum Festhalten, aber alles, was ich erwische, sind andere Menschen. Dazu muss ich im Getümmel ständig auf meine Sachen aufpassen, jeder könnte mein Handy oder das Bargeld stehlen.

Dann beginnt das Kind zu weinen, für mich ist es schon eng, aber wie muss es für das Kind sein, das nichts sieht außer übergroßen Körpern, die es erdrücken können. Das Kind weint nicht mehr, es schreit in voller Panik und die verzweifelte Mutter kann es nicht beruhigen. Es schreit aus Leibeskräften, es will hinaus – was sollen wir machen? Die anderen werden unruhig, wir müssen still sein, wenn wir an der Grenze sind. Wir verraten uns sonst. Sie drängen die Mutter. „Mach dein Kind leise!", sagen sie, aber die Mutter kann das kleine Mädchen nicht beruhigen. Sie versucht alles, doch das Mädchen schreit und schreit.

„Wir machen das Kind tot, wenn es nicht ruhig ist", ruft einer – *Wallah*!

Die Verzweiflung steckt mich an. Das Kind ist außer sich und wird immer panischer. Es ist schrecklich. Die Mutter weiß sich nicht mehr zu helfen, sie hält ihrem Kind den Mund so fest zu, dass nur noch ein ersticktes Quietschen durch ihre Finger dringt. Das Mädchen beruhigt sich nicht.

Da wird der Motor leiser, das Auto langsamer, jetzt müssen wir an der österreichischen Grenze sein. „Ruhe!", zischt irgendjemand. Die Mutter muss jetzt noch fester drücken, denn die Schreie des Kindes sind kaum noch zu hören. Ich habe so ein schlechtes Gefühl. Was ist, wenn das Kind erstickt?

Langsam fährt der Bus dahin und bleibt dann stehen. Ich fürchte, dass jemand die Türen öffnen könnte, dass jemand den Kleintransporter kontrolliert. Bitte! Gott! Lass uns über die Grenze kommen. Minuten vergehen und ich merke nur, wie ich zu schwitzen beginne. Ich kann nur hoffen.

Schließlich heult der Motor wieder auf. Mit einem Ruck purzeln wir ineinander. Die Mutter muss gefallen sein, das Mädchen brüllt wieder aus Leibeskräften. Es weint, es klagt an, es muss fast erstickt sein: „Mama. Warum hast du das getan? Mama, warum? Mama, warum tust du mir das an? Mama? Maaama!"

Irgendwann merke ich, dass ich müde werde, dazu kommen die Kopfschmerzen. Ist das die schlechte Luft in dem Wagen? Erst jetzt fällt mir auf, dass nirgendwo Öffnungen sind, es kommt keine Frischluft in den Laderaum.

Wir fahren weiter. Der Motor heult ungleichmäßig. Es muss eine kurvige Landstraße sein, denke ich, die wir seit Kurzem entlangfahren. Ich lasse mich einfach nur noch hin und herwiegen, versuche gar nicht mehr, aufrecht zu stehen. Ich lehne einmal in diese, einmal in die andere Richtung.

Urplötzlich schlingert der Wagen. Die Bremsen quietschen. Das Auto rutscht. Kracht. Es überschlägt sich. Es wirft mich wild durch den Wagen. Ich schreie. Alle schreien. Es ist der Bruchteil einer Sekunde, ein gewaltiger Knall, ein Aufprall, der mich durch die Ladefläche schleudert, gegen eine Wand. Jetzt ist es aus.

Ich komme zu mir, als jemand versucht, mich wegzuschieben. Was ist passiert? Von unten arbeitet sich jemand unter meinem Körper hervor. Was sagt er? Schreit er? Ich höre nichts, ich spüre nichts, wo sind wir?

Die Menschen rund um mich stöhnen. Was ist hier los? Mein Fuß schmerzt, aber irgendwie nehme ich das nur dumpf wahr. Was ist passiert? Ich versuche, den Fuß aus der Menschenmasse unter mir zu ziehen, spüre ein scharfes Stechen. Von der anderen Seite des Wagens höre ich hektisches Arbeiten an den Flügeltüren. Männer rufen nach Werkzeug, nach einem Hammer, einem Messer, einem Schraubenzieher.

Wofür brauchen sie Werkzeug? Ich fühle mich so müde, dass ich beinahe einschlafe, ich hocke mich auf den Boden, lehne mich erschöpft gegen eine Wand. Langsam kommt mein Kreislauf in Bewegung.

Tritte krachen von innen gegen die Türen, sie springt nicht auf, ist fest verschlossen. Es herrscht Panik, aber sie erreicht mich nicht. Ich liege im Wattebett, ich spüre nichts als eigenartige Ruhe, die meinen Körper durchflutet.

Es muss Minuten gedauert haben, oder war es eine halbe Stunde – ich kann es nicht sagen. Irgendwie brechen die Männer die Hintertüre auf, Menschen fallen auf die Straße. Viel zu frisch strömt die Luft in den Laderaum, sie sticht in den Lungen. Ich sehe Menschen aus dem Auto steigen, auf eine Wiese gleich neben der Fahrbahn taumeln.

Atemzug für Atemzug erwache ich aus meiner Trance. Mein Fuß schmerzt, als hätte er einen Hammerschlag abbekommen, und jetzt erst fallen die Puzzleteile auf ihren Platz. Es ist, als hätte plötzlich jemand den Ton angedreht. Der Ton besteht nur aus Schmerzensschreien und hilflosen Klagen. Ich steige jetzt auch von der Ladefläche. Neben mir steht ein Mann, sein Unterarm steht unnatürlich vom Ellenbogen ab, ein blutiger Knochen schaut durch die Haut. Eines der Kinder sitzt am Boden, die Hose ist zerrissen, der Fuß völlig verdreht. Ich gehe ein, zwei Meter zurück, versuche, ein wenig Raum für mich zu bekommen. Das Auto klebt förmlich in einem Baum, die Fahrerkabine ist leer. Überall sind verletzte, blutüberströmte Menschen. Was ist eigentlich mit mir? Ich fasse mir ans Bein. Fühlt sich in Ordnung an. Hals und Kopf schmerzen ein wenig. Wo sind wir?

„Der Fahrer ist geflüchtet", schreit einer, „wir sind in Österreich."

Die ersten Menschen machen sich auf den Weg entlang der Autobahn. „Schnell weg", sagen sie. Ich schließe mich halb benommen irgendeiner Gruppe an. Gehe die Straße entlang, ohne zu wissen, wohin. Es liegt ein eigentümlicher Schleier über der Welt. Die Sonne scheint.

Nach wenigen Minuten rasen uns Autos mit Blaulicht entgegen. Polizei und Rettung? Es gibt genug Verletzte, die noch im Wagen liegen, denke ich, keine Toten, aber genug zu tun für die Rettung. Ich spaziere einfach weiter.

Wir gehen einige Kilometer, bis uns eine Polizeistreife von der Landstraße holt. Ohne Widerstand steige ich ins Auto. Sie bringen uns in ein nahes Krankenhaus. Erst dort merke ich, dass mein Gesicht und die Hände voller Blut sind. Das T-Shirt ist dunkelrot verkrustet und an meinem Kopf klafft eine große Platzwunde. Der Hals schmerzt sehr, ich muss in irgendetwas hineingedonnert sein. Dieser Idiot von einem Fahrer hat einen Unfall gebaut, mit all den Menschen hinten drinnen!

# WÜTEND IN TABRIZ

Wenn man plant, in einer Dreimillionenstadt haltzumachen, dann ist es immer gut, dort einen Gastgeber zu haben. Millionenstädte sind unübersichtliche, gigantische Moloche voller Menschen und eignen sich nur selten zum Zelten. Wir möchten Hotels vermeiden und suchen Kontakt zu den Einheimischen. Unser Gastgeber heißt Meysam, wir haben ihn auf einer Online-Plattform aufgegabelt und noch nie zuvor gesehen. Er hat unsere Anfrage schon nach wenigen Minuten bestätigt. Meysam ist 18 Jahre alt, hat uns seine Adresse übermittelt und eine persische Telefonnummer. Die wenigen Minuten an einem gratis Internet-Hotspot an einer Tankstelle haben uns also eine Herberge verschafft, zumindest hoffen wir das, denn Sicherheit gibt es dafür keine. Wir wissen, dass seine Straße nahe am El-Goli-Park im Süden der Stadt liegen sollte. Ganz einfach im Süden dieser Dreimillionenstadt. Wir umfahren Tabriz auf der Stadtautobahn, nehmen den Southern Bypass, bekommen einen Eindruck der iranischen Abgasreinigung, um die es nicht sehr gut bestellt ist. Östlich der Autobahn liegt ein ausgedehntes Industriegebiet mit rauchenden Schornsteinen, kleine, dampfende Fabriken entlang der Autobahn, wenige Kilometer dahinter liegt der größte petrochemische Betrieb des Landes. Leckere Erdölverarbeitung und noch höhere Schlote. Je höher die Schornsteine, umso giftiger ist das, was oben rausgeblasen wird, das hat mir mal ein Anlagenbauer erzählt.

Durch Tabriz führte einst die alte Seidenstraße, heute verläuft hier die Hauptverkehrsroute nach Teheran. Massen an alten Autos und museumsreifen LKWs schieben sich zähflüssig auf der Stadtumfahrung voran. Treibstoff ist im Iran sehr billig, die Qualität ist jedoch schlecht, das merkt man an den Abgasen.

Das Gute an verstopften Straßen ist, man kann auch als Radfahrer halbwegs überleben, da die Geschwindigkeiten selbst auf der Autobahn nie die 50 km/h überschreiten. Abendliche Rush Hour und wir schlängeln uns, wie all die knatternden Motorräder, an den Fahrzeugkolonnen vorbei. Wir versuchen, uns durch stetige Fragerei der richtigen Autobahnabfahrt zu nähern, unser Ziel ist dieser El-Goli-Park, der auf Thomas' Offlinekarte deutlich zu erkennen ist. Die richtige Abfahrt finden wir trotzdem nicht allein, aber Hilfe ist im Iran immer und an jeder Ecke zu haben. Unsere Hilfe ist kaum 20 Jahre alt, sitzt mit langer Hose und T-Shirt auf einem Ein-Gang-Fahrrad und führt uns direkt zum Park. Danke! Dort spazieren wir eine Runde, drängen uns mit den sperrigen Fahrrädern durch den iranischen Park, der wie jede andere Grüninsel schon gegen Abend zum Bersten mit Menschen gefüllt ist. Doch bis auf Weiteres keine Spur dieser Adresse, die wir suchen. Wir fragen einen Taxifahrer, kommen nicht weiter, denn er spricht kein Englisch und wir kein Farsi, bis uns ein paar Jungs ansprechen, die anbieten, uns den Weg zu zeigen. Danke!

In Wirklichkeit werden wir von den Burschen durch die halbe Stadt bis zu unserem Gastgeber geleitet, ein 45 Minuten langer Spaziergang entlang der Hauptstraßen in Tabriz, sie bieten uns an, die Räder zu schieben, interessieren sich für unsere Reise, unsere Pläne, woher wir denn kämen. Sie wollen uns am nächsten Tag unbedingt wieder treffen, mit uns spazieren und abhängen, sagen sie. Okay, sehr gerne.

Schließlich werden wir an der Tür abgegeben, dort übernimmt unser Host, Meysam, der erst mal klar macht, dass wir seine Ausländer seien und nicht die der freundlichen Jungs, die jetzt verschwinden könnten, wie er meint. Trotzdem tauschen wir mit unseren coolen Tabriz-Guides Kontakte aus Whatsapp, Facebook, iranische Telefonnummer.

Im Iran ist natürlich der ganze Social-Media-Shize verboten. Sonst kann sich ja die Diktatur selbst nicht mehr ernst nehmen. Vor ein paar Jahren, im Sommer 2009 gab's dort, also im ganzen Iran, eine kleine Revolution. Die friedliche grüne Revolution, ein Vorgeschmack auf den arabischen Frühling. Millionen junger Menschen gingen auf die Straße, Frauen wie Männer, und demonstrierten gegen Wahlbetrug und für Freiheit. Man organisierte sich über das Internet und durch Videos gelangten die Ereignisse in alle Welt. Der Ruf nach Freiheit wurde von Milizen und dem Regime erfolgreich niedergeknüppelt, einige Menschen auf der Straße erschlagen, einige eingesperrt, einige hingerichtet, einige sind im Gefängnis krepiert.

Die Diktatoren zogen ihre eigenen Lehren aus den Ereignissen und zwar, dass es dem Erhalt des strengen Gottesstaates zuträglich sei, wenn sich die Leute nicht ganz so einfach organisieren könnten. Daher wird seitdem bei sozialen Unruhen nun immer Mobilfunk und das mobile Datennetz abgeschaltet. Des Weiteren als Dauerzustand: Facebook – gesperrt, Blogspot – gesperrt, Twitter – gesperrt, Youtube – gesperrt, Gmail – auch gesperrt.

Für uns ist das maximal mühsam, ich bin praktisch nicht mehr erreichbar. Alle Facebook-Kontakte sind tot, mein Gmail-Account ist unzugänglich, Blog kann ich auch keinen schreiben. Ich bin von meinem Kontakt nach Hause abgeschnitten. Danke Zensur. Mir bleiben eine österreichische Telefonnummer und eine aufkeimende Ahnung davon, welch große Freiheit ich zuhause genieße.

Die Perser sind aber zum Glück nicht auf den Kopf gefallen. Ein aufstrebendes, junges Volk, an den Universitäten sind mehr als die Hälfte der Studierenden weiblich, über 40% der Bevölkerung sind unter 25. Die lassen sich auch nicht gern auf den Kopf scheißen, nicht mal vom Ajatollah. Darum verwendet jeder, wirklich jeder, einen Proxy, um die elenden Sperren zu umgehen, nur wir haben keinen am Handy installiert. Das heißt, im Prinzip verwendet jeder (außer uns) Facebook, diverse Chat-Applikationen, Blogs etc. Das geht sogar so weit, dass Irans oberster Führer, die höchste Instanz im Lande, Ajatollah Ali Chāmene'i, einen eigenen Facebook-Auftritt hinlegt, verboten sind die Websites trotzdem.

Aber, was für ein Glück, bei Meysam gibt es überhaupt kein Internet. Dafür aber sehr viel Wut. Denn heute hat Meysam ein Schweizer Radfahrer abgesagt, den er in den nächsten Tagen beherbergen wollte, und das nimmt er persönlich. Meysam ist jetzt nicht der stattliche Perser, den man sich gerne vorstellt. Er ist eher die Schnittlauchversion. Ein schmächtiges Bürschchen, nicht allzu groß, hübsche Gesichtszüge, und er scheut sich nicht vor klaren Ansagen. Wir wären sehr willkommen in seinem Haus, sagt er, aber wenn sich wer aufführe, dann werfe er denjenigen raus, so sind die Regeln. Für seine zarten 18 Jahre ist er ausgesprochen selbstbewusst, er hat ganz klare Vorstellungen, ein Weltbild, richtig, falsch – das ist alles vorhanden. Seine Willkommensworte: „Welcome to Iran, it's a shithole."

Er quartiert ausländische Radfahrer regelmäßig bei seiner Familie ein, sehr zu deren Missfallen. Ihm ist das wurscht und wir freuen uns über ein paar weiche Matratzen am Fußboden, über eine sehr schöne Dusche, über einen Kühlschrank mit Eiswürfelspender. Meysams Familie gehört nicht zur Unterschicht. Die großzügige Wohnung liegt im fünften Stock eines schnörkellosen Neubaus, der auch in jeder europäischen Großstadt stehen könnte. Er malt, schreibt, liest die iranischen Dichter und Philosophen, doch am liebsten würde er frei die Welt bereisen. Trotz seiner ruppigen Art ist er ein interessanter Gesprächspartner, denn er gibt uns Einblick darin, wie es ist, im Iran zu leben.

Meysam ist eher auf der düsteren Gemütsseite gebaut, eher auf der Das-Glas-ist-halb-leer-Seite. Wobei, für einen jungen, männlichen Iraner, wir kennen noch keine iranischen Frauen, ist das Glas wirklich halb leer, vielleicht sogar noch ein wenig leerer. Der junge Iraner hat das Vergnügen, nicht ins Ausland reisen zu dürfen, bevor er nicht seinen obligatorischen Zweijahres-Militärdienst absolviert hat. Auf diesen freut sich Meysam so gar nicht und will ihn, wenn irgend möglich, umgehen. Die Ausreise ist auch nach dem Dienst mit der Hinterlegung von Barschaft oder anderen Sicherheiten verbunden, damit dem Ajatollah die Leute nicht abhauen. Dazu kommt im Iran noch eine sehr starre Haltung, was den zwischengeschlechtlichen Umgang betrifft. Ganz einfach erklärt: Heirat oder Häfen.

Von Meysams Wut ist ein großer, glühend heißer Brocken für die iranischen Frauen reserviert. Weil alle scheiße sind, alle oberflächlich, alle nur außen schön und innen verrottet, alle nur an Kohle und Aussehen interessiert und überhaupt. Er habe sich einmal in eine chinesische Radreisende verliebt, die bei ihm zu Gast war, deutet er an, um gleich klarzustellen, er liebe sie, wie eben ein Bruder seine Schwester liebt. Na klar!

Meysam möchte unbedingt mit uns Fahrradfahren, wir möchten nicht, denn nach den 100 Kilometern von Marand nach Tabriz in irrwitzigem Belgier-Tempo steht uns der Sinn nach Sitzen, Liegen und Schlafen. Wir fahren aber trotzdem – seine Wohnung, seine Stadt, seine Regeln – quer durch Tabriz, und zwar in ein persisches Restaurant, wo er uns seinen Frauenhass weiter erklären kann und uns nebenbei die Vorzüge der iranischen Küche näherbringt. Man speist hier im obligatorischen Schneidersitz, auf einem erhöhten Podest sitzend, das als Sitzgruppe fungiert.

Ich glaube, wenn man diesen Schneidersitz nicht von Kindertagen an übt oder gleich als Yogi zur Welt kommt, gewöhnt
man sich nie an diese verspannte Sitzhaltung. Aber das Essen
schmeckt ausgezeichnet und mitten im kulinarischen Genuss
werden wir in der Gaststätte von einer Lokalschönheit angesprochen: Sie furchtbar nervös, wir auch furchtbar nervös, vor
allem ich furchtbar nervös, weil sie furchtbar schön. Sie kommt,
vor der versammelten iranischen Menge, vor aller Augen, auf
uns zu, auf mich zu, zu unserem Tisch. Unerhört. „Hallo", sagt
sie, und: „Woher seid ihr?"

„Wer bist du?" frage ich.

„Eine Künstlerin", sagt sie.

„Wir reisen durch die Welt", sage ich.

„Aha."

„Aha."

Gefühlt bohren sich die Augen aller 20 Restaurantgäste in
unsere Nacken. Ich schaffe es in meiner Panik nicht, sie um ihren
Kontakt zu fragen, möchte mich eigentlich weiter mit ihr unterhalten und die Gegenwart ihrer iranischen Schönheit genießen,
heute, morgen und für den Rest meines Lebens. Aber mir fällt
nichts Lustiges ein, ich weiß nicht, wo die gesellschaftlichen
Grenzen für öffentliches Kokettieren liegen, bin ganz verdattert,
sie verabschiedet sich und huscht unter den missachtenden
Blicken der Gäste aus dem Restaurant.

Unendlich schade. Im Lokal beginnen die gebannt auf uns
starrenden Menschen langsam wieder ihre Gespräche. Und alle
Enttäuschung geht unter, in meiner Happiness darüber, wie un-
erwartet freundlich diese junge Frau ist. Scheiß auf diese eisernen religiösen Regeln. Von Meysam gibt's dazu nur Hass, denn
erstens kam die Alte nur, weil wir Ausländer seien (ich fühle mich
hier wirklich wie ein blonder Halbgott), zweitens habe sie einen
scheiß Charakter und drittens war nur ihr Gesicht schön. Okay,
Meysam, das ist mir wurscht: Mit einer iranischen Künstlerschön-
heit in aller Öffentlichkeit flirten – check.

Ikea-Bausatz: Ziege. Haxen, Kiefer, Hirn.

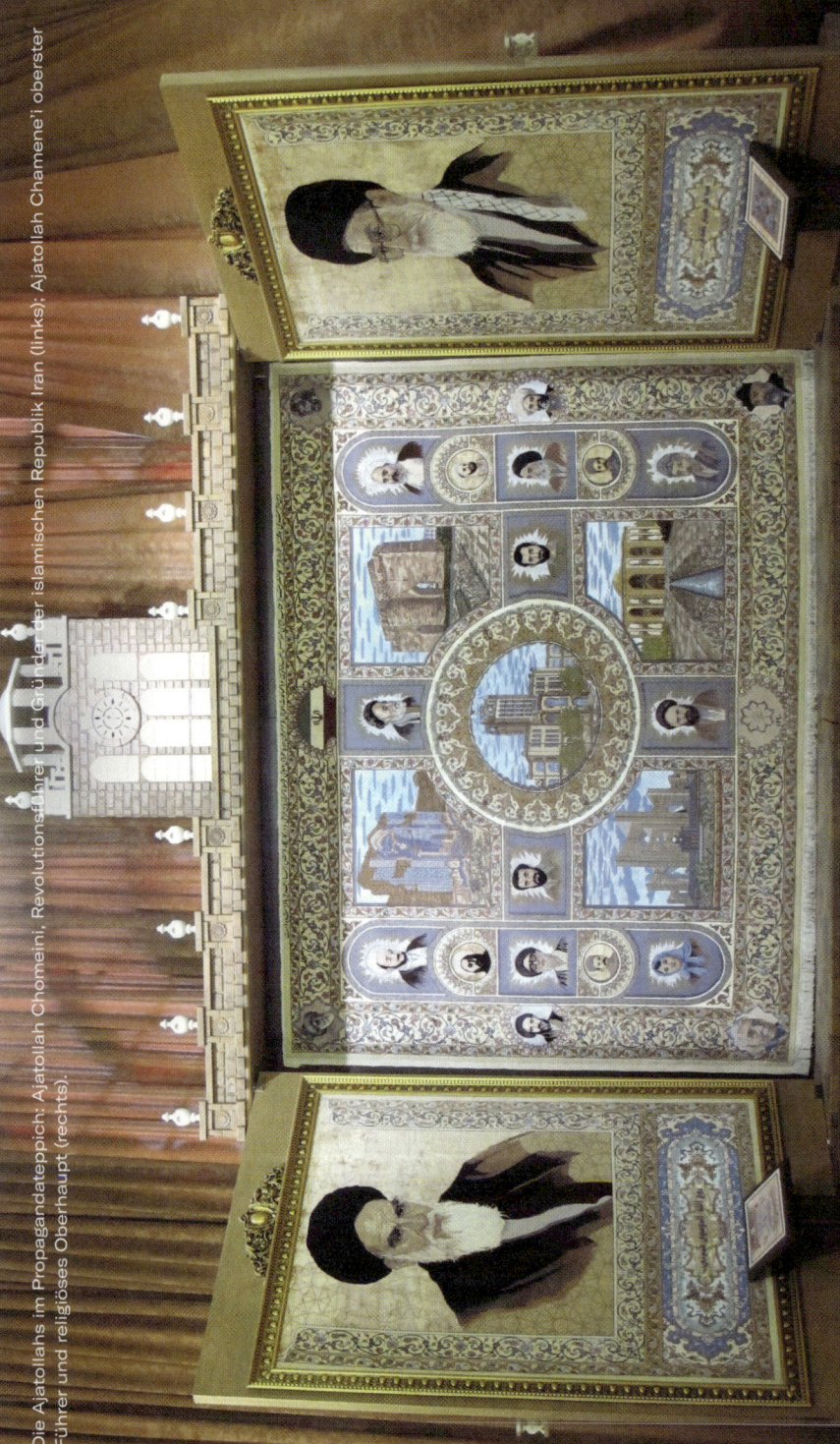

Die Ajatollahs im Propagandateppich: Ajatollah Chomeini, Revolutionsführer und Gründer der islamischen Republik Iran (links); Ajatollah Chamene'i oberster Führer und religiöses Oberhaupt (rechts).

Endlich verlasse ich Griechenland, sagt Malek. Ich muss weg aus diesem Land und hoffe, dass diesmal alles gut gehen wird.

Der Schlepper bringt mich und fünf andere afghanische Jungen zu einem Sattelschlepper, der hinter einer großen Wellblechhalle wartet. „Da unten sind Plätze für euch", sagt der Schlepper und deutet auf den LKW mit türkischem Kennzeichen. Wir robben auf den Bäuchen unter das Fahrgestell des LKWs, niemand hat erwartet, einen Sitzplatz zu bekommen. Die Schlepper haben eine Holzplatte unter den Sattel montiert, so dass wir uns zu sechst in den kleinen Hohlraum zwischen Holzplatte und Unterboden zwängen können. Wir liegen ganz eng aneinander, Körper an Körper, die Füße leicht angezogen, damit sie nicht hinausragen. Umdrehen und bewegen kann ich mich nicht, aber ich muss mich auch nicht ständig festhalten, muss keine Angst haben, unter den LKW zu fallen. Der Fahrer des Trucks wisse auch Bescheid, sagt der Schlepper, er werde sich um uns kümmern. Diesmal sieht es wirklich gut aus.

Wir fahren in der Dämmerung los. Die erste Nacht schlafen wir einfach unter dem LKW. Der Lärm ist monoton, die Platte ist hart und wir liegen praktisch ineinander, wie junge Katzen ohne Abstand aneinandergedrückt, aber mittlerweile bin ich viel Schlechteres gewohnt. Wenn immer wir stehen bleiben, bei Mautstationen oder Grenzen, wir können das von unterm Truck aus nicht unterscheiden, sind wir besonders ruhig. Wir ziehen die Füße ein, stellen sicher, dass nichts von uns zu sehen ist, dass kein Laut nach außen dringt. Manchmal kontrollieren sie LKWs mit Spiegeln, da könnten wir durchkommen, aber wenn sie Hunde einsetzen, haben wir ein Problem. Ich hoffe, dass es einfach keine richtigen Kontrollen geben wird. Vielleicht haben wir ja Glück.

In den Morgenstunden bleibt der Fahrer stehen. Wir sind an einem einsamen Rastplatz etwas abseits der Autobahn. Er lässt uns aus dem Versteck, wir laufen in den Wald, um unsere Toilette zu erledigen, er gibt uns Wasser und etwas zu Essen, dann müssen wir – schnell, schnell – zurück in unser Versteck klettern. Es stehe in Kürze eine Grenze bevor, sagt er, wir sollten uns unsichtbar machen, am besten schlafen und das lautlos. Ich kann mich sowieso kaum bewegen und ich bin nicht in der Stimmung, Geschichten zu erzählen. Ich bin nervös, natürlich – ich weiß, dass alles Mögliche passieren kann. Das ist kein Ausflug.

Der Fahrer pausiert noch ein wenig und fährt dann weiter. Die Grenze bemerke ich überhaupt nicht, offenbar wird gerade nicht kontrolliert. Ich falle in einen Halbschlaf, schrecke immer wieder auf, nicke weg. Einmal am Tag bekommen wir zu essen, einmal dürfen wir aufs Klo gehen. Nach drei Tagen Fahrt kriechen wir aus unserem Versteck. Der LKW-Fahrer lässt uns aussteigen: „Raus mit euch!", sagt er grob und fährt so schnell er kann davon, niemand möchte als Schlepper erwischt werden.

Wir stehen am Straßenrand, links und rechts der Fahrbahn stecken weiße Plastikpflöcke im Boden, die Landschaft ist flach mit leichten Hügeln. Ein Vogel fliegt taumelnd, so, als hätte man ihm ein wenig Opium gegeben, über Felder und Weingärten. Das ist Österreich, hat der Fahrer noch gesagt. Österreich habe ich noch nie gehört, ich dachte, wir fahren nach Italien. Naja, dann eben Österreich.

Wir sehen zu, dass wir von der Straße wegkommen, hier sitzen wir wie am Präsentierteller. Wir schlendern in einen der Weingärten, suchen uns ein verstecktes Plätzchen in der Sonne und setzen uns auf den Boden. Endlich mal wieder Platz, ich kann meine Glieder strecken, ich bin völlig verspannt von den drei Tagen unter dem Sattelschlepper. Die Sonne wärmt meinen Körper, lockert die Muskeln, macht mich wieder weich und geschmeidig. Die anderen Jungen stopfen sich schon seit Minuten Trauben in den Mund, ja, jetzt bemerke ich es, ich bin eigentlich auch ziemlich hungrig. Herrliche Trauben. Ein guter Anfang.

Wir bleiben noch sitzen und beraten uns. Gemeinsam entscheiden wir, dass wir in eine Stadt fahren müssen, dort gibt es sicher andere Afghanen, die uns weiterhelfen können, die uns erklären, wie die Dinge hier ablaufen. Ich welche Richtung liegt die nächste Stadt?

Vorsichtig schleichen wir durch die Weingärten, immer parallel zur Straße. Schon nach einer halben Stunde kommen wir zur ersten Ortschaft. Auf einem weißen Schild mit blauer Umrandung steht in schwarzer Schrift irgendein Name. Ein Ortsschild? Vielleicht gibt es in diesem Dorf jemanden, der uns weiterhilft. Am Gehsteig kommt uns ein Mann entgegen: helle Haut, graue Haare, etwas größer als ich, mit Bauch und einer großen roten Nase. Wir sprechen ihn an, er blickt skeptisch und mustert uns. „Train station?", frage ich auf Englisch und zeige mit Handgesten, dass mir die Richtung dieses Bahnhofs fehlt. „Where is train station?"

Er sieht uns an. Einen nach dem anderen taxiert er mit seinen Blicken. Seit Tagen haben wir unsere Kleidung nicht mehr gewechselt, wir sind schmutzig, ungewaschen und abgekämpft. Wir haben kein Gepäck, dafür aber dunklere Haut- und Haarfarbe als er. Wir sind alle ein wenig kleiner, Buben eben.

Er weist mit seiner Hand in die Richtung, in der wir bereits unterwegs sind. Ein Schwall von Wörtern kommt aus seinem Mund. Sie klingen hart, neu, fremd. Immer wieder sagt er „Zentrum" und deutet dabei ständig in die gleiche Richtung. Wir haben verstanden – geradeaus geht's zum Bahnhof.

„Beeilen wir uns", sage ich zu den anderen, mir ist die Ruhe nicht ganz geheuer. Wir kommen schnell ins Zentrum, finden den Bahnhof, fragen nach einem Zug in die nächste City. „Nein, keine Züge heute, nichts. Morgen wieder!"

Okay, dann eben morgen. Wir machen uns sofort wieder aus dem Staub, haben Angst von der Polizei entdeckt zu werden.

Wir verlassen den Bahnsteig und da sehen wir schon das blaue Licht. Scheiße – hat uns der Mann verraten? Der muss ganz sicher bemerkt haben, dass wir Refugees sind. Wir verstecken uns hinter einigen parkenden Autos, sie haben uns noch nicht gesehen. Die Polizeiwagen fahren die Straßen rund um den Bahnhof ab, ein Beamter kommt in das Gebäude, spricht mit der Frau am Schalter – die Frau, die uns die Fahrplanauskunft gab. Sie wissen jetzt, dass wir hier sind. „Wir teilen uns auf", sage ich. Eine Gruppe schleicht über die Schienen und versucht auf der anderen Seite zurück zu den Weinbergen zu kommen, wir laufen hinter den parkenden Autos, hin zu den Häusern am Rande des Bahnhofgeländes.

Plötzlich heult die Sirene, mir bleibt beinahe das Herz stehen, ein eiskalter Schrecken fährt durch meinen Körper. Jetzt geht es um alles. Die Menschenjagd beginnt: Ich renne in die erstbeste Straße, weiter, ums Eck, die nächste Gasse entlang. Ich versuche, das Auto abzuhängen, laufe durch Gärten. Überall, wo ich bin, taucht sofort ein Polizeiwagen auf. Sie rufen über Lautsprecher, Männer steigen aus den Wagen und laufen mir nach. Ich renne um mein Leben, biege um eine weitere Ecke und dann steht direkt vor mir ein Polizist. Er zieht die Waffe, entsichert und ich bleibe keuchend stehen. Mein Herz schlägt wie wild. Er deutet mit der Glock Richtung Hauswand, ich stelle mich mit erhobenen Händen an die Wand, werde abgetastet – ich habe gar nichts bei mir – und mit Handschellen gefesselt ins Auto gesteckt. Was passiert jetzt? Ich habe richtig Angst, ich schwitze am ganzen Körper. Entfernt höre ich weiter Sirenen, quietschende Reifen, Verfolgung.

Wir fahren einige hundert Meter und sammeln den nächsten Jungen in Handschellen ein und dann noch einen. Unsere Gruppe ist gefangen.

„Wo sind die anderen?", schreit mich ein Polizist an.

„Ich weiß es nicht", sage ich.

„Ihr wart sechs Menschen", er zeigt mir sechs ausgestreckte Finger. „Wo sind die anderen drei?" Jetzt bleiben noch Daumen, Zeige- und Mittelfinger.

Ich verstehe, was er will – aber ich weiß es trotzdem nicht.

Sie bringen uns auf eine Polizeistation, sperren uns in eine Zelle. Nach einer Stunde bringen sie die drei übrigen auch auf die Station, sie haben uns alle eingefangen.

Die Polizisten verhören mich: „Woher kommst du? Hast du einen Reisepass?"

„Nein", sage ich, „ich habe keinen Reisepass. Schon lange nicht mehr."

Ich erkläre, dass ich aus Afghanistan komme. Wir können eigentlich kaum miteinander kommunizieren. Sie sperren uns in eine Zelle. Ende des Gespräches. Ich weiß nicht, was sie mit uns machen werden. Wir müssen hier rauskommen, denke ich. Was ist, wenn sie uns hier für drei oder vier Jahre einsperren?

Ich habe Angst und kann nicht schlafen, ich suche nach Möglichkeiten, zu entkommen, aber alle Fenster sind vergittert, die

Türen immer verschlossen, keine Chance rauszukommen. Wie ein wildes Tier bin ich eingesperrt, voll Angst, ich kenne hier nichts.

Am Abend kommt ein Übersetzer, der auch Afghane ist. Er muss sehen, dass wir vollkommen eingeschüchtert sind. „Sie tun euch nichts", sagt er auf Dari und deutet auf die Polizisten. „Kein Krieg! Keine Angst!" Er sagt uns mehrmals, dass wir hier sicher seien, bis ich ihm endlich glauben kann.

„Ihr werdet für zwei, drei Nächte hierbleiben", sagt der Übersetzer, „dann kommt ihr in ein Lager. Euch passiert hier nichts, ihr seid in Sicherheit."

Ich merke, wie ich mich langsam entspanne und ein bisschen ruhiger werde. Ich hatte solche Angst vor den Polizisten, ich dachte, die würden mich sicher schlagen, wollte ausbrechen, ich hatte Angst, für Jahre eingesperrt zu werden.

„Ihr könnt hierbleiben", sagt er, „ihr könnt einen Asylantrag in diesem Land stellen. In drei Tagen werdet ihr in ein anderes Lager überführt, dort könnt ihr eure Formalitäten erledigen. Ihr werdet viele Fragen beantworten müssen."

Wir bleiben für zwei Nächte in der Zelle, jetzt kann ich sogar richtig schlafen. Ich kann mich kaum noch erinnern, wann ich das letzte Mal durchgeschlafen habe.

Am Morgen des dritten Tages kommt ein Kleinbus und bringt uns in dieses Lager nach Traiskirchen. Dort sehe ich Afghanen, viele Familien.

Im Lager bekomme ich mein eigenes Bett. Mein eigenes Bett! Wir bekommen genug zu essen und zu trinken. Im Lager findet mein erstes Interview statt. Der Richter zeigt mir eine große Karte von Afghanistan, auf der auch die kleinen Dörfer verzeichnet sind. Ich zeige ihm, woher ich komme und erkläre ihm meine Flucht-route. Er fragt mich, warum ich aus Afghanistan geflüchtet sei. „Wegen den Taliban", antworte ich und würde am liebsten kein Wort mehr sagen. Mein Vater hat mir eingeschärft, niemandem davon zu erzählen. Meine Hände zittern wie wild, der Stress, die Angst, aber ich entscheide mich, den Richter einzuweihen. Er muss mir versprechen, nichts an Dritte weiter zu geben, ich erkläre, dass ich sonst in Lebensgefahr wäre, ich und meine ganze Familie. Ein

Afghane an meiner Seite übersetzt meine Worte ins Deutsche. Ich erzähle von den Taliban, von meiner Entführung, vom Anschlag, von meiner Flucht, von Istanbul, der Bootsfahrt, von Griechenland und den Schlägerbanden, ich erzähle vom LKW und wie ich nach Österreich gekommen bin.

„Hast du Beweise für deine Geschichte?", fragt mich der Richter – er kann die Geschichte kaum glauben.

„Ich habe keine Beweise", sage ich, „ich habe überhaupt nichts mehr. Seit sechs Monaten bin ich unterwegs, wie kann ich da Beweise mitbringen? Ich habe nur mein Leben gerettet, ist das nicht genug?"

Sie wollten von mir zumindest eine Geburtsurkunde, sagt der Übersetzer, damit sie mein Alter nachweisen können.

Ich rufe meinen Vater an, der mir meine afghanische Geburtsurkunde schickt – natürlich steht darauf nicht mein wirkliches Alter, in Afghanistan stimmen die Dokumente nie. In Österreich übernehmen sie mein Alter aus der falschen afghanischen Geburtsurkunde. Das ist mir egal.

Aber dem Richter reicht das noch nicht. Er brauche echte Beweise für meine Geschichte, beharrt er. Ich rufe meinen Vater ein zweites Mal an. Ich bin verzweifelt, woher soll ich denn Beweise nehmen? Ich habe alles verloren! Ich habe keine Zeugen hier in Österreich.

Ich flehe meinen Vater an: „Ich brauche Beweise, sonst kann ich nicht hier leben."

Da rückt mein Vater mit der Geschichte heraus: Die Taliban hätten ihm zwei Briefe geschickt, sagt er, er wollte mich damit nicht belasten, aber aufbehalten hätte er sie trotzdem. Er schickt mir die beiden Briefe:

Brief 1 an mich:

„Malek, unser Kämpfer: Wir haben dich trainiert und integriert. Wir haben dir eine Aufgabe geben. Du weißt über uns Bescheid, du kennst unsere Pläne, du musst in 30 Tagen zu uns zurückkommen. Wir werden dir nichts antun, aber du musst zu uns zurückkommen. Wenn du nicht heimkehrst, werden wir über dich urteilen. *Allahu akbar*."

Brief 2 an meinen Vater:

„Wenn wir deinen Sohn finden oder festnehmen, werden wir ihn sofort hinrichten. Er hat unseren Plan zerstört. Er ist ein Verräter und ein Spion, der der Regierung oder den USA von unseren Plänen erzählen kann. Dein Sohn ist zum Tod verurteilt. *Allahu akbar.*"

Mit diesen beiden handgeschriebenen Briefen gehe ich zu meinem zweiten Interview, jetzt habe ich Beweise. Der Richter akzeptiert die Briefe und ich bekomme Schutz, aber keinen Asylstatus. Wenn ich Asyl bekäme, meint der Richter, dann könne ich ja meine ganze Familie nachholen, das wolle er nicht, dabei weiß ich selbst nicht mal, ob meine Familie überhaupt nach Österreich kommen möchte. Trotzdem, das bleibt der Grund, warum ich kein Asyl bekomme, sondern nur subsidiären Schutz. Mir bleibt die Angst, dass wieder etwas passiert, dass ich wieder in Gefahr komme, dass wieder etwas scheiße wird hier in Österreich. Ich fühle mich nicht sicher und habe immer Angst. Außer mit dem Richter habe ich nie mit irgendwem über meine Fluchtgründe geredet. Die Worte meines Vaters sind mir immer im Hinterkopf: „Du darfst deine echte Geschichte niemandem erzählen. Es gibt überall böse Leute." Auch mein Name ist jetzt neu, hier in Österreich kennt mich keiner mehr unter meinem alten Namen. Trotzdem bleibt die Unsicherheit.

# TABRIZ BOYS

Wir frühstücken bei Meysams Familie und lernen kurz seine freundliche Mutter kennen, die uns Kaffee serviert. Seine kleine Schwester wurde ins Schlafzimmer der Eltern umquartiert, um uns dreien ein eigenes Zimmer bieten zu können. Es ist bereits spät, denn wenn uns die Sonne nicht allzu früh aufweckt, pflegen wir in solch weichen Betten lange zu schlafen. Ich bin noch immer betrübt, in dieser Wohnung ohne Internet auskommen zu müssen – ich würde so gern einen weiteren Blog veröffentlichen. Sei's drum. Gegen Mittag führt uns Meysam in die Stadt, zu unserer großen Verzweiflung wieder mit den Rädern. Oh no. Unsere Beine schmerzen noch, wir möchten einfach nur Busfahren.

Wir fahren ins Zentrum, vorbei an der blauen Moschee, die wir uns beinahe angesehen hätten, aber erstens astronomische Eintrittspreise (fünf Euro) und zweitens munkelt man, dass seit dem letzten Erdbeben nicht mehr allzu viel von dieser Moschee übrig sei. Meysam meint, in dieser Stadt gebe es nichts Besonderes zu sehen und wir sind auch nicht in der Stimmung für große touristische Erkundungen. Uns reicht es, im Schatten durch die Straßen zu spazieren, die verwunderten Blicke der Passanten auf uns zu ziehen, iranisches Leben zu atmen und all das nur nicht zu schnell. Wir landen in einem Imbiss, Meysam dolmetscht und wir essen jeweils zwei Falafel-Sandwiches, ob unseres unstillbaren Hungers. Vor dem Laden holen uns Emir und Magid, die zwei Guides des gestrigen Tages, ab und spazieren mit uns weiter. Meysam weigert sich von unserer Seite zu weichen, denn wir sind noch immer seine Ausländer. Die beiden Jungs gehören, wie alle hier, einer türkischen Minderheit an und sprechen Azari, einen türkischen Dialekt. Beide sind Technikstudenten, Emir studiert Chemical Engineering und Magid Materialwissenschaften. Im Iran studiert man generell nur Ingenieurswissenschaften, kommt mir vor. Wir schlendern durch den Basar in Tabriz, angeblich der größte überdachte Bazar der Welt, dort ist es zumindest kühl, es gibt Teppiche, Laternen, Früchte, viele Mitbringsel und auch sonst alles. Ich bin froh, in meinen Packtaschen für nichts Platz zu haben. So muss ich nicht mal überlegen, sondern weiß, dass ich nichts kaufen kann. Magid schenkt mir ein kleines Notizheft, nachdem ich ihm erzählt habe, dass ich gestern Abend mein Tagebuch ausgeschrieben habe. Ein kleines grünes Heftchen mit Widmung: „A single line can't describe me." Die Perser lieben Sprüche. Für meinen Freund Paul, schreibt er auf Italienisch auf die erste Seite. Wir trinken Kaffee, wir zahlen, denn wir haben Geld und die Jungs nicht und schlendern zur Universität. Am Weg kaufe ich mir eine iranische SIM-Karte, um endlich wieder erreichbar zu sein. Magid spricht Englisch, mit Emir läuft die Konversation ziemlich holprig, aber beide sind so herzlich und offen, obwohl wir uns gerade seit einem Tag kennen. Sie erzählen aus ihrem iranischen Leben. Ich sauge alles auf. Meysams Englisch ist mit Abstand das beste, aber er ist auch mit Abstand der Wütendste in der Runde und verblasst neben den beiden gutaussehenden und etwas älteren Jungs, die das Leben recht entspannt nehmen. Vor der Universität legen wir uns ins Gras, überall sitzen kleine Menschengruppen in dem Grünstreifen unter den Bäumen zwischen Straße und Gehsteig und plaudern, rauchen, essen oder trinken Tee.

Wir erzählen wie Mädels, Sex und Liebe in Österreich funktionieren, sie erzählen wie Mädels im Iran so sind. Ich möchte das jetzt nicht überbewerten, denn es waren nur drei Jungs und keine repräsentative Umfrage unter dem iranischen Volk. Aber es hat mich schon überrascht, in welcher Klarheit und Übereinstimmung von allen dreien das Gleiche kam. Es war auch nicht so, dass es einem der drei besonders schlecht gegangen wäre: Meysam lebt in einer sehr begüterten Familie, seine Eltern können sich eine neue Wohnung in einer ruhigen Wohngegend der Millionenmetropole leisten, sie haben ihr Haus am Land, können dem Sohnemann eine gute Ausbildung, Kultur und Gastfreundschaft ermöglichen. Emir ist Profi-Radfahrer, trainiert für ein iranisches Team, hat Freunde und Familien hier in Tabriz und studiert an der hiesigen Universität, ein lustiger Knabe, herzlich, gutaussehend, sicher nicht der letzte, den ein Mädel nimmt. Magid, ihn hat es härter getroffen, weil sein Vater vor wenigen Wochen an Krebs gestorben ist. Aber auch er führt ein Leben, das man nicht so ohne Weiteres wegwirft. Er kickt für eine Zweitliga-Mannschaft in Tabriz, er füttert sein Instagram-Profil mit seinen aktuellsten Bauchmuskelzuwächsen und eine geheime Freundin hat er auch.

Alle drei sind hier verwurzelt, alle drei lieben ihre Stadt, die Leute, das Essen, ihre Kultur. Alle drei möchten bei der ersten sich bietenden Gelegenheit das Land für immer verlassen. Emir will nach England. Magid will, als Kicker eh klar, ins schöne Italien. Meysam ganz egal wohin, nur nicht im Iran bleiben. Dabei sind alle drei knallhart. Das sind keine vagen Pläne, da gibt es kein Vielleicht. Jeder von ihnen will raus hier, so schnell wie möglich.

„Warum?", frage ich. „Gefällt's euch hier nicht?"

Doch, es gefalle ihnen schon, aber hier gäbe es keine Freiheit! Im Iran kann ein junger Mann keine Freundin haben, normale Beziehungen zwischen Jungs und Mädels sind verboten. Händchenhalten in der Öffentlichkeit – no, my friend. Du musst das Mädchen heiraten, sonst geht da gar nichts, und diese Regeln sind zermürbend, sowohl für die jungen Männer als auch für die Frauen. Die Familien schauen natürlich auf ihre Mädchen, die kriegt nicht der erstbeste Dahergelaufene. Da muss das Gehalt passen, der Job, der Unterhalt für die zukünftige Ehefrau. Da werden die Anwerber auf Herz und Niere abgeklopft, bis der Herr Papa das „Okay!" gibt und damit die Kontrolle über seine Tochter an den Ehemann überträgt. Alte Bauernweisheit: Liebe vergeht, Hektar besteht.

Im Iran sind viele Frauen gebildet, können die Hochschule besuchen – im Vergleich zu Ostanatolien muss man hier fast von Emanzipation sprechen – und so gern lässt sich auch die iranische Frau nicht in der Ehe festnageln. Darum verschiebt sich der Spaß des Heiratens in immer höheres Alter und bis zur Hochzeit gibt es offiziell keine Beziehung. Offiziell gibt es aber Gefängnis für uneheliche Beziehungen, uneheliches Herumschmusen oder gar Herumsexen. So läuft das.

Nebenbei werden bei iranischen Heiraten knallharte Eheverträge geschlossen. Diese Verträge können den Frauen gewisse Freiheiten garantieren. Das betrifft die Arbeitserlaubnis, die Möglichkeit, im Land zu reisen und erst recht die Möglichkeit, ins Ausland zu reisen.

Nach einer Scheidung ist die Frau in einer schwächeren Position, da sie „gebraucht" und keine Jungfrau mehr ist. Gutes Wort, oder? Eine Gebrauchtfrau aus zweiter Hand. Wie bei einem Auto, da fährt man beim Händler zur Tür raus und schon ist der Neuwagen um 30% weniger wert. Du lachst, aber eigentlich ist es zum Weinen. Sowohl beim Auto als auch bei den iranischen Frauen.

Aber auch für den Mann ist die Situation nicht rosig. In einem Ehevertrag steht zum Beispiel: Die Frau bekommt neben diversen Freiheiten auch eine Wohnung und ein monatliches Taschengeld von ausreichend Millionen iranischer Rial. Musst du dir also erst leisten können, so eine Klassefrau. Daneben werden diverse Pönalen vereinbart. Geht die Ehe zu Bruch, zahlst du, weil du eben die Frau schon angebraucht hast. Geht die Ehe zu Bruch, ohne dass irgendwer mit irgendwem Sex gehabt hat, zahlst du auch, aber weniger, weil die Frau auch weniger angebraucht ist. So ist das. Ganz, ganz echt. Wirklich!

Das führt konsequent dazu, dass eine Ehe ein ziemliches Risiko ist, für beide, Perser-Mann und Perser-Frau. So wird das schöne romantische Beziehungsleben natürlich extrem unentspannt. Eine versemmelte Ehe kann der wirtschaftliche Ruin des Mannes und der soziale Ruin der Frau sein. Toll.

Und wie funktioniert die Partnersuche? Wie entscheidet man das im Iran? Man wird einander vorgeschlagen, zum Beispiel. Man lernt sich kennen. Oder der gerade Weg: Internet. Dann überlegt man seine Absichten. Dann klärt man ab, was jeder so zu bieten hat. Dann trifft man sich zu einem Essen, einen ganzen Abend lang zum Beispiel. Man lernt sich also so gut wie gar nicht kennen. Dann sagt man, nach diesem einen Essen: „Heiraten, ja!" oder „Nein." Okay, da würde ich auch auswandern. Daneben gibt es im schönen Iran noch viele andere Einschränkungen. Man verdient recht wenig, die Macht im Land konzentriert sich in den Händen weniger. Es ist gefährlich, über Politik zu sprechen. Aber es gibt Internet, irgendwie gibt es auch soziale Medien, die Leute merken was ihnen entgeht, wie die Welt anderswo aussieht. So ist das. Das gemeinste Land mit den allerfreundlichsten Leuten.

Die jungen Burschen hier sind ganz anders, als ich mir das vorgestellt habe. Ich dachte, die Leute wären hier irgendwie islamischer, ich dachte, die würden gut finden, was hier so passiert, hätten mehr Abneigungen gegen „den Westen" und würden ihr Regime verteidigen. Aber so ist es nicht. Die Jungs sind so wie wir, die wollen nur die Freiheit, so zu leben, wie sie leben möchten und keiner von ihnen will zur Armee. Diese strengen Sittengesetze nehmen die Luft zum Atmen und ehrlich, was erreicht man damit, außer unterdrückte Frauen und sexuell frustrierte Männer? Ich finde es immer noch hart, dass jeder von hier wegwill. Ich könnte mir nicht vorstellen, meine Heimat für immer zu verlassen – nein, ich müsste so viel zurücklassen. Aber die Jungs würden für ihre Freiheit alles opfern, unglaublich. Wissen sie, was das bedeutet? Traurig, ja, und doch interessant, zu sehen, wie ungleich manche Dinge auf dieser Welt verteilt sind – auch die Freiheit.

Irgendwann schaffen wir es dann nach Hause. Wo die Meysam-Mama das allerleckerste Schaf für uns alle kocht und Meysams Vater total interessiert jedes Austro-Detail wissen möchte und alle beide nur Persisch und kein Wort Englisch sprechen und Meysam absolut null Interesse hegt, auch nur irgendetwas für und von seinen Eltern zu übersetzen. Weil seine Grundeinstellung ist natürlich: Alle sind deppert. Auch und vor allem die eigenen Eltern. Irgendwie ringt er sich dann doch zur einen oder anderen Minimalübersetzung durch. Aber eigentlich will er allein mit uns konversieren, mit seinen Europäern, und nicht großartig seinen Eltern das Feld überlassen. Es ist aber trotzdem ein harmonisches Abendessen am großen Teppich im Wohnzimmer. Ich lehne mich an die Wand, hole mein Smartphone aus der Tasche und zeige dem Vater Fotos aus Österreich, das funktioniert auch ohne Farsi. Wir fühlen uns sehr willkommen und Meysams Mutter kocht phantastisch.

Am nächsten Tag bringt uns Meysam in gewohnter Umständlichkeit zur Autobahn, dort erwartet uns Emir im schönsten grünen Profitrikot auf seinem Carbon-Rennrad und begleitet uns 50 km auf unserem Weg nach Teheran.

Vor uns liegen Tage wüstenhaften Fahrvergnügens. Einmal erwischen wir einen langsamen Sattelschlepper, der mannshohe Steinquader transportiert und uns einen ganzen Berg hinaufzieht. Mir ist unglaublich langweilig, ich freue mich jetzt schon aufs Ende der Strapazen und auf fließendes Wasser. Thomas wird zunehmend schwächer, die Hitze, die Anstrengung. Sebastian und ich versuchen verzweifelt, uns gegenseitig bei Laune zu halten. Wir fahren vier Tage lang – ohne irgendwelche Ereignisse durch zunehmende Hitze.

Schließlich werden wir von einem LKW-Fahrer aufgegabelt, er spricht uns in einem Trucker-Restaurant an und möchte uns zu seinem Haus in Hiv, 100 km vor Teheran mitnehmen. Sehr leicht zu merken dieser Ort, meint er, einfach HIV. Super! Wir freuen uns richtig und steigen in den LKW, Thomas wird in den LKW eines Freundes gesetzt.

Der Typ, Farhad, der bis jetzt ganz liebenswürdig und sympathisch erschien, entpuppt sich als Tod auf vier Achsen. Sebastian und ich sitzen auf einem engen Podest, wo normalerweise ein Beifahrersitz wäre. An einen Gurt denkt da im Traum keiner. Farhads Gurt ist auch nur eine Attrappe für die Polizei, wie er stolz vorführt, völlig funktionslos. Ich mache ein Foto und bereue es sofort, weil unser Fahrer schaut wie ein Fotomodell in die Kamera und ÜBERHAUPT NICHT MEHR auf die Straße. Dann will er noch ein Selfie machen, ich greife zum Lenkrad, weil er es einfach auslässt, und lenke den LKW, bis er mit Selfiemachen fertig ist. Die restliche Zeit schreibt er mit seinen Kollegen auf Whatsapp, die Spur hält er so gut wie gar nicht. Dreimal hupen vorbeikommende LKWs, weil er sie beinahe touchiert, dem Typ ist es wurscht. Dazu muss man wissen, er hat die Nacht zuvor nur zwei Stunden geschlafen. Er fuhr von Teheran mit einem LKW voller Peugeot-Karosserien nach Tabriz und heute mit zwei verängstigten Österreichern und drei Rädern wieder zurück. Wir freuen uns, als er endlich zu telefonieren beginnt, weil dann schaut er zumindest auf die Straße.

Am Abend werden wir zu einem großen Familienessen eingeladen, Thomas bleibt im Haus liegen, mittlerweile hat er Fieber. Wir treffen die schöne Pegah, eine iranische Ärztin, und machen Millionen Selfies mit Farhad und seiner Großfamilie. Es ist ein herzlicher Abend, aber hier leben? Nein, danke! In der ganzen Ortschaft herrscht Wasserknappheit, fließendes Wasser gibt es nur für wenige Stunden in der Früh, dann werden alle Leitungen aufgedreht und das Wasser in Plastikwannen aufgefangen. Das muss dann für den restlichen Tag reichen. Dusche gibt es keine, man kann sich ein paar Schöpfer Wasser über den Kopf kippen, das geht auch. Alle sind freundlich hier – aber wir können uns fast gar nicht mehr unterhalten. Wirklich, wir hätten Farsi lernen sollen.

Farhad, unser LKW-Fahrer und Gastgeber. Er lernt gerne Englisch und schaut ungerne auf die Straße.

Persisches Familienessen in Hiv. Lange Hosen und Shirts sind Pflicht.

## Filip: Mein zweites Leben

Im Krankenhaus in Österreich wird mir der Kopf geröntgt, die Wunden verbunden. Mein Hals schmerzt immer stärker nach dem Unfall. Die Polizei stellt mir einige Fragen, dann kommen wir in ein Lager, Traiskirchen. Ich bin soooo müde. Ich kann mich nicht mehr auf den Beinen halten. Am liebsten würde ich einfach umfallen und schlafen. So viel Stress. Immer Angst. Immer weiter und weiter. Nie wusste ich, was mich am nächsten Tag erwartet, was in der nächsten Stunde passiert. Immer Unsicherheit, für Wochen und Monate nur Unsicherheit und Stress.

Drei Tage lang habe ich nur geschlafen. Ich hatte ein Bett in Traiskirchen, dreimal am Tag habe ich gegessen und dann nur geschlafen. Wochen habe ich kaum geschlafen, immer nur ein paar wenige Stunden. Angst vor der Polizei, Angst, verhaftet zu werden, immer Geldsorgen, Angst vor Überfällen. Ja, es ist gefährlich, so durch Europa zu spazieren. Als Refugee bist du immer ein leichtes Ziel.

Ich weiß selbst nicht, wie ich das geschafft habe. *Wallah*. Wenn du mich vor der Reise gefragt hättest, nie im Leben hätte ich gedacht hat, dass ich so etwas schaffe – NIE! Ich habe ja überhaupt nicht gewusst, worauf ich mich da einlasse. Ich hatte keine Ahnung, dass es so hart werden würde.

Traiskirchen ist überfüllt. Viele Menschen schlafen auf der Straße, ohne alles, nur manche haben Zelte. Die Tage sind sonnig, angenehm, aber in den Nächten wird es kalt. Trotzdem, hier ist wirklich eine gute Stimmung, die Menschen sind so freundlich. Wir bekommen Essen, frische Kleidung, alles, was wir brauchen. Ich treffe einen jungen Syrer im Lager, 16 Jahre ist er alt und so ausgehungert, dass er zehnmal am Tag isst – ja wirklich! Aus Angst konnte er während seiner Flucht nicht essen, das erzählt er mir, und jetzt isst er immer, wenn er kann. Sehr lustig. Der Junge ist nett. Ich treffe so viele verschiedene Leute, manche sind nach wenigen Tagen wieder fort, andere bleiben ein wenig länger. Fast alle können unglaubliche Geschichten von ihrer Reise erzählen.

Jeden Tag kommen Österreicher zum Lager. „Refugees Welcome", sagen sie. Sie kochen für uns, machen Schule, helfen uns. Das ist wirklich freundlich, so in einem Land aufgenommen zu werden. Mittlerweile ist klar, dass ich nicht nach Deutschland weiterreisen darf, ich werde meine Cousins und meine syrischen Verwandten nicht treffen, ich muss es allein schaffen, hier in diesem Land.

Nach drei Wochen in Traiskirchen bringen sie mich in ein Lager nach Thalgau und dann weiter nach Bad Gastein, mein Leben fängt dort an. Ich lerne einige Österreicher kennen und mit ihnen ein paar Wörter Salzburger Deutsch. Zum Beispiel: Servas! Ich gehe immer durchs Dorf, und wenn mir jemand entgegenkommt, sage ich: „Servas!" Sie lachen.

Die Unterkunft liegt in einem Tal mitten in den Bergen, schön, aber auch kalt. Im Dorf gibt es eine Musikkapelle, wo ich Trompete spielen kann. Ich liebe es, Musik zu machen, das ist gut für die Seele. Von der Blasmusik des Dorfes bekomme ich sogar eine traditionelle Uniform. Haha. Ich habe meinen Freunden ein Foto geschickt – sie haben gelacht – Filip in Lederhose – ja!

Über die Pfarre bekomme ich Kontakt zu Mr. Horn Franz. Ja, ich suche nach einer Privatunterkunft, ich halte es in diesem Flüchtlingsheim nicht länger aus. So viele Menschen aus allen möglichen Ländern. Nie hast du Ruhe, ständig sind fremde Leute um dich. Du kannst nicht ruhig schlafen, kannst nicht kochen, was du willst, musst immer auf deine Sachen aufpassen. Ich mag das nicht mehr.

Mr. Horn Franz lädt mich zu sich nach Hause ein, in sein Haus nach Salzburg. Er sieht zuerst sehr streng aus, aber dann lacht er, als ich vor der Tür stehe und sage: „Guten Tag, ich bin Filip, servas!"

Er streckte, seine Hand aus und sagt: „Hallo, Franz!" Dann sagt er noch viel mehr, aber davon verstehe ich überhaupt nichts. Wie auch? Ich spreche noch kein Deutsch, er spricht kein Englisch und redet sehr schnell und mit starkem Dialekt.

Ich habe keine Ahnung, wie wir uns die ersten Wochen verständigt haben. Nur mit Händen und Füßen. Ich rede einfach Arabisch oder Englisch: „Blablabla" und er antwortet auf Deutsch: „Blablabla." Irgendwie funktioniert das. Es ist schon stressig, aber wir kommen gut miteinander aus. Ich koche für ihn und er erzählt, dass sein Sohn gerade auf Reisen ist.

Zuerst ist es schwer in Österreich – eine sehr andere Kultur. Türkei, Griechenland, Mazedonien, Serbien, das ist ähnlich wie bei uns, aber Österreich, das ist ganz anders. Natürlich, am Anfang versteht man überhaupt nichts. Das Land ist fremd, die Leute sprechen eine schwierige Sprache, das Essen schmeckt eigenartig, aber es ist sicher. In diesem Land kennen die Menschen den Krieg nicht, sie wissen nicht, was Krieg bedeutet.

Wenn du aus Damaskus kommst, dann bist du die Sicherheit nicht mehr gewöhnt. In Damaskus kann jederzeit eine Bombe explodieren – Booooom – und dann bist du tot oder schwer verletzt. Einfach so. Es ist immer gefährlich, in der Früh weißt du nicht, ob du am Abend gesund nach Hause kommst. Manchmal hörst du die Explosionen weit entfernt, aber oft sind sie auch ganz nahe. Dann gibt es Raketenangriffe, Artillerie, Mörser. Die Rebellen beschießen einfach die Stadt. Denen ist egal, wen sie treffen. Allen ist das egal – sie treffen immer die normalen Menschen –, das ist Krieg. Im Krieg gibt es keine Guten, alle töten, egal wie sie heißen, egal wofür sie kämpfen. Krieg ist einfach nur ein Verbrechen. So viele meiner Freunde sind tot, manche wurden vom IS getötet, einer ist in seinem Auto erschossen worden. In Syrien sterben jeden Tag so viele Menschen. Das sind nur mehr Zahlen, so viele Menschen kann man sich nicht mehr vorstellen.

Die Religion, ja, ich bin Christ, aber die Religion ist nicht so wichtig! Das Herz eines Menschen ist wichtig. Ich kenne so viele Leute, die jeden Tag in die Kirche, in die Moschee rennen und den restlichen Tag tun sie schlechte Dinge. Ich hasse diese Doppelmoral. Die Menschlichkeit ist wichtiger als die Religion, das denke ich.

Ich lerne die deutsche Sprache. Jetzt ist es schon ein bisschen leichter. Ich möchte auch einen echten Sprachkurs machen – am WIFI in Salzburg –, aber dort ist es schwer, einen Platz zu bekommen. Ich warte auf mein Interview. Ich werde dem Richter meine ganze Geschichte erzählen. Dann bekomme ich meinen Bescheid. Ich bin schon wirklich ganz nervös. Was, wenn sie mich wieder zurückschicken? Dann muss ich in den Krieg. Ich rauche zu viel – ich weiß –, aber was soll ich sonst machen? Ich bin immer nervös. Wenn ich den Bescheid bekomme, dann wird alles gut. Ja, ganz sicher.

# AN TEHERAN HEHERAN

Gestern ist nicht viel passiert. Das ist auf jeden Fall eine gute Nachricht, wenn der Fahrer Farhad heißt. Denn, du musst wissen, die kleine Stadt Hiv, in der wir seit einem Tag wohnen, in der wir bei Farhad auf der Terrasse schlafen, in der Thomas noch immer ein ziemliches Fieber hat, diese Stadt hat im Zentrum so ganz enge Gässchen, Marke Orient. Diese Stadt liegt eben in einer Gegend, da hat es im Sommer gleich mal 40 Grad. So ab fünf Minuten nach Sonnenaufgang: brennheiß. Man muss da nicht gleich Wüste schreiben, aber warm wird's schon und trocken auch. Der Perser hat natürlich seit Geburt an nichts mit Sport am Hut – verständlich bei dieser Affenhitze –, der ist eher ein Dichter, ein Künstler, vielleicht noch ein Revolutionär, aber auf keinen Fall ein Sportler. Der Perser tut folglich keinen Schritt zu Fuß, wenn er es irgendwie vermeiden kann, vor allem bei dieser Affenhitze. Und er kann es sehr gut vermeiden, weil Sprit billiger ist als Wasser und die alten Peugeots sind auch nicht kaputt zu kriegen. Darum sitzen wir alle im Auto und fahren durch die Altstadt, die höchstens zehn Gehminuten entfernt ist. Aber warum sind die Österreicher so verkrampft? Warum vergraben sich ihre Fingernägel so tief in die Armaturen, dass man sich um den alten Peugeot schon Sorgen macht? Warum kracht es noch immer nicht, obwohl schon der dritte Fußgänger auf die Seite gehüpft ist?

Wenn man bei einem Menschen Ruhe und Entspannung lernen kann, dann bei Farhad. Wenn man bei einem Menschen Autofahren lernen kann, dann besser nicht bei Farhad. Der fährt durch die Straßen, als hätte ihm jemand die Augen verbunden. Links und rechts spritzen die Fußgänger nur so auf die Seite und sicher bin ich mir nicht, ob er das überhaupt bemerkt. Und wofür? Nur damit wir zu einem Geschäft kommen, das mir einen neuen Mantel für mein Fahrrad verkauft. Da sein elender LKW meinen Fahrradmantel mutwillig zerstört hat. Da ist der Farhad schon sehr zuvorkommend, dafür opfert er gern ein paar Stunden und auch ohne Weiteres ein paar Fußgänger. Nur blöd eben, dass der Laden geschlossen ist, aber wir können ja auch in der nächsten Stadt noch ein bisschen Amokfahrt üben. Dort gibt es dann einen Mantel, den mir der freundliche Verkäufer auch verkauft.

Und wenn man eben die ersten paar guten Gelegenheit auslässt, der Fußgänger irgendwie doch noch auf den Gehsteig hupft und das Auto ganz knapp nicht in die Hausecke donnert, wenn man also nicht bei Zeiten seinen Unfall baut, dann wird es manchmal einfach nichts mehr. Dann kann es dir passieren, dass den ganzen Tag nichts mehr passiert. So ist es uns gegangen. Genau so. Ich habe dann nicht mal mehr den neuen Mantel verwendet, sondern einfach den alten mit einem Stanniolpapier repariert. Weil, wenn die russischen Lösungen die 4.900 Kilometer bis nach Hiv halten, dann werden sie wohl auch noch die letzten hundert Kilometer bis nach Teheran halten. Oder? Was glaubst du?

Und wenn man schon nichts tut im Iran, dann kann man auch gleich den Fernseher aufdrehen und auch das Hirn in den Stand-by-Modus schicken. Weil der Farhad, der hat sogar deutsches Fernsehen. Ganz illegal. Aber sie koste keine 50 Euro, die Box, sagt er. Darum: TV-Nachmittagsprogramm, TV-Abendprogramm, bis die Augen viereckig werden. Nur kurz flackern in den Nachrichten die Bilder von langen Flüchtlingskolonnen über den Bildschirm, gute Stimmung, die Menschen werden versorgt und freundlich aufgenommen. Danach geht es weiter mit dem Freibadproblem Taschendiebstahl und einem Rückblick auf das Leben von Lady Diana (ein Adelsexperte erklärt).

Für uns ist das völlig surreal, diese deutsche Themenauswahl im Iran zu sehen. Da hilft nur eines zum Abschalten: Kommissar Rex auf Französisch.

Jetzt hoffen wir, dass die glasigen Augen vom Thomas heute Abend vom Fernseher kommen und nicht mehr vom Fieber, obwohl er noch ein bisschen schwach am Boden herumliegt. Wir hoffen, dass wir uns und ihm die letzte Etappe zumuten können. Wir hoffen, dass wir mitten in Teheran das Österreichische Kulturforum finden, wo der liebe Thomas Kloiber, der österreichische Kulturattaché, schon auf uns wartet.

Warum wartet der Kulturattaché auf uns in Teheran? Vor Beginn dieses Fahrradausflugs ging ich auf Sponsorensuche, auf sehr erfolglose Sponsorensuche. Weil uns niemand auch nur ein gratis Butterbrot für die Reise geschmiert hat. Aber der Kulturattaché, der ist aus einem feinen burgenländischen Gastgeberholz geschnitzt. Der feiert, dass wir völkerverbindend von Österreich in den Iran strampeln. Der lädt uns ein und richtet uns ein Zimmer im Österreichischen Kulturforum her. Sogar ein Abendessen bekämen wir, wenn wir dort ankämen, schreibt er. In den Zimmern des Forums werden normalerweise österreichische Künstler untergebracht, die für eine Residency in den Iran geladen werden. Diesmal, wenn man viele Augen zu drückt, kommen drei Überlebenskünstler, die sich ein bisschen selbst eingeladen haben. Künstler hin oder her, wir freuen uns trotzdem wie die Schneekönige.

*#Reisetagebuch Tag 70*
*„Wir fahren so schnell es Thomas' lädierter Zustand gerade erlaubt. Ich bin sicher, er kämpft ziemlich, lässt sich aber nichts anmerken. Wir fahren vorbei an den Kernkraftwerken Teherans, wie Tags zuvor getraue ich mich aus Angst vor Polizeiaction keine Fotos zu machen."*

Teheran ist ein Moloch, wir kämpfen uns durch die riesigen Vororte. Überall wird gebaut und überall auch die Devise: Nicht kleckern, klotzen! Keine Ahnung, wo die das Wasser für all die Menschen hernehmen, denn Teheran fasst 10 Millionen Einwohner, die ganze Region wird auf 15 Millionen geschätzt. Rundherum ist alles staubtrocken, gelb und verdorrt. Parks und Grünflächen werden bewässert, an den Straßenrändern stehen mickrige Bäume. Im Hintergrund das riesige Elburs-Gebirge und im Vordergrund schießt ein Wohnblock nach dem anderen aus dem Boden. Wir haben Rückenwind auf der vierspurigen Autobahn, die uns bis ganz ins Zentrum bringen soll. Die Autobahn ist der einzige Weg, an dem man sich halbwegs orientieren kann. Dann hält uns ein Polizeiwagen an, gestikulierend machen uns die jungen Polizisten klar, dass wir Radfahrer nicht auf die Autobahn gehören. Wir stellen uns sehr dumm. Verstehen nichts. Lassen den Wagen abfahren und bleiben auf der Autobahn. An den größeren Autobahnkreuzen und an Abfahrten leidet die Gemütlichkeit, wir müssen die Spur wechseln, den sicheren

Pannenstreifen verlassen, schnell und mit viel Überblick, ohne dass uns der LKW in die Wade beißt. Rücksicht uns gegenüber gibt es keine, vom iranischen Auto nicht, vom iranischen LKW nicht und auch von sonst keinem, da können wir noch so ausländisch sein.

Dann Teheran. Rein in die Stadt. Wir sterben fast wegen unglaublichem Smog und der Hitze. Am Fuße des Milad Tower, mitten in Teheran, verlieren wir die Orientierung und auch die Kraft geht uns aus. Die Stadt ist gigantisch, wir halten auf einer Verkehrsinsel und versuchen, uns zu orientieren, versuchen, selbst zu unserem Ziel zu finden. Da haben wir aber die Rechnung ohne den Perser gemacht. Es bleibt sofort ein Auto stehen, mitten auf der Sperrfläche einer Abfahrt. Der Fahrer haut die Warnblinkanlage rein. Der Herr mittleren Alters und seine Frau steigen auf der Stadtautobahn aus, kommen auf uns zu, begrüßen uns aufs freundlichste und bieten ihre vollumfängliche Hilfe an.

Wo wir denn hin wollten?

Khorramshahr Street, Ecke Arabali Street.

Ja, das wäre ihnen beiden geläufig. Sie würden uns dort hinführen.

Das Auto fährt mit leuchtender Warnblinkanlage ab, wir hinterher. So schnell wir können, folgen wir dem langsam fahrenden Auto. Erst in den Kreisverkehr der Stadtautobahn, zur Abfahrt, dann über mehrspurige Straßen durch Teheran. An den wenigen Ampeln können wir kurz verschnaufen. Nach einer 15-minütigen Fahrt hält unser Führer direkt vorm Österreichischen Kulturforum. Er reicht uns noch seine Visitenkarte, Tourismusunternehmer sei er und falls wir Touristisches benötigten, sollten wir ihn kontaktieren. Merci!

UND! DANN!! ENDLICH!!! Nach 70 Tagen auf den Rädern, nach Österreich, Slowakei, Ungarn, Serbien, Kroatien, Rumänien, Bulgarien, Griechenland, der Türkei und dem nordwestlichen Iran, nach fast 5.000 Kilometern, nach viel Hitze, viel Steigung, viel Gegenwind, eeeeendlich sind wir in Teheran. Wir haben es geschafft und da rufen wir schon den Kulturattaché an, die Tür öffnet sich – wir sind wieder in Österreich! „Hallo" – „Grüß Gott" – und dann ein ganz großes Herumdrücken: „Du – Sie" ... „Sie – Du"

... „Also ich bin der Thomas", sagt der Kulturattaché schließlich und: „Sorry, bei uns wird gerade umgebaut, darum herrscht hier etwas Chaos."

Chaos heißt in der österreichischen Seifenblase, dass gerade eine Tür frisch gestrichen wird. Sonst alles im rechten Winkel oder parallel. Alles schön, ein großes Haus, mit Garten, mit Schatten, mit grünem Gras und Bäumen. Wir werden in unser Zimmer geführt. WOW! Ein eigenes Zimmer! WOW! Bad mit Dusche! WOW! Mit fließendem Wasser den ganzen Tag! WOW! Ein richtiges Klo, eine weiß blitzende Keramikschönheit! WOW! EINE BIBLIOTHEK, eine riesige. WOW! WOW! WOW! An diesem Tag, in dieser Stadt, gibt es keine glücklicheren Menschen als uns drei Musketiere. Wir machen Siegerfotos, wir feiern, dass wir endlich am Ziel sind. Als erste Amtshandlung nehme ich eine kalte Dusche, ich will ganz sauber werden. Zähneputzen und dann in die blütenreine weiße Bettwäsche, ins weiße Bett, wir schwelgen in den himmlischen Vorzügen der Zivilisation und ein Foto mit dem Fischer Heinz ... muss sein. WEIL! WIR!! HABEN!!! ES!!!! GESCHAFFT!!!!!

Autobahneinfahrt: Teheran.

Blick vom Milad-Tower auf ein Viertel der Millionenstadt. Im Hintergrund das Elburs-Gebirge.

Ich telefoniere wöchentlich mit meiner Familie in Afghanistan, erzählt Malek, sie sind glücklich, dass ich in Sicherheit bin, aber irgendetwas stimmt nicht. Jedes Mal, wenn ich nach meinem jüngeren Bruder frage, sagt meine Mutter, er wäre gerade nicht zuhause, er sei in der Schule oder am Feld. Seit einem halben Jahr habe ich schon nicht mehr mit ihm gesprochen. Was sollen die ständigen Ausreden?

Für ein halbes Jahr bleibe ich in Traiskirchen, ich besuche die Schule, die dort für Flüchtlinge eingerichtet wurde. In Afghanistan war ich ein fleißiger Schüler und hier macht es mir Spaß, zu lernen. Ich möchte Deutsch lernen, um mit den Menschen sprechen zu können. Ich schreibe Wörter, ich übe, ich lerne. Nach drei Monaten in Traiskirchen kann ich dann endlich sprechen. Es sind zwei Lehrerinnen und ihre Familien, die diese Schule organisieren. Die beiden Frauen unterrichten alle Fächer. Ich mag es, mit ihnen zu sprechen, ich lerne schnell Deutsch, weil ich viel Zeit mit ihren Familien verbringe, und so oft ich kann, gehe ich in die Schule. Es ist eine gute Ablenkung, im Lager gibt es sonst nichts zu tun.

Schließlich organisiert mir diese Familie einen Platz in einer Flüchtlingspension, ich komme raus aus dem Lager. Sie vermitteln mir ein Vorstellungsgespräch beim WIFI und so bekomme ich die Möglichkeit, meinen Pflichtschulabschluss nachzumachen. Das WIFI nimmt mich auf, ich bekomme ein wenig Geld, 40 Euro im Monat, das Essen und die Unterkunft. Dazu bekomme ich im Jahr 80 Euro, um mir Gewand zu kaufen. Ich kann die Pflichtschule abschließen, aber dann beginnen die Probleme. Ich möchte mich um eine Lehre bewerben. Ich bin beim AMS. Das AMS sagt, du darfst keine Lehre beginnen, du hast nur subsidiären Schutz und dir fehlt ein Reisepass. Ich versuche also, einen Reisepass zu bekommen, aber das funktioniert nicht. Ich bekomme keinen Reisepass, weil ich keinen Asylstatus habe. Ich frage nach, wie es mit meinem Asylstatus aussieht, sie sagen nur, ich solle warten, ich könne nächsten Monat nochmal anrufen, aber im Moment wäre noch nichts entschieden. Im nächsten Monat vertrösten sie mich wieder. Ich warte und warte und kann nicht arbeiten, weil mein Asylstatus nicht passt. Nichts funktioniert. Ich bin schon ganz verwirrt. Ich weiß nicht, was ich zuerst brauche, zuerst das Visum, zuerst den Reisepass oder Arbeit oder sonst was? Ich kenne mich nicht aus und dann kommen noch die Familienprobleme dazu.

Ich stelle meine Mutter zu Rede und sie gesteht: „Ja, dein Bruder ist tot. Wir haben seine Leiche vor fünf Monaten gefunden. Sie haben ihn getötet."

„Sie? Wer?"

„Wir wissen es nicht genau", sagt meine Mutter, „sie haben eine Lösegeldforderung gestellt, aber wir hatten das Geld nicht, um ihn freizukaufen. Es waren die Taliban oder Banditen. Genau wissen wir es nicht. Wir haben seine Leiche auf der Straße gefunden."

Mein Bruder, mein kleiner Bruder ist tot und ich habe nichts gewusst. Wenn ich früh genug davon erfahren hätte, vielleicht hätte ich Geld auftreiben können, damit sie ihn freikaufen. Jetzt ist er tot. Ich bin verzweifelt und mache mir Vorwürfe. Ich hätte was tun müssen. Am liebsten würde ich sofort zu meiner Familie fahren, aber das ist ausgeschlossen. Ich kann nicht nach Afghanistan zurück und hier in Österreich weiß ich auch nicht weiter.

Wenige Wochen später reißt der Kontakt zu meiner Familie ab, ich kann sie einfach nicht mehr erreichen. Wenn ich die Nummer anrufe, sagt eine Stimme: „Kein Anschluss unter dieser Nummer." Ich versuche es beinahe jeden Tag, ich schreibe Nachrichten, aber ich erreiche niemanden. Was ist los mit ihnen?

Ich bekomme psychische Probleme, ich kann nicht mehr schlafen, ich habe Angst. Meine Verfolgungsangst kehrt zurück, und was ist mit meiner Familie? Vielleicht habe ich keine Familie mehr? Vielleicht ist wieder Krieg ausgebrochen und sie sind gestorben? Mein Bruder ist sicher tot und ich bin ganz allein übriggeblieben.

Ich habe gedacht, okay, wenn ich ganz allein bin, dann möchte ich auch nicht mehr leben. Ich habe mir die Pulsadern an beiden Unterarmen aufgeschnitten.

Zwei Freunde haben mich so in meiner Wohnung gefunden, ich war bewusstlos, bin umgefallen und sie brachten mich ins Krankenhaus. Als ich aufwache, liege ich in einem weißen Bett, meine

Hände sind ans Bettgestell gefesselt und ich lebe – eine Sauerstoffmaske am Gesicht.

Sie behalten mich drei Tage lang in Mauer in Amstetten. Nach drei Tagen versichere ich ihnen, dass ich wieder eine normale Person bin. Ich schäme mich für meinen Suizidversuch. Ich habe so etwas Dummes getan. Nach drei Tagen entlassen sie mich aus der Anstalt.

Aber die Schlafstörungen werden schlimmer: immer denken, immer Angst. Ich kann nicht mehr allein auf die Straße gehen. Ich lebe in ständiger Furcht, dass mich jemand verfolgt, dass mich die Taliban finden und holen. Jedes Mal, wenn ich allein zuhause bin, lege ich ein Messer auf mein Nachtkästchen – weil ich immer Angst habe, dass sie kommen.

Ich kann nicht mehr weiter, ich weiß nicht mehr, was ich tun soll, ich traue mich noch immer nicht, meine Geschichte zu erzählen. Ich gehe zur Schnellbahn, einmal und dann später noch einmal. Ich werde mich auf die Schienen legen, denke ich, dann ist alles vorbei, aber ich tu es nicht.

Ich habe einen Freund ihn Wien. Ein afghanischer Junge, genauso wie ich. Ihm fehlt ein Fuß, er hat selbst eine unglaubliche Geschichte, er ist nur mit einem Fuß nach Österreich gekommen. Er hat im Meer seine Prothese verloren, ist mit Krücken bis nach Österreich gegangen. Manchmal haben ihn Leute am Rücken getragen, dann ist er wieder gegangen. Wir haben uns damals in Traiskirchen kennengelernt und sind Freunde geworden.

Er ist mein letzter Ausweg, ich habe sonst niemanden mehr, an den ich mich wenden kann. Ich besuche ihn in seiner Wohnung, wir reden stundenlang, nach und nach erzähle ich meine ganzen Sorgen. „Zieh zu mir!", sagt er und bietet mir an, die nächsten Nächte bei ihm zu schlafen. Er vermittelt mir Hilfe, er kenne da was, das habe ihm auch geholfen. Psychotherapie hieße das.

„Okay", sagte ich, „ich mache eine Therapie." Über die Diakonie finde ich eine Therapeutin, über ein halbes Jahr reden wir miteinander. Immer und immer wieder. Und langsam kommt wieder Licht in mein Leben, langsam geht das Gefühl weg, dass ich ganz allein bin. Die Angst verschwindet und so kommt es am Ende, dass ich wieder leben kann.

Nach einem halben Jahr ohne Familie ruft mich mein Vater an. Wie aus dem Nichts läutet mein Handy. Meine Familie lebt – Allah ist groß, ich habe geglaubt, sie sind alle tot.

Was ist passiert? Die Taliban haben die Amerikaner von ihrem Stützpunkt vertrieben und dann ihren eigenen Stützpunkt im Dorf eröffnet. Nach und nach haben sich immer mehr Menschen den Taliban angeschlossen, sie hatten auch kaum eine Wahl. Mein Dorf wurde zum Taliban-Stützpunkt. Die Amerikaner haben irgendwann angegriffen, haben die Kämpfer und das ganze Dorf bombardiert. Die Lehmhäuser und Höfe sind zerstört. Sie haben chemische Waffen verwendet, die auch Pflanzen töten. Jetzt ist alles kaputt: das schöne Grün, die Obstbäume, die Felder und Gärten sind weg, es blieb nur blanker Stein, da kann man nicht mehr leben.

Meine Familie ist nach Pakistan geflüchtet, über die Grenze, totales Chaos und dabei ist der Kontakt abgerissen. Sie haben nichts in Pakistan, kein Haus, kein Geld, nichts. Sie konnten aber bei meiner Tante Unterschlupf finden, die schon seit der russischen Invasion Afghanistan verlassen hat und im Nachbarland eine kleine Wohnung besitzt. Meine Familie lebt illegal in Pakistan. Wenn sie festgenommen werden, dann müssen sie die Polizei bestechen, sonst werden sie eingesperrt. In Pakistan ist das anders, dort kommt man erst ins Gefängnis, dann wird man für ein paar Jahre eingesperrt und irgendwann schaut dann mal einer nach und es gibt eine Gerichtsverhandlung. So läuft das dort. Wenn die dann rausbekommen, dass du illegal im Land bist, schicken sie dich einfach wieder nach Afghanistan zurück. So lebt meine Familie in Pakistan, aber sie leben und das ist wunderbar.

Ich lebe unter einem neuen Namen in Österreich. Die Taliban können mich nicht mehr finden. Ich habe jetzt eine Lehre und teile mir mit einem Freund ein Zimmer einer Wohnung. Wir schlafen am Boden, aber dafür ist es billig. Es wäre gut, eine Wohnung in Wien zu haben, aber das kann ich mir im Moment nicht leisten. Ich muss im Moment noch jeden Tag zwischen St. Pölten und Wien hin und her fahren. Sehr stressig. Ich laufe immer: Mein ganzes Leben ist Laufen. Ich stehe um 5 Uhr auf, damit ich rechtzeitig in der Berufsschule bin. Ich komme um 6:58 Uhr in Wien am Bahnsteig an und um 7 Uhr geht die S-Bahn nach Floridsdorf. Zwei Minuten, bis die S-Bahn abfährt. Ich laufe zur S-Bahn. Dann habe ich zehn Minuten bis zur Schule, ich laufe zur Schule, um rechtzeitig in der Schule zu sein. Nach der Schule muss ich wieder laufen, die Schule endet um 16 Uhr und pünktlich um 16:02 Uhr fährt der Zug nach St. Pölten, ich muss wieder zum Zug laufen. Immer laufen. Ich habe sehr viele Termine. Wenn ich nach Hause komme, dann koche ich. Ich esse zweimal am Tag. Ich gehe nie ins Restaurant, dafür habe ich kein Geld. In der Früh esse ich nicht, dafür habe ich keine Zeit. Abends koche ich mein Abendessen und das Mittagessen für die Schule am nächsten Tag. Immer zwei Mahlzeiten.

Die Ausbildung macht Spaß, es ist gut. Zweimal die Woche mache ich einen Sprachkurs, um mein Deutsch zu verbessern, von dort kenne ich Basti. Jetzt bin ich 19 Jahre alt und ich habe Pläne, ein eigenes Restaurant zu eröffnen. Wenn ich genug Geld gespart habe, möchte ich meine Familie in Pakistan besuchen, meine Mutter ist alt und krank, ich will sie nochmal sehen.

# AM ZIEL

Was machst du dann schließlich am Ziel, wenn du 70 Tage lang mehr oder weniger am Rad gesessen bist? Du schmierst dir den Hintern mit den allerfeinsten Salben ein, das wäre so die erste Antwort, die aus der Pistole schießt. Aber der Popo ist in allerbester Popo-Verfassung: knackig, stramm, weiß wie Schnee und keinen einzigen Kratzer, keine Abschürfung. In Ermangelung körperlicher Schäden sollte man sich schleunigst um die seelischen Kerben und Schnitzer kümmern. Weil körperlich sind alle in Topform. Der Thomas hat vor lauter Hitze und Smog in Teheran ganz auf sein Fieber vergessen, bei mir hat das Knie schon seit Wochen aufgegeben und zeigt keinen einzigen Schmerz mehr an. Auch der Hals, der zwischenzeitlich so verspannt war, dass ich mich kaum mehr zum LKW-Schauen umdrehen konnte, auch der ist wieder butterweich. Und Sebastian, der hat auf der gesamten Reise höchstens einmal kurz Kopfweh gehabt. Hat ein Aspirin eingeworfen und ist vollgas weiter, als hätte es einen Krieg zu gewinnen gegeben. Vielleicht hat er auch einmal einen Sonnenbrand, eine kleine Hautrötung oder einen Mückenstich ausgefasst. Aber prinzipiell ist der eher von der unzerstörbaren Sorte.

Das Mentale und das Seelische ist eine andere Geschichte. Eigentlich sind wir völlig überfordert. Wir sind froh im Iran nun auf österreichischem Grund und Boden zu sein. Das Einzige, wonach uns gerade der Sinn steht, ist Ruhe. Wir brauchen Zeit, um all die Eindrücke zu verarbeiten.

Zum ersten Mal seit Wochen setzen wir uns jetzt zusammen und lassen die Dinge Revue passieren. Thomas hat sich jeden einzelnen Schlafplatz gemerkt. Er spielt die Reise mit Sebastian durch. Und wirklich, die beiden erinnern sich an jeden Zeltplatz dieser Reise. Mir sind vor allem die Menschen in Erinnerung geblieben – ja, das Hobo-Life war wirklich großartig –, aber ich bin auch an meine Grenzen gekommen.

Jetzt kann mir keine Ruhe ruhig genug sein. Am besten wäre ein Bett in einem kühlen Garten, wo man den ganzen Tag liegen könnte und den ganzen Tag nichts tut, als Erlebnisse zu verarbeiten. Mir ist so viel Herzlichkeit auf dieser Reise begegnet, so viele Eindrücke: Die Menschen sind einfach wunderbar. Wir fahren einmal quer durch die Länder des Ostens, und was passiert? Nichts! Jeder nimmt uns freundlich auf, so viel Gastfreundschaft, und immer, wenn wir Hilfe brauchten, war jemand da. Das hätte ich mir niemals erwartet – ich wurde immer und immer wieder positiv überrascht. Das gibt's doch nicht! Doch: Das gibt es. Die Welt ist ein guter Ort!!

Wir schlendern jeden Tag in den Park beim Kulturforum, wo nach Sonnenuntergang das Leben pulsiert. Die Grünflächen sind voller Menschen, die einfach nur abhängen und dort in den kühleren Abendstunden ihre Zeit verbringen. Ganz ohne Alkohol – ungewohnt für uns Österreicher. Aber trotzdem lernen wir dauernd Menschen kennen. Wir werden angesprochen, miteinbezogen, von jungen Leuten zum Fußball- oder Volleyballspielen eingeladen. Wir sind fremd hier, sprechen die Sprache nicht, aber wir fühlen uns immer willkommen. Das ist angenehm, und so lernen wir das Leben der Iraner kennen.

Die Mädchen klagen über die vielen Einschränkungen. „Ich hätte so viel Potenzial", sagt eine junge Badminton-Spielerin, „aber ich darf es nicht entfalten." Sie können nicht die Berufe ausüben, die sie wollen, sie stehen unter der Knute des Vaters und später des Ehemannes, beim Leistungssport stören die Kleidervorschriften und Auslandsreisen wären sowieso fast unmöglich.

Die Mädchen klagen diese Ungerechtigkeit an und ich freue mich, zu sehen, dass die jungen Leute diese Unterdrückung auch nicht hinnehmen wollen. Mit kleinen Gesten des Ungehorsams lehnen sie sich auf. Sie spielen mit der Sittenpolizei ein gefährliches Spiel. Frauen tragen wunderschöne Kopftücher, die immer weiter nach hinten rutschen. Oft sind es nur noch Schals, die gerade pro forma um den Kopf geschlungen sind, darunter kann jeder die schönen pechschwarzen Haare sehen, Augen und Gesichter sind aufwändig geschminkt. Es ist ein Ausloten der Grenzen.

Im Park verliert ein Mädchen ständig ihr Kopftuch, sie lässt es verrutschen und ignoriert minutenlang es zu richten. Irgendwann nimmt sie ein älterer Freund zur Seite, sie solle vorsichtiger sein, warnt er die übermütige 18-Jährige. Wenn sie die Sittenhüter so sehen, komme sie sofort ins Gefängnis. Wirklich! Und die persischen Gefängnisse sind gefährlich für junge Frauen.

Die Parks sind kleine Freiräume, in denen sich die Menschen der dauernden Überwachung entziehen. Keine Polizeiwagen und keine gestrengen Familien, man wähnt sich unbeobachtet. Ein Fußballspiel wird zur Rangelei, junge Frauen und Männer kämpfen um den Ball, sie drücken sich zur Seite, rempeln sich an, halten sich zurück und eigentlich ist für jeden offensichtlich, dass es nur um den Körperkontakt geht, um ein paar flüchtige Berührungen, eine Umarmung, ein Händehalten. Jeder unverheiratete Körperkontakt ist verboten. Die Abende im Park sind dafür offensichtlich die einzige Möglichkeit.

Wir treffen Hossein, einen iranischen Fischökologen – auf die Empfehlung meines Professors hin. Er hat an der BOKU in Wien sein Doktorat absolviert, nun ist er selbst Professor in Teheran und schwärmt wie alle seine Kollegen von Österreich und Deutschland. Die Menschen hier leiden unter den strengen Sanktionen, unter der Abschottung ihres Landes, unter den Heiratsvorschriften und Eheverträgen – vieles dreht sich um Geld, das kaum jemand verdienen kann, und auch hier wird alles teurer. Hossein führt uns durch die Stadt, lädt uns zum Essen, er zeigt uns seine Universität, die bis vor Kurzem auf der schwarzen Liste stand. Die Physiker hier waren anscheinend am iranischen Atomprogramm beteiligt oder auch nicht – ich weiß es nicht. Zumindest erstrecken sich die Sanktionen auch auf den Wissensaustausch, der an und für sich nicht politisch ist. Direkt vor der Universität, erzählt Hossein, wurde das Auto eines Physikers (samt Physiker) in die Luft gesprengt, von irgendeinem Geheimdienst – CIA, Mossad –, so lauten die Vermutungen, aber es würde ja sowieso niemand zugeben. Hossein stellt uns seine Kollegen vor, wir werden wie wichtige Gäste empfangen. Einer der Uni-Mitarbeiter hat Jahre in Deutschland verbracht und meint beim Abendessen augenzwinkernd: „If I die and I was a good man, I will come to Heidelberg." Jeder definiert sein Paradies anders, aber für viele hier ist Europa der beste Ort der Welt.

Wir hören, während uns die Vorzüge persischer Küche nähergebracht werden, nun mehr von der dunklen Seite dieses Landes mit den so freundlichen Menschen. Auf Nachfrage nur, denn über Politik zu sprechen, ist immer riskant. Die iranischen Revolutionsgarden halten den Staat im Würgegriff, erzählt Hossein. Sie haben militärische Macht und kontrollieren dazu einen Großteil der Wirtschaft. Ein riesiger Staat im Staat, mit eigenen Spezialtruppen, die sich die Dinge richten, wie es ihnen passt. Im Prinzip ein allmächtiger Konzern mit vielen Nutznießern, die in diesem System alle Möglichkeiten haben, sich zu bereichern. Sein Kollege erzählt vom irakisch-iranischen Krieg, der ihn selbst aus seinem Heimatdorf vertrieben und 500.000 Iranern das Leben gekostet hat. Die Erinnerungen daran sind nicht zu übersehen. Das ganze Land ist voll von den Heldenbildern gefallener Märtyrer, Männer in ihren Zwanzigern und Dreißigern. Die Hauswände Teherans sind voller verherrlichender Graffitis, die überlebensgroß diesen schmerzhaften Krieg glorifizieren und rechtfertigen. Es muss ein Wahnsinn gewesen sein. Erst dieser Krieg erlaubte es dem islamischen Regime, sich zu festigen – mit Kriegsrecht und der Möglichkeit, politische Gegner verschwinden zu lassen.

Es war ein grausamer Krieg, hören wir: Beide Seiten setzten Giftgas ein, Menschenleben waren nichts wert. Das iranische Regime verwendete Schulklassen, um Minenfelder an den Grenzen zu räumen – Soldaten waren zu wertvoll und Esel liefen bei der ersten Explosion panisch davon. Den Kindern wurden Plastikschlüssel um die Hälse gehängt, damit sie damit direkt das Paradies aufsperren könnten, sie wurden in Decken gewickelt – damit sich die Körperteile nicht so weit verteilen – und dann ins Minenfeld geschickt. Ich kann die Geschichten nicht glauben, aber sie stimmen. Natürlich haben so ziemlich alle Staaten Waffen geliefert, Österreich nicht ausgenommen. Die Amerikaner versorgen beide Seiten mit Geheimdienstinformationen. Am Ende des achtjährigen Gemetzels waren die Grenzen wieder genau dort, wo sie vor Kriegsbeginn waren. Sinnlos.

Nach einer Woche in Teheran beginnen wir noch eine Rundreise. Wir fahren in die Kulturstädte im Süden, nach Esfahan, Shiraz, Persepolis. Die persische Kultur ist beeindruckend und hat viel mehr zu bieten, als religiöse Scheuklappen und konservativen Islam. Paläste, Gedichte, Malerei, Bildhauerkunst, wohin das Auge blickt. Nur kaum Touristen, weil sich keiner in das Land traut – zu Unrecht.

In Persepolis wandeln wir auf den Spuren Alexander des Großen, er hat die gleiche Route wie wir gewählt – nur eben ein paar Jahrtausende früher und mit einer ganzen Armee. In Shiraz bewundern wir Paläste der alten Perserkönige und Mausoleen berühmter Propheten. In Esfahan treffen wir Oberösterreicher, die einem zwielichtigen Taxifahrer illegalen Schnaps abkaufen. Natürlich schlagen wir gemeinsam dem Regime ein Schnippchen und betrinken uns ganz unislamisch und heimlich im Hostel.

Auf den Straßen jeder Stadt werden wir von wildfremden Menschen angesprochen, vom Gehsteig weg zum Teetrinken eingeladen. Mütter drücken uns ihre Kleinkinder auf den Arm, damit sie ein Foto mit uns machen können, Mädchen kichern uns nach, ein Selfie hier, ein Selfie da. Wir fühlen uns wie Rockstars in unserer Europäerhaut.

Nach zwei Wochen kommen wir schließlich zurück ins Kulturforum. Wir packen unsere Räder in ein Taxi und werden zum Flughafen kutschiert.

Am Flughafen verabschieden Thomas und ich Sebastian, der mit Sack und Pack weiter nach Indien reist, dort weiterradeln will und versuchen möchte, bis Nepal zu kommen. Ich wünsche ihm viel Glück und frage mich, wie der das schafft. Ich kann nicht mehr. Ich muss heim. Ich muss mich ausruhen.

Wir geben unsere Räder als Luftfracht auf, steigen ins Flugzeug und einfach so – in viereinhalb surrealen Flugstunden – sind wir wieder in Wien. Wir überfliegen die Strecke, die wir über Wochen in den Osten gereist sind, in einem halben Tag.

Am Flughafen holen mich meine israelische Mitbewohnerin und ein guter Freund ab. Vom Iran in die Arme einer Israelin, so mag ich das. Ich weiß jetzt (was ich sowieso schon immer dachte), dass es auf allen Seiten so viele liebenswerte Menschen gibt. Je mehr ich mich damit beschäftige, umso sicherer bin ich mir, dass die vielen Kriege sowieso nur um Macht und Geld geführt werden, um sonst nichts. Die Menschen würden sich untereinander nämlich sehr gut verstehen.

Wir fahren mit dem Zug ins Zentrum Wiens, die letzten Kilometer fahre ich mit dem Rad – ein wunderbares Gefühl, wieder im Sattel zu sitzen. In meiner Wohnung frühstücke ich mit einigen Freunden, Thomas ist gleich nach Bregenz abgerauscht.

Mein WG-Zimmer ist noch untervermietet. Ich habe nicht den eigenen Platz, den ich jetzt so dringend bräuchte. Darum schlafe ich eine Nacht auf der Couch und fahre schon am nächsten Tag nach Salzburg. Weil ich Zeit habe und es einfach probieren möchte, per Autostopp. Keine fünf Minuten warte ich, bis mich ein junger Franzose von Hütteldorf bis nach Salzburg mitnimmt. Dort lasse ich den öffentlichen Bus fahren und gehe zu Fuß die paar Kilometer zum Haus meines Vaters. Wie herrlich ist eigentlich Österreich, wie grün ist hier alles. Ich steige die Stiege zu unserer Haustüre hinauf und ein fremder Junge öffnet mir die Türe.

Das weltberühmte Persepolis, die Stadt des Perserkönigs Dareios: Reliefs, Statuen, Säulen und Alexander der Große hat im Vorbeigehen alles platt gemacht.

# ZUHAUSE, EIN GAST UND EIN FREMDER BRUDER

„*Merhaba*, mein Bruder", sagt der Fremde und tritt aus der geöffneten Tür. Er steht da vor mir in meinen alten ausgelatschten Hausschlapfen, mit einem Viertagebart, braungebrannt, die dichten schwarzen Haare zu einer struppigen Frisur geformt, die breiten Augenbrauen sorgfältig gezupft. Mein Vater hat mir vor wenigen Tagen von ihm erzählt – ich habe mich auf ihn gefreut, aber jetzt bin ich überrumpelt.

Der kleine Araber reicht mir nur bis zur Brust. Dunkle, gutmütige Augen, mit denen er mich bewundernd ansieht, während er da vor mir nervös von einem Bein aufs andere tritt.

Ich reiche ihm die Hand. „*Merhaba*! Filip?"

„Ja, Filip", sagt er, und: „Willkommen zuhause." Er legt sich die flache Hand aufs Herz und ich erwidere die Geste.

„Schön, dass du da bist", sage ich, weil mir nichts Besseres einfällt.

Er grinst mich an, von einem Ohr bis zum anderen. „Komm herein, mein Bruder!", sagt er, nimmt mir den Rucksack ab und schiebt mich in mein eigenes Haus.

In meinem Salzburger Zuhause hat sich wenig verändert. Ein Familienmitglied mehr, gut. Der hölzerne Esstisch und die Bank stehen nun in der Ecke der großen Wohnküche und nicht mehr mitten im Raum, aber sonst ist alles wie immer. An der Wand hängen dieselben alten Fotos, die schon seit Jahren, seit meine Mutter das Haus verlassen hat, dort hängen, Kinderfotos, Ausflüge, die Großeltern. Blumen welken am Fensterbrett, es riecht nach gekochten Tomaten und gebratenem Fleisch. Draußen heizt die Sonne den kleinen Garten auf. Der Jahrhundertsommer 2015, so viel Hitze und so viele Flüchtlinge wie schon lange nicht. Wir schaffen das, sagt die Merkel in diesem Sommer.

„Papa!" Mein Vater steht in seinem schrecklichen orangen T-Shirt, das er bestimmt schon vor 15 Jahren von unserem amerikanischen Austauschstudenten geschenkt bekommen hat, an der Abwasch. Er trocknet seine nassen Hände in ein Geschirrtuch ab und kommt die paar Schritte aus der Küche.

„Servus", sage ich, und: „Lass dich drücken." Ich gehe auf ihn zu, ins helle Wohnzimmer. Er versucht ein kratziges Bussi links, rechts anzubringen, aber ich umarme ihn fest. Zaghaft erwidert er die Umarmung und tätschelt mir hilflos den Rücken. „Schön, wieder zuhause zu sein, wie geht's dir?"

„Es geht schon", sagt er und fast huscht ihm ein Lächeln über sein bärtiges Gesicht. Aber nur fast. Denn er schafft es, seine Erleichterung über meine unbeschadete Rückkehr hinter einer Fassade zu verbergen.

„Papa", versuche ich ihn aus der Reserve zu locken, „Was heißt, *es geht*? Geht's dir gut?"

„Ja, es geht." Keine Chance. Er dreht sich schon wieder um und geht zurück zur Abwasch, als ob das gerade die allerwichtigste Erledigung wäre.

„Ich war eh nur im Iran, Papa, es gibt auch gar nichts zu erzählen. Geh ruhig wieder abwaschen." Das war jetzt zu beißend. Ich wundere mich über mich selbst, denn eigentlich, dachte ich, kann mich gerade gar nichts aus der Fassung bringen. Er hat sich Sorgen gemacht, das weiß ich, um meine Sicherheit vor allem. Aber gezeigt hat er das nie, er hat mich geschont, mir nie ein schlechtes Gewissen aufgedrängt, das weiß ich auch.

„Arbeitest du viel?", frage ich ihn, als mir seine zerschlisse Arbeitstasche, prominent im Wohnzimmer stehend, ins Auge springt.

„Nein, nicht mehr als sonst."

„Also sehr viel", sage ich. „Du weißt, dass du auf dich achtgeben musst, nicht nur auf die anderen?" Nach vielen harten Arbeitsjahren ohne Urlaub, ohne Pause, hatte er aus heiterem Himmel einen Schlaganfall. Er hat es beinahe ohne Schäden überstanden, war eine Woche im Krankenhaus. Glück. Gegen Gesundheitsratschläge meinerseits scheint er aber seit jeher vollkommen immun zu sein. Zum ersten Mal spüre ich wieder die Sorgen um meinen Vater. Das habe ich jetzt monatelang vergessen, Sorge um die Daheimgebliebenen war nicht Teil meines Reisegepäcks.

„Wie geht es euch zwei miteinander?", frage ich meinen Vater und deute auf Filip, der sich an den Tisch gesetzt hat und mit seinem Handy beschäftigt scheint.

„Gut!", sagt er und ich weiß, dass das alles heißen kann.

„Gut?", frage ich.

„Ja, gut. Wir kommen hervorragend miteinander aus, er kocht ausgezeichnet, wir ergänzen uns. Wir sprechen Deutsch."

„Wie hat sich das ergeben? Ein Flüchtling in unserem Haus?"

„Filip ist Christ", sagt Papa, „ich habe der Pfarre angeboten, jemanden aufzunehmen, falls es Bedarf gibt."

„Papa, ich bin stolz auf dich." Ich klopfe ihm strahlend auf die Schulter. Ich kann meine Freude nicht verbergen, mein Vater nimmt einen Flüchtling auf.

„Da ist ja nichts dabei", sagt er. „Ich habe gesehen, wie gut sie dich überall in der Welt aufgenommen haben, da wollte ich auch was tun. Das Haus ist sowieso leer." Mein Vater. Alle reden, aber er tut einfach was und am Ende geht er damit nicht mal groß hausieren.

„Filip", ich wende mich an ihn, „wie geht es dir?"

Er sieht höflich vom Handy auf und legt es weg. „Mir geht es sehr gut. Sehr gut bei Mr. Horn Franz. Österreich ist ein superes Land. Sehr freundlich."

„Woher kommst du?", frage ich ihn.

„Ich komme aus Damaskus, Syrien. Aus der Hauptstadt."

„Cool. Damaskus! Und wie bist du nach Österreich gekommen?"

„Ich bin spaziert. Zuerst mit dem Boot nach Griechenland und dann spaziert, spaziert, spaziert – bis Österreich. Zwei Monate lang." Er lacht, stolz auf seine Leistung, und seine Augen verraten nichts von den vielen Geschichten, die er erlebt haben muss. Keine Spur von Gewalt und Überlebenskampf in seinem Blick. Vielleicht ist so eine Flucht wirklich weniger dramatisch, als ich mir das vorgestellt habe – ein Spaziergang eben.

„Weißt du was", beginne ich, „ich komme auch gerade von einer Reise zurück, die ein paar Monate gedauert hat."

„Ich weiß", sagt er. „Dein Vater hat mir erzählt. Du hast sicher viel erlebt."

Draußen auf der verwitterten Lärchenholzterrasse sitzen Dominik und Basti, beide Kindheitsfreunde, auf den gemütlichen Gartenstühlen. Sie lachen und unterhalten sich gegenseitig. Als sie mich bemerken, stehen sie auf und kommen durch die Tür ins Haus.

„Wie war das Radfahren?", fragt Dominik. „Hast du immer noch einen wunden Arsch?"

Ich muss lachen. „Nein, dem Arsch geht's hervorragend. Cool, dass ihr da seid!"

„Ja natürlich, wir wollen deine Geschichten als Erste hören

– oder hast du eh nichts zu erzählen?"

„Doch, doch", sage ich ruhig. Seit Wochen freue ich mich darauf, endlich alles zu erzählen, im Reiseruhm zu baden.

„Natürlich sind wir wegen der Geschichten da", mischt sich Basti ein. Er trägt wie immer eine eckige Brille und sein rotzfreches Basti-Grinsen im Gesicht. „Oder hast du geglaubt, wir wären wegen dir gekommen?"

„Gehofft hätte ich es schon", gebe ich mich getroffen, aber die Enttäuschung ist so schlecht gespielt, dass sie nicht mal Filip überzeugen kann.

Basti erzählt, er halte seit Kurzem Deutschkurse, in Wien Erdberg, im größten Flüchtlingslager der Hauptstadt. Dort haben sich gleich nach der ersten großen Flüchtlingswelle Studenten organisiert, um gratis Sprachkurse anzubieten. Er habe dort über Umwege einen jungen Mann kennengelernt, der schon seit drei Jahren im Land sei, gut Deutsch spreche, irgendwie sein Schützling, dessen er sich eben ein wenig annehme. Der Afghane würde im Übrigen heute noch vorbeikommen, ob das in Ordnung sei.

Ich blicke ihn skeptisch an, dann grinse ich: „Natürlich!"

Gut, meint er, denn die Frage hätte er ohnehin nur pro Forma gestellt, sein Afghane komme in 15 Minuten und heiße Malek.

„Burschen", sage ich, „als Erstes gehe ich mich jetzt mal duschen. Ich will ankommen. Dann erzähle ich. Ich kann es ja selbst kaum erwarten. Könnt ihr euch das vorstellen? Da erlebst du jeden Tag was Neues, jeder Tag ist unvorhersehbar, wenn du in der Früh im Zelt aufwachst, weißt du nie, was bis zum Abend passieren wird. Du hast drei Monate lang keinen, dem du von all den Eindrücken erzählen kannst."

„Nein, das kann ich mir nicht vorstellen", sagt Dominik trocken, „ich bin den ganzen Sommer über in einem gut gepolsterten Bürostuhl gesessen. Geh dich duschen. Zack! Zack!" Er klatscht in die Hände und gibt mir mit einer scheuchenden Bewegung zu verstehen, dass ich mich beeilen soll.

Ich steige gemächlich die Stiegen in den ersten Stock hinauf. Das ist mir seit meiner Rückkehr sowieso aufgefallen: Stress ist abgeschafft. Das ist wie ... Schwer in Worte zu fassen. Ein wohliger Zustand irgendwo zwischen Entspannung, Erschöpfung,

Überforderung und Ruhe. Ein Gefühl völliger Antriebslosigkeit und absoluter Zufriedenheit. Eine Leichtigkeit. Nicht mal über den Zustand an sich muss ich nachdenken. Ich habe kein Bedürfnis, irgendetwas an mir zu hinterfragen. Ich bin einfach. Ich muss nichts machen. Keine Taschen packen, nirgendwo hinfahren. Ich muss mir keinen Schlafplatz suchen, mich vor niemandem verstecken. Ich kann einfach bleiben. Es gibt Essen, ich muss nichts einkaufen, kein Wasser suchen und keine Währung wechseln. Ich spreche die Sprache der Leute hier und jeder versteht mich. Keiner will etwas von mir. Keine Gastfreundschaft, bei der ich mich bemühen muss, ein höflich und kulturell angepasster Gast zu sein. Ich kann mich einfach hängen lassen. Das ist Zuhause. Und ich habe ein ganzes Zimmer. Für mich allein! Ein riesiges weiches Bett, frisch bezogen, sogar mit Decke und Polster. Wenn ich die Tür zumache, ist es still. Alles so Luxus. Aber irgendwie fühle ich mich noch fremd in dieser Welt, in der ich mein ganzes Leben verbracht habe und die ich nun erst wenige Stunden wieder belebe.

Seit 24 Stunden bin ich nun zurück in Österreich und ich wundere mich, wie eigenartig hier doch gelebt wird. Ich kenne das Land, die Regeln und die Leute, aber irgendwie fühle ich mich noch leicht wie ein Nomade. Ich wundere mich, dass ich so viel Gewand besitze und dass ich vor meiner Reise das Gefühl hatte, viel zu wenig zu haben. Ein ganzer Schrank voll neuer frischer Klamotten, da könnte ich die Hälfte davon weggeben, mindestens. Was brauche ich mehr als ein sauberes T-Shirt und eine kurze Hose? Hier gibt man irgendwie so viel Geld aus, astronomische Beträge: 25 Euro würde eine Zugfahrt nach Salzburg kosten, da stoppe ich lieber Auto. 15 Euro für ein Mittagessen, nicht mit mir. Zweieurofünfzig für ein Busticket, hier sind doch alle reich. Das finde ich nun eigenartig. Und hier in Österreich kommt keiner einfach auf der Straße auf einen zu, hier werde ich von keinem Fremden angesprochen. Hier spricht nur miteinander, wer sich kennt. Das finde ich auch eigenartig. Keiner möchte ein Foto mit mir machen, keine Selfies mehr, hier bin ich wieder ein Normalo.

Als ich mit nassen Haaren wieder auf der Terrasse stehe, sehe ich einen jungen Mann auf der Straße anhalten. „Basti", ich klopfe meinem Freund auf den Oberarm, „ich glaube, da steht dein Gast am Zaun."

Ein klein gewachsener Junge lehnt sein Fahrrad an den Gartenzaun und wartet schüchtern, bis Basti aufsteht und ihn abholt. „Hi!", rufe ich vom Terrassentisch aus, und: „Komm einfach rein."

Unsicher steht er dort, geduckt und mit eingezogenen Schultern, sodass man ihn beinahe übersehen könnte. Basti öffnet das Holztor, sie reichen sich die Hand und beide legen sie, mit einer angedeuteten Verbeugung, die Hand auf ihre Herzen. Jedes Mal aufs Neue berührt mich diese schöne Form der Begrüßung, du bist in meinem Herzen, heißt das. Malek schleicht den gepflasterten Weg auf die Terrasse und bleibt zwei Meter vor unserem Tisch schüchtern stehen. Die Hände vor seinem Schoß gefaltet, wie ein Ministrant.

„Willkommen!", sage ich, reiche ihm die Hand und ziehe ihn sanft in die Runde. „Mein Name ist Paul." Ich lege meine Hand aufs Herz. „Der da drüben, der Goscherte, ist Dominik, und das hier ist Filip, er kommt aus Syrien."

„Grüß Gott", sagt Malek höflich und nickt beiden zu.

„*Salam aleikum*", sagt Filip und Dominik hebt zum Gruß lässig zurückgelehnt zwei Finger: „Peace."

Malek hat die hübschen kantigen Gesichtszüge, die afghanischen Jungen eigen sind. Er ist schlank und könnte ein flinker Fußballspieler sein, wenn da nicht diese unsichtbare Last wäre. Die glänzenden, rabenschwarzen Haare sind oben lang und an den Seiten modisch abrasiert. Afghanen haben einfach die schönsten Haare, da kann man sagen, was man will. Die helle Haut ist makellos glatt, aber die müden Augen mit ihren dunklen Ringen lassen ihn uralt aussehen. Malek nimmt umständlich seinen Rucksack vom Buckel.

„Stell den einfach irgendwo hin", sage ich. Ich möchte, dass er sich bei uns wohl fühlt, so wie ich mich bei den vielen Gastgebern wohlgefühlt habe. „Setz dich. Möchtest du etwas zu trinken? Essen?"

„Ja, sehr gerne."

„Bier?"

„Nein, danke, keinen Alkohol. Wasser oder Tee, bitte."

„Haben wir beides", gebe ich mich weltgewandt. Filip wuselt in die Küche und setzt syrischen Schwarztee auf. „Woher kommst du?", frage ich Malek.

„Afghanistan.“

„Ja, ja, weiß ich, aber woher? Kabul, Kandahar, Masar-e Scharif, Herat?“

„Du kennst Afghanistan?“, fragt er überrascht.

„Ich war leider noch nie dort, aber ich habe ein paar Bücher gelesen.“

Malek sitzt gebeugt, seine Lider hängen tief und sein Blick geht ins Leere. Nur selten hebt er mit großer Anstrengung den Kopf und blickt mir kurz in die Augen. Ihm sieht man Schmerz an. Seine Hände und die kräftigen Finger zeigen die Spuren harter Arbeit, seine Stimme klingt leise und melancholisch: „Ich komme aus der Provinz Nangarhar, aus einem Dorf ein paar Stunden von der Stadt Jalalabad entfernt.“

„Du kommst also aus den Tribal-Areas, den Stammesgebieten?“, frage ich aufgeregt.

„Ja, genau. Du kennst dich aus“, lächelt er.

„Sprichst du Paschtu?“, frage ich.

„Ja, auch, aber eigentlich Dari, das afghanische Persisch. Meine Familie sind Paschtunen, aber hier in Österreich bin ich einfach nur ein Afghane.“

„Wie gefällt es dir hier?“

„Aaah“, sagt er und das erste Mal sehe ich ein Leuchten in seinem Gesicht, „Österreich ist ein schönes Land. Sehr schön, wirklich. Aber Afghanistan ist auch schön, meine Heimat, aber dort gibt es keine Sicherheit.“

„Pauli“, sagt Filip. Er kommt gerade aus dem Wohnzimmer auf die Terrasse und unterbricht unser kurzes Gespräch. Er setzt sein Helden-Verehrungs-Gesicht auf: „Wie bist du eigentlich auf diese *majnun*, verrückte Idee, gekommen. Mit dem Fahrrad in den Iran? Das ist so cool.“

Mir ist das fast zu viel der Schmeichelei. „So verrückt hat es sich nicht angefühlt“, sage ich, „ein Radausflug eben, und die Idee ist nicht mal auf meinem Mist gewachsen. Ich bin jetzt nur der Gockelhahn, der es weit in Welt hinaus kräht. Zwei Studienkollegen, gute Freunde, sind mit der Idee dahergekommen.“

Wehmütig denke ich an unser Reisetriumvirat. An die perfekte Reisegruppe: Sebastian, Thomas und ich. Wir, die drei Musketiere.

Alle erzählten Geschichten sind tatsächlich so passiert. Das ist die Realität von Reise und Flucht – so läuft's in der Welt. Ich habe bewusst auf Ausschmückungen verzichtet, um die Geschichten originalgetreu zu erzählen, vieles ist im Wortlaut.

Die Namen der beiden Geflüchteten sind zu ihrer eigenen Sicherheit und der ihrer Familien geändert. Die beiden Protagonisten haben mir in mehreren Interviews ihre Lebensgeschichten erzählt und ihre Zustimmung zu deren Veröffentlichung gegeben. Zur Absicherung dieser unglaublichen Stories habe ich recherchiert und darüber hinaus noch einige weitere Flucht-Interviews geführt. Von anderen jungen Männern habe ich ganz ähnliche haarsträubende Berichte erhalten. Es ist davon auszugehen, dass diese Erzählungen die Fluchtrealität sehr exakt widerspiegeln.

Auch meine Reiseerzählung ist realitätsgetreu, alle Personen und Geschichten sind so tatsächlich vorgekommen. Ich habe meine gesamte Reise in einem Tagebuch festgehalten und während des Schreibens auf diese Dokumente, auf die Tagebücher meiner Freunde und auf Fotos und Videos zurückgreifen können.

Es ist das Leben, das die unglaublichsten Geschichten schreibt und sogar die Phantasie übertrifft.

# Danke

Am liebsten würde ich mich bei der ganzen Welt bedanken, die mir diese großartigen Erlebnisse ermöglich hat und die ich immer als einen Ort der Freundschaft und Herzlichkeit wahrgenommen habe – DANKE, WELT.

Um das Ganze ein wenig einzugrenzen, bedanke ich mich bei meinen großartigen Reisepartnern und Lebensmenschen: Sebastian und Thomas. DANKE euch beiden! Bei Joko und Joana, mit denen mich seit dieser Reise eine Freundschaft verbindet und die mittlerweile einen Sohn haben, der auf den schönen Namen Pau hört, was auf Catalan „Friede" bedeutet. Ich bedanke mich bei den vielen herzlichen Gastgebern, vor allem bei Simba, bei Vera & Ehemann, Victor, Meysam, bei Hossein, beim österr. Kulturforum und zahlreichen anderen, die uns in vielerlei Hinsicht beschenkt haben. Ohne Angst, ohne irgendeine Gegenleistung zu erwarten. So ist das in der Welt. Ich bedanke mich bei unseren Schutzengeln dafür, dass niemand überfahren wurde.

Ausdrücklich gilt mein Dank Malek und Filip, die bereit waren, ihre Lebens- und Fluchtgeschichten mit mir zu teilen. Ich wünsche euch beiden ein gutes Leben, Freiheit, Freude und Sicherheit.

Ich möchte mich bei all jenen bedanken, die mich auf dem langen Weg unterstutzt haben, dieses Buchprojekt in die Wirklichkeit zu bringen. Mein Dank geht an: Eva, die mein Vertrauen in dieses Projekt gestärkt und mich gecoacht hat. An Hanna, für die wunderbare graphische Umsetzung und den Support. An meine Freunde, die stets für mich da waren und an meine Familie, die meinen Weg – wenn auch manchmal zähneknirschend – akzeptiert und unterstützt haben. An Steffi, die mein Projekt in den Verlag geholt und mir inhaltliche und erzählerische Freiheiten eingeräumt hat. Ich freue mich und es ist mir ein großes Anliegen, diese Geschichten zu erzählen.

Am Ende noch ein afghanisches Sprichwort, das mir Malek in unserem letzten Interview mit auf dem Weg gab:

*Topak na kalam ghowaro.*

Keine Waffen, sondern Stifte (Bildung) wollen wir.

www.kremayr-scheriau.at

ISBN 978-3-218-01187-7
Copyright © 2019 by Verlag Kremayr & Scheriau GmbH & Co. KG; Wien
Alle Rechte vorbehalten
Cover, Gestaltung, Satz: Hanna Bischof
Lektorat, Produktion: Stefanie Jaksch, Michaela Muschitz
Coverfoto: Abkürzung, Radreise, Osttürkei
Rückseite: Originalfoto Flucht Filip
Fotocredits Reisefotos: Franz Paul Horn, Joachim Bingel, Thomas Kühmayer
Autorenportrait: Manfred Weis
Druck, Bindung: Finidr, Český Těšín/Tschechische Republik